OEUVRES

COMPLÈTES
D'ÉTIENNE JOUY.

TOME XXVI.

ON SOUSCRIT A PARIS:

Chez JULES DIDOT AÎNÉ, rue du Pont-de-Lodi, n° 6;
BOSSANGE père, rue de Richelieu, n° 60;
PILLET aîné, imprimeur-libraire, rue Christine, n° 5;
AIMÉ-ANDRÉ, quai des Augustins, n° 59;
Et chez l'AUTEUR, rue des Trois-Frères, n° 11.

ŒUVRES
COMPLÈTES
D'ÉTIENNE JOUY,

DE L'ACADEMIE FRANÇAISE;

AVEC DES ÉCLAIRCISSEMENTS ET DES NOTES.

Essais sur les mœurs.

TOME VIII.

PARIS
IMPRIMERIE DE JULES DIDOT AINÉ,
RUE DU PONT-DE-LODI, N° 6.
1827.

OBSERVATIONS

SUR

LES MŒURS FRANÇAISES

AU COMMENCEMENT DU 19ᵉ SIÈCLE.

VOLUME XXVI.

L'ERMITE
EN PROVINCE.

N° CXC. [30 décembre 1826.]

UNE TOURNÉE EN PAYS PERDU.

>   *And nearest to those grounds of happiness*
>   *The meager herbage, fleshless, lams and lean;*
>   *For now he passed through lanes of burning sand*
>   *Benuds to thin crops of yer incultured land*
>   CRABBE's *Poems*

>   Près de cette région heureuse était un pays inculte, où ne se trouvaient que de maigres herbages. Il traversa des chemins frayés dans un sable stérile, et ne vit par-tout qu'un sol dont la culture était loin de corriger l'infécondité naturelle.

Je me mis donc en route avec ce jeune misanthrope, qui corrigeait, à force d'amabilité, ce que cette triste doctrine peut avoir de repoussant, et surtout de peu convenable à l'âge des plus douces illusions.

Je fais grace à mes lecteurs et des préparatifs de notre départ, et du passage de la Loire dans un bateau qui appartenait à Valbreuse. Cependant cette courte traversée n'était pas sans intérêt; il faut avoir comme moi vu le soleil se lever et atteindre son zénith sous toutes les latitudes, il faut pouvoir comparer dans sa mémoire les pompes de la nature sous le tropique, et les beautés plus modestes, et pour ainsi dire plus chastes de nos régions tempérées, pour comprendre toute cette émotion de volupté paisible dont un vieil ermite est saisi, quand, après tant de fatigues et de courses lointaines, il voit se développer au loin les bords sinueux de ces rives natales, plus riantes et aussi belles que les côtes les plus éloignées. Il est des associations d'idées singulières dont la raison ne peut se rendre compte, et dont l'effet est incontestable. En s'éloignant de la terre, en voguant sur une eau limpide, il semble que l'on s'isole des passions humaines, et que l'ame s'ouvre plus facilement aux vagues rêveries et aux lointains souvenirs. Le calme de la nature, la fraîcheur de l'atmosphère, l'admirable coup d'œil offert par ce fleuve, ravivaient pour ainsi dire tous les souvenirs d'une vie agitée dont les images se pressaient dans mon esprit. Je revoyais ces rives de la Loire, dernier asile de notre gloire en 1815, et, remontant le cours des siècles, je confondais dans mes souvenirs les noms des Dunois, des Henri IV, des Clisson, des Sully, avec ceux des Pajol, des Roguet, des Excelmans, des Reille, des Bachelu, des Delort, des Lamarque, et de tant d'autres héros dont ces rives garderont la mémoire. Enfin je m'abandonnais à une véritable rêverie de roman moderne, quand Valbreuse me tira de cet assoupissement physique et de cette *allucination* morale, comme disent les magnétiseurs, pour m'annoncer que notre barque venait d'aborder, et qu'il fallait en descendre.

Le premier aspect de la Sologne est loin de justifier la mauvaise réputation du pays. Ces bois, ces buissons, ces bruyères, d'un si faible produit pour ceux qui les possèdent, ont un caractère particulier aux yeux du voyageur mélancolique qui aime à retrouver dans les tableaux de la nature un aliment aux idées chagrines qui l'obsèdent; mais à mesure qu'on s'éloigne des rives de la Loire, le spectacle change, et déjà ce n'est plus la nature attristée, c'est la nature expirante qui s'offre à nos regards. Plus de pâturages, plus de vergers, plus de vignes même ; des plaines de sable à perte de vue, des marais fétides : les bois, les hameaux, que l'on rencontre de loin à loin dans ces tristes campagnes, semblent les derniers produits d'une terre épuisée. Les êtres les plus vivants, j'ai presque dit les plus intelligents que l'on trouve au cœur de la Sologne, sont des troupeaux d'oies sous la conduite d'un conducteur armé d'une gaule, à l'extrémité de laquelle flotte un morceau d'étoffe de couleur éclatante.

Quoi qu'il en soit, s'il est vrai que M. Depping le

géographe, qui a exploité les beautés de la plupart des régions de la terre, n'a rien trouvé à dire de celle-ci, il est bon d'observer que dans cette contrée si pauvre il y a quelque chose de plus étonnant que de jolis paysages ou des sites romantiques; ses habitants ont conservé, au milieu de la France civilisée, leur innocence primitive et leur honnêteté naturelle. Ce sont, il faut l'avouer, les plus ignorants de tous nos compatriotes: les Bas-Bretons sont des aigles auprès d'eux. « Cette observation, me dit mon jeune ami, ne viendrait-elle pas à l'appui des systèmes du philosophe dont commence à se moquer notre siècle industriel, et pour lequel ma vénération augmente à mesure que la corruption des principes et la folie des gouvernements prouvent la décadence croissante de l'Europe? Jean-Jacques s'était contenté de dire qu'une fois la civilisation infiltrée dans le corps social, il se corrompt par un progrès lent et proportionné à celui des arts. Les économistes l'ont tourné en ridicule; les parlementaires ont brûlé ses livres, et je persiste à croire qu'il avait seul raison contre son siècle et contre les docteurs.

« En Sologne, continua-t-il vivement (au moment où j'allais opposer des raisons à ces raisonnements), en Sologne, par exemple, il y a peu de lumières, peu d'écoles, point d'avocats, de notaires, d'avoués, et point de crimes. Depuis plus d'un demi-siècle, aucun Solonais n'a été traduit devant une cour d'assises. La pauvreté du pays n'engage presque jamais ses habitants à passer la Loire et à s'enrichir aux dépens des gens civilisés de l'autre rive. La simplicité des mœurs règne ici; les maisons ne sont fermées que par un loquet; on ne sait ce que c'est qu'un vol, et encore moins un meurtre. »

Il avait à peine fini son discours quand nous aperçûmes devant nous une douzaine de robes noires. Nous nous levâmes. « Ce sont, me dit Valbreuse, des missionnaires qui parcourent le pays. Quelle conversion veulent-ils opérer? Je ne pourrais le dire. Je suis tenté de croire que leurs travaux apostoliques seraient un peu plus utiles s'ils s'adressaient à nos vices sérénissimes, financiers, et privilégiés, plutôt qu'aux peccadilles des pauvres citoyens de la Sologne. *Bridaine* pensait comme moi; il ne voulait pas qu'on allât attrister les pauvres gens dans leur chaumière, leur parler d'humilité lorsque tout les écrase, et de pénitence quand ils supportent avec courage les privations de leur vie indigente. Partons, si vous voulez, bon Ermite; ces réflexions et cette rencontre exciteraient votre courroux philosophique, comme elles allument ma bile misanthropique. »

En effet, nous nous éloignâmes rapidement sans nous apercevoir ni l'un ni l'autre que ma montre, que j'avais tirée, était restée sur le gazon brûlé par le soleil, sur lequel nous avions pour un moment fait élection de domicile. Après une heure de marche, je voulus connaître l'heure, et, ne trouvant plus ma montre, j'allais retourner sur mes pas, quand je vis accourir un paysan qui me remit entre les mains l'objet que j'avais perdu. Ce paysan, qui savait à peine ce que c'était qu'une montre, refusa obstinément l'argent que je voulais lui donner comme récompense de la peine qu'il avait prise et d'une probité si remarquable. « Ma foi, dis-je à Valbreuse, en voyant s'enfuir notre pasteur qui retournait à toutes jambes à la garde, non pas de ses moutons, mais de ses oies, je commence à ajouter une foi sans réserve à vos observations, qui m'avaient paru jusque-là dictées par votre amertume misanthropique, et par conséquent mêlées de quelque injustice. J'en reconnais ici la justesse, et je ne craindrai pas de consigner dans les mémoires de mes voyages cette remarque, la seule qui me paraisse plaider en faveur de l'ignorance, mais qui n'est, après tout, qu'une exception à une règle générale. »

Mon guide m'apprit qu'il réservait à un voyage spécial la revue des nombreux châteaux qui couvrent le Blaisois et la Touraine. Cependant nous ne pûmes nous empêcher de remarquer le *château de Condillac*, auprès duquel nous passions. Ce domaine patrimonial a été respecté par les révolutionnaires, à qui le nom célèbre du philosophe paraît avoir imposé. Je ne vis pas, sans une sorte d'émotion respectueuse, cette solitude antique, consacrée par le nom du seul métaphysicien lucide que j'aie encore rencontré. En vain l'on embrasse aujourd'hui, comme Ixion, les idoles nuageuses de la Germanie; jamais on ne procédera dans les sciences d'une manière utile qu'en suivant la méthode de Condillac, en partant du connu pour arriver à l'inconnu. Ce que nous savons le mieux, c'est nous-mêmes. C'est à nos sensations, à nos sens, à notre être palpable que nous devons les seuls renseignements utiles sur notre nature psycologique. Commencer par établir, au-dessus du monde-réel, une nature mystérieuse que chacun façonne à son gré, c'est ne vouloir rien connaître, et se proposer un rêve pour résultat définitif de toutes recherches scientifiques : non que je veuille réduire au *caput mortuum* de la nature humaine notre intelligence et nos facultés ; mais je veux que la raison s'arrête aux limites qui lui sont imposées, et ne s'enivre pas de folles doctrines sans utilité pour le monde, et sans résultat moral.

Pendant le cours de mon voyage à travers la Sologne, je fis observer à mon compagnon de route que les arbres en quelques endroits venaient très bien sur ce sol aride, et que de temps à autre des filons de terre argileuse promettaient de bonnes récoltes à une culture patiente et bien entendue. Je finis par le forcer de convenir qu'il ne manquait à cette partie du département, selon lui si cruellement déshéritée de la nature et absolument abandonnée par une administration insouciante, qu'il ne lui manquait, dis-je, que des habitants, et sur-tout des agriculteurs habiles et opulents, pour en faire en moins d'un siècle un pays aussi riche, aussi beau que les départements voisins, et changer peut-être cet enfer en Éden.

N° CXCI. [6 janvier 1827.]

COUTUMES DE LA SOLOGNE.

Campestres melius Scythæ
Vivunt et rigidi Getæ.
Horace
Scythes et Gétules sont moins barbares.

« Vous connaissez, me dit Valbreuse à notre retour dans sa closerie, l'état physique et matériel de la *Sologne*. Vous avez pu, d'après un exemple que le hasard vous a offert, juger du caractère moral de ses habitants. Cependant il y a, dans ce petit coin du globe, une foule d'autres particularités intéressantes pour qui veut faire des mœurs spéciales une étude plus attentive : vous ignorez quelles superstitions règnent encore dans cette Sologne qui n'est pas à cinquante lieues de Paris.

« Si vous deviez demeurer parmi ces Illinois de la France une année entière, j'aimerais mieux vous rendre témoin de leurs fêtes, de leurs cérémonies, que de vous communiquer le récit toujours pâle de ces coutumes si piquantes en elles-mêmes par leur singularité; mais vous passez rapidement à travers cette contrée, et je dois me contenter de vous offrir un abrégé fidèle de quelques bizarreries locales, tel que me l'a confié un curé vénérable dont la vie s'est écoulée dans un village de la Sologne. Je ne vous nommerai pas ce bon prêtre à qui la congrégation ne pardonne ses vertus qu'en faveur de sa profonde obscurité.

« Les paysans de nos bourgades, dit le bon curé en question, ont à-peu-près la même idée de Dieu qu'un sauvage de son fétiche, et j'ai toujours eu la plus grande peine à effacer de ces esprits grossiers l'idolâtrie qui y germe comme dans un sol naturel.

« Mais la bonté du caractère des Solonais et la grace de Dieu qui les a exemptés d'envie, d'orgueil, et de cupidité, font que la superstition qu'on peut leur reprocher ne produit que des coutumes plus ou moins singulières, analogues à leur vie pauvre et à leurs idées bornées.

« On ne persuaderait pas à un paysan solonais, que, si sa jeune épouse enfonce elle-même l'anneau nuptial jusqu'à la troisième phalange, elle ne sera pas maîtresse au logis; que sa femme ne mourra pas la première, si le cierge qu'elle tenait au commencement de la cérémonie se trouve à la fin plus court que celui du fiancé, ni que c'est une coutume ridicule de piquer jusqu'au sang par derrière le marié et la mariée, pendant la célébration de la messe, pour savoir lequel des deux sera jaloux. Ce sont des traditions ridicules et naïves, conservées dans toute leur rudesse depuis l'époque de la domination romaine jusqu'à nous.

« Les noces sont la grande fête des Solonais. On invite à une noce, non seulement le maître et la maîtresse de chaque maison, mais les domestiques, les journaliers, les infirmes, et les enfants. Pendant que ce bataillon de conviés se rend à la noce du voisin, leurs maisons sont confiées à des mercenaires. Souvent on voit trois cents personnes assister à ces réunions solennelles, et ne retourner au logis qu'après deux ou trois jours de danses, de jeux, et de festins continuels. Un garçon d'honneur fait inviter sa fiancée ou sa maîtresse à la noce où il est convié, comme une fille d'honneur y fait inviter son amant : je dois ajouter que l'état d'amant et de maîtresse est un commencement de mariage, une liaison légitime dont personne ne se formalise, et dont il est rare que les avances soient protestées de part ou d'autre.

« A un repas de noces, où nos paysans étalent tout le luxe de leur pauvreté, succède une quête en l'honneur des mariés. Tantôt la mariée cède aux filles d'honneur son bouquet de noces, et celles-ci, exécutant au milieu de la salle des pas rustiques, et se passant le bouquet de main en main, se rapprochent des convives, pendant que le ménétrier du canton fait jurer sous l'archet le violon qui guide leur danse. Tantôt cette quête prend la forme d'une procession solennelle mêlée d'hymnes rustiques. Cinq paysannes composent cette procession : la première, vêtue de ses plus beaux habits, tient à la main une quenouille et son fuseau, la présente aux assistants, et chante ce refrain gothique.

> L'épousée a bien quenouille et fuseau ;
> Mais de chanvre, hélas ! pas un écheveau.
> Pourra-t-elle donc filer son trousseau ?

« Cette complainte ouvre les cœurs et desserre les bourses. La seconde paysanne reçoit les offrandes dans le gobelet de l'épousée, la troisième verse rasade aux convives généreux, la quatrième essuie la bouche des buveurs avec une serviette qu'elle tient à cet effet, et la dernière, ordinairement la plus jolie, embrasse elle-même, et à la ronde, la compagnie tout entière, dont le nombre est souvent considérable.

« Je ne placerai point, parmi ces usages qui n'étonneraient personne si le récit s'en trouvait dans une relation des mœurs laponnes, les cantiques en français barbare que l'on chante après graces, et les fragments de psaumes que la piété naïve y intercale souvent. Le dernier jour des noces on ne manque jamais d'exécuter une espèce de cérémonie assez

marquées en Sologne par des solennités locales. Le premier dimanche de carême, par exemple, on voit tous les champs ensemencés se couvrir de flambeaux portés par des paysans qui se poursuivent en répétant la strophe satirique que voici :

> Sortez, sortez d'ici, mulots !
> Ou je vais vous brûler les crocs !
>   Quittez, quittez ces blés ;
>   Allez, vous trouverez
> Dans la cave du curé
> Plus à boire qu'à manger.

« Le soir, après que ces vers, dont *la rime n'est pas riche*

> Et dont le style est vieux,

ont retenti dans toutes les paroisses, on se réunit pour manger du *mi*, c'est-à-dire, dans le patois de la Sologne, de la bouillie de millet. Tout convié à ce festin doit apporter en entrant un pied de *nielle*, qu'il a cueillie dans sa course nocturne. C'est le *lychnis githago* des botanistes ; du moins on peut voir dans cette coutume une apparence d'utilité publique. »

J'ai visité les savanes de l'Amérique, et si, dans les déserts primitifs de l'Orénoque, j'ai admiré plus de beautés naturelles et une plus grande fécondité du sol, je dois convenir aussi que ces hommes,

burlesque. Un pot de grès est placé au bout d'un bâton : on bande les yeux de la mariée, on l'arme d'une branche d'arbre, et on la laisse seule et sans guide se diriger à l'aveugle vers le pot qu'elle doit briser. Il ne lui est permis de frapper qu'un seul coup. Tous les invités, les yeux également fermés, en font autant; et lorsque le pot est en débris, le vainqueur a le droit d'embrasser la mariée. S'il n'y réussit pas assez vite, on s'empare de lui, on lui fait un trône de feuilles, on lui verse à boire, et l'on feint de trinquer avec lui. Le triomphateur est condamné à boire jusqu'à ce qu'il ait touché le verre d'un autre paysan qui le remplace et qui est de même remplacé.

« Je dois ajouter à ces amusements rustiques, qui n'ont d'intérêt que celui de faire connaître toute la simplicité de ceux qui s'y livrent, la coutume de présenter à la mariée, le dimanche qui suit ses noces, une quenouille que le sacristain lui remet, et qu'elle entoure de lin filé pour l'offrir ensuite à l'église, qui la vend à son profit. Quand le filleul ou la filleule d'un Solonais se marie, le parrain ou la marraine font à leur protégé un cadeau nommé *cochelin;* ordinairement c'est une cuiller à café, un pot à l'eau, quelquefois un vase moins noble et non moins nécessaire.

« La plupart des fêtes que l'église chôme sont

que nous flétrissions du nom de sauvages, m'ont paru beaucoup plus avancés sous le rapport des arts, de la civilisation, et du perfectionnement des facultés de l'esprit, que les indigènes d'un petit pays enclavé entre Paris, Orléans, Dijon, Lyon, et La Rochelle.

N° CXCII [13 JANVIER 1827]

DE CHATEAU EN CHATEAU.

> *There many a tower
> And embossed battlement.*
> Sir WALTER SCOTT
> Là se découvrent mille tours antiques, avec des remparts arrondis, armés de créneaux

J'étais fort empressé d'achever la tournée que mon jeune ami m'avait fait commencer. « Demain matin, me dit-il, nous repartons. Vous me permettrez de m'arrêter peu de temps à *Romorantin*, malgré ses prétentions historiques; car il est bon que vous le sachiez, ce bourg, qui ne vaut pas le village de Passy, s'est appelé jadis, au dire des érudits solonais, *Rome la Seconde*, *Roma Minor*. Les bourgs de *Chaumont-sur-Loire*, de *Saint-Dié*, et de *Fontaines*, ne recevront notre visite qu'après que notre curiosité, satisfaite, se sera arrêtée sur des objets sinon plus utiles, du moins plus intéressants. »

En me livrant à sa direction, je demande la permission à mon lecteur de le faire errer comme moi un peu à l'aventure, et sans autre itinéraire que celui qu'improvisait mon guide.

Nous repassâmes la Loire devant *Ménars*. « Cette magnifique habitation, me dit Valbreuse, appartient aujourd'hui au maréchal Victor, duc de Bellune. Les destinées de ce château changèrent plus d'une fois. Sous Henri II, il était la propriété du secrétaire d'état Buthier. Guillaume Charron, conseiller d'état, le rebâtit sous Louis XIII. Stanislas, de Pologne, vint l'habiter en 1727; et la fameuse demoiselle Poisson, moins honorablement et plus généralement connue sous le titre de marquise de Pompadour, habita cette retraite que son royal amant fit réparer et décorer pour elle avec magnificence, après le départ de son auguste beau-père.

« — Au moins, mon cher Valbreuse, sa destination présente me réconcilie un peu avec sa splendeur ancienne.

— Je ne peux cependant pas oublier son histoire; et l'éclat dont brilla la maîtresse de la couche royale se *blasonne*, pour me servir d'une antique expression, à travers les allées verdoyantes et les colonnes de ce palais.

« Vous avez vu, bon Ermite, le côté misérable de cette contrée; des paysans sauvages comme des Samoiëdes, honnêtes gens comme s'ils n'étaient d'aucun pays. Suivez-moi pendant quelques jours : je vous ménage un spectacle tout différent.

Aucun département de France n'offre une aussi grande quantité de manoirs seigneuriaux; distribués ou plutôt pressés sur une égale étendue de terrain. Vous n'êtes ni assez romantiquement féodal, ni assez ridiculement exclusif pour dédaigner ou adorer ces débris du temps passé, qui se rattachent à de tristes, souvent à d'horribles souvenirs; mais cette magie que l'antiquité répand sur les objets contemporains de nos aieux les environne et les couvre : c'est le phénomène du *mirage;* une illusion brillante fascine notre imagination. A l'aspect de ces tourelles, dont les feux du jour le plus pur ne peuvent éclairer à-la-fois toutes les parties, tant l'adresse des architectes gothiques a multiplié les saillies et les irrégularités de la construction principale, afin d'en rendre la défense plus facile; à la vue de ces ponts-levis, de ces créneaux, de ces poternes encore existantes; à la vue de ces monuments où un mélange d'ombre, de lumière, de pierres mousseuses, et de fleurs sauvages forme mille tableaux dignes de la touche originale de Bouton, l'esprit se crée plus d'un brillant fantôme, et réalise pour ses menus-plaisirs les chimères de la chevalerie, que de graves historiens ont voulu nous donner pour de regrettables réalités. Vous ne verrez pas avec indifférence, mon cher Ermite, ces reliques que je pourrais appeler sanglantes, sans employer une figure de rhétorique trop hardie; mais l'intérêt que vous y attacherez se mêlera d'effroi; vous croirez voir s'élever à vos yeux le géant de la féodalité, ce colosse qui prétendait, comme le Satan de Milton, soutenir sur ses épaules d'Atlas le poids de la monarchie universelle,

« *With Atlantean shoulders to lear monarchy;*

ce tyran des rois et des peuples, a fini par assurer dans certains pays la puissance du despotisme, dans certains autres, comme en Angleterre, la prépondérance de l'aristocratie, à laquelle un esprit national invincible sert de contre-poids démocratique. »

Nous commençâmes par visiter quelques châteaux qui environnent la ville de Blois: à *Celletes*, celui de *Beauregard*, dont le Gaulois Ronsard célébra l'*apollyne beauté* en termes qui n'étaient d'aucune langue. Le possesseur actuel de ce château, l'un des plus honorables généraux de l'ancienne armée, le général Préval, nous y offrit la plus aimable hospitalité. C'est sur-tout sous ces vieux donjons de la féodalité que j'aime à retrouver les guerriers illustres qui ont, pendant un quart de siècle, enchaîné la victoire sous les drapeaux de la France. Il y a quelque chose d'agréable à penser que ces chevaliers, que ces barons d'autrefois ont fondé l'asile où quelques héros jouissent aujourd'hui d'un repos glorieux dans la retraite où la reconnaissance de la patrie les accompagne. L'imagination la plus chevaleresque n'a rien à créer dans le château de Beauregard, en voyant le général se promener dans la *galerie des rois* [1] avec ses trois filles, aussi remarquables par leur beauté que par leurs graces et leurs talents. *Jean du Thiers*, secrétaire de Henri II, et les seigneurs de Beauregard qui lui succédèrent, MM. *Ardier*, commencèrent à embellir ce château si heureusement situé.

A *Chailles*, sur un coteau, le château de *Villelonet* nous frappa par sa position tout-à-fait gothique. C'est un observatoire d'où les seigneurs pouvaient étendre leurs regards jusqu'aux dernières limites de la Touraine, de la Sologne, et de la Beauce.

Non loin de là, je vis le château de *Pezai*, berceau d'un diplomate de l'école de Maurepas, d'un poète de l'école de Dorat, du marquis *Masson de Pezai;* je ne fis que passer en répétant quelques vers agréablement tournés qui composent toute la gloire du marquis poète.

A *Saint-Claude*, en face de *Ménars*, où nous revînmes après cette dernière course, j'admirai l'élégance et la conformation du château de *Nozieu*, qui sert de point de vue au premier de ces châteaux.

[1] Il existe à Beauregard une galerie extrêmement curieuse qui renferme les portraits des rois de France des trois races, et de leurs plus illustres contemporains.

Mon guide m'apprit que Jean Charron, conseiller du roi en ses conseils, avait fondé ce bel édifice.

Je me contenterai de noter ici les noms et les particularités distinctives des châteaux nombreux sous les murs desquels Valbreuse m'entraîna tour-à-tour. Celui d'*Herbault*, situé dans le canton de *Bracieux*, fut construit, me dit mon *cicerone*, par François de Foyal, maître-d'hôtel de François Ier. En 1600, il devint l'apanage de la famille Phélippeaux. On y admire une chapelle élégante d'ordre dorique. *Saumery*, propriété du marquis de *Saumery*, dans la commune d'*Huisseau*, fut habité, depuis Henri IV jusqu'à la révolution, par la famille de Saumery, à laquelle appartenait exclusivement, sinon par un droit armé, du moins par une succession non interrompue, le gouvernement du château de *Chambord*. Valbreuse me fit remarquer, dans le château de *Ville-Savin*, situé dans la commune de *Tours* en Sologne, quelques fragments de peinture sur cristal, très bien conservés; je m'étonnai du degré de perfection qu'avait atteint chez nos ancêtres un art aujourd'hui oublié. *Breton de Villandry*, secrétaire des finances, l'a fait construire, sous François Ier, de son bien, de celui du maître, et de celui de l'état.

Le *Beuvron*, rivière sur laquelle est jeté un vieux pont de pierre, nommé le pont d'*Arriant*, baigne les murs du château de Ville-Savin. Le jardin, le parc, le verger, les toitures, sur lesquelles l'or rayonne encore, tout se ressent de cette magnificence à laquelle se sont toujours livrés les hommes qui manient librement les deniers de l'état.

Cheverny, dans la commune de ce nom. Plusieurs familles illustres le possédèrent tour-à-tour. En 1528, Philippe Hurault de Cheverny vit le jour dans ce château. Chancelier de France sous Henri III et Henri IV, il y écrivit des mémoires, publiés sous son nom, et y mourut en 1599. Reconstruit en 1634 par son fils, il appartient aujourd'hui à un banquier portugais, M. *Guillot*. Ce château, le plus beau du pays, consiste en un corps de logis accompagné de deux pavillons doubles qu'un dôme élégant couronne. Les croisées, dont les pierres sont toutes *en bossage*, se font admirer par le fini du travail. De belles eaux vives répandent la fraîcheur et la fertilité dans le parc, que la complaisance du propriétaire actuel nous permit de parcourir.

Le château d'*Onzain* nous rappela des souvenirs plus variés et plus antiques. La construction en est ancienne et remarquable. En 1183, les seigneurs *de Naillac* le bâtirent. Le prince de Condé y fut enfermé après la bataille de *Dreux*, par Catherine de Médicis. Au milieu du dix-huitième siècle, M. le comte *de Varax* en était propriétaire. Ce fut là que Voltaire, ami du comte, composa deux chants de ce poëme que la morale n'avoue pas, mais que les muses adoptent parmi leurs plus brillantes créations; ce château singulier a servi de modèle au château de *Cutendre;* et le couvent de la *Guiche,* situé à peu de distance, est le prototype du couvent où sœur *Besogne* signala sa mâle vaillance.

Catherine de Médicis, dont le nom hideux se retrouve sans cesse dans les souvenirs de cette belle contrée, habita, pendant les guerres de religion, le château de *Freschines,* que nous visitâmes dans la commune de *Villefrancœur.* Destiné à servir d'asile aux malheureux pendant les guerres civiles, il offrit une retraite, du temps de la fronde, à la duchesse d'Aiguillon et à ses enfants. Le célèbre *Lavoisier* y demeurait, et ses principales expériences venaient de l'illustrer plus que le nom d'une reine et celui d'une duchesse, quand la révolution, plus cruelle que la fronde et la ligue, en arracha l'immortel auteur de tant de découvertes utiles pour le jeter sur l'échafaud.

Un château moderne, celui de *la Motte-Beuvron,* en Sologne, nous arrêta peu de temps. De construction récente, et habité précédemment par un seigneur étranger, il ne nous offrait ni souvenirs antiques, ni pensées nationales.

Le château de *Selles-sur-Cher* est un peu plus ancien. Il remonte aux premières années du dix-septième siècle; bâti par le frère cadet du bon ministre Sully, il est devenu la propriété d'une compagnie de négociants. Il est naturel de penser que leur utilité personnelle l'emportera sur toute autre considération. Quelque partisan que l'on soit de l'industrie, on doit regretter que les destinées de ce beau domaine semblent le dévouer à une ruine certaine, et que l'intérêt de ses nouveaux possesseurs ne les engage pas à le respecter.

« Nous ne sommes pas au bout de notre course, me dit mon jeune guide; voici le château *du Plessis* dont la régularité élégante contraste avec les manoirs que nous avons déjà examinés. L'époque de sa construction ne remonte que jusqu'à Louis XIV, et *Lenôtre* en a dessiné les jardins, où le quinconce et la taille des ifs annoncent encore le règne de cette monarchie absolue, sous l'empire de laquelle les arbres comme les hommes, privés de toute liberté naturelle, ne pouvaient croître et se développer que dans les règles de l'art, ni fleurir qu'avec permission. »

De là, nous allâmes visiter *Beaufeu*, où Philippe-Auguste, après une bataille gagnée par les Anglais, perdit son sceau et tous les actes de sa chancellerie; événement qui fit instituer les chambres permanentes, dépositaires des actes de la couronne; *la Voûte*, bâtiment moderne, dont l'aspect est noble et régulier; *Planay*, situé dans la commune de *Saint-Jacques-des-Guérets*; ce château fut habité et embelli par madame *de Vernage*, femme du premier médecin de Louis XV, ange de bienfaisance, que la contrée a bénie pendant plus d'un demi-siècle, et qui a emporté des regrets universels au tombeau, où elle est descendue en 1819; *La Poissonnière*, dans la commune de Couture, lieu natal du poëte gaulois Ronsard,

Qui depuis... mais *jadis* il était *adoré*;

La Fredonnière, où fut arrêté en 1560 le plan de la conjuration d'Amboise; *Rochambeau*, qui doit toute son illustration au maréchal de France de ce nom, qui y est mort à quatre-vingt-deux ans; *Montrieux*, où se fit la première édition des *Lettres provinciales*, à laquelle Sébastien Hyp, imprimeur à Vendôme, travaillait dans une cave en 1656; *Gay-la-Guette*, au cœur de la Sologne, exemple de ce qu'une culture persévérante pourrait opérer dans cette contrée : une immense plaine de sable l'entoure, des marais s'étendent sous ses murs. M. *Gauvillier*, son ancien possesseur, l'avait considérablement amélioré ; entre les mains de M. *Roussel*, qui l'occupe, il est devenu l'une des plus charmantes habitations rurales que possède la France. *Bejuin*, qui, dans ces solitudes, se fait remarquer par son élégante simplicité. C'est la seule maison de campagne d'un pays où l'on ne trouve que des châteaux et des chaumières; pendant trente ans, Bejuin a été l'asile d'une femme (madame *Boudonville*), qui y a laissé d'impérissables souvenirs de bienfaisance; la jolie maison de campagne de *Prépatour*, dans la commune de Navail, propriété du Béarnais, et qui a conservé le titre de *closerie de Henri IV*; il allait y recueillir le vin de *Surin*, fort mal-à-propos confondu avec le vin de *Surènes*; *Meslay*, construit en 1735 sur les ruines d'un ancien château qui avait servi de quartier-général au vainqueur de la ligue pendant le siége de Vendôme; *La Bonne-Aventure*, château antique qui tombe en ruine, tandis que la chanson composée pour le célébrer conserve sa popularité française; Antoine de Bourbon, roi de Navarre, l'habita long-temps, et y appela près de lui Ronsard et Dubellay; *La Ferté-Humbault*, et par corruption *Imbault*, le manoir le plus féodal de toute la contrée, après le château de Fougères; bâti en 1022 par Humbault-le-Tortu, comte de Vierzon: la vue de ses machicoulis répandait la terreur; le maréchal d'*Étampes*, sous Louis XIII, affectionnait ce séjour, où l'on voit encore les portraits de ce roi, d'Anne d'Autriche et de Louis XIV, qui datent de cette époque; possédé à titre d'héritage, pendant le dix-huitième siècle, par la famille Nonaut-Pierrecourt, il a été acheté récemment par M. le comte de Belmont; *La Ferté-Beauharnais*, qui n'est célèbre que comme propriété patrimoniale du prince Eugène Napoléon; *La Grillière*, bâti sur pilotis vers l'an 1660, singulière habitation, dont l'isolement au milieu d'une plaine de sable ne permet

sance, dont on ne voit plus que les ruines, servait à-la-fois de rendez-vous de chasse aux comtes de Blois, et de domaine à leurs maîtresses; *Montfrault*, auquel des souvenirs plus vagues encore assignent la même destination, et qui occupe l'angle sud-est du parc de Chambord; *Corbrande*, habitation de M. *de Grimoard*, lieutenant-général des armées du roi, auteur d'un grand nombre d'ouvrages oubliés, et qui a laissé dans son château une belle bibliothèque; *Lamorinière, Mongiron, Laborde, Billi-la-Basme*, tous plus ou moins remarquables par l'élégance ou l'antiquité de leur construction. A la Basme, MM. *de Goursy* et *Durand* ont établi de nouveaux procédés d'agriculture qui, répandus en Sologne, pourraient en peu de temps régénérer ce malheureux pays.

pas de deviner quels motifs ont pu déterminer le choix d'une localité aussi incommode et aussi bizarre; *Chaumont*, le plus remarquable, si ce n'est le plus ancien des châteaux du département : la tradition le fait remonter jusqu'à l'an 1000, et lui donne pour fondateur *Eudes*, comte *de Blois;* lorsque les seigneurs d'Amboise, qui le possédaient sous Charles VII, eurent pris parti pour les Anglais, le roi le confisqua à son profit; Henri II en fit cadeau à Diane de Poitiers, qui le donna en 1559 à Catherine de Médicis, en échange de sa terre de *Chenonceaux;* là naquit une huitième merveille du monde, un ministre vertueux et ami du peuple, *Georges d'Amboise; Chaumont* appartient aujourd'hui à M. *Letché-Goyen;* démoli, brûlé, reconstruit à diverses reprises, ce château, malgré sa vétusté gothique, joint quelque élégance à la solidité de son architecture. Il est flanqué de quatre grosses tours, dont l'aspect a de loin quelque chose de très pittoresque; *Conan*, qu'un ancien gouverneur de Chandernagor, M. *Chevalier,* fit bâtir sur les ruines de l'ancien manoir seigneurial de *Bois-le-Beau;* habitation élégante dont le dessin est le même que celui du château de *Garetty*, que M. Chevalier avait fait construire sur les bords du Gange, et que j'ai habité quelques mois pendant mon séjour au Bengale en 1789; *les Montils,* bâtiment très simple, qu'environne un paysage délicieux; ce lieu de plai-

N° CXCIII. [20 JANVIER 1827.]

LA CHATELAINE DE FOUGÈRES.

> De l'antique manoir
> Les murs épais sont enveloppés d'ombre ;
> Seuls, du soldat veillant dans la nuit sombre,
> Les pas égaux font retentir les tours.
> *Madame* TASTU

Je venais de m'arrêter devant un ancien château, dont le caractère tout gothique et la belle conservation m'étonnaient. C'est, me dit Valbreuse, le *château de Fougères*, le plus antique de toute la contrée. Il mérite bien une mention particulière; et, si vous voulez demander au possesseur actuel quelques moments d'une hospitalité qu'il ne vous refusera pas, je vous apprendrai sur les lieux mêmes plus d'un fait historique et plus d'une anecdote romanesque, dignes d'être inscrits sur vos tablettes d'ermite. J'acceptai une proposition qui m'offrait, dans cette marche un peu fatigante, une halte agréable, et l'espoir de recueillir quelques renseignements utiles.

Les voyageurs assez heureux pour trouver un

château sur leur route ne se contentent ordinairement pas d'y arrêter leur lecteur; ils le font errer dans les galeries, le plongent dans les caveaux, le perdent dans les vieilles salles, et ne lui sauvent pas le détail d'un créneau, d'une meurtrière. Le moindre nid de vautours féodaux a reçu des mains de nos déclamateurs pittoresques une illustration phosphorique qui ne tardera pas à s'évanouir. Le gothique a été canonisé par la mode. Je ne céderai point à ce penchant ridicule de l'époque, quelque favorable que soit l'occasion qui se présente.

Rien de plus pittoresque que le château de Fougères. Des murs crénelés le protégent et l'environnent; des arabesques et des sculptures, très bien conservées et noircies par le laps de trois siècles et demi, attirent l'attention des curieux. L'esprit se reporte de lui-même vers ce beau idéal de la féodalité que des rêveurs imbéciles voudraient nous faire regretter. Étrange et capricieuse destinée! le siècle industriel a métamorphosé en filature de laine ce château antique, qui existait déjà du temps de l'invasion des Normands, et qui tomba alors sous la loi d'un seigneur danois nommé *Frangal*. *Pierre Refuge*, trésorier du monstre Louis XI, le rebâtit sous son règne. Après avoir observé en détail toutes les parties de ce château-fort, muni de tout ce que l'art avait jusqu'alors inventé, nous errâmes sous ses longues galeries, et l'esprit encore rempli des images chevaleresques que le lieu où nous étions réveillait, nous dînâmes fort tard chez le contremaître de la fabrique, parent de mon jeune guide : une énorme tour carrée, à laquelle on montait par un escalier tournant d'une hauteur prodigieuse, fit seule le sujet de notre conversation. Dans cette tour, nous avions remarqué un appartement qui semblait n'avoir pas été habité depuis des siècles. Des débris d'un luxe gothique, un prie-dieu vermoulu, un grand âtre armoirié, une vieille lampe ciselée et rejetée dans un coin, un fragment de lit curieusement sculpté, contrastaient avec la solitude de ce lieu, qui semblait moins fait pour servir de retraite à un riche voluptueux que de prison à un coupable.

« De temps immémorial, me dit M***, cette chambre a été respectée, par les habitants de ce vieux manoir, comme le vivant témoignage d'une aventure singulière qui s'est passée ici, et dont je me suis procuré le récit authentique. Je ne vous livrerai pas ce parchemin vermoulu qu'un moine du couvent voisin chargea de son style verbeux et de ses abréviations illisibles; c'est un objet précieux (continua-t-il en tirant d'une armoire un coffret de laque), mais seulement pour les antiquaires. L'anecdote qu'il atteste est plus intéressante pour vous. Je l'ai fait transcrire, puis traduire, car le moine écrivait en mauvais latin; et j'ai déposé dans le coffret, côte à côte du manuscrit autographe et original, la traduction que je vais vous lire, si cela peut vous amuser. »

J'examinai d'abord le manuscrit original en me défiant des ruses dont tant d'hommes savants ont été dupes en ce genre. Je me souvins qu'un Anglais nommé Chalserton, en contrefaisant habilement le style et la vieille écriture du onzième siècle, s'était moqué pendant trois ans de tous les déchiffreurs anglais et de tous les érudits assemblés. J'avouai mon insuffisance et j'écoutai le récit du chroniqueur tourangeau, débarrassé par le traducteur du fatras de mots sous lequel les académiciens et les moines n'ont jamais manqué d'écraser et d'ensevelir leurs pensées.

« En l'an de N. S. 1492, vivait noble homme messire de *Villemore de Fougères,* homme preux et vaillant à toutes les armes. Il avait porté toute sa vie escus, casques, et corselets. Sa dame et maîtresse était fille du seigneur de *Malleval,* dans le *Perche;* de bonne heure elle avait perdu tous ses parents, et orpheline elle avait trouvé dans la maison du seigneur de Villemore, protection, et, comme elle espérait, loyauté. C'était en grace, courtoisie, beaux discours, femme accomplie ainsi que le seigneur son époux l'était au maniement des armes et à la science de la guerre. Elle atteignait vingt ans et n'avait point de fils du seigneur messire de Villemore, lequel entrait alors dans sa soixante-cinquième année.

« Pendant que le seigneur était à la guerre, Yseule de Fougères gardait complète solitude et se contentait pour tout plaisir des contes de ses demoiselles, qui lui disaient le soir quel était le meilleur don d'amour et qui lui récitaient de beaux tensons ; elle écoutait leurs chants et les imitait maintes fois, mais nul chevalier n'approcha d'elle. Le seigneur revint et sa joie fut complète ; mais elle devait se changer en peines cuisantes.

« Yseule accueillit son seigneur par fêtes magnifiques et plaisants entretiens, où tous les nobles hommes des pays voisins furent invités. C'était plaisir de voir ces belles salles, tendues de soie bleue, avec des lampes d'or suspendues aux grosses solives et très bien travaillées, et des vitraux transparents qui faisaient reluire l'or, la pourpre et la couleur de l'ambre jaune, jusque sur les pavés de la chambre. C'était joie d'assister aux grands festins et d'y voir le paon couvert d'un beau plumage et découpé pour les seigneurs, et de sentir les eaux parfumées que l'on répandait par-tout. Voilà comment la châtelaine reçut son noble époux.

« Mais il était sombre et d'une humeur belliqueuse et taciturne. Les hommes d'armes les plus renommés admirèrent la bonne grace de la châtelaine, et lui tinrent propos de courtoisie et de plaisir dont nul féal et vaillant homme n'eût pris aucun ombrage. Cependant le poison de la jalousie se glissa dans le cœur du sire de Villemore; dès-lors il observa les manières et les démarches de la bonne Yseule, qui était innocente devant Dieu de toute pensée coupable. Quand le soupçon entre dans une ame peu généreuse, il y prend racine et s'y enfonce de toute sa profondeur. Yseule, dès ce moment, n'eut plus de beaux jours. Les fidèles damoisels furent mis hors du château, et ses pages n'eurent plus permission de la servir ailleurs qu'à table, et de la voir, si ce n'est en présence du suzerain.

« Yseule languissait dans la douleur depuis deux ans. Son époux quittait quelquefois le château pour aller à la cour du puissant Louis XI, qui lui avait déja enlevé par force plusieurs dîmes et corvées, et qui n'était pas mieux affectionné pour lui que pour les autres grands vassaux dont l'éclat lui paraissait éclipser le lustre de la couronne. Ce fut malheureusement pendant que messire de Villemore était absent, qu'une ancienne amie de l'enfance d'Yseule, châtelaine de Thymerais en Perche, lui envoya son page pour rafraîchir la mémoire de leur amitié et lui présenter cadeaux, et même gages de souvenir.

« Un soir d'octobre (l'angelus n'avait pas encore sonné), le page, arrivé au château le matin, se tenait debout, comme il est convenable, devant la suzeraine, et lui faisait admirer sur le vélin d'un missel envoyé par sa maîtresse le bel arrangement des fleurs et l'éclat des couleurs qui y brillaient. La trompe annonça le retour du seigneur, et la pauvre châtelaine, qui savait que son époux lui avait défendu, sous peine de lui déplaire sans retour, de recevoir nul homme et de lui parler, s'empressa de faire signe au page qu'il eût à se cacher derrière la tapisserie qui couvrait les pans du gros mur. Hélas! le mauvais destin voulut que le sire de Villemore arrivât avant que le page eût eu le temps d'obéir à la châtelaine. Il entre, et d'un coup d'œil observe et voit ce qui se passe. Transporté d'ire, tirer sa dague, en menacer Yseule, et en percer le page qui s'était jeté à ses pieds, ce fut un moment pour lui. Sans rien entendre, et sans vouloir que la châtelaine expliquât sa conduite et mît au jour son innocence, il la laissa et sortit.

« Ah! faut-il que les faux soupçons attaquent et condamnent si souvent qui n'est nullement coupable! Il existait dans la grosse tour carrée du castel une chambre secrète où prisonniers de guerre avaient souvent été mis en gêne: grande, mais obscure, et d'où le plus habile n'aurait pu sortir que par la grace de Dieu. Ce fut là que le vieux Villemore conduisit Yseule, et ce fut là que, malgré ses larmes, et quoiqu'elle attestât tous les saints qu'elle n'avait jamais forfait à l'honneur, elle demeura enfermée durant trois mortelles années. Personne ne savait le destin de la châtelaine. Un jour elle vit passer des funérailles ; c'étaient les siennes. Le seigneur avait feint qu'elle avait passé de vie à mort entre ses bras, et par ce simulacre de cérémonies il comptait tromper tout le monde. La pauvre Yseule pleura, pleura long-temps, et tâcha de se consoler en écrivant des fabliaux. Son époux n'avait pas été assez barbare pour la priver de tout ce qui servait à son amusement. Il lui avait laissé un beau lit avec ses courtines de velours et son estrade, un luth dans son étui de bois précieux et embaumé, une grande lampe, et le vieux fauteuil des châtelaines de Fougères. Lui-même venait la visiter tous les mois, et elle tremblait violemment à sa vue. Le châtelain l'aimait, non d'amour tendre et féal, mais d'une rage amoureuse, et la malheureuse prisonnière avait beau le supplier, en lui disant que tout cela était une chimère de son esprit, et qu'elle n'avait en aucun temps écouté les serments d'amour d'homme qui fût au monde, il l'écoutait avec émotion et finissait par lui répondre que, fût-il persuadé de ce dont il doutait, il ne pourrait lui rendre la liberté, puisqu'on la pensait morte, et qu'il serait funeste à son honneur qu'elle reparût vivante. Enfin le cruel la garda dans cette geôle, jusqu'à ce que Dieu sauva la châtelaine par sa propre et divine intercession.

« Un jour qu'il était venu la voir après avoir pris, comme à l'ordinaire, les plus grandes précautions pour n'être pas aperçu, la pauvre Yseule remarqua à sa ceinture l'énorme clef de sa prison : elle avait déja observé que la porte massive et composée de lourdes pièces de bois et de fer était construite avec tout l'artifice des ouvriers les plus habiles; qu'elle n'avait en dedans aucun moyen de s'ouvrir, et qu'en dehors seulement se trouvaient verroux, barreaux de fer, et défenses de toute espèce. Au même instant, sa résolution est prise. Tandis que le vieux chevalier est occupé à lire un nouveau fabliau où la jeune infortunée raconte sa propre histoire, Yseule s'élance vers la porte, qui s'ouvre à son premier effort; elle emploie toute sa force à la refermer avec la barre et les verroux, se sauve, et n'entend pas même les hurlements que pousse le vieux tigre au fond du piége qu'il avait lui-même tendu.

« Yseule rentre dans ses appartements et fait venir tous ses *varlets*. On peut se faire une idée de l'effroi dont ils sont saisis à la vue de la dame châtelaine qu'ils croyaient morte depuis cinq ans. L'histoire miraculeuse qu'elle leur raconta pouvait-elle être à leurs yeux l'occasion d'un doute, quand la disparition du seigneur châtelain venait d'en renouveler le prodige?

« Yseule ne voulut pas jouir de sa vengeance en femme outragée. Dès le lendemain elle établit entre elle et son époux une correspondance secrète qui eut pour objet et pour résultat d'obtenir du prisonnier l'aveu du crime dont la jalousie l'avait rendu coupable, et la justification la plus authentique de son épouse. A ce prix, la liberté fut rendue au châtelain de Villemore, dont l'apparition au milieu de ses vassaux fut assez habilement ménagée pour accréditer le bruit de l'intervention d'une puissance surnaturelle dans tous les événements dont le château de Fougères fut pendant deux siècles le théâtre. »

N° CXCIV. [27 janvier 1827.]

CHAMBORD ET CHANTELOUP.

Clouds capt towers, solemn temples, gorgeous palaces.
.SHAKSPEARE.

Temples de la grandeur, magnifiques palais,
tours que les nues environnent.

Ma fidélité historique, qui me portait à consigner sur mon carnet les noms de tous ces édifices seigneuriaux, suffisait à peine à leur multitude; et mon jeune guide, qui riait de me voir remplir de mes notes une page dont j'étais obligé de tourner le feuillet pour compléter ma liste, me dit : « Il ne me reste à vous montrer que deux de ces monuments historiques; c'est Chambord, célèbre par les galanteries de François Ier et la gloire du maréchal de Saxe, et *Chanteloup,* illustré par la disgrace d'un ministre patriote; Chanteloup, où se passa la première scène, ou plutôt le prologue de la révolution; dans lequel la plus haute noblesse et les courtisans donnèrent le premier exemple de défection; où l'opinion publique se prononça contre la cour en faveur d'un ministre disgracié, qui honorait son pays par ses talents et son courage.

A travers la multitude de cercles excentriques et concentriques que mon guide me forçait de décrire, j'étais loin de pouvoir me reconnaître; un cabriolet, une cariole, la charrette d'un paysan, une monture empruntée ou louée de rencontre, nous conduisaient d'un château à l'autre, et j'aurais pu me croire au pied des Apennins ou aux frontières de l'Allemagne, que nous étions encore sur la lisière de la Sologne.

Je me suis arrêté quelques heures à *Saint-Dié*, où se sont écoulées, auprès d'une sœur chérie, quelques années de mon enfance. Ce bourg considérable est entouré de beaux vignobles; Saint-Dié a jadis été très commerçant. C'est là que M. *Brondes* établit, en 1761, la première manufacture d'étoffes de molleton de coton, manufacture qui l'enrichit et dont le bienfait répandit l'abondance à dix lieues à la ronde. Louis XVI exempta de la taille les enfants de ce directeur, et lui accorda une pension. Cette industrie si féconde, transportée aujourd'hui à Paris, Rouen, et Troyes, n'existe plus à Saint-Dié. Le commerce des vins y est resté florissant: MM. *Vernouillet, Paquier, Dinochau* y fabriquent du vinaigre comparable, pour la qualité, au meilleur vinaigre d'Orléans. Plusieurs négociants de ce canton, en réduisant de l'eau-de-vie en esprit-de-vin, dont toute la partie spiritueuse se conservait, et qui, formant un moindre volume, payait de moindres droits d'entrée, ont trouvé moyen d'acquérir une fortune considérable dont les fermiers-généraux, avertis un peu tard et mauvais chimistes, ont eu soin d'arrêter les progrès. Le seul monument un peu remarquable de ce bourg est l'église métropolitaine, qui n'est pas indigne du Primatice.

A une lieue de Saint-Dié, nous entrâmes dans un parc immense; c'était Chambord, domaine royal, qui a été en France ce que Wood-Stock était en Angleterre. « Chambord a-t-il enfin reçu sa dernière destination? — Non, répondit Valbreuse; dans cette affaire comme en tant d'autres, où les gens de finance ont mis la main, tout s'est embrouillé; on ne sait plus où l'on en est. On coupe des bois, on répare, on démolit : mais, comme dit Lucien le satirique, *des dieux pas un seul mot!* — Quoi! après tant de souscriptions, de listes, d'emphase, de bruit et de générosité sur le papier, aucun résultat n'est encore venu attester la loyauté des commissaires? — Eh quoi! mon bon Ermite, on dirait presque, à vous entendre faire ces questions par trop naïves, que vous conservez pour l'espèce humaine prise en général une vénération profonde, et que depuis douze ans vous n'avez vu se réfléter sur les murs de votre cellule qu'une image trompeuse des mœurs du dix-neuvième siècle. »

En nous livrant à ces étonnements et en causant morale et misanthropie, nous approchions du château, dont l'aspect est plus étrange qu'original, plus original que magnifique, et plus magnifique que régulier. Des terrasses immenses, une symétrie empruntée à la perfection de l'art grec, les colonnades du Parthenon s'y joignent à ces arceaux pleins d'audace, à ces volutes bizarres, fruit de l'art des Arabes et des Saxons. Construit au centre du parc, qui contient environ seize cents arpents de terre, et qu'entoure un mur de sept lieues de circonférence, le palais offre à la vue la masse imposante de ses bâtiments dont le carré régulier est flanqué de quatre grosses tours. Valbreuse me sembla démêler avec beaucoup de sagacité le véritable caractère de cet édifice. « C'est, me disait ce jeune homme, l'emblème fidèle du siècle de François I*er*. La chevalerie, née des institutions chrétiennes et des mœurs guerrières des peuples du nord, subsistait encore à la cour des rois. L'art, qui renaissait, cherchait à imiter les belles formes inventées par les anciens Hellènes : un mélange de goût gothique, de la galanterie des paladins, et de la grace antique, se faisait sentir dans les premiers essais des lettres et des arts. Le Primatice, homme de génie, que le roi chargea de dessiner le plan d'un domaine vraiment royal, s'empara, si je puis le dire, de toutes les idées qui se trouvaient en mouvement, et les réalisa dans la conception hétérogène que nous avons sous les yeux. Admirez ces chapiteaux dessinés avec une fécondité rare d'imagination, et échappant aux règles ordinaires de l'architecture : voyez ces terrasses aussi belles que celles de Versailles, et ces ornements des cheminées, dignes par leur bizarrerie élégante d'appartenir à ces constructions moresques, où le génie oriental a déployé tous ses caprices. Le Primatice est jusqu'ici le seul architecte qui ait su faire de ces tristes tuyaux, dont les lignes irrégulières déparent tant d'édifices, des fûts de colonnes qui s'élèvent avec élégance ; la Salamandre, emblème de François I*, est sculptée sur chacun d'eux, et le gentilhomme bolonais dont nous parlons a trouvé moyen ; pour la première fois peut-être, d'avoir de l'esprit en architecture. »

Comme je m'étonnais de la blancheur que le laps de tant d'années n'a point enlevée à l'édifice, le philosophe de *Veuves* m'apprit que cette qualité si précieuse, et qui semble conserver aux monuments de l'architecture leur fraîcheur et leur jeunesse, appartient aux carrières de *Bouré*, situées sur les rives du Cher, et qui fournissent depuis plusieurs siècles des pierres de taille d'un grain très fin, très faciles à tailler, et qui, triomphant de toutes les intempéries, de toutes les influences réunies des saisons et du temps, restent, après deux ou trois cents années, aussi éclatantes de blancheur qu'au moment où elles sortent de la terre. Pourquoi ne profiterait-on pas de cette qualité presque unique de la pierre de Bouré pour la construction des monuments de la capitale? ou du moins à son défaut les chimistes, par une analyse de ses élémens constitutifs, ne pourraient-ils pas parvenir à composer un enduit que l'on appliquerait sur les pierres qui noircissent au.grand air, et qui donnent à la plupart de nos palais l'aspect si désagréable d'une vieillesse prématurée?

Après avoir long-temps considéré ce mélange de colonnes, de tours, de pavillons, de donjons, de statues, de terrasses, et de tourelles, nous montâmes par ce grand et fameux escalier dont le double rampant circule autour d'un même noyau, sans que deux personnes qui montent ou descendent en vue chacun des deux rampants, puissent se rencontrer avant d'être arrivées en haut ou au bas de l'escalier. Nous nous arrêtâmes sur les deux terrasses auxquelles cet escalier aboutit, et qui font le tour des bâtimens. A cet escalier fort large et très doux succède un second escalier construit en spirale dans une tour percée qui domine l'édifice; la montée en est plus pénible; mais quand on atteint le sommet, que couronne une lanterne qui se trouve à plus de deux cents pieds au-dessus du sol, on oublie la fatigue du voyage pour admirer le coup d'œil magnifique dont les regards sont frappés; la Beauce, la Touraine, la Sologne, et l'Orléanais se découvrent tout entiers : ici l'or des épis, là de vastes plaines, plus loin des forêts immenses, des plantations de vigne, enfin dans un pays plat où nul obstacle n'arrête la vue, une perspective de plus de douze lieues qui s'étend de tous les côtés devant vous.

Je me reposai quelque temps au centre de ce panorama, dont un beau temps augmentait encore la magnificence. « L'histoire de Chambord est simple, me dit Valbreuse, qui profita de cette halte pour m'instruire des particularités relatives à ce domaine royal. Dans le douzième siècle, Chambord était un château de plaisance et un rendez vous de chasse des comtes de Blois. Le pays était giboyeux, et depuis long-temps les rois de France en avaient fait l'acquisition, lorsque François Ier, à qui les dépenses les plus folles coûtaient peu quand il s'agissait de satisfaire son goût pour le luxe, détruisit les anciens bâtiments, appela Primatice en France, et, le 1er octobre 1526, y mit dix-huit cents ouvriers. Depuis cette époque jusqu'à sa mort, il y dépensa, suivant les comptes exacts du trésor royal, quatre cent quarante-quatre mille cinq cent soixante-dix livres six sous six deniers, somme qu'il faut porter à plus de cinq millions de notre monnaie, pour obtenir son évaluation au prix actuel du marc d'argent. Après la mort de François, le mauvais état des affaires du royaume et l'épuisement de la bourse royale empêchèrent Henri II, Henri III, et Charles IX de dépenser pour la continuation de l'édifice plus de trois cent quatre-vingt-onze mille livres, somme qui, réunie à la première, donne une dizaine de millions de notre monnaie, lesquels n'eussent point été inutiles à la cour de France au milieu des difficultés où la ligue, les Guise, l'Espagne, et les vices du monarque l'engagèrent.

« Malgré de si énormes dépenses, jamais les bâtiments de Chambord n'ont été complétement terminés. Primatice, à qui François Ier avait donné pour récompense l'abbaye de Saint-Martin de Troyes, mourut sans voir son chef-d'œuvre exécuté, et Louis XIV, plus ardent à fonder Versailles qu'à achever ce que ses prédécesseurs avaient laissé incomplet, se contenta de faire combler les fossés et construire quelques bâtiments supplémentaires pour le service de sa maison. Il habita plusieurs années Chambord, où les farces de Molière furent représentées pour la première fois devant lui. Louis XV donna Chambord à Stanislas, roi de Pologue, son beau-père : celui-ci y demeura longtemps. A Stanislas succéda le maréchal de Saxe : le vainqueur de Fontenoy vint se reposer sur ses lauriers aux mêmes lieux où, deux siècles avant, le vaincu de Pavie était venu cacher sa honte. Le maréchal de Saxe y vécut en prince. Louis XV lui avait accordé la permission d'avoir près de lui, à Chambord, son régiment de Hulans; il fit bâtir pour ses troupes de magnifiques casernes que l'on vient tout récemment de détruire.

« On ne veut pas permettre aux gens illustres de mourir de mort naturelle, et la chronique secrète des dernières années de Louis XV a prétendu que le maréchal de Saxe mourut empoisonné. Ce fait est faux, et je tiens du vieux *Mouret*, valet de chambre favori du maréchal de Saxe, retiré à Saint-Dié, où il a vécu jusqu'à l'âge de quatre-vingt-dix-sept ans, que le maréchal mourut d'une fluxion de poitrine causée par le froid subit auquel il s'était exposé en s'arrêtant sous la *Porte-Royale* pour examiner une remonte de chevaux. Le maréchal de Saxe ne s'étant point marié, ce beau domaine devint la propriété du comte de Frise, son neveu, qui mourut sans postérité : Chambord retourna à la couronne. M. le duc de Polignac en obtint la jouissance en 1782. Pendant la révolution, un dépôt de chevaux de remonte y fut établi;

Napoléon l'assigna en dotation à la Légion-d'Honneur. Après la bataille de Wagram, l'empereur érigea Chambord en principauté de Wagram, en fit don au maréchal Berthier, et lui imposa pour condition de porter le titre de prince de Wagram, d'y dépenser cinquante mille francs chaque année pendant quatre ans, et de le terminer d'après les dessins du Primatice. Ces travaux à peine commencés, la restauration survint, Berthier mourut, et la princesse de Wagram fut forcée d'aliéner ce domaine immense, qu'une souscription, ouverte depuis plusieurs années, a pour but de racheter, pour en faire hommage au duc de Bordeaux. Les fonds des souscripteurs ont été versés; le domaine a été assigné à la commission sous le nom de M. Calonne. Mais la destination réelle de la souscription sera-t-elle jamais remplie? les ministres ont beaucoup à faire, et Dieu sait..... »

J'interrompis Valbreuse, et nous redescendîmes pour aller de nouveau mesurer des colonnes, observer les singulières combinaisons de fruits, de fleurs, et d'arabesques qui leur servent de chapiteaux, et enfin nous promener dans le parc et sur les terrasses.

L'imagination peut se laisser ébranler par le souvenir éclatant du despote qui construisit ou ordonna ce château, dis-je à Valbreuse; mais quand on se souvient que les trésors prodigués sous ces voûtes eussent racheté le monarque prisonnier, eussent allégé la misère du peuple ruiné par les guerres d'Italie, et peut-être prévenu les orages que l'Espagne allait semer en France, on ne peut s'empêcher de gémir à l'aspect de ce palais, et de trouver dans l'audace brillante de ces colonnades une extravagance magnifique et cruelle, qui se jouait des nations et compromettait, pour une jouissance de luxe et d'amour-propre, le trône et la patrie.

— Eh bien! Ermite, que votre philosophie suspende un moment ses plaintes! Repassons par Amboise, et, ce soir même, profitons de l'occasion d'une diligence qui s'y rend; elle nous permettra d'accomplir rapidement et sans fatigue notre pèlerinage au château de Chanteloup, situé à une demi-lieue d'Amboise. »

J'acceptai cette proposition. Le lieu d'exil d'un bon ministre est un lieu consacré. Le duc de Choiseul n'a-t-il pas essayé d'écraser le monstre aux mille têtes, qui, couvert d'une robe noire, accaparait l'éducation, le commerce, les lettres, la religion, et la politique européenne? N'a-t-il pas subi une disgrace honorable? l'honneur de son nom ne survit-il pas tout entier dans un neveu que la France constitutionnelle se plaît aujourd'hui à compter au nombre de ses plus nobles défenseurs? tout bon

Français doit donc à Chanteloup un souvenir et un hommage. J'appris, chemin faisant, que Chanteloup appartient aujourd'hui à un ancien ministre, qui, par les progrès qu'il a fait faire à la science industrielle, a bien mérité de la patrie, à M. le comte Chaptal, aujourd'hui pair de France, homme habile, et par conséquent éloigné des affaires publiques.

« Il semble, disait mon jeune ami, que ce beau séjour soit réservé aux grands personnages dans la disgrace. La princesse des Ursins vint l'habiter quand le sceptre qu'elle dirigeait échappa de ses mains. Lorsque le duc de Choiseul fut accablé par le complot que la *respectable* Dubarry avait tramé, de concert avec les non moins respectables ducs de Richelieu et d'Aiguillon, il se retira dans sa terre de Chanteloup, et tout ce que Paris a de distingué s'empressa d'honorer sa disgrace et de venir interrompre sa solitude. »

La beauté de l'édifice et du parc qui l'environne me frappa moins vivement que ces souvenirs. Je m'assis dans la pagode chinoise que M. le duc de Choiseul a consacrée *à ses amis qui ne l'ont pas abandonné dans sa disgrace*, comme l'atteste une inscription latine du bon abbé Barthélemy. Peut-être quelque autre excellence fera-t-elle bientôt l'acquisition de ce château paisible où l'on oublie les caprices de la fortune; mais je doute que cette nouvelle victime de la fragilité des cours ose, en face de son siècle, construire le plus simple autel *aux amis qui ne l'auront point abandonné dans sa disgrace.*

N° CXCV. [3 FÉVRIER 1827.]

BLOIS ET SON CHATEAU.

> *Lætissima cœli facies. Quales Elysios Campos antiquitas prædicavit, talis ejus Regionis facies à cœlo data.*
> MARIANA, *de Rege.*
>
> Tout est riant dans cette contrée ; le ciel lui a donné cette beauté de climat, cette grace surnaturelle que les fictions antiques attribuaient aux Champs-Élysées.

Cette tournée dans le Poitou et la Touraine avait duré quinze jours; j'ai employé quelques pages à en consigner ici les résultats. Elles suffiront, sans doute, pour prouver ce que mon compagnon de voyage avait avancé : c'est que dans nulle contrée de la France un aussi grand nombre de châteaux, d'habitations anciennes, seigneuriales, gothiques, et féodales, ne se trouvent réunis. C'est un paysage de l'Arioste, où l'imagination est caressée à chaque instant par quelque souvenir attrayant, ou ébranlée par quelque souvenir terrible. Tout ce que l'histoire du pays offre de terrible, d'aimable, et d'imposant, a laissé des traces dans cette région fortunée, où les beautés de la nature s'embellissent des prestiges du passé. Je m'arrêtai quelques jours à *Veuves*, et je repartis avec le jeune campagnard, qui, avant de se diriger vers *Blois*, me fit traverser les villes dont cette capitale du Blaisois est entourée.

« Nous ne retournerons point sur nos pas, me dit-il, pour visiter plus particulièrement *Romorantin et Selles-sur-Cher;* mais je vous en dirai quelques mots.

« Romorantin, moins illustre aujourd'hui par sa situation commerciale et industrielle que par un vers ridicule de Marot, tire évidemment son nom du ruisseau le *Morantin*, qui baigne une partie de la ville. Elle était, en 1200, un arrière-fief des comtes de Blois, et passa dans beaucoup de mains avant de devenir la propriété de la maison d'Orléans. Le prince de Galles, fils d'Édouard III, roi d'Angleterre, l'assiégea en 1356. Froissard parle de son artillerie, et c'est la première fois qu'il en est fait mention dans l'histoire. Le roi Jean, qui se trouvait à Chartres, rassembla des troupes, fit lever le siége de Romorantin, poursuivit les Anglais, les atteignit à *Maupertuis*, près *Poitiers*, et leur livra la bataille, dont le résultat devint si funeste à la France. Quant à Selles-sur-Cher, c'est une ville sans souvenirs. »

Nous côtoyâmes de nouveau la Loire. A travers

un paysage toujours riant et dont la fécondité et la fraîcheur ne semblent avoir pour défaut qu'une monotonie de beauté, nous atteignîmes le gros bourg de *Mer*, patrie de ce fougueux *Jurieu*, antagoniste de Bossuet et du docteur Arnauld; il porta dans les disputes du protestantisme toute l'aigreur, tout le fanatisme, et toute l'inépuisable fécondité d'injure et de haine qui pourrait caractériser un inquisiteur catholique. Ce lieu se glorifie davantage d'avoir donné naissance à M. *Lenoir*, le premier artiste de l'Europe pour la construction des instruments de physique; le seul qui ait pu, de son temps, exécuter le cercle inventé par le chevalier *Borda;* M. Lenoir est lui-même inventeur d'un instrument admirable, le grand comparateur, qui a servi à la détermination définitive des mesures métriques.

Le village de *Montrichard*, à deux lieues de Blois, sur la rive droite du *Cher*, ne nous offrit de remarquable que les ruines de son château, bâti par *Foulques de Nera*, comte d'Anjou. Philippe-Auguste ne put s'en emparer qu'après un long siége. En 1755, ce château s'écroula, et écrasa une église située au-dessous.

En nous rapprochant de *Vendôme*, et en traversant de vastes champs d'asperges en fleurs, dont mon ami me vanta la saveur et la qualité, nous rencontrâmes encore des ruines près du village de

Montdoubleau; ce sont les débris d'un autre manoir, qui remonte à l'origine de la féodalité, et dont l'architecture, conservée dans quelques unes de ses parties, est celle du neuvième siècle.

La forteresse de *Marchenoir*, bourg situé près de la forêt qui porte ce nom, est dans le même état de délabrement. A en juger par ces vestiges, le pauvre village que nous traversions avait dû être une ville de quelque importance; il est probable que sa ruine date de la fatale révocation de l'édit de Nantes, l'un des coups d'état les plus criminels dont la politique ait jamais frappé l'industrie et la vie civile d'un peuple.

La route que nous suivîmes pour nous rendre à Blois est d'une magnificence presque sauvage. Pendant l'espace de deux lieues, le grand chemin traverse une forêt que la hache des entrepreneurs a respectée, et dont l'ombrage encadre, pour ainsi dire, la perspective riante que l'œil découvre au loin. Sous nos pieds s'ouvrit bientôt une vallée riante; et, de l'élévation sur laquelle nous étions alors placés, je découvris la ville de Blois, bâtie en amphithéâtre sur la rive droite du fleuve, et le pont antique qui se trouve de niveau avec la vallée. Si la commodité publique perd quelque chose à la disposition des édifices étagés sur le penchant de la colline, l'aspect pittoresque y gagne beaucoup. Il y avait quelque chose de magique dans ce coup d'œil qui nous offrait à-la-fois les eaux claires de la Loire, coulant à nos pieds, les toitures des maisons, les pointes des clochers étincelants au feu du jour, et la verdure des coteaux voisins, servant, comme disent les peintres, de repoussoir, et faisant ressortir ce tableau plein de grace.

Rappelons ici en quelques lignes les souvenirs qui assiégent notre mémoire. Blois fut, pendant plusieurs siècles, la demeure des comtes de ce nom, et ensuite le séjour favori des rois de France. La guerre civile ensanglanta ces beaux rivages et ces châteaux magnifiques. Celui que nous apercevons au milieu de la ville a été habité par plus de cent princes ou têtes couronnées. Louis XII y est né; François I*, Henri II, Charles IX, Henri III, y ont tenu leur cour. Les princes dont la légèreté, la superstition ou la cruauté ont été les plus funestes à leur royaume, ont porté dans cette belle contrée les passions de leur ambition malade, de leurs haines souvent impuissantes, et de leurs honteuses amours. Le massacre du duc de Guise et de son frère le cardinal y fut commandé et exécuté pendant les états de 1577; telle était la confiance de la cour, et l'apathie morale des peuples, qu'au moment où l'on relevait ce vain simulacre de liberté, on ne craignait point d'exciter le courroux national en exécutant un forfait atroce avec une audace et une franchise de crime dont les tyrans de l'Orient ou de l'Italie papale ont seuls donné l'exemple.

Tous ces souvenirs m'étaient présents, et ce dont je ne puis trop m'étonner, c'est qu'à la vue de ces contrées si dignes d'attention et si peuplées des images du passé, quelque Walter-Scott français n'ait pas senti s'éveiller son génie. Ce mélange des beautés naturelles et des souvenirs historiques; ces vieux monuments d'architectures si diverses, les traces encore subsistantes du luxe de François Ier, et la tradition toujours vivante de la misère publique, pendant que Catherine de Médicis nageait dans l'or et les voluptés, ne devraient-ils pas exciter une imagination patriotique à nous donner de grandes compositions dans un genre que la critique repousse quand on y associe l'épithète d'*historique*, mais qui peut devenir utile en retraçant fidèlement les costumes et les mœurs des temps passés[1]? La patience ou le génie manqueraient-ils à nos écrivains? Un goût frivole et déclamatoire doit-il absorber toute la littérature? L'esprit du siècle doit-il s'évaporer en pamphlets?

— Hélas! mon cher Ermite, la postérité s'en

---

[1] Pendant que nous écrivions ces lignes, le vœu que nous exprimions était rempli dans les scènes historiques publiées sous le titre *des États de Blois*, par l'auteur des Barricades, sur le modèle du *François II*, du président Hénault.

plaindra comme vous. Dans ce siècle de troubles et de coteries on n'a plus d'esprit que par fragments, et de talent que par saillie. L'élan persévérant du génie manque à la plupart de nos écrivains, plongés dans le tourbillon des intérêts politiques, et incapables de sacrifier à la gloire de l'avenir les jouissances du moment. »

En arrivant à Blois, je demandai grace à Valbreuse, dont la jeunesse et l'activité triomphaient des fatigues d'une course si rapide. Un jour presque entier fut donné au repos, et le lendemain matin nous commençâmes à explorer la capitale du Blaisois.

« Avant de nous mettre en course, me dit mon aimable *cicerone*, qui ouvrit de bonne heure la fenêtre de notre auberge, donnant sur la rive du fleuve, admirez avec moi la levée de la Loire que nous avons sous les yeux. C'est peut-être le moins brillant, mais certainement le plus utile des monuments de l'industrie humaine que ce département renferme : sans le secours de ces constructions énormes, le fleuve inonderait chaque année les terres plates qui le bordent. A force de travaux et d'habileté, on est parvenu à encaisser les eaux qui maintenant s'écoulent paisiblement à nos pieds, mais que l'hiver rend aussi impétueuses et aussi fortes que celles du Nil. Les fameuses digues dont s'enorgueillit la Hollande sont moins larges, moins hautes, et moins solides que ces levées, qui servent de grandes routes, et conduisent à Tours, à Saumur, à Angers. Graces à elles, les rives fécondes de la Loire ne sont plus envahies par le fleuve : il a fallu des siècles pour les terminer, et leur origine remonte au règne de Louis-le-Débonnaire, dont ce fut sans aucun doute le meilleur ouvrage. »

Nous ne tardâmes point à parcourir les rues de la ville la plus tortueuse que le génie des architectes gothiques ait jamais construite contre toutes les lois de la régularité, et pour le désespoir des piétons. La pente rapide de la colline ajoutait encore de nouveaux obstacles à cette sinuosité fatigante : il est vrai que, de temps en temps, le magnifique coup d'œil de la Loire et de ses rives venait s'offrir à nos regards. A chaque pas, de petits degrés annonçaient l'intention, fort mal remplie, de corriger les défauts du terrain, et souvent, dans ma lassitude, je fus obligé de m'asseoir sur ces marches.

« La ville de Blois, dis-je à mon guide, n'est *douce ni au monter ni au descendre*, quoi qu'en dise un poète du quinzième siècle. Il serait difficile de rouler ici carrosse, et je conseillerais à un goutteux valétudinaire l'exercice que doivent donner deux ou trois visites à faire dans les différents quartiers de cette cité. — C'est une disposition singulièrement incommode; mais, sans elle, sans la rapidité de cette pente sur laquelle toutes les maisons sont étagées, Blois n'aurait pas cette apparence singulière et pittoresque qui vous a charmé quand vous l'avez aperçue de loin. Je vous recommande, bon Ermite, ce texte d'utiles moralités : que d'objets vantés et d'hommes célèbres doivent leur éclat à des désavantages réels, et achètent une situation brillante au prix d'incommodités dont la fatigue se fait sentir tous les jours!

« Mais nous voici au centre de la ville; nous avons devant nous ce vieux château témoin de tant de crimes royaux, d'infortunes magnifiques, de fêtes superbes.... : le sang et les larmes ont arrosé ses murs : c'est, depuis qu'Eschyle l'a dit dans un de ses plus beaux vers, l'histoire de tous les palais : mais ici les souvenirs sont plus tragiques, les scènes ont été plus magnifiques et plus variées peut-être que dans aucune autre demeure royale, à commencer par celle des Atrides. Vous êtes las : asseyons-nous dans le café voisin, d'où nous deviserons à loisir sur ces pilastres et ces arceaux, dont la construction atteste la haute antiquité. Le docte Félibien a consacré un paragraphe à chacune des rosaces qui le décorent; vous pouvez, sans inconvénient, donner un quart d'heure de votre temps à ce qui occupe chez cet érudit de vieux chrême cinquante pages in-folio.

« J'avoue que ma mémoire historique ne me fournit pas des éléments assez certains pour assigner à notre édifice une origine et une date bien précises. Ce que l'on sait de science bien certaine, c'est que Catherine de Médicis y fut exilée et prisonnière; son évasion, favorisée par le duc d'Épernon, est une aventure moitié galante et moitié politique, dont le récit pourrait servir de texte à un roman plein d'intérêt. Le sang du duc de Guise et du cardinal de Lorraine a coulé sur ces marbres, et si la trace matérielle s'en est effacée, quoique le concierge prétende, dit-on, la faire apercevoir encore aux curieux, il est historiquement prouvé que ce sang héroïque, versé par un assassinat, a laissé des influences terribles, et fomenté les guerres civiles pendant de longues années.

— Permettez-moi de venir, du moins pour les dates et pour les détails antérieurs, au secours de votre mémoire. En effet, on ne connaît pas le fondateur du château de Blois; mais on pense, et c'est l'avis, je crois, du docte Félibien, qu'il fut bâti quelque temps avant Charles-le-Simple, vers 873 : il occupe beaucoup de place dans les chroniques du temps. Elles rapportent que les religieux de *Saint-Launer*, plus pacifiques sans doute que la plupart des ecclésiastiques de l'époque, s'y réfugièrent pour échapper aux Normands et aux Danois. Les comtes de Blois le possédèrent jusqu'en 1391, où *Guy de Châtillon*, vingtième comte, le vendit, avec tout son comté, à Louis de France, alors duc de Touraine. S'il fallait en croire le malicieux Brantôme, qui a médit du vieux temps, mais qui, selon moi, ne l'a guère calomnié, la femme de Guy de Châtillon donnait secrétement au duc de Touraine tout l'argent de son mari, qu'elle réduisit ainsi à la nécessité de vendre ses terres. Louis de France, pour les acquérir, n'eut donc qu'à restituer au mari trompé une partie de ce que lui avait dérobé sa femme : rien de plus commode qu'une acquisition pareille. Froissard ajoute, autant que je puis m'en souvenir, que le pauvre Guy, malgré sa détresse, ne voulait point se défaire de ses biens, et que le duc d'Orléans, après avoir séduit sa femme, fut obligé de séduire encore son valet-de-chambre, qui acheva de le persuader. Le château devint enfin la propriété de Louis XI, de sinistre mémoire, et tomba définitivement dans le domaine des rois de France. Après que les Guises y furent tombés victimes de la perfidie de Henri de Valois et de leur imprudence, Louis XIII y fit arrêter César, duc de Vendôme, et le grand-prieur son frère. Louis XIV confia au célèbre Mansard le soin d'achever les bâtiments qui, commencés par les comtes, augmentés par les rois, et continués à toutes les époques, offrent une histoire presque complète de l'architecture en France, et un échantillon de tous les styles. En 1716, le château a été habité par *Marie Casimir*, reine de

Pologne; en 1785, il a été transformé en caserne.

« Au château, composé de plusieurs corps de logis privés de symétrie, et dont la discordance est peut-être sans exemple, se trouve jointe l'église collégiale de *Saint-Sauveur*, que les souverains ont jadis comblée de leurs dons. Cette église est située dans une avant-cour qui ouvre sur la campagne, et, de cette avant-cour, on passe dans les cours de ce qui s'appelle réellement le château, œuvre de toutes mains, des ducs de Blois, de Louis XI, de François Ier, de Louis XII, de Louis XIII, de Louis XIV : c'est le mélange du monde le plus bizarre. — Je me suis reposé : je me confie à vous, et je veux visiter ce château des souvenirs. » Nous nous acheminâmes vers l'antique édifice.

Rien de plus contraire, en effet, aux lois de l'ordre que toutes ces constructions plus ou moins anciennes, que tous ces angles, toutes ces saillies, tous ces renfoncements, entassés en dépit des plus simples idées de symétrie : ici les formes purement gothiques, là le style magnifique et incorrect du temps de François Ier, enfin des bâtiments dessinés par Mansard. Nous visitâmes la *tour Regnault*, où le cardinal de Guise fut massacré, et nous vîmes avec horreur les puits carrés qui y subsistent encore, et que l'on nomme *oubliettes*. Valbreuse me montra une grande salle où Catherine de Médicis faisait représenter, avec une magnificence inouie, les comédies italiennes et les singuliers spectacles qu'elle inventait. C'était là qu'un essaim de jeunes beautés, élevées par la reine elle-même à tous les arts de la séduction, vêtues en nymphes, en anges, en dryades, captivaient les cœurs farouches des guerriers que redoutait la reine. L'or et la soie étincelaient de toutes parts sur ces murailles aujourd'hui nues et délabrées; une cour galante, voluptueuse, se pressait sous ces portiques, et les faisait retentir des cris de sa joie souvent licencieuse : les murmures politiques, les mots d'ordre des factions, circulaient sous ces voûtes. Le silence les habite aujourd'hui; le seul souvenir les anime encore.

« Vous retrouverez, me dit Valbreuse, au sein de ce domaine, des traces de toutes les mains royales. Marie de Médicis l'avait augmenté et embelli : ce qu'elle nommait sa *perche aux Bretons*, espèce de balustrade où se tenaient les gentilshommes bretons de sa garde particulière, est depuis long-temps démoli, et je ne puis vous en montrer que l'emplacement.

« Tournez les yeux de ce côté, vous verrez les statues grecques que Mansard y a fait sculpter contraster avec le reste de l'architecture guerrière et féodale de ces vieux donjons. On admirait autrefois les jardins magnifiques du château, dont un pavillon en bois peint occupait le centre. Tout est détruit maintenant, et je fixerai seulement votre attention sur cette belle galerie de quarante-huit arcades, construite par Henri IV, et digne de lui. »

Il était temps que je songeasse à remplir ma promesse envers M. de Mersan, qui devait m'attendre dans une quinzaine, à Tours, pour m'accompagner dans mon voyage d'Auvergne. Je fis part à mon guide de ma résolution de quitter Blois le soir même. « Je regrette, me dit-il, que l'enchantement de tous les souvenirs dont cette ville est entourée ne vous retienne pas plus long-temps. Blois est intéressant comme cité commerçante et comme ville historique. Patrimoine de la branche d'Orléans, et devenue l'asile des rois pendant les troubles religieux de la France, cette ville a été témoin de plus d'un grand mouvement politique. En 1587, la ligue s'y développa avec une étonnante audace : les crimes luttèrent contre les crimes, et ne produisirent que des ruines. Un bon roi, Louis XII, auquel M. Rœderer vient de rendre justice en lui attribuant le premier bienfait des idées constitutionnelles qui doivent tôt ou tard fonder le bonheur de la France, y est né. Située au milieu d'un paysage délicieux, dominant le cours de la Loire, ornée d'édifices somptueux et de belles fontaines, elle conserve encore la réputation d'être la ville de France où le langage est le plus pur. Blois a vu récemment les pompes passagères de l'empire expirer dans son sein, une souveraine y entrer le sceptre en main avec le titre de régente, et en sortir simple archiduchesse, sans couronne, sans époux, sans titre réel, et même sans nom.

« On compte à Blois quatorze mille ames. Cette ville possède une belle bibliothéque, que nous aurions visitée, ainsi que le palais épiscopal, édifice de la plus grande beauté, si la rapidité de votre course ne vous eût forcé de repartir ce soir même. L'industrie a long-temps fleuri à Blois : l'horlogerie, la coutellerie, y furent exercées avec succès; en 1632, on y découvrit l'art de peindre sur émail, et elle se glorifie d'avoir vu naître *Denis Papin*, qui peut passer pour le véritable inventeur de la machine à vapeur, dont la puissance, appliquée de nos jours par une industrie plus persévérante, a produit de si étonnants miracles. Louis XIV révoqua l'édit de Nantes : je n'ai pas besoin de vous indiquer les résultats de cet acte sur le commerce blaisois. Il consiste aujourd'hui presque entièrement dans l'exportation des vins blancs, qui portent très bien l'eau, et qui se conservent long-temps. Les environs de Blois donnent aussi une espèce de vin noir d'un fort bon goût, et qui sert à colorer le vin blanc et le vin rouge. Ce que l'on nomme *eau-de-vie d'Orléans* est fabriqué ici; dans les années d'abondance cette branche de commerce jette dans le Blaisois une grande activité. Je pourrais citer encore une fabrique de poterie commune, de la meilleure qualité, et une très belle tannerie appartenant à MM. *Bufet* et *Donay;* mais le temps vous presse, et je ne puis que livrer à votre mémoire infatigable ces notes légères et rapidement résumées.

« Quant aux grands hommes du Blaisois, ils sont plus estimables que fameux, et se réduisent au médecin *Bernier*, auteur d'une mauvaise histoire de sa ville; aux trois *Papin;* au peintre *Pierre Bunel,* et à l'érudit *Jean Morin.*

— Vous oubliez, mon cher Valbreuse, le courageux *Favras,* l'une des premières et des plus touchantes victimes de la révolution, celui qui mourut en silence, quand il pouvait parler et vivre. Ce courage est héroïque et digne de mémoire. — C'est une des plus odieuses ingratitudes de l'espèce humaine que vous me rappelez, bon Ermite. Puisque vous me quittez, je cours, dans ma solitude, bénir, en me nourrissant de ces images misanthropiques, le parti que j'ai pris de labourer mon champ et d'oublier les hommes. »

Je quittai, non sans regret, le jeune misanthrope : quinze jours me restaient; je les consacrai à parcourir rapidement les plaines de l'Orléanais et de la Beauce.

N° CXCVI. [10 FÉVRIER 1827.]

VENDOME,

CHATEAUDUN, BONNEVAL, ET DREUX.

Habet enim multum jucunditatis soli cælique mutatio, ipsaque illa peregrinatio intersita otiis.
PLINE junior.
Il y a une sorte de volupté dans ces voyages mêlés de repos, dans ce changement des lieux et du sol.

Il me restait peu de temps pour accomplir ma rapide excursion, et revenir à Tours profiter de l'occasion que m'avait offerte la proposition aimable de M. *Mersan*. Je me résolus donc à voyager comme ces grands seigneurs allemands qui s'enfoncent dans une chaise de poste, brûlent le pavé des grandes routes, et reviennent dans leur patrie, tout fiers d'avoir visité les contrées lointaines, et presque aussi contents d'eux-mêmes que Pythagore à son retour des Indes.

Une succession non interrompue, j'allais presque

dire une monotonie de beaux paysages et de sites ravissants, trompait pour moi les ennuis d'une route, dont mon observation, ordinairement si minutieuse, n'avait pas le temps d'examiner curieusement les détails. Avant d'arriver à *Vendôme*, j'eus soin de feuilleter un excellent *Annuaire* du département, que j'avais emporté avec moi. J'y trouvai que le premier comte de Vendôme fut un Montmorency; que les comtes du Vendômois avaient le droit de battre monnaie; que ce domaine étant rentré dans l'apanage royal, Henri IV le donna à son fils naturel, César de Vendôme, né de Gabrielle d'Estrées; que dans cette ville, aujourd'hui peu importante, le parlement s'est assemblé deux fois : en 1227, pendant la minorité de saint Louis, et en 1458, sous Charles VII, pour juger le duc d'Alençon, accusé d'avoir voulu livrer la France aux Anglais. Les débris d'une tour antique, que mon livre décorait du nom de *tour de César*, reçurent mon tribut d'admiration, que méritait bien la situation imposante de ces ruines, dont la fabrique eût fait honneur à l'imagination d'un grand peintre. J'étais prêt à descendre pour les observer de plus près quand le fouet du postillon me rappela la nécessité de voyager rapidement, à laquelle je m'étais astreint par mon long séjour dans le Blaisois. Le paysage, à mesure que je m'éloignais de la Touraine, prenait un caractère moins riant et plus sauvage. Nous prîmes des relais à Châteaudun, où j'acceptai, pour compagnon de route, un voyageur de mon âge et d'assez bonne mine qui se rendait à Chartres. Je bénissais le sort qui interrompait enfin ma solitude, et je cherchais à deviner, d'après les indices extérieurs, quelle pouvait être la profession de l'inconnu, quand il entama lui-même la conversation, me dit qu'il était marchand de bois à Chartres, m'entretint de la coupe des forêts et de la juste crainte que lui inspirait la destruction successive des plus beaux bois de la France.

« Je viens, me dit-il, de visiter, en passant par Châteaudun, un oncle âgé de quatre-vingt-dix-neuf ans, à qui Dieu prête vie (on voit que Dieu lui a déja fait d'assez fortes avances); il justifie très bien la réputation que Châteaudun s'est acquise : c'est la ville de la vieillesse. L'air y est si pur, la situation en est si élevée que la mort semble n'y pouvoir suivre la marche du temps. Un homme qui mourrait ailleurs à quatre-vingts ans est sûr de gagner cinq ou six années en venant s'acclimater à Châteaudun : telle est du moins la croyance populaire; et l'existence de mon oncle, infirme depuis dix ans, et dont la santé s'améliore à l'âge où elle a coutume d'empirer, la confirme entièrement.

— Une ville où la vie se conserve si long-temps

doit être bien peuplée, et je ne sais comment il a pu se faire que dans ces rues si bien alignées, à peine dix ou onze habitants se soient offerts à mes regards.

— Oh! monsieur, on n'habite pas une ville où l'on s'ennuie, et vous me paraissez avoir assez vécu pour ne pas ignorer que le plaisir présent l'emporte chez la plupart des hommes sur la pensée de l'avenir. Cette charmante petite ville, la seule peut-être en France qui soit construite avec une régularité parfaite, n'a point de commerce et presque pas d'industrie; c'est une espèce de république de rentiers économes qui jouissent longuement et paisiblement de leurs revenus. S'il faut en croire mon frère le professeur, qui fait maintenant la quatrième au collège de la même ville, elle a été fort considérable dans les temps passés; elle était le siège principal d'un petit comté, qui a long-temps appartenu aux comtes de Champagne; le Dunois, dont elle était capitale, n'est même retourné à la couronne qu'après la destruction totale de la féodalité. Quoi que mon frère le savant puisse en dire, et malgré la beauté du pays, ce n'en est pas moins un endroit peu agréable, qui a la réputation de ne laisser mourir personne de vieillesse, mais qui suffirait pour me faire périr d'ennui. »

Je m'amusais de l'innocente causerie de mon

marchand de bois philosophe, qui, commentant à sa guise les traditions historiques dont le professeur l'avait sans doute entretenu, confondait, par les alliances les plus étranges et la plus complète ignorance de l'histoire, la féodalité et la royauté, la maison d'Orléans et celle de Châtillon. Tout ce que je pus recueillir de cette conversation, qui n'était guère qu'un monologue, c'est que Châteaudun, ville presque toujours indépendante, a dû à sa situation sur un roc, où elle se trouve placée comme un nid d'hirondelle, sa célébrité antique, sa sûreté dans les guerres de chevalerie, et sa décadence actuelle. Je ne dois pas oublier un proverbe dont mon voyageur me révéla l'existence, et dont l'omission me ferait sans doute de fort mauvaises affaires avec les Châteaudunois; la vivacité naturelle de leur esprit a passé en adage, et l'on dit d'eux dans le pays chartrain, ce que *Micion*, père de l'un des *Adelphes* dans Térence, dit à-peu-près en latin de son valet *Dave : Il entend à demi-mot, il est de Syrie.* Les Chartrains disent : *Il entend à demi-mot, il est de Châteaudun.*

Je prenais le parti de la ville de Châteaudun, dont j'avais contemplé avec plaisir la situation pittoresque sur une colline dont elle occupe le sommet, et autour de laquelle le Loir circule dans les plus belles campagnes; je cherchais à prouver à mon interlocuteur qu'une ville qui n'a point de théâtre, point d'industrie, et dont les habitants sont paisibles, peut encore avoir son prix, malgré le calme un peu monotone qui doit y régner. Le marchand de bois soutenait que les plaisirs bruyants ont seuls le droit de fixer l'attention sur les cités, et commençait un emphatique éloge de Paris, où il comptait bien se retirer sur la fin de ses jours, lorsque nous vîmes se dessiner sur un ciel, qu'un orage naissant obscurcissait, les tourelles et les bastions dont la petite ville de *Bonneval* est entourée. Ce fut là que je quittai ma nouvelle connaissance qui se rendait à Chartres.

Je jetai un coup d'œil sur les antiques fortifications d'une ville qui a dû être jadis une place importante, et qui aujourd'hui ne s'élève pas au rang d'une forte bourgade; et je me dirigeai vers le Perche, le pays natal des gentilshommes, l'endroit du monde où le plus grand nombre de suzerainetés indépendantes et isolées se sont conservées pendant des siècles sur le moindre espace de terrain possible.

Je ne laissais pas que de me reprocher à moi-même cette course précipitée, que d'autres peuvent nommer voyage, et que j'eusse appelée un besoin stérile de changer de place, si ma promesse ne m'eût obligé à cette rapidité qui répugnait à mes goûts : mais, forcé de me résigner, je mis la tête à la portière, dès que le jour parut, pour observer la nature, comme fait ce voyageur anglais *John Karr*, le plus intrépide coureur que l'on ait encore vu commencer et finir en peu de mois les excursions les plus lointaines. J'approchais de Nogent-le-Rotrou; l'aspect montueux et pittoresque des environs me rappelait le Bocage de Normandie. A l'entrée de la ville est une cascade qui tombe avec fracas; le château, situé sur une éminence, domine la ville entière, et le coup d'œil général de cette petite capitale, presque inconnue, est digne des pinceaux de Ruysdaël ou de Berghem. L'ardeur des chevaux m'entraînait loin d'elle au moment où je cherchais à fixer dans ma mémoire les traits de ce joli tableau. Nous entrâmes bientôt dans une vallée, au fond de laquelle est située la ville de *Dreux*. L'ombre de *Rotrou*, poëte énergique et bon citoyen, dont le dévouement a plus sûrement immortalisé le nom que ses meilleurs vers n'auraient pu le faire, planait sur les murailles de Dreux. En dépit de ce souvenir, je me contentai d'y passer le temps nécessaire pour y dîner. Cette ville me sembla plus agréablement située que commodément bâtie. Je traversai avec la même célérité les bourgs ou villages, comme il plaira à mes lecteurs, de *Nogent-le-Roulebois*, de *Châteauneuf-en-Thimerais*, d'*Abondant*, et de *Baulay-Thierry*. Le village d'*Anet* me rappela cependant des images chevaleresques et galantes qui m'engagèrent à y faire une halte. J'y couchai, en me promettant de visiter le lendemain matin les restes du château magnifique élevé par l'amour de Henri II en l'honneur de la maîtresse de son père.

N° CXCVII. [17 FÉVRIER 1827.]

CHATEAU D'ANET.

―――

> .. *Veneris monumenta nefandæ.*
> **VIRGILE.**
> Monument d'une passion dont il aurait
> dû cacher la honte.

Jamais illusion ne fut plus complète que la mienne, et jamais je ne vis une espérance plus complètement déçue. Sans professer une grande vénération pour le souvenir de la belle *Diane de Poitiers,* pour l'extravagant Henri II, et encore moins pour son père, le prodigue François Ier, je me promettais quelque plaisir d'une promenade solitaire au milieu des monuments de leur grandeur et de leur galanterie. Qu'on juge de mon *désappointement*[1], lorsque, après avoir déclaré que je ne repartirais qu'à midi, je demandai que l'on me conduisît aux ruines du château, et reçus pour toute réponse que ces ruines

―――

[1] Il faudra bien que l'Académie finisse par adopter ce mot, qui n'a point d'équivalent dans notre langue.

n'existaient plus! « Non, monsieur, ajouta un prêtre, dont la physionomie était celle qu'un romancier eût prêtée au curé du village; les Vandales n'ont pas laissé pierre sur pierre, la chapelle même n'a pas été respectée. On a tout détruit pendant la révolution. » La tirade du curé (car c'était lui-même) devint si véhémente, que je me crus obligé de lui faire observer que la démolition des châteaux était un acte de barbarie, que j'en convenais avec lui, et que je le félicitais du zèle pour les beaux-arts et pour les souvenirs poétiques, dont ses regrets attestaient la véhémence, bien que ce palais magique, dont il déplorait la perte, eût été témoin de plus d'une scène profane et scandaleuse qui eût pu attirer l'anathème d'un prêtre moins tolérant.

En dépit de l'embarras que cette remarque incidente lui avait causé, le curé m'invita fort poliment à me reposer dans son presbytère, où je pourrais feuilleter à loisir quelques vieux livres contenant l'histoire du *château d'Anet*. J'acceptai son offre, et j'y trouvai une sorte de compensation à la contrariété que je venais d'éprouver.

Je résumerai en peu de mots les renseignements que m'ont fournis, sur le bourg d'Anet, les *Mémoires historiques du P. Anselme*, l'*Histoire chronologique du pays chartrain*, et autres ouvrages dont la vénérable antiquité sommeillait dans la petite bibliothèque du pasteur.

Anet, bourg situé à dix lieues de Chartres, dans un vallon fertile, n'est connu dans l'histoire que vers la fin du quinzième siècle. Henri II, épris des charmes de cette Diane de Poitiers, belle encore à quarante ans, et long-temps maîtresse de son père et de la cour de France, fit construire pour elle, par *Philibert Delorme,* le plus fameux architecte de l'époque, un château magnifique, entouré d'un parc, et dont tous les ornements devaient offrir l'image symbolique de la passion tout au moins bizarre qu'il avait conçue pour elle. Une statue colossale de *Diane chasseresse* surmontait la porte d'entrée; l'arc, le carquois, les flèches, et le croissant, attributs de cette déesse, se reproduisaient sur toutes les frises, dans tous les tympans des colonnes, et couronnaient toutes les architraves. La lettre H, enlacée avec le double caractère DD, se présentait par-tout aux regards; les meubles, les vitraux, la mosaïque des parquets, portaient les mêmes signes allégoriques, et le délire d'un enfant de dix-huit ans prodiguait dans ces somptuosités inutiles, gages et preuves d'un amour sans bornes pour une femme qui aurait pu être sa mère, les trésors du peuple et ceux du souverain.

Si l'on doit juger de la puissance que Diane de Poitiers exerçait sur les cœurs, d'après le long et honteux esclavage qu'elle imposa à son jeune amant, nulle femme n'a porté plus loin l'art de séduire et d'enchaîner. La vie de Henri II s'écoula aux pieds de la sénéchale. Telle est l'impudeur des historiens et leur respect pour les vices ou les faiblesses qui se cachent sous la pourpre, qu'ils ont flatté Diane de Poitiers même après sa mort. Ils la représentent comme l'ange sauveur de ce roi sans couronne, comme sa providence tutélaire : les guerres horribles qui suivirent la mort de Henri II prouvèrent toute la bassesse de ces adulations, et la ruine des finances s'éleva hautement contre les prodigalités de Henri II et de sa maîtresse.

Brantôme donne beaucoup d'éloges à cette femme hautaine, séduisante, et habile. Je ne peux accepter, dans toute leur extension, les jugements d'un vieux courtisan sans opinion personnelle, qui raconte et loue, avec la même légèreté, la vertu, le crime, la faiblesse, et la honte. Cependant, sans lui accorder une foi implicite, on peut, sur son témoignage, croire que cette femme célèbre joignait à l'éclat de sa beauté quelques qualités du cœur. « Je la vis, dit-il, six mois avant sa mort, à soixante ans, si belle encore que je ne sache cœur de rocher qui ne s'en fût ému. Quoique auparavant elle se fût rompu une jambe sur le pavé d'Orléans, allant et se tenant à cheval aussi dextrement et dispostement comme elle avait jamais fait : mais le cheval tomba et glissa sous elle. Il aurait semblé que telle rupture, et les maux qu'elle endura, auraient pu changer sa belle face; point du tout, sa beauté, grace et belle apparence, étaient toutes pareilles à ce qu'elle a toujours été; c'est dommage que la terre couvre un si beau corps. Elle était fort débonnaire, charitable et aumônière. » Le seigneur de Bourdeilles ajoute que tous les matins, par les plus grands froids, elle se lavait le visage avec de l'eau de pluie, et que de six heures du matin jusqu'à huit, elle montait à cheval et venait se remettre au lit où elle lisait. Il ne manque pas d'attribuer à ces habitudes l'éclat qu'elle avait conservé jusqu'à la fin de sa vie. Je doute que ces recettes de beauté obtinssent un grand succès parmi les petites maîtresses de Paris, les plus alarmées des progrès du temps, et les plus décidées à en combattre les outrages.

Après la mort de Henri II, Diane se retira dans son château, et y mourut en 1556. Ensevelie dans la chapelle qu'elle avait fait construire peu de temps avant sa mort, elle y fut embaumée avec tant de soin, que les orages révolutionnaires ayant troublé sa sépulture, retrouvèrent *ce beau* visage qu'admirait Brantôme. Son tombeau, monument remarquable de sculpture, fut transféré à Paris, où il a orné long-temps le musée des monuments antiques. Lorsque les persuasions du *P. Cotin,* jésuite, eurent décidé le mariage de la fille du duc de Mercœur et de César, duc de Vendôme, fils de

Henri IV et de Gabrielle d'Estrées, la terre et le château d'Anet, avec titre de principauté, furent le douaire de l'épouse. Diverses vicissitudes firent passer ensuite ce beau domaine entre les mains du *duc de Vendôme*, dont les faits d'armes sont devenus célèbres. Le comte d'Eu en a été le dernier propriétaire.

Après avoir remercié cet ecclésiastique, qui joignait de nombreux préjugés à beaucoup de bonhomie, je repartis et je visitai tour-à-tour plusieurs châteaux voisins; celui du duc de *Maillebois*, près le bourg de ce nom, et celui de *Renançourt*, singulièrement situé au milieu d'une prairie inondée par les eaux. J'admirai le génie de l'architecte, qui, au lieu de choisir pour son emplacement le coteau qui domine la prairie et les bords de l'Eure, a jeté ses fondations dans un terrain marécageux et insalubre, privé d'air et de perspective.

Au lieu d'entrer à *Chartres* du côté d'*Orléans*, je tournai cette ville, où je devais me reposer un jour, et j'allai visiter le bourg de *Maintenon*, bourg célèbre par l'aqueduc qu'entreprit Louis XIV pour faciliter la conduite des eaux de l'Eure à Versailles, et plus célèbre encore par la fortune de cette mademoiselle d'Aubigné, qui tour-à-tour femme d'un chanoine cul-de-jatte et d'un grand roi, fit ériger ce domaine en marquisat-pairie, le 1er mai 1688.

Je passai aussi rapidement que ma chaise de

6.

poste à travers les villes d'*Épernon*, de *Gallardin* et d'*Auneau*. Chacune d'elles a ses souvenirs féodaux et ses ruines gothiques. Je descendis dans les caves du château d'Aumont, où se conservent encore les moulins à bras au moyen desquels les ligueurs, pressés par les troupes royales et par la faim, subvenaient aux besoins les plus pressants et remplissaient eux-mêmes les fonctions de meuniers. Cependant les clochers de la capitale de la Beauce avaient paru à l'horizon, et je ranimai le zèle du postillon qui me conduisait au lieu où je devais prendre enfin un peu de répit.

N° CXCVIII. [24 FÉVRIER 1827.]

LA BEAUCE.

*Belsia, triste solum, cui desunt bis tria solum
Fontes, prata, nemus, lapides, arbusta, racemus.*
FORTUNAT, *évêque de Poitiers*

La Beauce, riche et triste pays, auquel il ne manque que six choses : des sources, des prés, des bois, des pierres, des arbrisseaux, et des vignes.

Mes regards se prolongeaient sur des plaines sans bornes, où je n'apercevais ni un bouquet d'arbres, ni une cabane. Des moissons jaunissantes balançaient autour de moi leurs vagues d'épis, et offraient à mes yeux l'aspect d'un océan de fécondité qui s'étendait jusqu'à l'horizon.

Cette monotonie commençait à me fatiguer, et je désespérais de me trouver jamais au pied de ces clochers gigantesques que j'apercevais devant moi, qui me semblaient toujours voisins et qui reculaient toujours, singulier emblème de nos espérances toujours déçues. Le bonheur, que nous croyons sans cesse atteindre, ne cesse point de reculer devant nous, et nous échappe toujours. On pardonnera cette réflexion chagrine à un vieil ermite qui achève un long et fatigant pélerinage.

Quoi qu'il en soit de ces moralités allégoriques, dont on raffolait au temps de *Jehan de Meung*, et qui ne sont plus à la mode, l'impatience commençait à me gagner et se joignait à ma lassitude; nulle variété de paysage, pas un endroit boisé, pas une source jaillissante, nul accident de terrain. C'était une route ennuyeuse comme la monotonie. Je maudissais, au lieu de les admirer, les moissons magnifiques dont rien n'interrompait la vaste étendue. Je me souvenais d'avoir lu chez *Jérémie Bentham* et chez mon honorable et savant ami M. de *Kératry*, que tout ce qui est utile est beau; proposition philosophique dont j'avais sous les yeux la contradiction la plus irrécusable. L'air était vif et pur, et sous ce climat doux et tempéré, les plus utiles productions de la terre croissaient en abondance. J'estimais à leur valeur ces fruits d'une fertilité qui ne peut guère se comparer qu'à celle des champs de la Flandre; mais mon goût inné pour le pittoresque ne trouvait aucune beauté dans ces lignes droites, dans cet horizon sans limites, et je concluais, en dépit des philosophes, que les sentiers étroits de la Vendée et les coteaux de l'Auvergne, les collines même du Perche que je quittais, l'emportaient en beauté sur ces vastes greniers d'abondance.

Une espèce de carriole, dont la caisse, posée simplement sur l'essieu, retentissait sur le pavé, s'arrêta près de ma chaise de poste au moment même où je faisais ces réflexions. Un jeune homme que j'ai eu l'occasion de connaître à Paris, et que je désignerai par le nom d'Ernest, venait à ma rencontre. « Bon Ermite, me dit-il après les premières questions sur ma santé, l'aspect de nos tristes plaines vous inspire, je le parie, les mêmes pensées qu'à un ancien évêque dont mon cousin le chanoine vante les ouvrages, et qui a fait un long poëme contre la Beauce. *La Beauce,* dit Fortunat, *est un pays auquel il ne manque que des prairies, des arbres, des sources, des pierres, des vignes, et des fleurs.*

> *Belsia, triste solum, cui desunt bis tria solum,*
> *Fontes, prata, nemus, lapides, arbusta, racemus.*

« En dépit du chanoine, je n'ai point de goût pour ces vers léonins, enfants de la barbarie gothique, et le poete évêque a commis une véritable injustice. Le *Dunois,* le *Thimerais,* qui font partie de la Beauce, ont des sources et des arbustes, quoi qu'en dise le prélat de mauvaise humeur.—Je le sais, dis-je à mon jeune ami; je viens de visiter le Perche. — La partie de la Beauce où nous nous trouvons est seule, continua Ernest, digne de cet anathème; elle ne produit que du blé; c'est un vaste champ couvert d'épis. Il est vrai que le bois n'y pousse pas, et que l'on essaierait vainement de planter un pommier au milieu de ces moissons. Placé au centre de la France, c'est un grenier d'abondance où l'on peut toujours puiser dans les temps de détresse. C'est là que Paris s'alimente; et la Beauce, à elle seule, pourrait, dans les bonnes années, fournir à deux ans de consommation de la France entière. »

Nous approchions de Chartres. Des paysans vêtus d'habits de gros drap bleu, fort propre, et portant de grandes guêtres blanches boutonnées jusqu'au-dessus du genou, couvraient la route. « J'aime, dis-je à Ernest, ces paysans qui ont l'air de seigneurs. Le laboureur est le plus ancien des rois légitimes; le premier qui déchira la terre pour la féconder fut le premier et le plus utile des conquérants. — Les meuniers et les laboureurs, me répondit-il, sont en effet les véritables seigneurs de la Beauce. Tel fermier donne à sa fille vingt mille écus d'or. Si vous nous honorez, mon cher Ermite, d'un séjour assez long pour que je puisse satisfaire complétement votre amour de l'observation, je veux vous faire assister à la noce d'une meunière de cette contrée. Vous verrez la mariée couverte de dentelles des pieds à la tête comme la vierge de quelque cathédrale flamande. Une de mes parentes (car, je le déclare avec un peu d'orgueil peut-être, je suis vilain d'origine, attaché à la glèbe, et laboureur de père en fils), une de mes parentes, fille de meunier, portait à son cou, le jour de ses noces, plus de bijoux et de dentelles de Malines qu'il n'en faudrait pour servir de dot à trois élégantes du faubourg Saint-Germain : luxe d'assez mauvais goût, qui ne peut toutefois déplaire à un philosophe. Ce sont des richesses acquises par la plus noble des industries, arrosées par la sueur de ces hommes paisibles, laborieux, et presque tous estimables.

« Vous arrivez dans notre ville le jour même où sa richesse couvre la place publique : c'est le samedi, jour du marché. A mesure que nous approchons du faubourg, vous voyez la route se couvrir de charrettes et de paysans. C'est pour eux ce que la Bourse est pour les gens de Paris ; tout s'y passe en silence et dans le plus grand ordre. Notre marché de grains est le seul où tout s'achète au comptant. Il n'est pas rare d'y voir vendre en un seul jour plus de dix mille quintaux de blé, sans compter celui qui se vend sur échantillon et qui se livre dans les greniers.

« J'espère que le spectacle de notre abondance,

continua Ernest, quand nous eûmes mis pied à terre, j'espère que la bonne tenue de notre marché du samedi attirera seule vos regards, et que vous remarquerez moins la structure gothique de nos maisons avec leurs pignons en saillie, leurs toitures irrégulières, leurs fenêtres inégalement percées et leurs petites portes de mauvais goût. »

Le patriotisme local de mon jeune ami me fit sourire. Je répondis à Ernest que cette irrégularité était encore le partage de la plupart des villes de France, et qu'*Amiens, Abbeville, Angers, Elbeuf,* rivalisaient avec sa ville natale, pour la laideur des rues et la vétusté des édifices. Cependant nous assistions depuis un quart d'heure à la vente des grains, et je ne pouvais m'empêcher d'être étonné de tant d'activité qui se mêlait à l'ordre le plus parfait.

« Cet ordre que vous admirez, me dit mon guide, est l'effet de deux ou trois coutumes chartraines assez singulières, et qui se conservent dans leur rusticité primitive depuis un temps immémorial. Le grain est toujours mesuré, livré, et payé sur la place même, dans le courant de la journée. Des femmes, organisées en société, au nombre de soixante-sept, divisées en quinze bandes, sont chargées de surveiller le mesurage et la livraison. Le peuple les nomme assez grossièrement *leveuses de cul-de-poche*[1]. Leur probité est en grand renom dans le département, et plus d'un ministre serait heureux de jouir d'une petite partie de la réputation d'intégrité qui leur est acquise.

« Ces femmes, que vous voyez coiffées de leurs petits bonnets de paysannes et dont la propreté ne manque pas d'élégance, sont chargées, moyennant une rétribution légère, de recevoir les grains, de lever le sac, de le vider dans la mesure, d'en recevoir le prix et de le compter aux vendeurs. Voyez ces cultivateurs et ces fermiers entasser devant elles tout leur blé, renvoyer leurs chevaux et leur voiture : ils se fient sans réserve à la bonne foi des leveuses, et vont paisiblement faire leurs affaires, payer leurs fermages, et renouveler leurs baux. Le soir, ils reviennent toucher leur argent des mains de celle qui a été chargée de vendre leur grain. Jamais il n'arrive de confusion ni de mécompte, et cette simplicité primitive, cette sorte de naïveté dans les rapports du commerce ne peut manquer, bon Ermite, de vous étonner et de vous plaire. Mais il est temps que vous veniez vous reposer. Vous avez, en une seule promenade, épuisé tout le champ des observations possibles sur notre état commercial ; la vente des grains est notre seule richesse. Autrefois

[1] Un cul-de-poche est un sac, dans le dialecte des paysans de Beauce.

nous fabriquions beaucoup de serge pour les moines, et de gros drap pour les troupes : ces fabriques sont tombées; et la population de la ville a considérablement diminué.

« Onze églises, quatre couvents, quatre abbayes, cinq communautés, deux séminaires, un collége de frères polars, composaient autrefois la richesse ecclésiastique de la ville. Chartres, le centre de la juridiction druidique, ville sacrée, avait accepté le joug béni du chapitre et de l'évêque. Jacobins, capucins, cordeliers, minimes, chanoines-suzerains, abbés qui ne relevaient que de l'autorité du pape, habitaient dans les murs de la ville, et faisaient peser sur un peuple de bourgeois pauvres et de serfs, le double joug du vasselage et de la théocratie. Aussi nos églises sont-elles magnifiques, et nos rues affreuses. Nous n'avons ni places publiques, ni halles, ni tribunaux. La plupart des maisons, construites en pans de bois, offensent la vue et ne sont point alignées. Ce n'est que depuis la révolution que plusieurs bâtiments ont de la solidité et de l'élégance; quelques autres, construits au bénéfice du monachisme et aux dépens du peuple, sont restés dans le domaine de l'utilité publique.

« Telles sont ces terrasses couvertes de jardins que l'on a réunies à la préfecture, et que les chanoines du chapitre avaient construites et embellies.

Tel est le petit séminaire, occupé aujourd'hui par la caserne de gendarmerie ; plusieurs hôpitaux qui appartenaient à des monastères, et qui appartiennent maintenant aux infirmes et aux pauvres : telle est la maison de *Saint-Jean*, bâtie par des chanoines réguliers, et transformée (par cette révolution désastreuse et criminelle, dont mon cousin le chanoine renouvelle chaque jour le procès) en un atelier de travail pour les indigents. »

Tout en causant ainsi nous atteignîmes la maison occupée par Ernest et sa famille. Elle est située hors des remparts, et, pour y parvenir, nous marchâmes long-temps sous les marroniers dont les boulevarts de la ville sont ombragés. Ernest ne manqua pas de me faire admirer ces promenades charmantes qui dominent la ville, située sur le penchant d'un coteau, qui laissent l'œil planer au loin sur les campagnes du Dunois et de la Beauce. De jolies maisons de campagne, environnées de bois et enfoncées pour ainsi dire dans des massifs de verdure, me prouvèrent que la *Belsia* du poète Fortunat n'était pas la Beauce des environs de Chartres. Les ruines des murailles, si souvent battues en brèche par les Normands, les Bourguignons, et les ligueurs, ajoutaient à l'aspect pittoresque de l'extérieur de la ville. Chacune des sept portes devant lesquelles nous passâmes m'offrit un caractère d'architecture particulier. Je m'arrêtai un moment devant les tours et les créneaux de la porte Guillaume, monument de cette barbarie systématique que nos modernes auteurs féodaux ont vantée en vers et en prose, et dont tous les vestiges ne parlent à l'imagination épouvantée, que de guerres injustes, de désastres, de violence, et de fanatisme.

N° CXCIX. [3 mars 1827.]

LES ILLUSTRES DE CHARTRES.

> *O sund attempt to give a deathless lot to names ignoble !*
> COWPER.
>
> Vaine tentative ! effort stérile pour assigner une gloire éternelle à des noms sans valeur.

« Si votre voyage eût été de plus long cours, bon Ermite, nous aurions exploré de nouveau ensemble *Bonneval*, célèbre par ses abbayes et par la facile vertu de ses femmes (sous l'ancien régime, bien entendu), et *Châteaudun*, brûlée dans le dix-septième siècle, et, depuis ce temps, aussi belle et aussi symétrique que triste et monotone. Nous aurions mêlé, comme cela vous est ordinaire, mon cher voyageur, les souvenirs d'histoire à l'observation des lieux. Les trois Perches, avec leurs gentilhomières, si serrées les unes contre les autres, qu'à peine une ou deux toises de terre avaient-elles échappé à l'inféodation, nous eussent rappelé une multitude de roitelets inconnus, de comtes de Châteauneuf, de suzerains de Rotrou; en un mot, d'une foule de petits seigneurs qui tranchaient du souverain, se faisaient la guerre, et vivaient dans leur donjon, orgueilleux de leur nom, et escortés de leur pauvreté. A *Dreux* nous eussions retrouvé toute la majesté des souvenirs druidiques; dans les champs les autels des Eubages; dans les grottes des mosaïques anciennes, et dans le village de *Senates* des traces certaines de leur existence et de leur pouvoir théocratique. Je me serais plu à parcourir avec vous *Gallardon*, *Janville*, *La Bazoche*, dont M. *Brault*, poëte énergique et bon citoyen, a illustré récemment le nom par cette démission courageuse qui aurait dû trouver plus d'un exemple. Vous auriez observé, dans ces superstitions populaires, conservées et consacrées par l'habileté de la religion chrétienne, des vestiges de la foi des druides : telle est la vénération pour les sources, vénération à laquelle la philosophie peut assigner une cause assez naturelle dans un pays de plaines, et qui n'est pas moins commune aux laboureurs beaucerons qu'elle ne l'était aux anciens *Senones*, les plus belliqueux des Gaulois. Mais tout ce pays si intéressant, vous l'avez effleuré en chaise de poste, et vous repartez demain. Hâtons-nous, du moins, de vous faire connaître Chartres. Quand vous vous serez promené dans nos murs, je vous ferai dîner avec mon cousin le chanoine. C'est de lui que vous apprendrez tout ce qui tient aux différents du chapitre et de l'évêque; en un mot, l'histoire ecclésiastique et féodale de Chartres. »

Je fus accueilli avec toute la grace d'une hospitalité naturelle et d'une politesse bienveillante, par la famille d'Ernest. Le chanoine son cousin, prêtre de moyen âge, ne me fit pas un moins bon accueil.

« Cette maison, me dit Ernest, n'est ni un château, ni une ferme: elle tient de l'un et de l'autre. C'est une habitation commode, demi-rustique, demi-seigneuriale, le type véritable des maisons de campagne du pays chartrain. Le verger, le bois, la prairie, la ferme, le jardin, qui en sont les dépendances, complètent ce séjour champêtre, moins majestueux et plus agréable que les donjons de tous les châtelains du temps passé. »

Un dîner somptueux, dont la maîtresse de la maison fit les honneurs avec une aisance toute parisienne, étala devant moi les trésors gastronomiques de la Beauce. Je pus juger par moi-même de l'excellence de ses écrevisses et de ses crevettes, et surtout de la délicatesse exquise de ses pâtés, dont l'admirable composition a fait la fortune héréditaire des *Lemoine*, et qui justifient, par leur saveur, la réputation européenne dont ils jouissent.

Je payai au pâté chartrain le tribut de reconnaissance qui lui était dû, et je louai la Beauce qui l'avait produit. C'était engager les convives à parler de leur pays: chacun ne tarda pas à faire valoir, sous divers rapports, l'illustration de sa ville natale. Le père me parla de la nouvelle *place Billard*, bâtie par le maire de ce nom; du beau pont dont les travaux ont été dirigés par M. *Chasles*, ingénieur, et des embellissements qui ont rendu la ville plus saine et plus agréable, depuis dix années. Le chanoine, qui prit la parole, prétendit que, toute proportion gardée, Chartres avait produit autant de savants illustres que les villes de France les plus fécondes en célébrités. Je l'engageai à consulter ses souvenirs, bien décidé à prendre note de son érudition, et à charger mes tablettes des noms célèbres qu'il allait me révéler.

« La ville de Chartres, me dit-il, a vu naître le moine *Paul*, historien du onzième siècle; le grand *saint Yves*; l'aumônier *Foulques*, qui accompagna en Terre sainte *Étienne*, comte de Chartres, et fit l'*Histoire de la Croisade; Grenet*, gouverneur du royaume de Jérusalem dans le douzième siècle; *Nicolas Doyen*, archidiacre de Blois; *Guillaume de Chartres*, chroniqueur du troisième siècle; *Laurent Desmoulins*, poète français du seizième, et qui a paraphrasé des psaumes; *François Hallier*, son contemporain, évêque de Cavaillon, auteur d'un bel ouvrage sur l'ordination des prêtres....

—Permettez-moi, mon neveu, de vous faire observer que ces célébrités un peu obscures ont quelque chose de trop local pour intéresser vivement l'ermite voyageur. Je citerai plutôt le célèbre peintre sur verre, *Jean Pinaigrier*, le plus habile de son temps; et l'architecte *Jean de Beausse*, qui a reconstruit en 1507 le beau clocher de la cathédrale.

— Vous me permettrez du moins à mon tour, mon cher oncle, de faire mention d'un ecclésiastique fort célèbre en son temps, quoique sa célébrité repose sur un talent tout profane. Je veux parler de *Philippe Desportes*, né à Chartres en 1546, abbé de Thiron, abbé de Josaphat, abbé des Vaux-de-Cernay, abbé de Bonpart, abbé d'Aurillac, et de plus chanoine de la Sainte-Chapelle de Paris.

— En effet, repris-je, en interrompant le chanoine et en souriant de ce catalogue d'abbayes possédées par le poëte, l'abbé Desportes parla mélodieusement la langue poétique et le langage des amants, le plus gracieux de son époque.

— *Jean Lefèvre*, *Raoul Routrais*, *Gilles Tullone*, continuait le chanoine.... »

Son oncle l'arrêta encore. « Passez, mon cher, à ce fameux helléniste du seizième siècle, qui porte un nom si bizarre.

— Vous voulez parler de *Nicolas Goulu*, professeur à l'Université de Paris. C'était un savant homme, le fils d'un vigneron des environs de Chartres.

— Vous n'oublierez pas, non plus, j'espère, le vieux *Mathurin Regnier*, espèce de Juvénal gaulois, rempli de verve, de force, d'énergie ; poète distingué, joueur effréné, débauché qui fit en ces mots son épitaphe et le résumé de sa vie :

> J'ai vécu sans nul pensement,
> Me laissant aller doucement
> A la bonne loi naturelle;
> Et je m'étonne fort pourquoi
> La mort daigna songer à moi,
> Qui ne songeai jamais à elle.

—*Jacques Fouré*, dominicain; *Denis Simon*, cardinal; l'abbé *Paul Beurrier*, disait encore le chanoine....

— Je conviens, reprenait l'oncle, que les noms que vous citez sont fort illustres. Cependant je nommerais de préférence l'architecte qui construisit la fameuse digue de La Rochelle, *Clément Metezeau*, et même le bon *Nicole*, né à Chartres en 1625. C'était un janséniste, je l'avoue, mais un honnête homme. Il pensait sagement, écrivait purement, vivait en homme charitable, et fut long-temps persécuté. »

Le chanoine eut l'air de ne pas entendre cet éloge du janséniste, et reprit le fil de son discours. « *Antoine Godeau*, évêque de Vence, est né à Dreux, près de Chartres; c'était, comme vous savez, un poète estimable et un bon prélat.

—*Jean Rotrou*, né dans la même ville en 1609,

réunit aussi, continua l'oncle, les qualités, d'ailleurs fort compatibles, d'un poète remarquable et d'un bon citoyen. Sa tragédie de *Venceslas* se joue encore, et l'on se souviendra toujours du noble dévouement dont il fit preuve au milieu de la peste qui désola sa ville natale en 1650.

— Vous pouvez citer encore l'avocat *Pierre Chaline*, auteur de plusieurs ouvrages de jurisprudence; le sociétaire de l'Académie d'architecture, *André Félibien*, érudit célèbre par ses connaissances dans les beaux-arts et par la diffusion de son style; le fameux bachelier de Sorbonne, l'auteur du *Traité des perruques, Jean-Baptiste Thiers*. Celui-là, mon oncle, était un gai chanoine, qui passa sa vie à se disputer avec ses collègues. De l'esprit, de la pénétration, de la force, de la satire, un talent railleur, une mémoire prodigieuse, distinguaient le chanoine Thiers. L'évêque de Chartres, qui était en querelle avec lui, voulut le faire arrêter; c'était au milieu de l'hiver: Thiers se livra à la maréchaussée, et parut la suivre de bonne grace. On arrive aux bords d'un étang glacé. Thiers, qui avait fait ferrer sa jument à glace, se sauve en riant, et laisse sur la rive les archers étonnés de cette ruse du Figaro tonsuré.

— Quant à *Jacques Lenfant*, ministre protestant célèbre, vous me permettrez de louer son éloquence, et je vous laisserai attaquer son orthodoxie. *D'Allainval*, auteur de plusieurs comédies très gaies, est né à Chartres en 1753. Auteur de *l'Embarras des richesses*, il est mort à l'hôpital.

Panard, chansonnier plein d'esprit, qui eut des étincelles de génie, est né à Roulebois, près Chartres. La postérité a ratifié le jugement de *Favart*, son ami :

Il chansonna le vice et chanta la vertu.

— Si vous ne vous étiez montré, reprit le chanoine, si dédaigneux de mes grands hommes, je vous aurais parlé de *Pierre de Genne*, de *Pierre Hardy*, de *Dudoyer de Gastel*....

— Parlez-nous plutôt de *Philidor*, né à Dreux en 1726, rival de Rameau, et le plus grand joueur d'échecs de son temps; de l'académicien *Colardeau*, versificateur harmonieux; du traducteur de Juvénal, *Jean Dusault*, écrivain énergique et concis, et du célèbre médecin *Doublet*. »

Le jeune homme, élevant la voix pour la première fois : « On n'oubliera pas, j'espère, le général *Marceau*, qui s'empara de Coblentz, et auquel la ville a élevé un obélisque, dont l'inscription vient d'être effacée. Après une vie dont chaque jour était marqué par de nouveaux traits de bravoure, ce héros, mort sur le champ de bataille, reçut à Altenkirken les honneurs funèbres de ses ennemis même; et les Autrichiens, commandés par le prince

Charles, érigèrent le monument du brave, dont l'héroïque aspect inspira au poete *Byron* quelques uns de ses plus beaux vers.

— Je compléterai moi-même votre liste, dis-je aux convives, en vous citant le girondin *Brissot*, le courageux *Chauveau-Lagarde*, le constituant *Pétion*, qui, je crois, étaient de votre pays; et surtout ce bon *Collin d'Harleville*, le Térence de la France, qui remplaça, par la naiveté et l'intérêt doux de ses pièces, la verve comique qui lui manquait.

« *Guillard*, auteur d'*OEdipe à Colonne*, était aussi de Chartres.

« Parmi les illustres Chartrains vivants, on doit nommer, avec honneur, M. *Isambert*, avocat distingué, voué à la défense des libertés publiques; M. *Auguste Moufle*, jeune poète qui ne manque ni de grace, ni de talent, et dont plusieurs académies ont couronné les essais; M. *Ph. Chasles*, qui a déja pris rang parmi les jeunes littérateurs de l'époque sur lesquels reposent nos plus vives espérances. »

N° CC. [10 mars 1827.]

L'ONCLE ET LE NEVEU.

> Qui croira qu'aux Chartrains, pour orner leur eglise,
> Marie au de Judée envoyé sa chemise?
> La Harpe.

Ce fut au chanoine que je m'adressai pour obtenir sur la ville de *Chartres* les éclaircissements historiques, sans lesquels le voyage d'un observateur serait peu de chose, et rappellerait la définition que le chancelier de *Verulam* donne de ces chroniques sans philosophie, qu'on cherche aujourd'hui à remettre à la mode. « Ce sont, dit-il, des statues de Polyphèmes, des géants qui sont bien proportionnés, mais qui n'ont qu'un œil. »

En effet, après le repas, lorsque la servante vint nous avertir que le café était servi sous une tonnelle, au bas du jardin, je pris à part le bon chanoine, auquel j'expliquai mon ignorance et la confiance que ses lumières m'inspiraient. « Bon, me dit son oncle qui m'avait entendu, l'histoire de Chartres n'est que l'histoire d'un chapitre ; vous n'avez rien de mieux à faire que de consulter mon neveu : c'est de l'histoire ecclésiastique, et il sait la sienne par cœur. Nous autres, Chartrains, nous ne sommes soumis à la puissance temporelle que depuis un siècle ou à-peu-près; avant cette époque, nous étions vassaux de chanoines; et si le bon temps revenait, je pourrais bien être obligé de m'inféoder à mon cher neveu que voici, et que d'ailleurs je vous donne pour l'homme le plus instruit sur les matières que vous voulez éclaircir. »

Tout en soutenant avec esprit, et même avec assez de grace, les épigrammes que son oncle ne lui épargnait pas, le chanoine fit route avec nous jusqu'à la tonnelle; et je pus m'apercevoir qu'il conservait quelque ressentiment des doutes que son respectable parent semblait élever sur l'utilité d'un pouvoir ecclésiastique, entre les mains duquel le sceptre et l'encensoir se trouveraient réunis.

« Je n'ai pas besoin de vous apprendre, me dit-il, en m'entraînant sous une allée de tilleuls, que les Carnutes étaient, avec les Auvergnats, les deux plus vaillantes nations gauloises de toute cette fédération de petits peuples sauvages, que César est venu détruire et vaincre avec ses légions bien armées, ses machines et ses beliers. Vous n'ignorez pas non plus que les forêts du *Perche*, que vous venez de parcourir, et celles qui couvraient autrefois, dit-on, la plus grande partie du territoire chartrain, étaient le siège principal du culte druidique. Nos antiquaires ont retrouvé plus d'une trace de cette religion de barbares, dont Lucain fait une description moins vraie que poétique. A quelques lieues de Chartres, on rencontre, à-peu-près sur toutes les directions, ces pierres creusées et superposées qui servaient aux immolations, et qui étaient faites, comme dit un historien de Chartres dont le style innocent contraste avec la barbarie du fait, de manière à ce que la victime fût très commodément placée. Je pense que les druides, espèces de brachmanes ignorants, peuple-roi d'un peuple sauvage, n'en savaient guère plus que leurs sujets; mais, sans adopter l'opinion des érudits qui leur prêtent toutes les connaissances variées et approfondies des académiciens modernes, je suis de leur avis quant à la place qu'ils assignent au grand collège druidique. Les monuments celtiques que j'ai eus sous les yeux, le témoignage de Jules César, sur-tout le nom de la ville de *Dreux*, évidemment dérivé du mot *druides*, tout concourt à me faire croire que le centre de cette juridiction sacerdotale, et par conséquent de la Gaule, que régissait cette théocratie, dont vous ne m'entendez point faire ici l'éloge, était peu éloigné des environs de Chartres. Au *Château-Vieux*, sur la garenne de *Poisvilliers*, se trouvent encore des débris dont l'extrême antiquité et la masse imposante me portent à croire que c'est là le véritable point de réunion des druides.

« Les étymologistes sont d'une fécondité bizarre. Ils appliquent au mot *Chartres* au moins une douzaine de différentes origines. Je me contente de vous indiquer la ressemblance qui se trouve entre le mot *Chartres* et celui de *Carnutes*, dénomination primitive de la contrée, et de rappeler à votre mémoire que ce même mot *Chartres*, dans l'ancien langage, signifie *centre*, *cavité*. En effet, la ville et ses environs sont remplis de caves et de grottes naturelles. Mais je n'entrerai point dans une discussion stérile, qui d'ailleurs a coûté assez de veilles aux Gelloutier et autres explorateurs de l'antiquité celtique. Les druides profitèrent de leur influence pour animer les Chartrains au combat contre l'envahisseur Jules César. Du fond des bois sacrés des Carnutes, mille glaives étincelèrent tout-à-coup; et ce furent nos concitoyens qui, les premiers, commencèrent une lutte terrible autant qu'inégale. Leurs efforts furent stériles; mais, à peine domptés, ils se soulevèrent sous la conduite de Cotnatus et de Cenetodunus. Les Romains furent victimes d'un désespoir semblable à celui qui sonna long-temps après l'heure fatale des vêpres siciliennes. Tous les soldats campés à Orléans, alors *Gennabum*, périrent sous le fer des Carnutes, dont les conquêtes s'étendirent au loin.

« Mais ce triomphe dura peu. Les oppresseurs revinrent en force, et la vengeance romaine couvrit le pays entier de cadavres. Une capitulation honorable, que les Romains trahirent indignement, et malgré laquelle le chef des Carnutes, Guturnat, fut livré au supplice, prouve mieux que les *Commentaires* mêmes de Jules-César la vaillance de ces Carnutes, contre lesquels on employait le fer, le feu, la perfidie, et le parjure. Soumis de nouveau, ils se révoltèrent encore; et Auguste fut obligé d'envoyer contre eux de nouvelles légions. Cette rébellion fut la dernière. Le christianisme s'introduisit vers cette époque dans l'ancien territoire des druides.

« — Racontez, racontez, mon neveu, s'écria l'oncle, qui nous avait rejoints, racontez les traditions merveilleuses dont cet événement se trouve environné!

« — Permettez que je m'en abstienne; c'est une tâche qui a son côté plaisant, et que vous remplirez mieux que je ne pourrais le faire.

« — Eh bien, apprenez donc de moi, philosophe ermite, que, trois siècles avant la naissance de la Vierge, comme je le lisais hier dans le bon historien Sonchet, les druides, devinant l'arrivée du Messie, bâtirent un temple à la *Vierge qui devait un jour enfanter* (*Virgini pariturae*). Ce n'est pas tout; *Pintard*, autre Tite-Live de la Beauce, veut qu'une cathédrale ait été bâtie à Chartres immédiatement après la naissance de Jésus-Christ. D'autres grands écrivains, tous chanoines, assurent qu'une ambassade chartraine fut députée à la Vierge pendant ses couches; et *Sablon*, l'un d'entre eux, n'hésite pas à déclarer qu'elle accepta la suzeraineté de Chartres et le titre de *dame* souveraine de la ville, que lui conférèrent les ambassadeurs.

« — Je ne contredirai point mon oncle, reprit le chanoine; ces histoires merveilleuses sont en effet consignées dans les chroniques, et je pense que l'antique druidisme ayant progressivement fait place au christianisme nouveau, la confusion des deux cultes fit naître dans quelques esprits crédules l'idée que la religion du Christ y avait été professée de tout temps.

« — L'explication de M. le chanoine me semble, continuai-je alors, aussi simple que vraisemblable.

« — Oui, reprit l'oncle; mais ce qu'il doit ajouter, pour ne pas démentir une impartialité qui ne m'étonne pas chez lui, c'est que le chapitre de Chartres tira grand parti de cette prétendue suzeraineté de la sainte Vierge, qu'il ne voulut relever que du pape, et traita par ambassadeurs avec les rois de France.

« — En faisant à votre opinion, mon cher oncle, toutes les concessions que la vérité peut exiger, je ne dois pas oublier de signaler l'influence heureuse que le christianisme exerça sur le pays : l'abolition des sacrifices humains, l'adoucissement des mœurs, la culture des terres mieux dirigée, celle des esprits, progressivement éclairés par les lumières d'une religion raisonnable et charitable. Quant aux miracles dont l'histoire de France abonde jusqu'au dixième siècle, je ne prétends point en discuter la réalité. Il est vrai que nulle contrée de tout le pays gaulois n'a autant de prodiges religieux à citer que ce petit pays chartrain. Si vous me permettez d'expliquer ce fait de la manière qui me semble, non la plus philosophique, mais la moins hostile contre les saints dogmes que je vénère et que je professe, ce n'est pas à l'ignorance ni à la superstition que j'attribuerai cette prodigieuse quantité de miracles, mais bien à l'esprit même des peuples gouvernés long-temps par les druides. La sainte horreur de ces bois solitaires, où le sang coulait sous le fer des Eubages, était bien propre à entretenir la terreur religieuse ; et les premiers apôtres du christianisme, chez les Carnutes, n'eussent point servi les intérêts de leur mission sacrée, s'ils eussent détruit tout-à-coup la crédulité profonde et la soif des miracles, dont le peuple était, pour ainsi dire, imbu.

« — Voilà bien de l'adresse dans la défense ; et je suis sûr que l'Ermite admire avec quel talent *vous munissez de tous côtés votre cause*, comme dit, je crois, le grand Bossuet; mais n'oublions pas que, en profitant de cette crédulité pour civiliser les peuples, nos apôtres n'oublièrent jamais leurs propres intérêts. La dîme, offrande d'abord volontaire, fut changée en un droit irréfragable d'autant plus pesant pour notre pays, que toute sa richesse est dans de magnifiques moissons, dont le dixième fut versé *gratis* dans les greniers des abbayes et de l'évêché. Dans toute l'Europe, aucun chapitre ecclésiastique n'a réuni autant de puissance temporelle que celui de Chartres. Je vous concéderai volontiers la bienfaisante influence que le christianisme exerça sur le monde, que le colosse romain écrasait de sa décadence après l'avoir écrasé de sa grandeur; mais je ne conviendrai jamais qu'il fût nécessaire que les évêques de Chartres s'érigeassent en rois indépendants, ayant droit de vie et de mort, prélevant des impôts énormes, soldant des troupes, portant la masse d'armes au lieu du cilice, et se faisant exalter sous un dais soutenu par quatre hauts barons, comme vous savez bien qu'ils l'exigeaient dans les grandes cérémonies.

« — Je crois vous avoir déja dit, monsieur, reprit en s'adressant à moi le chanoine, dont la patience commençait à fléchir devant l'épreuve à laquelle son oncle le soumettait; je crois vous avoir dit, ou du moins indiqué que la toute-puissance dont les druides jouissaient dans le pays des Carnutes fut un héritage naturel dont les chanoines de Chartres, et sur-tout les évêques, se trouvèrent nantis sans usurpation réelle, et comme par une concession tacite. Puisque mon oncle n'a perdu aucun des souvenirs ecclésiastiques de sa ville natale, il aurait pu vous instruire du sort des trois fameuses sœurs *Donde*, *Monde* et *Ermonde*, toutes trois martyres; il aurait pu vous apprendre aussi que, d'après une ancienne tradition, la bergère de Paris, *Geneviève*, âgée de quatorze ans, vint de Nanterre à Chartres pour recevoir la confirmation de l'évêque Villicus. C'est ce que témoignent les mauvaises rimes que voici, et que l'on déchiffre encore sur les côtés d'une tapisserie antique, conservée à la mairie de Chartres :

>Villicus, évêque de *Chartres*,
>Illuminé du Saint-Esprit,
>Choisit la vierge entre les *autres*
>Qu'il confirme en la foi du Christ.

» Je ne crois pas devoir m'appesantir sur ces faits qui n'ont d'intérêt que pour un petit nombre de personnes; j'aime mieux vous rappeler que Chartres, après avoir subi les conséquences de l'invasion des Francs, donna naissance au bon évêque *Solein*, le Belzunce de son temps. Il suivit pas à pas, et autant qu'il est permis à un homme de le faire, l'exemple de son divin maître. Il prodigua ses biens, ses soins, et sa vie pour réparer les maux que son peuple avait soufferts. Les habitants le portèrent spontanément en triomphe. Si les évêques de Chartres étaient rois, comme vous venez de le dire, Solein mérite d'être compté parmi les meilleurs princes.

— Mon cher neveu, je ne prétends point rabaisser le mérite des bonnes actions, et je conviendrai avec plaisir que de généreux exemples, donnés par des hommes revêtus d'un caractère sacré, ont quelque chose de plus grand encore, et qui doit laisser chez les hommes une impression plus profonde. Je me contente de m'élever de tout mon pouvoir contre l'alliance du pouvoir canonique et politique dont toutes les annales de Chartres offrent la preuve; contre ce principe que tous nos historiens ont posé comme incontestable, c'est qu'un évêque est souverain exclusif, supérieur aux comtes, aux ducs, et l'égal des rois. J'ai dit. »

Le chanoine continua sans s'engager dans la discussion : « Chartres fut pillé et brûlé en 546 par Thierry, roi de Bourgogne. L'exemple qu'avait donné l'évêque Solein se renouvela encore. L'évêque Bethaire s'offrit pour otage de ses peuples; il se dépouilla de tous ses biens pour eux : c'est encore un des beaux traits du christianisme. Thierry se retira; et la ville qui respirait à peine fut de nouveau saccagée par Hunold. Je ne chercherai pas à dissimuler ce que mon oncle ne manquerait pas d'ailleurs de rappeler en traits piquants et vigoureux, l'accroissement immense de la puissance du clergé; les deux tiers du territoire lui appartenaient; mais j'ajouterai que le système féodal autorisait cette usurpation, et que le chapitre ayant été reconnu suzerain, usait d'un droit, peut-être incompatible avec ses droits, mais en harmonie avec la civilisation de l'époque.

— Vous avez bien raison, mon neveu, d'avouer au moins que la conduite de vos évêques répugnait aux doctrines de l'Évangile. Au septième siècle, ils avaient dans Chartres même trois forteresses. Ils soldaient des armées de pillards qui se répandaient dans les campagnes; ils mettaient leurs abbayes en commerce patent, et les vendaient comme des propriétés laïques. Enfin, ils poussèrent si loin leur audace, que Charlemagne fut obligé de défendre spécialement aux évêques chartrains de faire la guerre en personne.

— Ce sont là, mon oncle, les erreurs des hommes, et, il faut le dire, les erreurs du temps. Reprenons brièvement notre récit. Brûlée en 743 par Théodoric, assiégée par Hasting en 856, et par Rollon en 911, la capitale de la Beauce, sans cesse détruite, renaissait toujours de ses ruines. Il paraît que, au huitième siècle, cette ville, aujourd'hui mal bâtie et composée d'un assez grand nombre de maisons de bois, comptait beaucoup d'édifices en pierre. Je crois avoir sur moi mes tablettes, où j'ai copié la description fort curieuse que le moine Paul a donnée de Chartres, à l'époque dont il est question : *Populosa urbs admodùm atque opulentissima, murorum magnitudine atque œdificiorum pulchritudine et artium liberalium studiis habebatur formosissima; erat enim ex quadratis et immanissimis lapidibus constructa altisque turribus munita, et idcircò urbs lapidum vocitata; aquœductibus, viis subterraneis jucunda; nunc ab inopi divinæ virtutis gente, Deo permittente, solo tenùs evertitur et ignibus concrematur.* Cette ville si populeuse et si opulente, la plus fameuse de la province pour la grandeur de ses murailles, la beauté de ses édifices, et l'éclat de ses études libérales; cette ville qui devait aux énormes pierres de taille dont elle était bâtie et aux tours élevées qui la défendaient le nom de la *ville de pierres;* cette citée, ornée d'aqueducs et de voies souterraines, est aujourd'hui détruite et rasée de fond en comble. Dieu a permis que des barbares, étrangers à la foi, y portassent la flamme destructrice. »

— Mais je me hâte d'esquisser le tableau historique de la domination de nos comtes. Le premier d'entre eux fut *Thibaut-le-Tricheur,* grand homme d'armes de son temps, et qui étendit beaucoup son territoire. Ses successeurs suivirent son exemple, et

Eudes second, entre autres, s'empara des comtés de Champagne et de Brie. De 1120 à 1134, la ville de Chartres, qui n'était plus la ville de pierres, mais la ville *de bois*, fut victime successivement de trois épouvantables incendies; la lèpre vint ensuite ajouter, à ces ravages rapides, des désastres plus lents et plus hideux. Non seulement les évêques, non seulement le chapitre, mais les comtes et les vicomtes de Chartres levèrent l'étendard d'une indépendance séditieuse; les rois de France, jusqu'à saint Louis, n'eurent dans le fait aucune autorité sur cette portion du territoire français. En 1154, le fameux saint Bernard vint dans la cathédrale de Chartres prêcher la croisade; ses éloquentes paroles retentirent de la chaire de vérité dans l'Europe et dans l'Asie, qu'il arma l'une contre l'autre. Un concile fut tenu à Chartres; des donations immenses furent faites à l'église par les croisés, et ce fut du pied de l'autel de Notre-Dame que les plus fougueux conquérants de Jérusalem s'élancèrent pour trouver en Palestine des combats, la mort, la misère, des royaumes d'un jour, et une gloire....

—Stérile pour eux et pour la France, continua l'oncle; mais allez toujours, mon cher neveu.

—Long-temps réunis au comté de Champagne, les comtés de Chartres et de Blois en furent détachés en 1151, après la mort du huitième comte de Chartres, Thibaut V; ce ne fut qu'après le règne de saint Louis, que la couronne racheta le vasselage de cette riche province. Je pourrais, et je devrais peut-être vous tenir compte du passage du pape Alexandre III à Chartres, en 1163....

— Non, reprit l'oncle, toujours prêt à interrompre le fil du discours; mais nous parlerez-vous de l'évêque de Chartres, *Guillaume-aux-Blanches-Mains*, « *qui eut la gloire de faire brûler beaucoup* « *d'hérétiques, pour avoir nié l'eucharistie et le bap-* « *tême ?* » Ce sont les propres paroles d'un historien, *Souchet;* je cite mes autorités.

« — Heureusement je puis opposer à ce prélat persécuteur le nom de *Jean de Salisbury*, qui lui succéda et qui fut aussi humain qu'éclairé; et celui de *Pierre de Lorraine*, évêque bienfaisant, qui embellit la ville, la pava de ces belles pierres de *ladères*, dont la dureté résiste au laps des siècles, et dont l'épitaphe mérite d'être rapportée :

Mœnibus et plateis urbem insignivit et auxit,
  Et variis posuit tecta superba locis.
Hunc pia plebs habuit tantæ pietatis amore,
  Oscula mille suis ut dederit pedibus.

« Il donna à la ville des remparts; il y fit des places publiques;
« mille édifices superbes s'élèvent à sa voix. Le peuple l'environna
« de tant d'amour, que la foule s'empressait autour de lui pour
« baiser la trace de ses pas. »

— Nous n'ignorons pas, mon neveu, que les

prêtres faisaient les épitaphes, et nous savons à quoi nous en tenir sur l'esprit du corps. Cependant je remercie le bon évêque de Lorraine d'avoir pavé la cité de Chartres, qui aurait grand besoin aujourd'hui de ses secours. Mais vous n'en venez pas, mon neveu, aux querelles des chanoines et des prevôts de l'église de Chartres en 1193; ni à l'excommunication que les chanoines s'avisèrent de lancer contre la province, parceque les officiers de la comtesse *Adèle* avaient osé arrêter un malfaiteur dans ce qu'ils nommaient *leur ville;* ni à la révolte suscitée pour un semblable motif par les susdits chanoines, alors que l'interdit jeté sur le pays chartrain mit par-tout la désolation et le tumulte. Les sacrements suspendus, l'appareil lugubre des anathèmes, l'orgueil et la tyrannie du chapitre effrayent d'abord, et révoltent enfin le peuple. La sédition nocturne cause un incendie terrible, et la moitié de la ville est de nouveau dévorée. Ce n'est pas tout : la comtesse et ses officiers sont condamnés à faire amende honorable; et les auteurs de ces scandales et de ces maux épouvantables restent maîtres du champ de bataille.

— J'ajouterai même à vos griefs, que ces malheurs durèrent près de cent ans, qu'ils se renouvelèrent presque chaque année, et qu'on ne peut trop les avoir en horreur. Mais je dirai aussi que tel était l'esprit du siècle, et que l'ambition, l'entêtement, la barbarie, les crimes même des individus ne doivent être imputés avec justice qu'à eux seuls, et non aux corps dont ils peuvent faire partie. Les prêtres, devenus seigneurs féodaux, partageaient les vices des hommes de ce rang : je les plains et je les blâme.

— Brisons là, mon cher neveu, ou je vous citerai, comme preuves de barbarie purement superstitieuse et sans mélange d'esprit féodal, l'établissement de l'inquisition à Chartres, au quatorzième siècle ; la nécessité urgente de faire intervenir le pape pour modérer les intolérables prétentions des chanoines, et l'inutilité de cette intervention même qui n'empêche ni le chapitre de fortifier son cloître, ni les habitants de se massacrer pour ou contre les chanoines, ni tout le pays d'être asservi par eux sous le plus dur vasselage. Cette oligarchie de quelques prêtres mutins me semble le dernier degré de l'avilissement politique. Mais je vous laisse continuer le récit des faits, et je vous conseille de passer, ou plutôt de sauter à pieds joints par-dessus tout le treizième et la moitié du quatorzième siècle, qui vous donneraient trop de peine à commenter ou à pallier.

— Je passerai avec une égale rapidité sur le reste de l'histoire de Chartres, qui vous offrirait de longs commentaires, et nous entraînerait trop loin, si je voulais en discuter la justesse parfaite. Réuni décidément à la couronne sous Philippe de Valois, Chartres vit, en 1360, le roi d'Angleterre camper sous ses murs; la paix de *Bretigny* fut conclue dans le village de ce nom, près de Chartres, et le roi Jean, rendu à la liberté, vint recevoir du chapitre de la ville cent pains blancs et un muid de vin, selon l'usage. L'année 1366, marquée par le débordement de l'Eure, fut pour la contrée une époque désastreuse, que les hommes, du moins, n'avaient pas préparée par leurs méfaits, mais dont une industrie plus active eût pu prévenir les ravages. L'année 1338 ne fut pas moins funeste à la ville, que la contagion décima. Je m'abstiens de parler des troubles excités par l'enlèvement du *saint prépuce* de Notre Seigneur, que Henri V, roi d'Angleterre, avait fait voler et envoyer à sa femme, pour qu'elle le baisât pendant sa grossesse. Je laisse à mon oncle le soin d'égayer ces matières; mais il voudra bien que je rappelle la part honorable que les prêtres de Chartres ont eue à l'expulsion des Anglais; il sait que leur zèle seconda vivement es exploits de la Pucelle.

— En récompense de ce patriotisme qui les rend dignes d'estime, ils eurent soin de se faire assurer par Charles VII tous leurs droits de corvées, dîmes, champart, etc., etc. Jamais aucun chapitre se montra-t-il dénué de vues personnelles?

— Si le soir n'approchait pas, et si l'Ermite ne devait prendre la diligence à huit heures, je pourrais, reprit le chanoine, vous parler longuement de cet évêque *Miles d'Illiers*, qui, excommunié par le chapitre, allait, pour se moquer des excommunicateurs, les absoudre en pleine église, et qui, ne vivant que de procès, s'écriait dans ses prières : « O mon Dieu! ne m'en laissez qu'une demi-dou-« zaine, pour m'ébattre et me récréer! » Il me suffira de citer rapidement les événements principaux qui ont laissé quelques traces dans nos annales. *Clément Marot* fut emprisonné à Chartres en 1526, comme luthérien; il ne trouva point son cachot aussi horrible qu'il eût pu le craindre, car il rappelle dans ses poésies

« Les passe-temps et consolations
« Qu'il a reçus par visitations
« En la prison claire et nette de Chartres. »

« Après la mort de Henri II, en 1559, Henri IV se rendit à Chartres. La bataille de Dreux, où les deux chefs d'armée furent faits prisonniers, est trop connue pour que je m'arrête à la décrire. Charles IX, pendant son séjour à Chartres, accorda à la ville la permission de rendre l'Eure navigable. Assiégé en 1568 par le prince de Condé, qui leva aussitôt le siége, Chartres vit, en 1580, le roi et la cour venir à pied faire leurs dévotions dans sa cathédrale. Les prêtres assiégèrent et dévastèrent ensuite la ville, qui se déclara pour la ligue. Alors parut, dans les plaines de la Beauce, le panache d'Henri IV; après la bataille d'Ivry, il vint assiéger Chartres, dont la défense vigoureuse valut à nos pères une capitulation honorable. Ce fut à Chartres que le bon roi fut sacré : depuis ce temps, la capitale de la Beauce n'a rien offert de remarquable; la révolution seule, cette horrible catastrophe, cette....»

Ici son oncle l'arrêta en tirant sa montre et en jetant sur lui un regard qui lui imposa silence : huit heures allaient sonner; et je prenais congé de la famille, quand l'oncle me dit tout bas : « Je suis bien fâché de ne pouvoir vous apprendre l'histoire de la chemise de la Vierge, portée par une pucelle qui recevait les boulets rouges dans son giron. Chacun sait à Chartres que Marie envoya cette chemise de Palestine, et qu'on la conserve dans la cathédrale. » C'est à ce propos que La Harpe, avant d'être saint, avait fait ce distique :

Qui croira qu'aux Chartrains, pour orner leur église,
Marie ait de Judée envoyé sa chemise?

Déja le fouet du postillon retentissait, et en trois minutes le trot des chevaux m'avait emporté sur la route d'Orléans.

N° CCI. [17 MARS 1827.]

ORLÉANS.

Ingrata patria! ne ossa quidem habes!
Patrie ingrate! tu n'as pas même mes ossements!
Epitaphe de Scipion l'Africain.

A ce bruit assourdissant des roues se mêlaient la voix criarde de nos conducteurs et le babil de l'intérieur de la diligence, où se trouvaient, comme cela arrive presque toujours, un ou deux personnages incommodes et deux ou trois autres insignifiants. Une nourrice et un marchand de vin, dont le voisinage eût pu démonter une patience moins exercée et moins solide que la mienne, commençaient une conversation fort intéressante pour eux; je me mis à rêver à cette étrange variété de vues et d'idées sous lesquelles les événements et les choses se présentent aux yeux des hommes. Je comparais la savante et curieuse recherche philosophique de M. Bodin, la légèreté vaniteuse de mon guide tourangeau, qui ne voyait dans les souvenirs de l'antiquité que des ressources pour briller dans une séance d'académie de province, et la misanthropie du riverain de la Loire, ermite à vingt-sept ans, et préférant aux brillantes conversations de Paris l'ignorance des paysans de la Sologne; enfin la franchise anti-ultramontaine de l'oncle que je venais de quitter, et les opinions romaines, que le neveu déguisait sous des sophismes assez habiles. J'étais tenté de croire que tous ces gens avaient en quelque point raison, et que, dans l'infinie diversité des pensées et des intérêts, le scepticisme qui se tient pour ainsi dire au centre, où tant de rayons divergents aboutissent, et qui les juge tous sans leur interdire jamais l'appel et la révision du procès, est la seule philosophie raisonnable.

Déja l'aube naissante éclairait à mes yeux les tours élégantes de la cathédrale d'Orléans et de quelques autres clochers gothiques dont les aiguilles, ciselées comme ces bijoux indiens où l'ivoire est travaillé à jour comme de la dentelle, étonnaient mes yeux : par une association d'idées assez inexplicable et assez commune, je franchis trois ou quatre siècles; mon imagination se reporta vers l'époque où la Pucelle d'Orléans chassa les Anglais. En repassant dans ma pensée l'histoire de cette fille héroïque, en admirant son courage, en maudissant la lâcheté de ses concitoyens, qui ne se précipitèrent pas à travers les flammes de son bûcher pour l'arracher au monstre évêque de Beauvais, à l'infame Cauchon, je donnai moi-même un démenti à mes pensées nocturnes, et je reconnus qu'il y a dans les hautes vertus, dans la véritable grandeur, quelque chose qui force l'estime, détruit les doutes du sceptique, et ne permet pas aux hommes généreux d'avoir des avis différents sur un même sujet. L'utilité des hommes, le dévouement à l'intérêt de tous, voilà ce qu'il n'est point permis de dénigrer. L'égoisme, la concentration, le sacrifice de l'intérêt général au sien propre ; voilà ce qu'il n'est point permis d'excuser.

Je voyais s'élever devant moi les palmes patriotiques dont le front de Jeanne d'Arc s'environne ; et, à mon arrivée à Orléans, je me hâtai d'aller visiter le monument que la reconnaissance publique a érigé à son souvenir. Quelle fut ma surprise de découvrir cette statue dans un coin presque inaperçu de la grande place[1] ! L'exécution en est aussi médiocre que la situation en est mal choisie. Le tonnerre l'a frappée en 1798, et les traces du feu céleste sont encore visibles sur le piédestal. « Hélas ! me dis-je en m'acheminant vers la Grande-Rue-Royale, aban-

---

[1] Le premier monument érigé dans Orléans à Jeanne d'Arc, en 1458, a été détruit lors des guerres civiles et religieuses en 1567, et remplacé, en 1571, par un autre dont on trouvera l'esquisse à la fin de ce chapitre, et qui, à son tour, fut brisé en 1793. La statue en bronze de la Pucelle, qui existe aujourd'hui, a été élevée en 1805.

donnée par ses concitoyens ingrats, brûlée par les Anglais, chantée ironiquement par Voltaire, il ne lui restait plus qu'à subir la calomnie d'un sculpteur, au fond d'une place au centre de laquelle son image héroïque devrait s'élever comme un autel !

Comment ce patriotisme local, cet amour exclusif du lieu de la naissance, le souvenir de vénération tendre qui chérit et protége les hauts faits du temps passé ; comment ce culte qui encourage aux belles actions a-t-il si peu de force et d'influence dans ma patrie ? La pompeuse monarchie de Louis XIV, la frivole administration de Louis XV ont-elles à jamais éteint ces sentiments honorables ? Je ne désespèrerai point de l'antique liberté suisse, tant que les descendants de Tell montreront au voyageur la chapelle où le nom du libérateur est l'objet d'un culte pieux. Tant que les noms et les images de L'Hôpital, de Coligni, de Sully, de Jeanne d'Arc, de Malesherbes, de Turgot, de Monthyon, ne seront pas familiers au peuple, et entourés d'autant de vénération que les douteux personnages de la liturgie l'étaient au moyen âge, j'espèrerai peu de la France.

Une heure de promenade dans cette ville, située au bord du grand fleuve, roi de ces contrées, ne m'a pas fourni de renseignements assez détaillés pour que je m'empresse de consigner ici des obser-

était descendu sur la terre pour consacrer la cathédrale d'Orléans. » Cependant je suis parvenu à extraire de cette compilation monacale quelques notes dont j'ai fait mon profit.

Orléans a produit plus de savants que de grands hommes. Tels sont *Pétau*, *Secousse*, *Bonjars*, *Pothier*, *Amelot de La Houssaye*, et l'abbé *Gédoyn*.

Avant Jules César, la ville se nommait *Genabum*. Sous *Aurélien*, elle prit le nom d'*Aurelianum*. Lorsque Clovis mourut, Orléans forma l'apanage d'un de ses fils. Réunie à la couronne, puis détachée du domaine royal, auquel elle ne fut ralliée que par Hugues-Capet, en 987, la capitale de l'Orléanais fut assignée, depuis cette époque, comme apanage des enfants de France.

Attila, qui avait inondé la campagne orléanaise de ses hordes barbares, recula devant le courage des habitants. Cinq siècles après, les Anglais allaient entrer dans ses murs, quand Jeanne d'Arc la rendit à la liberté, à la France, et à Charles VII.

En 1567, les calvinistes la ravagèrent. Tour-à-tour ligueurs et huguenots, les Orléanais souffrirent les conséquences de ce double fanatisme. Cinq conciles se sont rassemblés dans ses murs, sans apaiser l'Église déchirée, sans rendre le calme aux citoyens, sans ramener l'esprit de douceur et de charité parmi les hommes.

Sous la fronde, le parti Mazarin posséda Orléans,

vations qu'il m'eût été facile de trouver dans les livres, si c'était eux que j'eusse choisis pour mes guides. Un grand mouvement régnait dans la place : je reconnus cette industrie active qui doit caractériser une ville dont le voisinage de la Loire et du canal d'Orléans fait un entrepôt très utile pour le commerce de Paris. Après avoir jeté un coup d'œil sur les rives du fleuve et sur la promenade à laquelle conduit un beau pont, j'allai visiter la cathédrale de Sainte-Croix ; le style saxon-gothique n'a rien produit de plus étrange. Nulle part la maigreur des colonnes, l'audace irrégulière et gigantesque des voûtes, la recherche des détails dans la grandeur de l'ensemble, l'effet hardi et mélancolique de l'intérieur, la beauté et l'élévation des deux tours qui lui servent de clochers, ne frappent davantage l'imagination, plutôt ébranlée que séduite. Ruinée à diverses reprises, elle a dû sa restauration définitive à Napoléon.

Dans presque tous les autres édifices, les traces de la barbarie féodale s'offrirent à mes yeux. Décidé à repartir pour Tours à l'instant même, j'achetai chez un libraire l'*Histoire du diocèse d'Orléans*, par Guyon ; et je comptais suppléer ainsi pour la partie historique aux recherches et aux renseignements qui me manquaient. A peine eus-je ouvert le livre, en attendant le départ de la diligence, que je fus tenté de le fermer, lorsque j'y lus que « Dieu

que mademoiselle de Montpensier, par une intrigue conduite avec l'adresse d'une femme de cour et l'audace d'un homme de guerre, rendit à Monsieur, de qui elle avait reçu cette commission difficile.

Telles sont les particularités curieuses dont le tissu léger, étendu par les soins de M. Guyon, prêtre d'Orléans, a couvert et rempli deux gros volumes. Il est vrai que, pour réduire l'histoire d'Orléans à cette simplicité un peu sèche, j'ai été forcé d'en élaguer tous les miracles, tous les noms inutiles, toutes les oiseuses suppositions, c'est-à-dire de prélever, sur cette abondance de paroles sans but, une dîme fort peu considérable, et qui peut s'évaluer à un dix-neuf centième de l'ouvrage.

N° CCII. [24 mars 1827.]

RENDEZ-VOUS A TOURS.

> Parlerai-je des douces vapeurs de la terre et de la fraîcheur qui s'exhale du fleuve ? Pardonnez-moi de retourner encore vers cet asile : Alcméon lui-même s'arrêta quand il eut rencontré les belles îles Echinades.
> SAINT BASILE, *Lettres*, t. III.

Il n'y avait pas un seul coin de terre, un seul canton que je n'eusse visité dans cette belle province de Touraine ; et plus mes yeux se reposaient sur l'inépuisable succession de beautés variées que sa fécondité présente à l'admirateur de la nature, plus je les trouvais aimables et touchantes. Me voilà de nouveau sur la route de Blois : je n'essaierai pas d'en retracer une seconde fois les sites délicieux ; l'admiration des beautés de la nature a bientôt épuisé les combinaisons du langage, les paroles sont monotones pour reproduire des merveilles toujours diverses, et Thomson lui-même, poëte coloriste, en essayant d'imiter le luxe infini dont le globe se pare, n'a souvent fait que charger sa toile de traits confus, entassés sans goût, brillants, il est vrai, mais où se font souvent desirer la délicatesse des touches et la variété des nuances.

Les jeux des paysannes tourangeaudes, les travaux des villageois, le chant des bateliers sur la Loire, se mêlant à de gracieux points de vue, animaient cette route charmante, véritable galerie de paysages, avec laquelle les collections des plus célèbres amateurs hollandais ou belges ne lutteraient que faiblement. Plus on s'éloigne d'Orléans, plus le paysage s'étend, plus la scène s'agrandit : les collines s'abaissent; le fleuve, au lieu de réfléchir dans son sein mobile la fertilité des deux rives escarpées, roule avec majesté au milieu d'un amphithéâtre qui s'élargit de plus en plus, et finit par ne répéter, dans son cours devenu plus vaste et plus tranquille, que la voûte azurée du ciel.

Parmi les sujets d'étonnement que j'ai rencontrés dans mon voyage à travers la France, je dois placer le regret de n'avoir pas à citer un seul poëte français vraiment pastoral, dont les vers, inspirés par la naïveté de ces beaux spectacles, aient effacé le fard des bergères de Fontenelle, égalé la grace de Gessner, ou même l'élégance champêtre du Guarini. Segrais et Racan n'étaient pas entièrement dépourvus du sentiment poétique; Delille connaissait les ressources variées de l'art; Saint-Lambert avait de l'élégance et de la philosophie, mais il semble que le profond sentiment de la nature leur manquât; La Fontaine, dans ses vers sortis du cœur; Jean-Jacques, dans sa prose ardente; le doux Bernardin de Saint-Pierre, dans ses tableaux mélancoliques, sont les seuls qui aient donné quelque idée en France d'un genre qui demande un talent si aimable et si vrai, et que le régime d'académies et de cour a dû éloigner de la littérature française.

Je me livrais à ces pensées, au son des cloches qui retentissaient à mes oreilles. L'un des voyageurs qui se trouvaient avec moi dans la diligence se mit à chanter à demi-voix les paroles suivantes, dont il accompagnait le tintement monotone du bourdon :

>   Orléans, Beaugency,
>   Notre-Dame-de-Cléry,
>   Vendôme! Vendôme!

Ce monsieur, que sa tournure semblait classer entre le commis voyageur et le petit maître du boulevart de Gand, voyant que son refrain, composé de noms propres et chanté sur trois notes, excitait mon attention, eut la complaisance de m'apprendre que ces paroles remontaient à la plus haute antiquité, qu'elles étaient dans la bouche de tous les petits enfants et de toutes les nourrices, depuis Orléans jusqu'à Vendôme, et qu'elles étaient censées imiter le son des cloches d'Orléans, et donner le catalogue des villes jusqu'où leur vibration parvenait. Je le remerciai de son explication savante, et je ne doute pas que ces trois vers innocents ne puissent fournir ample matière à quelque *Mathanasius junior,* s'il lui prenait envie de les annoter et de les enrichir de ses élucidations.

Beaugency, que nous traversâmes, est situé au bord de la Loire; de fertiles vignobles l'environnent: ses habitants jouissent de moins de réputation que ses vins, et le commis marchand, ou celui que je préjugeais tel, pensant que j'étais homme à bien apprécier les travaux et même les jeux de l'esprit, ne manqua pas de me dire, avec un sourire de satisfaction intérieure, que le vin de Beaugency était plus spiritueux que les Beaugençois n'étaient spirituels. J'eus l'air de ne pas entendre ce mauvais jeu de mots, et je lui répondis qu'un littérateur distingué, que M. *Aignan*, était né dans cette ville, et suffisait pour la relever de l'anathème intellectuel dont on essayait de la frapper. Homme instruit dont le talent grandissait avec l'âge, poète correct, versé dans l'étude des antiquités, il est mort au moment où quelques écrits politiques, remarquables par la force de la pensée et du style, venaient de le classer parmi nos bons publicistes et nos meilleurs citoyens.

Blois et Amboise, toutes deux si mal construites et si admirablement situées, virent passer notre char, dont la course n'était jamais aussi rapide dans la campagne, où aucun accident n'était à craindre, que dans les villes où plus d'un malheureux piéton courait risque d'être écrasé. Enfin, le soir même du jour où j'avais fixé mon rendez-vous avec le janséniste M *Mersan*, j'arrivai à Tours, où je le trouvai.

Il était descendu à l'auberge du *Faisan*, et m'attendait avec impatience. Il me fit quelques reproches aimables sur ce que, dans une nouvelle liaison, j'étais le dernier au rendez-vous; et nous nous retrouvâmes avec tout le plaisir que deux amis d'ancienne date auraient eu à se revoir. Sans chercher à expliquer cette sympathie qui unissait déja *nos ames assorties*, j'attribue ce penchant de ma part à l'estime qu'inspirent toujours des opinions décidées, un caractère franc, et la persécution des hommes. J'avais cru distinguer, dans les discours et sur la physionomie de M. Mersan, ces caractères qui me portaient à desirer son amitié. Il semblait disposé à me faire, de son côté, les mêmes avances d'estime et de confiance : nous décidâmes que nous partirions le lendemain matin à onze heures pour la Rochelle.

Nous déjeunâmes avant de partir, et je lui lus quelques unes des notes que mon guide primitif, m'avait communiquées sur la Touraine. Il ne manqua pas de corriger quelques erreurs : « Votre *cicerone*, me disait-il, s'est traîné un peu platement sur de mauvais mémoires qui se disent historiques. Il a eu tort de ne pas vous parler d'*Agnès Sorel*, qui, née à *Loches* près de Tours, faisait perdre au roi Charles VII un temps précieux, pendant que les armes anglaises réduisaient son trône en poussière. Il aurait pu vous entretenir des faits honorables de la vie de *saint Martin*, général et ermite, véritable fondateur de Tours. Ce qu'il ne vous a point dit, c'est que deux prêtres licencieux, l'un avec philosophie et une espèce de profondeur, l'autre avec une obscénité frivole qui révolterait chez un laïque, et pour laquelle je n'ai point d'épithète quand il s'agit d'un abbé, que *Rabelais* et *Grécourt*, en deux mots, sont nés dans cette ville. Voilà, monsieur, ajouta-t-il, où conduit le grand relâchement des mœurs ; certes, les plaisanteries du curé de Meudon n'ont pas peu contribué à entretenir cet esprit de licence qui régna sous François Ier et ses successeurs : leur verve obscène, grossière, et fantasque, fit les délices de la cour, et fut même admirée des *cardingaux* dont il tournait la pourpre en ridicule. Quant au prestolet qui a grossièrement imité les nudités de La Fontaine sans pouvoir atteindre à leur grace, je le laisse dormir paisible dans l'oubli profond où il est déjà tombé.

— Je crois, dis-je à M. Mersan, que *Descartes* était de Tours; c'est un grand nom.

— Et un grand homme. La hardiesse de son génie s'est révélée par ses erreurs même; il a rappelé ces marins qui veulent découvrir des terres qui n'existent pas, et que l'audace d'une entreprise inutile conduit à d'autres découvertes qui les immortalisent, et qu'ils n'avaient point pressenties.

« Madame de *la Vallière*, aimable et triste victime des passions royales, qui se fit presque pardonner sa faiblesse aux yeux des gens du monde par sa douceur et sa délicatesse, et qui, plus tard, honora ses erreurs par une punition exemplaire et chrétienne, était aussi de Tours. — Joignez à ces noms ceux de l'historien *Duchesne*, de l'abbé *Baudeau*, le père des économistes, et du poëte *Racan*. »

Nous fîmes nos adieux à ces rives si belles et si bienfaisantes. En jetant un dernier regard sur le fleuve qui les arrose, je ne pus m'empêcher de manifester le regret que ce canal creusé par la nature, que cet admirable moyen de navigation, et de commerce n'ait pas été exploité par le génie de l'industrie. Le lit de la Loire est encombré de sable; les grands bateaux n'osent pas se confier à son cours. Pourquoi ces bateaux à vapeur qui quadruplent aujourd'hui la richesse américaine, et qui opposent aux éléments la force irrésistible que leur sein recèle, ne couvrent-ils pas ce beau fleuve? Pourquoi ces nombreux atterrissements et cette marche lente de quelques rares nacelles sur des ondes si vastes? Quand la nature est prodigue, pourquoi les hommes et les gouvernements insultent-ils à ses dons par l'inertie et la routine?

N° CCIII. [31 mars 1827.]

ENTRÉE DANS LE POITOU.

>Je fauche tout et je couvre tout sous les plis de ma soutane rouge
>RICHELIEU.

Je ferai grace à mes lecteurs d'une haute et sérieuse conversation, où j'engageai M. *Mersan*, en cherchant à lui prouver que je n'étais pas étranger aux doctrines de la grace et du libre arbitre. Nous nous perdîmes ensemble dans ce labyrinthe de la nécessité et de la liberté, où, depuis les brachmanes jusqu'aux piétistes, toutes les sectes religieuses ont porté leurs rêveries. Plein d'estime et de vénération pour les Arnauld et les Pascal, pour l'opposition libre et énergique qu'ils osèrent élever contre la théocratie papale, pour leurs travaux solitaires, leur probité scrupuleuse, et leur dignité morale, je suis loin d'admettre cette théorie de fatalisme mystique, qui ramène le christianisme à la doctrine antique d'une nécessité irrésistible, planant sur l'univers, doctrine qui, poussée dans ses résultats, détruit le libre arbitre, et par conséquent le mérite des actions humaines, et va se confondre avec les dures doctrines de Calvin. En ne lui cachant pas mes opinions philosophiques à ce sujet, je donnai de justes éloges à cette dignité, à cette grandeur sévère qui caractérisaient les hommes de Port-Royal, et qui, les alliant aux anciens parlementaires, fut, dans la vieille monarchie, le contre-poids de beaucoup de crimes, de bassesses, de faiblesses et d'erreurs.

La controverse amicale que nous allions mener plus loin fut interrompue par l'admiration qu'excita en moi l'aspect pittoresque des ruines du château de *Saint-Maur*. La nature, toujours belle, et, pour ainsi dire, fière de la vigueur extraordinaire de sa végétation, prend un caractère particulier dans le *Poitou*, sur le territoire duquel nous venions d'entrer. Elle a plus de fécondité que de grace, plus de force que d'élégance. Les gros arbres noueux se marient heureusement aux masses de l'architecture en débris. Il ne manque à ces belles ruines qu'un grand souvenir pour les animer. Je communiquai cette réflexion à mon compagnon de route, qui, baissant une des glaces de la voiture, me dit :
« Voici la chapelle de *Fierbin*, où l'héroïque pucelle trouva, dit-on, sur un autel, le fer, semé de fleurs

de lis, qui devait sauver la France. C'est une noble tradition, ou même, si vous voulez, un généreux mensonge ; mais l'histoire n'est-elle pas un amas d'erreurs convenues, de vérités douteuses, de questions sans solutions? Tacite n'avance pas un seul fait sans l'accompagner de cette phrase incidente: «à ce qu'on le rapporte, » preuve singulière de son jugement. Eh bien ! dans cette grande matière de scepticisme, pourquoi ne pas adopter sur-tout les traditions héroïques? Voltaire, continua le janséniste en souriant, a eu tort de faire peser sur le plus beau trait de nos annales le ridicule dont il excellait à châtier les erreurs et les vices. Je ne vois pas quel bien peut résulter d'une pénible incertitude répandue sur des faits honorables; et je parodierais volontiers en vile prose un des vers les plus fameux de l'auteur dont je parle : « Si les traditions d'héroïsme et de dévouement *n'existaient pas, il faudrait les inventer !* »

— J'entends, mon cher compagnon, vous me rendez la monnaie de mes épigrammes et la liberté de mes discours : vous voulez vous venger de mes petites critiques contre le grand Arnauld, qui, vous ne l'ignorez pas, approuva la révocation de l'édit de Nantes. Et quel génie, même sublime, n'a pas eu ses erreurs? J'en conviens avec vous, celle de Voltaire, fut d'autant plus dangereuse qu'elle fut plus brillante : il est impossible d'employer, ou plutôt de dépenser un talent plus magnifique sur un fonds plus ingrat. Voltaire n'ignorait pas que cette fille généreuse fit plus en deux ans, pour sa patrie, que tous les monastères féminins de la France entière ne feront pour elle en trois siècles. Le caprice d'une imagination gaie l'entraîna trop loin. La morale réprouve; mais les muses, dont la pudeur s'en effarouche, sont pourtant obligées d'avouer en rougissant cette œuvre du génie. »

Un nouvel objet de pèlerinage presque religieux s'offrit à nous : c'était le château des *Ormes*, patrimoine de cette vertueuse famille d'*Argenson*, qui a donné à la patrie plusieurs hommes d'état et quelques hommes de lettres justement célèbres. Grace à Dieu, l'avidité de la bande noire n'a pas atteint ce bel édifice, dont la magnificence champêtre rappelle les opulentes villes de l'Italie. L'honorable propriétaire actuel du château était absent; mais le concierge, dont la tournure et le ruban jadis rouge annonçaient l'ancienne profession guerrière, nous fit les honneurs de ce beau domaine. Ce brave homme parlait du maître du logis avec une franchise d'éloges et un abandon très rares, sur-tout chez ceux qui, placés dans une position subalterne, ne manquent presque jamais de venger l'outrage que la société leur fait par de petites calomnies et les attaques d'un obscur scandale. Notre guide, au contraire, nous racontait avec un intérêt touchant, et qui ressemblait presque à de l'égoïsme, les nobles qualités dont M. d'Argenson a donné tant de preuves dans cette dernière époque. Il nous rappelait, jour par jour et combat par combat, toute sa carrière politique. Cette profonde estime, vivement exprimée par un vieux soldat, eût éveillé la jalousie et le remords peut-être chez ces courtisans que les faveurs des cours accablent sans les soustraire à la vengeance de l'opinion.

Une colonne hardie, autour de laquelle s'élève et serpente un léger escalier, se termine par une plate-forme d'où l'on jouit d'un point de vue magnifique; l'œil suit de là le cours sinueux de la Vienne et de la Creuse, qui vont se perdre, l'une dans les plaines de l'Angoumois, l'autre dans celles de l'Auvergne. Le grand escalier est absolument calqué sur le modèle de l'escalier du Palais-Royal, dont l'architecte Levis donna les dessins. Il conduit à un vaste salon, dont les lambris, revêtus de marbre, sont ornés de tableaux du peintre Lenfant, lesquels représentent les diverses batailles livrées pendant le ministère de M. le Voyer d'Argenson, longtemps chargé du portefeuille de la guerre. Tout, dans cet édifice, porte un caractère de noblesse que Montaigne eût appelé *princière*, dans son style original et hardi. Rien de plus grandiose que la chambre à coucher de la maîtresse du logis, dont une colonnade forme l'alcove. Un parc immense, divers établissements d'agriculture, une ferme élevée en regard du château, et qui ne pèche peut-être que par trop d'élégance, et sur-tout par le contraste qu'offrent un fronton très bien sculpté et la simplicité des travaux rustiques; enfin un beau haras, composé de plus de cent chevaux, la plupart de race anglaise, attestent chez le propriétaire cette espèce de magnificence utile et de luxe bienfaisant que l'on cherche trop souvent en vain dans de plus hautes positions sociales, et qui devraient être la seule prodigalité des rois.

Nous quittâmes avec regret le concierge, dont la franchise et le dévouement à son maître nous intéressaient presque autant que les explications qu'il nous donnait.

« Décidez, monsieur l'Ermite, me dit M. Mersan, décidez entre deux grandeurs diplomatiques auxquelles nous pouvons aller rendre hommage. L'une est vivante, et ses effets se font sentir, son impulsion se communique encore dans l'Europe entière; l'autre est éteinte, et n'a laissé, comme l'ombre de Job, qu'un long saisissement, un grand souvenir de terreur. A droite est le bourg de *Richelieu;* à gauche est le château de *Valençay*. »

Nous résolûmes de ne point nous détourner de

notre route, et de n'aller voir ni l'une ni l'autre. J'appris de M. Mersan que le château de Richelieu était détruit de fond en comble, et que son luxe, d'ailleurs d'assez mauvais goût, avait tourné au profit de l'exploitation dirigée par une société d'agioteurs et d'architectes contre les plus beaux châteaux de la France. « Richelieu, disais-je à M. Mersan, est jugé depuis long-temps. Il continua les plans de Louis XI, fonda la monarchie absolue sur les ruines féodales, et prépara le despotisme oriental de Louis XIV. Qu'ai-je à faire de ces souvenirs de terreur et d'esclavage? Quant au prince de Talleyrand, c'est autre chose. Le tissu de sa vie et de son caractère est trop complexe pour qu'on le soumette à une appréciation légère. Personne ne lui refusera de hautes vues, une adresse extrême, de l'esprit par excellence, et la plus profonde connaissance de la plus mauvaise partie du cœur humain. Celui qui a fait et défait des empires sans tirer un coup de fusil, et obtenu par des paroles ces résultats qui changent la face du monde, doit compter dans l'histoire, quand même son influence mystérieuse s'y ferait deviner plus qu'elle ne s'y déploierait librement. C'est toujours une grande chose que de donner des couronnes....

— Et de les ôter; car ce génie, ou, si vous l'aimez mieux, ce démon de la politique a fait l'un et l'autre. »

La captivité de Valençay, les occupations puériles du roi captif, qui brodait des chemises pour la Vierge dans sa prison, enfin l'état actuel de l'Espagne, firent tour-à-tour les frais d'une conversation animée. «Tout arbre doit porter son fruit, me dit M. Mersan. Les fils de Loyola ont élevé le prince qui régit aujourd'hui l'Espagne. Vous voyez ce qu'ils en ont fait ; et peut-être les horribles secousses dont la péninsule sera bientôt agitée prouveront-elles plus fortement encore le danger de ces éducations de monarques confiées aux partisans du *probabilisme* et du *molinisme*. »

Un parallèle entre les deux hommes d'état du dix-septième et du dix-neuvième siècle sortit naturellement du cours de nos idées. L'un, par sa force, maîtrisa son maître ; l'autre, par sa souplesse, enchaîna les mobiles instruments de la révolution la plus capricieuse. L'un, fidèle à ses premières idées, fut fondateur d'un grand despotisme ; l'autre changea la face des empires en paraissant se prêter aux influences qui l'environnaient. L'un s'environna d'effroi et montra audacieusement la robe sanglante dont la pourpre couvrait ses crimes politiques ; l'autre, toujours en seconde ligne et presque caché, fit mouvoir sourdement une foule de ressorts secrets et mêla à peine son nom aux grands événements qu'il dirigeait. Celui-ci semble vouloir encore rester anonyme spectateur de la comédie d'intrigue qu'il avait composée. Richelieu fut le héros sanglant de son propre drame.

Nous ne nous étions pas aperçus que nous approchions de *Châtellerault*. Cette patrie de l'art du coutelier nous députa une légion de marchands et de marchandes, dont les petits couteaux nous assaillirent à notre entrée dans la ville. Il est possible que l'Automédon qui nous guidait ne fût pas étranger à l'obsession que nous éprouvâmes ; les coutelières châtelleraines lui adressaient de temps à autre des regards significatifs, qui semblaient prouver une collusion entre elles et le conducteur des chevaux, dont le pas se ralentissait de plus en plus. En moins de cinq minutes nous eûmes fait pacotille de canifs et de couteaux en assez grande quantité pour fournir à tous les collèges de France des instruments de classe et réfectoire, le tout à si bas prix que nous étions tentés d'ajouter encore à celui que l'on nous demandait. Cependant la foule augmentait, et de peur d'être contraints d'acheter toutes les lames fabriquées dans la ville, nous contraignîmes le postillon à repartir. Nous traversâmes la Vienne sur un assez beau pont, au bout duquel est une porte de ville, dont la construction ressemble assez à celle d'un petit château. « Ceci me rappelle, dit M. Mersan, une des mille bévues d'un savant archéologue.

M. Millin a écrit que la ville tirait son nom de ce *petit château;* les voyageurs et les historiens ont répété ce conte. Le fait est que la porte a été bâtie par Sully, et que *Châtellerault* doit son origine véritable au *castel Hérault*, château d'Hérault, situé à quelques lieues d'ici. Les antiquaires et les historiens ont souvent imité les astrologues, qui tirent leurs horoscopes de la première induction qui s'offre à leur esprit.

N° CCIV. [7 AVRIL 1827.]

LE CHAMP DE BATAILLE.

> Faut-il que, pour plaire aux rois, le genre humain s'immole d'un commun accord et fasse de la terre un vaste tombeau?
>
> J.-J ROUSSEAU.

« Ne vous croiriez-vous pas à Pise ou à Ravenne? me dit M. Mersan, quand nous eûmes mis pied à terre pour nous promener dans les rues de *Poitiers*. Il y a ici une grandeur de solitude et de tristesse qui frappe l'ame et l'émeut. Ces maisons rares, entremêlées de grands parcs et de vergers, ces terres labourables, au milieu des habitations des hommes, offrent un aspect sévère et mélancolique.

— Oui, repris-je, on dirait que la ville porte encore le deuil de la France, qui reçut un si terrible échec sous ses murs. C'est près d'ici que le roi Jean a été défait par le prince Noir.

— Avouez que la gloire était encore cette fois du côté du plus grand homme. Notre roi Jean était un chevalier loyal, mais sa tête était bien faible, et l'histoire ne peut le comparer à ce prince de Galles qui cachait sous sa triste armure les vertus d'un héros de l'antiquité.

— Je me trouverais volontiers en présence de ces grandes ombres. Au héros anglais qui nous vainquit au champ de Poitiers, j'opposerais le brave Bertrand Du Guesclin, dont l'épée arrêta seule le torrent des troupes anglaises. Allons, mon cher *cicerone*, visitons ce champ de bataille.

— J'y consens, mais que verrez-vous là? Les amas d'ossements humains que vous y chercheriez ont depuis long-temps cédé à l'action du temps. Des moissons d'épis ont succédé à ces moissons d'hommes tombés sous le fer des preux. Dieu, de sa main bienfaisante, répare les maux que se font les hommes; et sur cette plaine, humectée de tant de sang humain, de fécondes graminées ont depuis long-temps recouvert les traces de cet épouvantable désastre. »

Malgré la philosophie de M. Mersan, je m'obstinai, je l'avoue, dans le désir que j'avais témoigné, et auquel il céda complaisamment. Nous allâmes nous asseoir au milieu des moissons dont, par un effet aussi naturel dans l'ordre physique que remarquable dans l'ordre moral, les champs de bataille voient toujours la fertilité augmenter après les scènes de carnage dont ils ont été les témoins.

La conversation qui s'engagea entre nous roula

long-temps sur les prétentions anglaises à la couronne de France et sur les siècles de chevalerie. Nous nous amusâmes de cette prétention des rois d'Angleterre, qui, en l'an 1813, s'arrogeaient encore, avec autant d'insolence que de niaiserie, dans les actes publics et sur leurs monnaies, le titre de roi de France. Quant aux siècles chevaleresques, nous différâmes un peu d'opinion.

Je prétendais, et je crois encore, que le beau idéal de la chevalerie n'a jamais existé que dans le le cerveau de l'illustre Don Quichotte; que François Ier, en essayant de déployer le même caractère, n'a réussi qu'à offrir au monde et à l'histoire une plus pompeuse caricature. J'entrai dans l'esprit de la chevalerie elle-même, dont l'institution est celle d'une obéissance passive, enchaînée aveuglément à un chef, et commandant impérieusement à des esclaves.

« Oui, mon cher Ermite: mais comptez-vous pour rien le dévouement au devoir et la loyauté dans les engagements? Comptez-vous pour rien cet esprit d'association né dans les forêts germaniques, et qui seul a pu, dans l'anarchie du moyen âge, reconstruire la société?

— Vous excusez peut-être aussi les temps de barbarie dont vous parlez?

— Non; mais j'observe qu'ils ont donné naissance à une foule d'institutions utiles; que même les Goths et les Vandales, en détruisant l'empire romain, ont régénéré la société. Vous riez, monsieur le philosophe! je sais, comme vous, qu'ils ont porté le fer et le feu dans les plaies, et qu'Attila était un cruel médecin; mais je suis persuadé que la dissolution complète où l'empire était tombé ne souffrait pas d'autre remède. Ce corps, dévoré de gangrène, avait besoin, comme le vieil Éson, de se régénérer dans des flots de sang.

Je réfutai quelques unes des assertions de M. Mersan; mais nous tombâmes d'accord sur l'impossibilité de ramener dans les mœurs modernes aucune nuance, aucun trait de ces mœurs gothiques, nécessaires peut-être à une époque de désorganisation, aujourd'hui sans rapport avec les nouveaux besoins de la société.

N° CCIV. [14 AVRIL 1827.]

LA VILLE DES PICTONES.

> Cujas avait tant de réputation, et la science qu'il professait tant de crédit, que dans toutes les écoles on ne prononçait pas son nom sans mettre le chapeau à la main.
> HOFMAN.

C'est en devisant sur la chevalerie que nous rentrâmes à *Poitiers*. Deux vers du *Menteur* de Corneille se présentèrent à ma pensée; ce père de la scène française y affirme que la capitale du Poitou (la cité de l'école) n'est faite que pour donner aux jeunes gens des idées à-peu-près nettes sur *Cujas et Barthole*, sans les instruire jamais des convenances du grand monde, ni des habitudes de la société. Des vers de Corneille, notre conversation s'était reportée sur la célébrité des jurisconsultes poitevins, quand M. *Mersan* me proposa de m'introduire chez un des jeunes gens qui aspirent à soutenir la gloire du barreau de Poitiers. Chemin faisant, nous jetâmes sur la population rare qui circule dans des rues larges et presque désertes un coup d'œil d'observation et de pitié. « Si vous ne vous contentez pas de regarder des édifices ou des paysages, me dit M. Mersan ; si, comme je le présume, vous comptez la race humaine parmi celles qui méritent votre attention et votre analyse, vous aurez remarqué que les fils des anciens Pictones se distinguent spécialement de toutes les peuplades environnantes, par le contraste agréable et tranchant d'une chevelure du jais le plus noir, opposée à la blancheur éclatante de leur teint. Rien n'est plus rare ici que les yeux bleus ; des cheveux blonds signalent aussitôt un étranger. Comment ces signes caractéristiques d'une race qui s'est conservée dans sa pureté originelle ont-ils pu traverser les siècles ? Demandez-le aux savants qui parquent la nature dans leurs systèmes et qui rendent compte de tout. Pour moi, je m'en remets sur ces bizarreries aux décrets impénétrables de la Providence : c'est plus tôt fait. »

Après avoir long-temps battu le pavé de Poitiers, formé de ces cailloux durs et pointus que l'on rencontre aussi dans le midi de la France, nous arrivâmes au logis de M. *Dezeyre*, ancienne connaissance de M. Mersan, et dont le fils, qui se destine à la profession d'avocat, nous fit très poliment les honneurs de sa ville, de son histoire actuelle, et même de ses antiques annales.

« Passez-nous, dit ce jeune homme, l'irrégularité de nos rues et le peu d'industrie qui anime aujourd'hui le centre de l'ancienne province du Poitou, j'aurai quelques souvenirs brillants à vous raconter, car notre cité n'est pas sans gloire. Je saute à pieds joints, comme dit Bossuet, par-dessus les guerres des Romains, des Francs, et des Visigoths, qui tour-à-tour conquirent, civilisèrent, dévastèrent, rebâtirent la ville des Pictones. Quand les Maures, conduits par Abdérame, orgueilleux d'avoir planté leur croissant sur les palais de Cordoue et sur les rochers de la Sicile, se précipitèrent sur la France, ce fut dans les champs de Poitiers que se décida cette grande querelle d'où dépendait le sort de la république chrétienne, menacée par l'islamisme. Les mêmes plaines, deux siècles plus tard, furent baignées du sang français, lorsque le roi Jean, malgré sa bravoure, succomba sous l'habileté du roi d'Angleterre, Édouard III.

A ces récits belliqueux, ajoutez la haute réputation de notre école de droit. Poitiers est à la France ce que Bologne est à l'Italie. C'est là sur-tout que se sont élaborés ces trésors légués par les jurisconsultes de Rome déchue à la barbarie de l'Europe moderne ; cette législation du despotisme militaire, si bizarrement appliquée aux nouveaux besoins de la monarchie féodale, en un mot, ce régime, fondé sur le droit romain, modifié par les habitudes de Constantinople, adapté aux gouvernements modernes, et qui, à défaut d'institutions fortes, a servi pendant six siècles de droit public à l'Europe. C'est à Poitiers que venaient s'instruire le chancelier de France *Hurault de Chiverny*, l'excellent *L'Hôpital*, le juste et sincère *De Thou*, *Achille de Harlay*, *Joachim De Bellay*; là professèrent les *Brisson*, les *Colardeau*, les *Pouvreau*, les *Tiraqueau*. Cette école, si célèbre du temps où vivait Corneille, n'a pas dégénéré; je me contenterai de citer le nom de M. *Roncenne*, dont la réputation n'est pas circonscrite dans les murailles de notre ville, et que tous les juristes français, moins prodigues d'éloges qu'au siècle de Cujas, estiment et apprécient.

« Poitiers possède une cour royale, un collège, une académie, une préfecture; elle a sa bibliothèque fort riche en livres de droit, et où je m'abstiendrai de vous conduire....

« Cette église devant laquelle nous nous arrêtons est placée sous l'invocation de Notre-Dame; vous admirez la hardiesse élégante de son portail; n'allez pas plus loin, l'intérieur ne répond pas à cette magnifique promesse. Nos vieux registres d'arrêts conservent le souvenir d'un droit bizarre dont cette église a joui long-temps. La sainte Vierge étant venue elle-même rendre au maire de Poitiers ses clefs qu'il avait égarées, les chanoines avaient tiré de ce miracle l'étrange conséquence qu'on leur devait accorder un privilège bien digne de ces temps barbares;

ils n'éprouvèrent aucune résistance, et il fut reconnu, comme clause inviolable du droit public, que le chapitre de Notre-Dame serait souverain absolu de la ville depuis le lundi des Rogations jusqu'au mercredi soir de la même semaine. C'était peu de chose qu'un empire de trois journées par an : cependant les chanoines en abusèrent ; vers le milieu du dix-huitième siècle, le parlement de Paris se vit obligé d'infirmer leurs sentences ; ce qui abrogea *ipso facto* la souveraineté passagère du chapitre.

« Pendant que nous faisons route vers la cathédrale, vous parlerai-je de l'industrie poitevine ? Elle est si peu active que deux foires par an, et deux marchés par semaine, sont des débouchés qui suffisent à sa consommation et à ses produits. Cette cité, dont la position au confluent du Clain et de la Boivre est excellente pour le commerce, dont tous les voyageurs admirent les fertiles environs, l'élégant aspect, n'a plus que vingt-deux mille habitants ; il faudrait, pour vivifier ce grand cadavre, une population cinq fois plus forte.

« Nous avons d'ailleurs beaucoup d'églises, et si l'invocation des saints pouvait suppléer aux travaux de l'industrie, peu de villes seraient aussi riches que la nôtre. Voici *Sainte-Radegonde,* église construite par cette fille de Lothaire, assassiné par Clotaire et Thierry, et dont les deux assassins de son père devinrent amoureux à-la-fois. C'est un beau sujet de tragédie que la destinée de cette princesse, qui, forcée d'être reine et de partager la couche du meurtrier de son père, fut répudiée bientôt après, et alla ensevelir sa douleur dans la solitude du cloître! Radegonde, savante pour cette époque, avait attiré près d'elle Grégoire de Tours et le savant Fortunat, seuls témoins d'une vie qui s'écoula sans tache. Quant aux miracles qu'on lui attribue, je les vénère, ajouta le jeune homme, en jetant un léger coup d'œil sur M. Mersan; mais on me pardonnera d'admirer davantage ses vertus sociales et sa résignation dans le malheur.

« L'église de *Saint-Hilaire*, dont nous approchons, n'est qu'une ruine; on y voyait, avant la révolution, plusieurs tombeaux magnifiques, entre autres celui de *Gilbert de La Pérée*, contemporain d'Abélard et frappé, comme lui, des foudres de l'abbé de Citeaux, pour avoir osé devancer son temps et porter le flambeau de la raison dans les mystères de la foi.

« Mais j'ai oublié de vous parler d'un prodige de mécanique et d'un miracle religieux qui, tous deux, se rapportent à l'église de Sainte-Radegonde. Je commencerai par le dernier. Une jolie nonnette vit entrer vers minuit un très beau jeune homme dans sa cellule: elle commença par avoir peur, et ne se rassura qu'en apprenant de sa bouche qu'il était le Sauveur des hommes, et qu'il daignait la visiter lui-même. L'empreinte du pied du Sauveur resta sur le plancher; dès ce jour cette cellule, transformée en chapelle, nommée chapelle du *Pas-de-Dieu*, fut l'objet de la vénération publique. Ici commence, comme disent les prédicateurs, mon second point. Un mécanicien habile trouva moyen de soulever la masse entière de la cellule sanctifiée, et de la transporter dans l'église; c'est-là l'autre miracle, et peut être serait-il plus facile d'expliquer humainement le premier des deux mystères que de deviner les moyens inventés par une industrie ingénieuse pour accomplir le second. »

Je vis avec plaisir que le jeune homme respectait trop la gravité de M. Mersan pour pousser plus loin l'explication naturelle du miracle du Pas-de-Dieu. Nous le suivîmes dans la cathédrale, dont les trois voûtes hardies et sombres fournirent matière à M. Mersan pour entamer une discussion savante sur l'architecture des chrétiens. Un tombeau de marbre nous offrait cette inscription latine :

« A Claudia Varenilla, fille du consul Claudius
« Varenus. La cité de Pictones lui a décerné des
« funérailles, une sépulture, un monument public.
« Marius Censorinus Pavius, légat d'Auguste, pro-
« préteur de la province d'Aquitaine, consul dési-
« gné, son mari, satisfait des honneurs qui lui ont
« été rendus, a fait construire à ses frais le monu-
« ment. »

—Voilà un époux bien tendre, une ville bien dévouée au pouvoir, dis-je à M. Mersan; et telle époque dont on blâme la servilité ne montrerait sans doute pas un dévouement égal en faveur de la fille d'un magistrat, femme d'un intendant militaire, et qui n'aurait que l'honneur d'appartenir à son mari. »

Le jeune D.... acheva la tâche que la complaisance lui imposait en nous énumérant les célébrités poitevines : plusieurs saints, *Maxence, Paulin, Hilaire; Richard*, auteur d'une mauvaise histoire universelle; le troubadour *Guillaume IX*, duc d'Aquitaine ; le fondateur de la *Gazette de France*, *Renaudot;* Paul *Lecoq*, voyageur; Nicolas *Rapin*, l'un des principaux auteurs de la spirituelle *Satire Ménippée; Dom Bouchet;* l'érudite famille des *Sainte-Marthe;* l'abbé *Nadal; Rivet, Daillé-Beausobre*, ministres protestants; Antoine *Rivet*, auteur d'une histoire littéraire de France; enfin cette femme célèbre, amie de Ninon de Lenclos, veuve de Scarron, maîtresse, ou si l'on veut femme de Louis XIV, dévote à la cour, habile à endurcir contre l'humanité le cœur d'un monarque vieillissant, douée de persévérance et d'adresse, dénuée de sensibilité, de pitié et de grace : en un mot, madame *de Maintenon*.

N° CCVI. [21 avril 1827.]

LE BERCEAU
DE MADAME DE MAINTENON.

> Comparez les langes de sa naissance et les langes de sa mort.
> DANTE, *Enfer*.

Après avoir parcouru, avec M. *Dezeyre* fils, la belle promenade de *Poitiers,* nous le remerciâmes de sa complaisance, et nous nous acheminâmes vers *Niort.* M. *Mersan* me faisait remarquer la fertilité du pays. Le froment, le seigle, le lin, le sarrasin, la vigne, abondent dans cette région féconde, qui présente à-la-fois au voyageur des marais, des plaines, des collines, des marécages, et contraste par la variété de ses expositions avec la monotonie de beauté champêtre dont les plaines si vastes de la Touraine avaient, pour ainsi dire, lassé notre admiration.

Plusieurs monuments druidiques fixèrent nos regards. M. Mersan, fort curieux de ces sortes d'antiquités, passa beaucoup de temps à les examiner en détail. « En effet, me disait-il, ces monuments de l'enfance des arts nous reportent jusqu'au berceau même de la civilisation. Souvent ces débris sont les seules pages historiques qui nous rappellent les souvenirs anciens. Vainqueurs du temps qui dévore tout, et triomphant des efforts de l'homme, qui n'est pas moins destructeur, ce sont des guides précieux à travers les ténèbres des annales primitives. »

Niort, que nous traversâmes, ne reçut de nous qu'un léger coup d'œil : cependant mon compagnon de route assura que cette petite ville tendait, par des efforts persévérants, à devenir une cité importante. En effet, j'aperçus de tous côtés les travaux de la maçonnerie et les plans de l'architecture. Nous admirâmes sur-tout un beau passage vitré, semblable à ceux dont Paris est embelli depuis quelques années. De belles casernes, une fontaine naturelle, creusée avec le taraud, suivant la coutume de l'Artois; les halles, dont l'alignement est symétrique, attirèrent aussi notre attention.

Pendant que je déchiffrais, à l'aide de ma loupe, les inscriptions latines dont les halles sont ornées, M. Mersan me disait : « Voilà une érudition singulièrement placée. Ici je lis ces mots : *Marti peregrino*, parcequ'on y vend des habits militaires; là, un vers de Virgile, à propos du signe du Bélier, fournit une allusion ingénieuse qui s'applique à la halle aux draps; celle où se vendent les fruits m'est annoncée par un hémistiche latin en l'honneur de Pomone; Cérès est invoquée en faveur du marché au blé; les poissons d'eau douce et les poissons de mer ont deux inscriptions également savantes. Cette affectation pédantesque est peut-être un peu ridicule. Mais que d'actions de graces la ville de Niort ne doit-elle pas à son maire, M. *Brisson*, qui, par son infatigable sollicitude, lui a donné les établissements utiles qui manquent à la plupart de nos villes de second ordre! Ces belles constructions sont dues à M. *Bernard*, peintre, architecte et sculpteur. »

Nous nous arrêtâmes ensuite devant cette prison du château de Niort, dans les caveaux de laquelle la femme, dont le souvenir s'était déja présenté à nous plusieurs fois, reçut une vie que de si bizarres circonstances devaient signaler. Née dans les fers, elle mourut près du trône. Nous allâmes visiter la chambre basse et obscure, où la petite *d'Aubigné* jeta les premiers cris; et nous regrettâmes de ne pouvoir mêler à l'espèce de curiosité que ce lieu inspire, ni amour pour la personne, ni estime pour le caractère de celle qui transforma l'arbitre de l'Europe en un bourgeois dévot, crédule et faible.

N° CCVII. [28 AVRIL 1827.]

UNE RÉPUBLIQUE

SOUS LA MONARCHIE.

> Nous ne rendrons pas la ville tant qu'il y aura parmi nous un homme en état d'en tenir les clefs
>
> GUYTON, *maire de La Rochelle.*

A *Niort,* nous fîmes provision de cette excellente angélique, seule production industrielle à laquelle la ville doive une sorte de célébrité. M. Mersan aurait volontiers ralenti notre course, et se serait arrêté dans plusieurs villages, qui, disait-il, offraient tous des particularités intéressantes, si je ne lui eusse fait observer que La Rochelle nous attendait, et que nous ne pouvions trop presser notre marche vers les lieux illustrés par un nom si grand, si terrible, et si digne de fixer notre attention, le nom de Richelieu.

« La vie n'est plus pour moi qu'un rayon affaibli par l'épaisseur des nuages qu'il traverse pour arriver jusqu'à moi, lui dis-je en souriant; laissez-moi mettre le temps à profit. Je m'aperçois sur-tout des progrès de l'âge au peu d'intérêt que m'inspirent ces détails ordinaires qui jadis avaient pour moi du charme. Je ressemble à ces voyageurs qui s'élèvent vers la cime des Alpes, et qui, à mesure que la terre s'éloigne d'eux, cessent de distinguer, dans l'immense perspective dont ils sont environnés, le champ, le rocher, le palais qui les intéressaient naguère. Il en est ainsi de la vue de mon esprit : je vois très loin et je ne peux plus voir de près. Je vous envie, mon cher guide, cette précieuse faculté que chaque jour m'enlève, ce bonheur de jouir de tout, de demander à la nature, à l'histoire, aux mœurs humaines, une intarissable source de plaisirs nouveaux et délicieux. Tant que vous conserverez cette jeunesse de l'ame et de la pensée, vous resterez à l'abri des atteintes du temps. Vous connaîtrez le premier symptôme de votre décadence aux premiers indices du refroidissement qu'éprouveront chez vous le plaisir de voir, l'ardeur d'observer et de connaitre.

— Je ne tirerai pas de votre aveu la triste conséquence que vous en faites jaillir; mais je conviendrai avec vous que l'esprit de détail devient fastidieux pour les esprits graves, et que le spectacle de l'ensemble est nécessaire aux hommes qui ont beaucoup vu et beaucoup vécu. Suivons donc la route rapide que vous m'indiquez, et que je prendrai avec plaisir.

Nous voici déjà sur les limites du Poitou, et bientôt nous saluerons Rochefort et La Rochelle. Gouverné, d'abord, pendant le chaos féodal, par des comtes particuliers, le Poitou, apanage d'Éléonore, héritière de l'Aquitaine, fut porté en dot par elle aux rois d'Angleterre, quand Louis VII l'eut répudiée. Henri II, par cette riche et double possession, devint monarque dans cette France, éternel objet d'envie et de rivalité pour les îles britanniques. C'est du Poitou et de l'Aquitaine que s'éleva la tempête que les armes anglaises ont pendant un siècle fait planer sur notre malheureuse patrie. Philippe-Auguste enfin enchaîna l'orage, et conquit la province que nous quittons sur le plus abject des tyrans, Jean-sans-Terre. Le traité funeste de Bretigny la replaça sous le joug anglais, et le sage Charles V, qui, à force d'adresse et de ruse, reconquit la paix, la réunit pour toujours à la couronne. Ce sont là de grands traits qui arrêtent et fixent la pensée ; la marche des événements, la chute des empires, ont pour l'esprit plus de charmes que les fictions de la poésie ; et dans les calamités attachées à tant de crimes, on serait tenté de reconnaître une puissance mystérieuse et fatale....

— Je devine, lui dis-je, le disciple du sévère Arnauld et la prédestination de la grace, la plus haute théorie que les hommes aient inventée, mais non pas la plus consolante.

— Vous me permettrez de la regarder au moins comme plus probable «que cette philosophie du «hasard, jetant les événements pêle-mêle comme «les atomes qui, d'après elle, concourent à la for-«mation de l'univers[1]. »

A ce mot, qui annonçait la résolution décidée de me développer toutes les doctrines que l'on avait trouvées ou prétendu trouver dans le commentaire de l'évêque d'Ypres, je me résignai, et je laissai cet homme savant se livrer à la manie controversale qui a causé tant de maux et versé tant de sang. Je le ramenai ensuite de mon mieux à l'histoire du Poitou, et en lui rappelant que MM. *Felix Faulcon* et *Thibaudeau*, nos contemporains, étaient de ce pays.

« N'oubliez pas non plus, me dit-il, *Diane de Poitiers* et madame *de Montespan*, qui, toutes deux, ont porté si haut et si loin l'orgueil de leurs faiblesses; les *Lusignan*, race de rois; les *La Trémoille*, race de princes ; la fée *Mélusine*, aussi utile aux romanciers du quinzième siècle que les syrènes l'étaient aux poètes grecs; plusieurs marins célèbres, entre autres le fameux *Duchaffaud, Grimoard, Buoz, L'Étenduère*.... » Mais nous approchions des

---

[1] Saint Augustin.

murailles de La Rochelle; il se tut à l'aspect de ce dernier boulevart du protestantisme en France.

L'aspect sévère de *La Rochelle* nous imposa d'abord. Des portiques dont le double rang donnait aux rues un caractère de grandeur et de régularité, la vue lointaine de la mer, qui se montrait à travers des arcades, la propreté extérieure des habitations, tout se distinguait par une certaine gravité pittoresque : là rien ne ressemblait aux cités de second ordre que j'avais vues dans mes longues tournées.

M. Mersan, à qui je communiquai cette remarque, attribua cet air de dignité que nous observions chez les Rochellois, et la physionomie presque hollandaise de leur ville, à la longue indépendance dont elle a joui. « La Rochelle, me dit-il, était une république isolée dans la monarchie; elle a conservé long-temps des mœurs spéciales, et vous n'ignorez pas le rôle noble et tragique qu'elle a joué sous son destructeur Richelieu. Le dernier asile du calvinisme conserve quelque chose encore de l'austérité des Lanoue et des Coligny : rien ne doit moins vous étonner. Une longue suite de circonstances l'avait, pour ainsi dire prédestinée à la situation politique qu'elle a occupée avec tant d'honneur. D'abord faible bourgade, possédée par les Anglais après le mariage d'Éléonore d'Aquitaine et de Henri Plantagenet, elle reçut de ces fiers insulaires des priviléges nombreux qui accrurent son industrie, augmentèrent sa population, et jetèrent dans son sein les premiers germes de l'esprit de liberté. Ils se développèrent bientôt, et le patriotisme des Rochellois éclata sous Charles V, lorsque, devenus Anglais par le traité de Bretigny, ils secouèrent le joug et se donnèrent volontairement au roi de France. Leur noble résistance toucha le monarque, qui augmenta leurs priviléges. Leur altière indépendance s'accrut de jour en jour; leur pavillon parcourut les mers, et se fit respecter des nations des deux mondes. Enrichie par le commerce, La Rochelle se trouva peuplée de citoyens libres et énergiques. A cette époque, où les vices du clergé provoquèrent la réforme, l'hérésie nouvelle fit de grands progrès au milieu d'une ville ainsi disposée. Les Rochellois se rendirent maîtres de leurs fortifications, et l'on tenta vainement de les réduire. Henri IV reçut d'eux des secours, bien plus comme leur ami que comme leur souverain. Enfin, ils offraient, sous Louis XIII, un point de résistance terrible et presque insurmontable, où les débris de la féodalité et les sectes religieuses persécutées pouvaient aisément se réunir, et braver de là les foudres de Richelieu, et les anathèmes de Rome.

« Cet homme d'état inflexible vit le danger, et résolut de le combattre. Écraser La Rochelle, c'était détruire le dernier asile de la liberté française, c'était étouffer le calvinisme, achever l'anéantissement du pouvoir des seigneurs, jeter les fondements de la monarchie absolue; en un mot, c'était accomplir à-la-fois l'œuvre de la Charles IX et celle de Louis XI, double entreprise digne de Richelieu. Il ordonne aux seigneurs d'aller renverser la ville qui seule pouvait encore servir de rempart à leurs privilèges. Ils marchent contre La Rochelle, non sans prévoir qu'ils marchent à leur ruine. « Vous « verrez, dit le spirituel maréchal de Bassompierre, « que nous serons assez fous pour la prendre. »

« Ils la prirent, mais après de longs efforts, après une résistance héroïque de la part des assiégés; six mois s'écoulèrent sans que l'on parlât de se rendre. Le fameux architecte *Gabriel Metezeau* fut chargé de construire une digue immense pour fermer l'entrée du port: toute l'énergie de Richelieu, toutes les forces du royaume furent dirigées sur ce seul point. L'histoire a conservé, elle conservera toujours le souvenir de ce maire nommé *Guyton*, qui, le jour de sa nomination, posa un poignard sur la table de l'hôtel-de-ville, en disant: « Voilà pour « celui qui proposera de capituler. » La famine, la peste, accablèrent la ville sans la vaincre. « Il ne « faut pas fléchir, disait Guyton, tant qu'il se trou- « vera ici un seul homme en état de tenir les clefs « de la ville. » Enfin, l'ouvrage gigantesque de Metezeau arrêtant les convois, et les secours de l'Angleterre n'arrivant pas, tant de courage fut obligé de céder à la fortune. Richelieu entra dans la ville en triomphe : les calvinistes se virent privés de leur dernière place de sûreté; les grands reconnurent la faiblesse à laquelle ils se trouvaient réduits, et, par un des coups les plus terribles que le génie politique ait jamais frappés, le trône absolu s'assit sur la destruction simultanée du calvinisme et de la chevalerie.

— J'ajouterai à ce brillant résumé d'une histoire toute républicaine, dis-je à M. Mersan, que Louis XIV, en révoquant l'édit de Nantes, ne fit que marcher sur les traces de Richelieu. Depuis long-temps la révocation de cet édit tutélaire était préparée; elle fut déterminée sur-tout par la prise de La Rochelle, qui ôtait aux religionnaires tout point de ralliement. »

A ces observations historiques succéda une controverse plus animée que verbeuse, où, à propos des calvinistes de La Rochelle, M. Mersan combattit l'hérésie de Calvin. Tout en gardant les ménagements auxquels m'engageait l'estime qu'il m'inspirait par son savoir et ses hautes qualités, j'essayai de lui prouver qu'il n'y a pas, entre la doctrine de Calvin et celle des jansénistes, autant de différence qu'on le pense communément, et qu'après tout le jansénisme pourrait bien n'être qu'une réforme mitigée. Les élans de verve théologique, et, j'oserais presque dire, de courroux que cette opinion, exprimée sous la forme d'un doute, excita chez mon respectable ami, ne pourraient se rendre au moyen même de ce luxe d'interjections typographiques dont M. Arnaud-Baculard a fait usage pour donner à son style une couleur passionnée. Heureusement nous approchions du port de La Rochelle : je détournai la conversation en rejetant sur saint Augustin les torts ou les mérites de cette obscure théorie de la grace. Les objets nouveaux que nous eûmes à examiner firent diversion à ces vieilles disputes, dont la profondeur sublime a englouti tant de pages oubliées, de talents remarquables, et de sang humain !

Devant le port, la marée basse nous laissa entrevoir les débris de la digue de Gabriel Metezeau. Il serait indispensable de les enlever, et de frayer aux navires un passage libre : les coquillages éclatants et les plantes marines qui couvrent ces ruines offrent un aspect pittoresque trop chèrement acheté par les dangers qu'ils font courir aux navigateurs.

Nous visitâmes le havre, renfermé dans la ville même, et le carénage, qui communique avec le havre par une écluse. Deux tours, placées à l'entrée du port, abritent les vaisseaux contre les vents orageux de l'ouest. Le bassin du carénage, creusé en 1778, a été terminé en 1808, sous le règne de Napoléon, règne si grand, si impétueux, où tant d'institutions utiles ont été fondées, tant de vieilles gloires détruites, et tant d'espérances de grandeur données au monde. C'est sous ce règne, non moins prodigieux par l'ensemble que par les détails, que l'on a planté un rang d'arbres sur les pieux de retenue. Devant le quai nord-est, se trouve une place triangulaire, ombragée par des arbres, et dont le centre doit être occupé par une fontaine. Nous apprîmes que le port de La Rochelle a souvent besoin de réparations coûteuses, et que la vase s'y accumule de manière à causer des accidents souvent terribles.

La curiosité, dont le bon archevêque Fénelon faisait l'éloge en disant « qu'elle donnait aux sages « le sentiment de leur dignité et le pressentiment de « leur avenir, » nous promena tour-à-tour du temple protestant aux églises catholiques, de la Bourse au palais de Justice, du palais de Justice à l'hôtel-de-ville. Toute cette architecture est pesante ; l'hôtel-de-ville emporte le prix de la solidité et de la lourdeur des formes. Nous y remarquâmes les salamandres de François Ier, le chiffre de Henri II et de sa maîtresse, enfin l'H couronné qui indique Henri IV, et que l'artiste a représenté traversé par un glaive nu. Je vis M. Mersan soupirer : « Ah ! me dit-il, je me souviens des pères jésuites, et je crois voir le couteau de Ravaillac ! »

Nous nous arrêtâmes avec vénération sur le repos

de l'escalier, d'où le maire Guyton haranguait le peuple de La Rochelle et l'encourageait à la résistance. Après avoir admiré plusieurs curiosités fort intéressantes, réunies et classées avec goût dans le cabinet d'histoire naturelle, nous visitâmes la cathédrale. En entrant par la porte principale qui donne sur la grande place, je fus singulièrement étonné de m'apercevoir que cette porte, au lieu de se trouver en face de l'autel, était adossée au chevet du chœur : espèce de mystification en architecture, que j'eus de la peine à pardonner à Gabriel Metezeau, qui commença en 1742 cet édifice, encore imparfait aujourd'hui.

N° CCVIII. [5 mai 1827.]

LE TABLEAU ET LA MÉDAILLE.

> Je fauche tout, et je couvre tout des plis
> de ma soutane rouge.
> RICHELIEU.

Après avoir réparé nos forces abattues par la promenade de la veille, nous achevâmes de parcourir *La Rochelle*, et nous nous arrêtâmes dans la bibliothèque, dont le conservateur connaissait assez particulièrement mon guide. Ce fut dans leur conversation instructive que je glanai les notes principales que je vais transcrire sur le commerce et l'illustration de cette cité.

Parmi les noms des Rochellois célèbres qu'ils me citèrent, je retins le nom barbare du cardinal de *Burck*, autrement dit *Antoine Perauld*, qui, de maître d'école, devint éminence; du diplomate *Pierre Dorioles*, chancelier sous Louis XI, ce qui n'est pas un grand titre de recommandation; de *Pierre Poupart*, l'un des plus anciens traducteurs d'Hippocrate; de *Jean de Sponde*, qui traduisit

Homère et Hésiode, et qui expliquait avec autant d'esprit que de finesse la cause de l'obscurité du style de certains auteurs : « Ils pensent bien ; mais l'expression reste en-deçà de la pensée, et le lecteur ne peut arriver jusqu'à elle ; » d'*Espinchard*, voyageur et historien ; de *Tahcmeas*, membre innocent de l'académie française ; de *Nicolas Vouette*, auteur trop connu du mauvais ouvrage intitulé : Science de l'Amour conjugal, réimprimé presque aussi souvent que les meilleurs volumes ; de *Fleurieu*, de *Belcorie*, un des meilleurs minéralogistes modernes ; de *Resaguliers*, physicien habile ; de *Chassiron*, agriculteur ; de *Desherbiers*, médecin, fondateur de la bibliothéque publique de La Rochelle ; de *Lafaille*, naturaliste, qui fit don à la ville de son cabinet d'histoire naturelle ; du père *Arcère*, oratorien, auteur d'une bonne histoire de La Rochelle ; et enfin du célèbre *Réaumur*, dont la patience était aussi du génie.

Je ne dois pas oublier sur-tout l'illustre président *Dupaty*, l'un des hommes les plus ingénieux et les plus vertueux de la France ancienne. Toute sa vie fut marquée par la générosité, le dévouement, la philanthropie ; et si quelques taches déparent ses écrits, remplis d'ailleurs d'éloquence, de verve, de force, d'imagination, et d'éclat, aucun nuage n'est jamais venu ternir sa réputation de citoyen, d'homme privé et de magistrat. Comme si le ciel eût réservé à cet honorable émule des L'Hôpital et des Séguier une récompense digne de sa vie, trois enfants, célèbres en différents genres, ont soutenu après sa mort la réputation de leur famille. L'un, M. *Emmanuel Dupaty,* poète distingué, qui compte presque autant de succès que d'essais dramatiques, a flétri d'un vers caustique et sanglant la race des délateurs qui pullulait sous la restauration nouvelle.

L'autre, M. *Adrien Dupaty,* président de la cour royale, se montre, par un sage attachement aux libertés du peuple et du trône, digne du bel héritage qu'il recueille.

Le troisième enfin, *Charles Dupaty,* l'un des sculpteurs les plus justement célèbres de l'époque, s'est distingué par la vigueur de ses créations et l'énergie antique du goût[1]. Les Bernouilli, les Vernet, les Carrache, ont donné l'exemple de familles dévouées au culte d'une seule muse, et recueillant sur ses autels des lauriers que se partageaient entre eux les divers membres qui les composaient; mais je ne sais si l'on peut citer un second exemple d'une famille dont toutes les têtes supportent, pour ainsi dire, des couronnes différentes, et ont mérité, sous divers rapports, une part égale de gloire et d'estime.

Le savant bibliothécaire me fit observer que La

---

[1] Cet habile statuaire est mort dans la force de l'âge et du talent, vers la fin de l'année 1825.

Rochelle occupe dans l'histoire du commerce de France une place très distinguée. Placée au fond du golfe de Gascogne, c'est le seul port de navigation qui se trouve entre Bayonne et Brest.

« Vous avez admiré, me dit-il, ces rades aussi belles que sûres, abritées par des îles industrieuses et peuplées. Les entreprises des Rochellois fondèrent le commerce du Canada, et donnèrent ainsi une bienfaisante et forte impulsion à l'industrie française. Quand le privilége de ce commerce cessa, ils exploitèrent celui des côtes de l'Afrique et celui de Saint-Domingue. Et si, après une aussi longue interruption des relations coloniales, la ville n'est pas tombée dans une complète décadence, il faut en rendre grace à son excellente position.

« On compte à La Rochelle près de dix-huit mille ames. La société y est agréable, et le goût des sciences et des arts s'y fait sentir. Mais, continua notre narrateur, puisque nous parlons des arts, et que, sans doute, votre curiosité recherche tous les monuments de l'histoire, je ne dois pas manquer de vous faire connaître deux singularités qui exciteront vos réflexions philosophiques. » Nous suivimes le bibliothécaire à travers les salles de l'édifice, non sans remarquer le petit nombre de livres déposés sur les rayons, et nous nous trouvâmes dans le cabinet où étaient conservées les curiosités qu'il nous avait annoncées. Walter-Scott, par un de ses brillants récits, aurait donné un grand prix à l'une et à l'autre. C'étaient deux de ces souvenirs, toujours vivants, des folies humaines, qui seules, par l'intérêt qu'elles présentent, peuvent sauver la numismatique et l'archéologie de l'ennui et de l'oubli qui les menacent ou les suivent.

Le tableau et la médaille méritaient également d'être observés. L'un, ouvrage d'un peintre inhabile, représentait Louis XIII assis nonchalamment sur un dragon, et Richelieu tenant les rênes qui dirigent cet animal fantastique. Le visage de Richelieu semble trahir l'ivresse de l'orgueil; celui du monarque est humble et timide.

La médaille, connue de tous les numismates, porte d'un côté la tête de Richelieu, avec cet exergue : *Cuncta ratione gubernat;* et de l'autre, la tête du roi Louis XIII, avec cet autre exergue : *Felix consilio*. Impertinente flatterie, insulte également basse, qui fait prendre en pitié le débile monarque, et en haine l'audacieux cardinal.

On pense bien que toutes nos pensées se concentrèrent sur ce terrible ministre, qui, en abaissant l'esprit aristocratique, éleva l'esprit du peuple, qui, tout en affermissant l'autorité du monarque, avait détruit les appuis naturels de son trône ; ame dure, esprit vaste, qui prépara le dessein du despotisme accompli depuis par Louis XIV; homme d'état qui débuta par des livres de controverse, il passa son temps à punir et haïr, et termina sa vie en faisant représenter des comédies. A peine entre-t-il dans le conseil, tout change. Rome et Madrid n'ont plus d'influence à Paris. Un joug de fer pèse sur tout ce qui l'offusque ; il comprime les puissances étrangères les unes par les autres, écrase quiconque se trouve sur sa route, fait servir à sa grandeur la grandeur de sa reine : tout jusqu'à la majesté royale devient le marchepied de sa puissance.

On dirait qu'il combat pour la foi : c'est pour sa propre ambition. En se baignant dans le sang calviniste, il soutient les calvinistes d'Allemagne ; de la cime élevée et glissante ou il s'était placé, il frappe des victimes, protége l'industrie, accable les grands, relève le commerce, recueille la haine et la terreur publique, et meurt dans son lit. Le sang, les larmes, achetèrent les résultats immenses de son administration ; la France se releva de l'état d'abjection où l'assassinat de Henri IV et le règne des favoris l'avaient plongée. Tout ce qui pouvait se placer entre Richelieu et le roi fut écarté, Corneille persécuté, sa bienfaitrice maltraitée, Grandier mis à mort sur la déposition du démon Astaroth, et Montmorency décapité.

Nous comparâmes entre eux trois cardinaux qui eurent de l'influence sur notre pays : le cardinal de Retz, le plus spirituel des aventuriers couverts de la pourpre ; le cardinal de Richelieu, le plus absolu des monarques qui n'aient pas porté ce titre; le cardinal Mazarin, trivelin-ministre, qui excita la guerre civile et qui s'en moqua.

« Voyez, me dit M. Mersan, quel danger pour les empires d'admettre au gouvernement des affaires ces hommes sans famille et sans patrie, qui ne tiennent à rien qu'à la puissance romaine! Leurs actes sont plus durs, leur tyrannie est plus violente, leur ame est sans remords, leur régne sans indulgence; leur fourberie se joue des événements et des hommes, et leur audace n'a point de limites. Si la cour de Rome était parvenue à ses fins, on verrait le monde en proie à l'aristocratie des cardinaux; le rêve du despotisme universel se réaliserait par la théocratie, et le monde serait replongé dans la barbarie jusqu'à ce qu'il plût à Dieu de l'en tirer en reconstituant son Église.

N° CCIX. [12 MAI 1827.]

ROCHEFORT.

> Le troisième ange sortit du puits de l'abyme Il portait une coupe qui versait la contagion sur les peuples, et la puissance des rois ne pouvait les sauver.
> APOCALYPSE.

Pour continuer notre route avec la rapidité que nous avions résolu de mettre dans ce dernier voyage, nous fûmes obligés de résister à plus d'une tentation séduisante. Un habitant de l'île de Ré nous vantait la beauté pittoresque de ce séjour, et la majesté terrible des rochers qui l'entourent; un citoyen de la petite ville de Marans insistait pour que nous le prissions pour guide : « *son endroit* était sans aucun doute le plus beau de toute la Saintonge; la terre y était plus fertile et le sang plus pur. » Je ne répéterai pas ici la querelle qui s'établit entre les deux Saintongeois, qui semblaient animés de ce patriotisme local, fertile en traits d'héroïsme au temps des républiques grecques, mais aujourd'hui fort stérile. L'insulaire de Ré avait pour lui tout l'avantage des traits d'éloquence descriptive que fournit toujours une nature sauvage et isolée au milieu de la mer. « Son île, disait-il, était le véritable bastion de La Rochelle. Rien de plus beau que le bassin vaste et peu profond, nommé la *Mer du fier d'Ars*, bassin creusé par l'Océan, au nord de la langue de terre que la redoute de Martray domine et protége. Des fortifications, où l'art de Vauban a épuisé ses combinaisons les plus savantes, environnent l'île de toutes parts. La ville, le port, la forteresse, les redoutes des sablonceaux, des ports de la Piée, de Martray, sont des modèles dans cet art, devenu presque inutile aujourd'hui, de défendre des places qu'une seule bataille rangée force à la soumission, depuis que le métier de la guerre et la division des royaumes sont devenus des calculs de cabinet. » Notre orateur insulaire ne tarissait pas sur les éloges de sa patrie. Il nous fit le récit du siége que le général de Toyras, nommé maréchal depuis cette époque, soutint dans l'île de Ré; sa petite garnison, avec les ressources les plus faibles, et retranchée dans Saint-Martin, résista pendant quarante-cinq jours aux forces combinées des calvinistes et des Anglais, commandées, il est vrai, par le prince de Soubise. Vauban n'avait pas encore construit ces belles fortifications que l'on admire aujourd'hui. Un service aussi éminent, au lieu d'attirer sur Toyras les graces de Richelieu, ne mérita que sa haine. Cette ame jalouse ne voulait de grandeur que la sienne; et c'était lui déplaire que de déployer, même pour servir son ambition, un héroïsme qui lui faisait ombrage.

Cette discussion nous tint lieu d'un voyage; nous quittâmes La Rochelle, presque persuadés que nous avions visité Marans et admiré les ouvrages à corne de l'île de Ré. En trois heures nous nous trouvâmes à Rochefort.

« Voici, me dit M. Mersan lorsque nous entrâmes dans cette dernière ville, une cité qui n'a point de souvenirs lointains, et qui touche encore à son berceau. Avant le dix-septième siècle, ce n'était qu'une baronnie assez pauvre, avec un château très mesquin. Louis XIV en fit un port militaire; il créa la ville, la fit sortir, comme Venise, tout armée du milieu de ses lagunes, et rendit à la marine française, qu'il espérait ressusciter, un service que la postérité aurait dû apprécier davantage. Ce prince, si fastueusement adulé par tout ce qui l'entourait, a reçu plus d'éloges des catholiques pour avoir converti les protestants avec des dragons, et des jésuites pour avoir détruit Port-Royal, qu'il n'en a reçu des historiens les plus philosophes pour avoir fondé cette ville et agrandi le commerce de la France.

« Tenons-lui compte, au surplus, de ce qu'il a fait de grand, dans un règne d'ailleurs rempli de fautes, flétri par des crimes, honoré par quelque gloire et par quelques vertus. Il sentait la nécessité de profiter de la belle situation du port de Rochefort, et d'en faire comme un arsenal maritime d'où s'élanceraient les expéditions destinées pour nos colonies, d'où sortiraient les navires chargés d'attaquer les possessions ennemies dans les Grandes-Indes. Les ingénieurs auxquels la cour confia le soin de choisir le point du golfe le plus convenable, jetèrent d'abord les yeux sur Soubise ; mais le duc de Rohan, à qui cette ville appartenait, refusa de la vendre à l'état, et l'état respecta sa propriété. Le prince de La Trémoille était seigneur de Tonnay-Charente que l'on voulut ensuite fortifier ; mais il éleva les mêmes difficultés que le duc de Rohan, et il eut le même succès. Cette résistance de deux suzerains à la volonté du monarque peut être considérée comme le dernier cri de la féodalité mourante. Enfin Rochefort, domaine royal, indépendant de toute inféodation particulière, offrit toutes les convenances que l'on cherchait : un port fut creusé, des redoutes s'élevèrent ; le chevalier de Clerville donna les plans, Blondel fut l'architecte, et Ferti fut chargé des fortifications. Jamais la situation d'un port ne répondit mieux à sa destination, et ne remplit plus parfaitement toutes les conditions exigées par le commerce et l'art militaire. L'encaissement de la Charente, dont le lit, qui se resserre à peu de distance de son embouchure, coule dans un canal large de cinquante pieds tout au plus, donne huit mètres d'eau de profondeur, et les navires de tous les ponts y trouvent un asile assuré. Si les eaux du fleuve, en se rapprochant de son embouchure, deviennent moins profondes, la marée dans son cours suffit pour entraîner vers l'Océan les plus gros navires. On a cru affaiblir ces justes éloges en faisant valoir un inconvénient assez léger : les vaisseaux ne peuvent être armés qu'à l'embouchure même du fleuve. Ce défaut de peu d'importance est racheté par un immense avantage : l'ennemi ne peut pas faire pénétrer ses vaisseaux armés dans la Charente, dont les rives sinueuses et ombragées ne lui permettraient pas même le déploiement de toutes ses voiles.

« A peine le port et l'arsenal de Rochefort s'étaient élevés comme par enchantement, la ville elle-même, construite avec une régularité originale et gracieuse, acheva de remplir les intentions du monarque. Vous voyez qu'elle est composée d'un grand nombre d'îlots, dont quelques uns sont entourés d'arbres; l'aspect en est agréable et piquant. Puisque vous dédaignez aujourd'hui ces particularités, qui se représentent à-peu-près dans toutes les villes avec des nuances plus ou moins tranchées, je ne vous conduirai ni au jardin botanique, ni à l'hospice, ni à l'amphithéâtre de chirurgie, ni dans le jardin de la préfecture maritime, dont on a fait une belle promenade publique. Un magnifique hôpital militaire s'élève à peu de distance de la ville ; il contient six cents lits ; il a coûté plus de cinq millions. Ne perdons point de temps, et dirigeons-nous vers le port et l'arsenal dont vous admirerez la construction, la solidité et le bon goût. »

M. Mersan louait avec raison ces ouvrages; les hangars ou chantiers couverts, sous lesquels on construit des vaisseaux à trois ponts, étonnent l'œil par leur légèreté, le satisfont par la justesse élégante de leurs proportions. L'impétuosité des vents de mer, que rien ne brise et n'arrête, et qui ne rencontrent sur toute la plage ni collines, ni forêts, pour amortir leur violence, eût renversé en peu de jours des constructions moins solides. L'arsenal est vaste, et contient une immense quantité d'armes de toute espèce et tous les objets nécessaires à la construction, l'armement et l'équipement des vaisseaux. On s'étonne de voir tous les instruments de mort et de victoire que l'ambition guerrière a inventés, classés dans ces grands magasins avec un ordre et une élégance qui ressemblent à la coquetterie. Ces soleils, ces trophées, ces ornements formés avec des baïonnettes, ces lames d'acier étincelant, groupées, disposées avec tant d'art, font rêver profondément sur l'emploi terrible de ces objets destinés au carnage, et qu'on a réunis avec une grace qui semble insulter à l'humanité.

Le bâtiment de la corderie est vaste ; son étendue

impose; la sévérité de son architecture étonne. Il est composé de deux étages; sa largeur intérieure est de huit mètres; sa longueur, de trois cent quatre-vingts. Égarés dans le labyrinthe de ces magasins, nous ne nous lassions pas d'examiner les différents travaux qui en animaient la monotone étendue. Jamais Louis XIV ne m'avait semblé plus digne d'éloges : son souvenir grandissait sous ces voûtes. J'oubliais les années passées aux pieds dévots d'une Esther moderne, la tristesse des dix dernières années de son règne, l'affaissement de son trône et de la France. Je ne voyais plus que les moments glorieux de sa vie, et l'Europe attendant ses ordres; j'étais tenté de partager cette admiration presque fanatique, cette exaltation de servitude qu'il avait su inspirer aux hommes les plus distingués de son siècle, et dont Voltaire, enfant du siècle suivant, ne se garantit pas tout-à-fait.

M. Mersan, qui partageait ces émotions, mais qui glissait de temps à autre, dans notre conversation, quelques mots sur le *Formulaire* et sur le père Quesnel, me fit remarquer plusieurs malheureux vêtus d'habits rouges, et qui, traînant les chaînes signes de leur proscription, se livraient aux travaux du port. En observant les traits de ces forçats, pour qui la société humaine est à jamais fermée, la pitié qu'un si grand malheur inspire se change en terreur; les passions ardentes ou les vices hideux ont laissé des traces ineffaçables sur ces visages sombres ou hébétés. Comment penser sans douleur que la civilisation qui les repousse a peut-être à se reprocher quelques uns de leurs crimes, et que l'énergie de ces hommes, détournée de la misère et du vice par des institutions meilleures, eût peut-être produit des vertus?

Nous nous trouvions sur la grande place entourée d'arbres verts et de jolies maisons, et ornée d'une fontaine. La variété du coup d'œil était l'objet de nos observations, et M. Mersan commençait à me citer quelques noms recommandables qui se font déja remarquer dans les annales de Rochefort, lorsque nous vîmes s'élever, du côté de la plage, des tourbillons d'une vapeur noirâtre, qui roulait en montant vers le ciel ses vagues épaisses, et s'étendait lentement jusqu'à nous. « Si vous m'en croyez, me dit mon guide en voyant ma surprise, nous ne nous arrêterons pas à considérer long-temps ce phénomène, qui pourrait, comme le Vésuve que Pline l'ancien observa de trop près, emporter ses admirateurs dans l'autre monde. Tournons le dos à la mer, sortons de la ville, et suivons les rives pittoresques de la Charente. Ces vapeurs pestilentielles émanent des immenses plages vaseuses qui garnissent la côte à l'embouchure du fleuve. Le mal est considérable; chaque année il décime la population, et le teint des Rochefortaises en atteste l'influence. On a vainement essayé de porter remède à cette contagion affreuse : de légers palliatifs ne suffisent pas, et malgré les efforts, d'ailleurs assez mal combinés, de l'administration, la masse de nuages contagieux que nous avons vus se développer tout-à-l'heure devant nous se renouvelle chaque jour pendant le printemps et l'automne, assiége et couvre tout le bassin où la ville est située d'un dôme épais et blanchâtre, dont la chaleur augmente l'intensité, étend la puissance délétère, et dont les miasmes fétides, soulevés par les vents de la mer, vont porter au loin dans la campagne des germes de maladie et de mort. »

Nous pressâmes le pas, et, tout en suivant le cours du fleuve dans ses détours, nous discutâmes la question de savoir si un million du budget, consacré à l'assainissement des marécages de Rochefort, ne serait pas aussi utile aux hommes et aussi agréable à Dieu, que ce même million versé dans la caisse des missions. Il était assez plaisant d'observer le combat qui avait lieu entre les idées acquises de M. Mersan, son respect pour la tradition d'Arnauld et sa raison innée. Il brisa la conversation en reprenant la liste des célébrités de Rochefort qu'il avait interrompue. « Cette ville à peine formée, me dit-il, a déjà fourni à la France son contingent d'hommes remarquables. Beaucoup de marins illustres y sont nés : c'est du port de Rochefort que sont sortis les *Dorvilliers*, les *Dupavillon*, les *Buon*, les *Chandeau*, les *La Galissonnière;* ce dernier, chef d'escadre sous Louis XV, s'est immortalisé par la prise de Minorque.

« Le peintre Louis *Gauffier*, qui a joui de quelque réputation, et dont les connaisseurs estiment les tableaux, est né à Rochefort.

J. R. *Audebert*, naturaliste, né dans la même ville, a donné une bonne *Histoire des singes, des colibris, et des oiseaux-mouches.*

N° CCX. [19 MAI 1827.]

ANNALES SAINTONGEOISES.

> Ombre charmante, aimable génie, apôtre d'amour et de paix!
>
> VAUVENARGUES.

Il n'est pas en France de coin de terre si complétement isolé qui n'ait produit quelques hommes remarquables. *Rochefort*, à peine construit, et, pour ainsi dire, dans ses premiers langes, peut servir d'exemple de cette fécondité de talents. Nous redisions encore, M. *Mersan* et moi, le beau vers de Virgile :

Salve, magna parens frugum,
Magna virûm...

« Salut, contrée aussi riche en grands hommes que fertile en fruits délicieux! » M. Mersan, de son côté, me faisait observer combien les hommes accusés de jansénisme, suivant le dialecte barbare de la théologie, avaient contribué au développement du patriotisme en France. « Non seulement, me disait-il, les Arnauld, les Saint-Cyran, les Nicolle, les Pascal, ont donné à la langue de la stabilité, l'ont fixée, épurée, modérée, agrandie; mais leur attitude fière, indépendante a formé la seule opposition que rencontrât dans son royaume le plus magnifique et le plus impérieux des autocrates, Louis XIV. Cette fermeté s'alliant à la force de résistance qui restait en germe au sein des parlements, forma la véritable patrie française; et si cet esprit de liberté, qui se déguisait encore sous tant de simulacres religieux ou de chicanes parlementaires, a enfanté plus tard, au lieu d'une révolution bienfaisante, d'épouvantables secousses, on doit s'en prendre à l'état de la société long-temps comprimée, dont tous les ressorts, et enchaînés par une force violente, se détendirent enfin avec un fracas et une puissance de destruction proportionnée à cette compression même. »

Cette discussion ou plutôt ce panégyrique du jansénisme ramena encore M. Mersan vers ses ennemis jurés, les jésuites, et le souvenir de *Fénelon*, qui les avait aimés et qui avait long-temps parcouru en missionnaire la province même que nous traversions en observateurs, se mêla naturellement à nos discours. M. Mersan, ordinairement si juste et si sage, ne pardonnait pas à l'archevêque de Cambrai son alliance avec les redoutables adversaires de Port-Royal. « Je conviens, me dit-il, que mon opinion choquera toutes les idées accréditées; mais je la donne, comme Montaigne, *pour mienne et non pour bonne.* Une ame tendre, poétique, simple, et née pour toutes les vertus sociales; une riante imagination, plus d'esprit que de génie, plus d'onction encore que d'esprit, tel se montre à mes yeux Fénelon. Sa douce philanthropie me le fait aimer; mais ne vous étonnez pas de ma rude franchise, si j'avoue que je crois entrevoir dans cette humilité si souvent louée, dans cet exil si vanté, quelque adresse et quelque affectation, enfin, le faste de la modestie. Nos jansénistes avaient vivement secondé Bossuet dans le combat à mort que cet adversaire redoutable livra au mysticisme. L'archevêque de Cambrai crut devoir se venger plus tard en secondant les jésuites dans leur attaque : il le fit avec adresse ; mais je pourrais prouver par les faits, et la correspondance même de Fléchier et de Bossuet à la main, que le célèbre archevêque entra dans la ligue moliniste, et contribua par ressentiment à la ruine à jamais déplorable de Port-Royal. » .

Nous nous trouvions alors près de la ville de *Tonnay-Charente*, et nous passions le bac qui y conduit, pendant que mon compagnon de route cherchait à étendre sur Fénelon lui-même l'amère récrimination qui, dans les querelles religieuses, reparait encore après des siècles dans toute sa vivacité. Un vieux monsieur, passager comme nous sur le bac, après nous avoir décliné ses nom, prénoms, et qualités, et nous avoir priés d'excuser la liberté qu'il prenait de se mêler à notre discussion, soutint la cause de Fénelon avec une chaleur qui approchait de la véhémence. « L'amour de Fénelon, nous dit-il, est une tradition de famille. Monsieur a sans doute aussi des sentiments et des aversions héréditaires à protéger, et il concevra fort bien l'intérêt que j'apporte dans une question qui semble si éloignée de notre temps et de nos mœurs.

« Si je prends en main la défense de cet apôtre de la *Saintonge*, c'est que tous les souvenirs qui se sont perpétués dans ma maison, depuis mon aïeul, me prouvent la céleste grandeur de l'homme ou plutôt de l'ange que je défends. Nous étions protestants de père en fils. Mon aïeul, *Jacques Isaïe de Mathevelle*, possesseur d'un fief auprès de *Saintes*, avait abjuré sur ses vieux ans la religion de ses pères, non par conviction, mais par contrainte. L'âge l'accablait, et le courage de l'exil, à une certaine époque de la vie, est plus héroïque peut-être que le courage de la mort. Après avoir fait son abjuration contre le vœu de sa conscience, il se renferma dans son château, où il se livra tout entier aux soins qu'exigeait sa famille et à la douleur de voir les temples renversés, ses pères en fuite, et quelques malheureux, que l'on appelait convertis, forcés de demeurer dans leur patrie, comme dans un royaume étranger, sans liens, sans existence, repoussés de toute société humaine.

« Je n'ai pas besoin de vous rappeler les horreurs, les persécutions, et les moyens violents dont on se servait par toute la France pour ramener les réformés au culte du Dieu de paix, dont eux-mêmes prétendaient ne s'être pas éloignés un instant. Qu'il me soit permis de vous faire le simple récit de ce qui se passa dans ma famille, récit que mon aïeul a eu soin de consigner dans ses mémoires manuscrits; l'ame de Fénelon, que vous y reconnaîtrez tout entière, dissipera, je crois, tous les nuages que les opinions religieuses de monsieur ont élevés pour obscurcir sa mémoire, et que déja j'ai vu, avec douleur, enseignées dans plus d'un volume théologique.

« Au lieu de ce faste que les évêques traînaient après eux, et des dragons dont ils accompagnaient leurs prédications fraternelles, ou plutôt fratricides, on vit Fénelon, jeune encore, venir, dans toute la simplicité des apôtres, prêcher, dans le Poitou et la Saintonge, la foi catholique. Trop d'exemples avaient accoutumé les protestants à l'intolérance épiscopale, pour que ce contraste ne fît pas sur les esprits une impression profonde. Forcés par un reste de crainte à assister aux *prêches* de Fénelon, quelle fut la surprise du reste des protestants, lorsque des paroles de paix et non de terreur s'échappèrent de sa bouche! Une doctrine simple et toute chrétienne, un catholicisme qui, dégagé de l'amas des pratiques et de la superfluité des dogmes, se rapprochait de nos propres idées; une douceur enivrante, une chaleur d'ame qui se communiquait rapidement, émurent jusqu'aux larmes tous les assistants; et mon aieul témoigne que, en écoutant Fénelon, il crut entendre Dieu même dans son immense bonté. La cour voulait que l'on contraignît les calvinistes à la foi; Fénelon luttait contre la cour. Vingt lettres de lui à M. de Seignelay, lettres dont j'ai la copie, sont autant de protestations et de combats contre l'intolérance dont on voulait le pénétrer. Un jeune seigneur, plongé dans les intrigues de Versailles, livré à tous les vices de la cour, soutenait le droit de persécuter les hérétiques. Un jeune ministre des autels, arraché au monde dont il faisait les délices, et vivant dans une austère simplicité de mœurs, lui répondait que la force est un mauvais instrument de persuasion, et que les *peuples* ne se gagnent que par la parole.

« En vain Seignelay enjoignait à Fénelon de contraindre les protestants, par tous les moyens coercitifs, d'aller à l'église et de participer aux sacrements: notre province seule, entourée de provinces où ces iniquités étaient pratiquées, et souvent aggravées par les ministres subalternes des ordres de la cour, vivait dans la paix la plus profonde.

Au lieu de nous obliger à toutes ces habitudes d'une dévotion minutieuse que l'Église permet sans les approuver, il se contentait d'offrir à ceux qui l'écoutaient le tableau du véritable christianisme, et de les engager à se réunir à leurs frères. On sait quel succès il obtint; les abjurations se multiplièrent; l'autel catholique vit plus d'un protestant tomber à genoux devant le Dieu de Fénelon.

« Mon père, touché de la bonté presque divine qui respirait dans toutes les paroles de Fénelon, mais retenu par la puissance d'une longue habitude, se contentait d'assister à ses prédications, sans faire profession publique des actes religieux que l'on exige du chrétien catholique. Ce fut alors qu'un ordre précis, émané du cabinet du ministre, ordonna l'arrestation de mon aïeul. On avait accusé *Isaie de Mathevelle* de conserver encore au fond du cœur un reste d'attachement à la fausse doctrine ; on prouvait ce crime par son éloignement pour la messe ; on alléguait le fait terrible de n'avoir pas communié. La Bastille s'ouvrait pour mon aïeul. A peine cet ordre parvint-il à l'autorité civile, que Fénelon, qui en était instruit, alla lui-même chez mon père; il suivit la même route que vous avez suivie, et malgré le nombre de ses occupations, il alla de Rochefort à Saintes pour le prévenir de ce qui se préparait contre lui. Mon aïeul ne lut pas sans étonnement la lettre que M. de Seignelay écrivait à Fénelon, pour lui reprocher sa douceur, ni sans attendrissement la réponse du bon prélat, qui attestait sur sa tête la pureté catholique de mon aïeul. Un mois se passa; le père de La Chaise, jésuite, écrivit de nouveau à Fénelon pour lui témoigner le mécontentement des catholiques. Il y allait, pour mon aïeul, de ses biens, de sa liberté, de son nom flétri; à son âge c'était plus que la vie. Sauvé par Fénelon de la fureur de la cour, il abjura sincèrement à ses pieds le calvinisme que ses lèvres seules avaient abjuré auparavant, et, comme je vous l'ai dit, je crois, il s'empressa de nous léguer, avec un portrait de Fénélon peint par Mignard, un souvenir impérissable de la bonté de ce grand homme, souvenir qu'il a pris la peine de consigner dans ses mémoires, et qui, si mes enfants m'imitent, vivra autant que la maison des Mathevelle.

« Quant à votre opinion sur sa fausse modestie et le faste de son humilité, comme vous le nommez, je l'ai déja trouvée dans quelques livres de docteurs, et spécialement dans cette édition immense des *OEuvres de Bossuet*, par dom Deforis, en quarante-trois volumes in-8°, édition bien digne d'un bénédictin fanatique, et bien indigne de Bossuet. Je ne m'arrêterai pas long-temps sur cette audace coupable qui descend dans les replis intimes de l'ame pour accuser de fausseté et d'immodestie celui qui ne montre que la plus profonde humilité, le plus sincère amour de la vérité. Qu'il est difficile et téméraire d'interroger la conscience dans son sanctuaire! Ce qui me sera plus facile, ce sera de prouver que le bon Fénelon, au lieu de partager la haine des jésuites contre les jansénistes, blâma les mesures inquisitoriales dont le gouvernement les rendit victimes.

— Je serais bien aise, s'écria M. Mersan, que vous voulussiez m'en donner la preuve incontestable!

— Aussitôt que nous serons à Saintes, continua M. Mathevelle, et que je pourrai compulser mes autographes, je m'engage à vous détromper. » Nous offrîmes à ce gentilhomme saintongeois une place dans notre voiture, et nous eûmes à remercier le hasard qui nous l'avait fait rencontrer. Sa mémoire était toute remplie de l'histoire de son pays, et les renseignements qu'il nous donna, tout en abrégeant la route, nous firent mieux connaître les événements qui se sont passés en Saintonge.

Pour notre édification, nous apprîmes d'abord de notre nouveau collègue de voyage que l'un des anciens seigneurs de Tonnay-Charente, irrité contre un moine séducteur qui avait captivé le cœur de sa fille, usa contre tous les frères de la même abbaye d'un stratagème aussi singulier que barbare. Il les fit tous venir dans sa maison sous prétexte de leur concéder des terres que leur convoitise avait depuis long-temps remarquées; une fois qu'ils se trouvèrent en son pouvoir, il les fit enfermer tous dans des sacs, et jeter dans un chenal que forme la jonction des rivières entre Tonnay et Rochefort. Si les moines ont porté leurs haines et leurs plaintes en paradis, combien l'ame du seigneur ne doit-elle pas être tourmentée par les exécuteurs des justices divines dans les domaines infernaux de leur ressort!

Après avoir écouté, sans y ajouter trop de créance, cette étymologie de la *Fosse aux Moines*, près de laquelle nous avions passé; après avoir même prêté notre attention aux longs débats qui suivirent cet acte de vengeance et de violence, au récit de l'anathème fulminé par l'église et à celui de la résurrection de douze abbayes que fonda par la suite le baron qui en avait dépeuplé une; après avoir admiré cette perpétuité des moines si vivaces, si indomptables, et renaissant de leurs cendres, *prolem sine matre creatam*, nous passâmes à la chronique scandaleuse de *Saintes*, et je dois avouer que le petit-fils de l'ami de Fénelon en était tout aussi bien instruit que des missions du bon pasteur dans la *Saintonge*.

Une conversation rapide, *hachée*, et *décousue*, mêlée cependant de raison et de cette espèce d'instruction historique qui se joint si agréablement aux futilités et aux saillies dont se compose l'art difficile de bien causer, nous fit paraître le chemin moins long. Un auteur anglais fort ancien[1] com-

---

[1] Th. Burton.

pare ces traits anecdotiques, ces fragments d'histoire qui se joignent à la conversation pour lui donner pour ainsi dire du corps, à ces fragments d'excellents fruits que l'art des ménagères conserve et confit dans la liqueur. Sans trop m'arrêter sur cette similitude domestique et bizarre, je recueille tout ce que la conversation dont je parle m'offre d'intéressant et de curieux.

Six cent treize années avant Jésus-Christ, la Saintonge avait ses rois : elle pensa que leur domination était trop pesante, et se rétablit en république; conquise par les Romains, l'année 121 avant notre ère, elle s'associa à la grande confédération des Gaules, et fournit douze mille hommes à Vercingétorix. Tout fut vaincu, pris, ou égorgé par César, qui s'empara de leurs vaisseaux : plus tard, ces mêmes vaisseaux, longeant les côtes de la Gaule, servirent à combattre les Vénètes de l'Armorique. La Saintonge, toujours agitée, s'épuisa en vains efforts pour reconquérir sa liberté. Unie, asservie, muette sous le joug romain, elle finit par se résigner à cet esclavage civilisé que les Romains imposaient au monde; car ils eurent aussi le secret d'ennoblir la servitude.

Une ère de quatre siècles commença pour les Saintongeois, ère de splendeur et de paix. Leur pays se trouva encadré dans la seconde Aquitaine : un gouverneur résidait à Saintes. Eutrope vint y annoncer le christianisme, et, s'il faut en croire des gens assez peu croyables d'ailleurs, comme Bollandus, Papebrock et autres qui sont les seules autorités en ce genre, les païens lui firent subir le martyre.

Les barbares jaillirent de l'occident, et Sigerie, roi des Visigoths, s'empara de la Saintonge. Elle resta sous la domination visigothe jusqu'à l'année 507. Défait et tué dans une bataille rangée, Ulric, roi des Visigoths, laissa la Saintonge à Clovis, qui la céda comme duché au guerrier Aribert et à ses descendants. Waistre, petit-fils d'Eudes, eut le malheur d'être trop puissant. Pépin-le-Bref le regarda comme redoutable, et jetant ses armées sur la Saintonge, en extermina les habitants, ainsi que tous ceux des contrées situées en-deçà de la Loire. Calamités sur calamités, guerres sur guerres, cadavres sur cadavres ; ces malheureuses contrées furent peuplées de morts pendant sept campagnes différentes et consécutives. L'assassinat de Waistre termina dignement cette horrible tragédie.

Quoique notre voyageur s'étendît avec complaisance sur les annales qui composent l'histoire des comtes postérieurs à cette époque, j'y ai trouvé plus de blason que d'héroisme, et plus de singularité que d'intérêt. En 850, les armes normandes désolent la Saintonge. Un combat livré à *Rancogne* leur en assure la possession en 890. Rancogne se nomme aujourd'hui *Taillebourg*. *Foulques-Néra* devient comte de Saintonge, qui suit le sort de toute la Guienne et qui passe sous le sceptre anglais. En 1242, saint Louis bat à Taillebourg les Anglais et le comte de La Marche. En 1360, la Guienne se révolte contre Édouard, prince de Galles, et cite ce dernier au parlement de Paris. On confisque la province, et Charles V charge le grand Duguesclin de conduire, avec ses hommes d'armes, les huissiers qui doivent la saisir : spectacle assez plaisant, en dépit des grandes qualités du héros. Confondant ainsi les exploits judiciaires, si j'ose me servir d'un jeu de mots que le seul souvenir historique suffit pour justifier, avec ses exploits et les lauriers de la guerre, Duguesclin prend la Saintonge et le Poitou, et les réunit à la couronne de France.

Paisible long-temps, troublée ensuite par le calvinisme, cette province fut en proie à tous les troubles des guerres religieuses : Richelieu en apaisa, ou plutôt en étouffa les dernières étincelles. Elles renaquirent avec violence pendant les campagnes révolutionnaires de la Vendée, dont cependant cette province était séparée par le Bas-Poitou. Telle est, en peu de mots, l'analyse rapide de ces annales que notre gentilhomme esquissa presque à son insu, et dont la narration piquante a gravé le souvenir dans mon esprit.

N° CCXI. [26 mai 1827.]

SAINTES.

Tu regere imperio populos, Romane, memento.
VIRGILE.
Romain, ta destinée est d'être roi.

Un délicieux paysage environne *Saintes*, où nous arrivâmes vers le soir. Des bouquets d'arbres groupés avec grace auprès d'eaux murmurantes, des ruisseaux sinueux qui traversent des plaines cultivées avec soin et presque avec recherche, auraient fixé plus long-temps notre attention, si les ombres de la nuit, en ajoutant à la magie du spectacle, ne nous avaient empêchés d'examiner plus minutieusement les détails dont il se composait.

Après avoir goûté le repos de la nuit, nous fûmes éveillés dès l'aurore par notre guide, que nous ne tardâmes pas à suivre à travers le labyrinthe des rues étroites et mal pavées de la capitale de l'ancienne Saintonge. Les maisons, mal construites, n'étonnent pas un voyageur qui a parcouru la France; mais on a un peu abusé de ce privilège de mauvaise architecture ; elle est poussée trop loin dans la ville dont je parle. Nous passâmes sur le pont qui traverse la Charente, et qui offre deux constructions d'un style et d'une époque tout différents : l'une, qui touche au *faubourg des Dames*, et qui ne remonte qu'au dix-septième siècle; l'autre, plus ancienne, et qui aboutit à la ville, est gothique dans sa forme, si toutefois ce mot *gothique* convient à l'architecture saxonne ou moresque que l'on désigne ainsi fort mal-à-propos. Au milieu du pont s'élève un magnifique arc de triomphe, dont la belle disposition contraste assez plaisamment avec la double dissonance architecturale qui se présente à droite et à gauche. Des souvenirs de grandeur, de gloire, et de bonté, consacrent ce monument : c'est celui que les Saintongeois élevèrent à Germanicus après sa mort. Ils adjoignirent, il est vrai, à ce héros citoyen, le nom odieux de Tibère, et le nom assez peu honoré de Drusus.

Composé de deux portiques, cet arc de triomphe a dix-sept pieds d'épaisseur sur quarante-sept de large ; dans sa ruine actuelle, il n'a que trente-huit pieds de haut. On l'a malheureusement enchâssé et comme à moitié enseveli dans le pont, barbarie que nous n'excuserions pas, si un caprice du fleuve, qui passait autrefois près de l'arc de triomphe, ne l'avait rendue nécessaire. Les eaux changèrent de lit, et assaillirent tout-à-coup ce débris magnifique.

Les inscriptions de l'attique et de la frise ont fait l'admiration et causé l'extase des antiquaires. M. Mersan, mon guide et moi, trop occupés des mœurs et des annales saintoises, nous ne consacrâmes pas à ces lettres onciales, cubitales, à demi-effacées, assez de temps pour les déchiffrer. Je ne veux point profiter de ce bénéfice d'une érudition facile que présentent à l'orgueil de nos écrivains modernes tant d'ouvrages si commodes à consulter, magasins d'érudition à l'usage des gens qui veulent faire parade aujourd'hui du savoir acquis hier.

Rien de plus obligeant ni de plus aimable que notre gentilhomme, dont les connaissances locales nous furent d'une très grande utilité. Il voulut bien nous conduire à l'amphithéâtre qui existe encore derrière les ruines de *Saint-Eutrope*. C'est un monument digne de remarque : aussi vaste, à ce que les habitants de Saintes prétendent, que le bel amphithéâtre de Nîmes, il ne s'est pas conservé dans la même intégrité. En foulant la terre que renferme son enceinte, en voyant la verdure des arbres et la tige des rosiers couvrir un sol arrosé si long-temps du sang des gladiateurs, le philosophe réfléchit aux révolutions des empires. Qui contemplerait, sans un enthousiasme mêlé d'effroi, ces débris de la majesté romaine? Il y a de grands sujets de méditation, il y a une sorte d'éloquence dans ces édifices gigantesques comme le roi des peuples, dans ces pierres liées par un ciment indestructible comme son empire qui dure encore, comme sa politique qui nous gouverne aujourd'hui même.

Les souterrains de l'amphithéâtre sont séparés par un mur de refend, qui jadis supportait les voûtes, les gradins circulaires où s'asseyaient les spectateurs, ainsi que la plate-forme qui environnait le cirque. L'œil peut distinguer les loges nommées par les anciens *caveæ*; de là s'élançaient les bêtes féroces destinées au combat. On peut aussi assigner la place du mur qui entourait l'arène, et celle où siégeaient les magistrats et les principaux habitants. Cinq mille spectateurs pouvaient se réunir dans cette enceinte, dont la dimension, mise à profit avec plus d'adresse, eût pu renfermer un nombre d'assistants beaucoup plus considérable. Cependant « Humilions-nous, comme dit Bossuet, devant ces monuments d'un peuple grand jusque dans ses jeux, et auprès duquel les peuples modernes de l'Europe civilisée voient s'abaisser, pour ainsi dire, toute leur nouvelle grandeur. »

N° CCXII. [2 JUIN 1827.]

LA FONTAINE

DE SAINTE-CASTELLE.

> Là, chaque jour, la jeune Estelle
> Faisait, et très dévotement,
> La prière du sentiment.
> JUNQUIÈRES

Il nous restait à nous instruire de quelques particularités historiques sur la ville de Saintes. « *Medionalum Santonum*, nous dit le plus savant des gentilshommes poitevins, est l'ancien nom de cette ville. En celtique, s'il faut en croire l'honnête druide *Lebrigand*, *med* signifie prairie, et *lum* plaine. Cette étymologie n'est pas brillante, et si elle ne se rattachait à la vénérable antiquité, elle pourrait fort bien passer pour une niaiserie : qu'est-ce qu'une prairie, sinon une plaine fertile? »

Si l'on veut poursuivre avec un soin minutieux et une scrupuleuse exactitude la signification des deux mots celtiques, on trouvera que nos pères ont voulu exprimer par cette tautologie la position de la ville de Saintes, bâtie au milieu des magnifiques plaines qui s'étendent au bord de la Charente, que le poëte Ausone appelle *Curentonus;* et Ptolémée *Cutentetus.* Tenons-nous-en à *Curentonus*: Ausone, ce chrétien qui, pour plaire aux soutiens de la foi, faisait servir à des centons obscènes les vers et les expressions de Virgile; Ausone, artisan de rimes dans un siècle perdu, était né dans la Guienne, et devait savoir au moins comment se nommaient les fleuves de son pays.

Pepin-le-Bref, père d'un grand homme, avait fait vœu de bâtir une cathédrale dans la ville de Saintes; Charlemagne la fit ériger avec toute la magnificence que les architectes du temps pouvaient donner à leurs ouvrages : ce fut le plus beau monument de la nouvelle ville. Croirait-on que ces murailles, ces voûtes, ces grands arceaux, ces autels splendides fussent fondés dans le sang humain et le résultat d'un meurtre et d'un remords? Pepin ou *Pipinus* crut Waistre assez vengé et sa conscience assez en repos, s'il léguait à son fils le soin d'élever un temple à Dieu. Deux fois ruinée par les calvinistes et les Normands, cette basilique conserve peu de traces de son ancienne grandeur. Le superbe clocher, débris du monument de Charlemagne, n'est plus en harmonie avec ce qui l'entoure et le soutient, et ne sert qu'à mieux faire sentir la faiblesse et le mauvais goût de son architecture.

Nous avons raison de nous vanter de nos arts et de leurs progrès. Cependant si l'on y pense bien, on reconnaîtra que ce que nous avons gagné d'un côté, nous l'avons reperdu de l'autre; et il suffit, pour se persuader de la vérité de cette remarque qui n'est pas encourageante, d'examiner avec soin la construction matérielle du clocher dont je parle. Le choix des pierres, leur taille, leur disposition, la force et l'élégance de l'ensemble, sur-tout leur merveilleuse solidité, sont des qualités de l'ancienne architecture auxquelles je ne crois pas que la manière actuelle de construire puisse atteindre : je me contente de livrer cette remarque aux réflexions de nos Vitruve. On soignait alors, on méditait long-temps, on retravaillait sans relâche ces ouvrages destinés à traverser les siècles. Le clocher dont je parle a conservé ses vives arêtes dans toute leur pureté. Je ne dois pas oublier de dire que cette cathédrale fut bâtie sur pilotis.

Medionalum se nomma *Saintes*, du nom des Saintongeois dont elle devint la capitale. Son histoire est toute domestique, et partant fort peu intéressante, quoique je ne doute pas un moment de la facilité avec laquelle un bon bénédictin remplirait de ses petites annales six cent quatre-vingts pages, format atlantique. « Puisque nous parlons histoire, et que vous n'en dédaignez pas la partie anecdotique, il faut que je vous instruise du bonheur que nous avons de posséder une fontaine miraculeuse et tout-à-fait historique. Toutes nos jeunes filles, après avoir fait leurs dévotions à Saint-Eutrope, ne manquent pas de venir boire des eaux de Sainte-Castelle; les matrones du lieu sont persuadées que cette source divine a la vertu de procurer de bons maris à leurs filles. C'est une fontaine intarissable d'espérance, d'amour, et d'hyménée. Au mois de mai, lorsque le jour s'éteint et que l'ombre se répand sur la terre, lorsque des nuages légers voilent le disque de la lune, l'eau de la fontaine de Castelle a toute sa puissance; on voit alors les jeunes Saintoises accourir par essaims vers sa source bienfaisante; de longues prières, un long séjour près de ces eaux merveilleuses, n'effarouchent point la sévérité des mères; le mariage suit de près ces pèlerinages; quelquefois il est vrai.... mais ne jetons pas de nuages sur l'efficace protection d'une aussi grande sainte, et honorons la fontaine qui fait fleurir la population de la ville. »

Nous remercions notre *cicerone* et nous nous apprêtons à repartir; mais il nous retient et veut que son éloquence l'emporte sur notre résolution bien arrêtée de suivre le précepte d'Horace et de *courir au dénouement*, sans nous reposer longtemps sur les accessoires. « De belles ruines parsément toute la Saintonge, nous disait-il : l'aqueduc, les fontaines de *Douches* et de *Vénérand*, qui s'engloutissent et disparaissent sous les voûtes romaines pour ne plus se remontrer, sont dignes d'attirer votre attention. Dois-je vous citer cette *pile* fameuse de *Pirelongue*, où M. *Millin* croyait voir un retranchement anglais, et où je ne puis voir, moi, qu'une pierre levée pour former un tombeau : par-tout des *dolmen* couverts de mousse, des *tumuli*, des pierres *sittes* ou pierres *sichées*, en un mot tout ce qu'a de plus vénérable la science de l'antiquaire? Venez donc et parcourez avec moi le département de la Charente.» Nous ne pûmes accepter ces propositions, et nous fîmes nos adieux à M. *de Mathevelle*, après avoir tenu, observé, et examiné avec une sorte de vénération quelques lettres originales du bon Fénelon, qui contiennent la preuve de ce qu'il avait avancé sur la tolérance admirable de ce prélat. « Oui, messieurs, disait le gentilhomme avec attendrissement, M. de Fénelon (qu'on a tort de prononcer *Fénélon*, ce qui défigure son nom patronimique); M. de Fénelon eût été Platon en Grèce, il eût été Malesherbes à la cour de Louis XVI; toutes les vertus douces, tendres, bienfaisantes s'étaient réfugiées dans son ame comme dans un asile; et s'il est quelque chose qui prouve combien la fureur des disputes théologiques change les hommes, c'est l'erreur de monsieur (ajouta-t-il en montrant

M. Mersan), de monsieur, qui, avec un esprit juste et une belle ame, a pu mal penser du meilleur des hommes pour cela seul qu'il n'était pas janséniste.

N° CCXIII (juin 1827.)

LA VILLE DE PONS.

For a word, a thought, a dreem, they arlup in armes!
Bp. TAYLOR.

Il leur suffit d'une pensée, d'un mot, d'un rêve, pour courir aux armes!

C'est ainsi que voyageant sans sortir de place, je me fiais à de lointains récits.
BERNARDIN DE SAINT-PIERRE.

M. de Mathevelle, qui avait voulu nous accompagner hors de la ville, avait réservé pour ces derniers moments l'expression de la colère qu'inspire à tout bon citoyen de Saintes ou des environs le vol que l'on a fait à leur ville en donnant à La Rochelle, située à l'extrémité du département, le titre de préfecture. Il nous fit aisément sentir combien il est nécessaire de placer au centre le chef-lieu d'un département, et je ne pus m'empêcher de partager son opinion sur une mesure évidemment injuste, et à laquelle je ne doute pas que le gouvernement ne donne quelque jour l'attention et la révision qu'elle mérite.

Deux lieues se firent sans que M. de Mathevelle voulût nous quitter; il nous entretint long-temps de M. Français de Nantes, ancien préfet du département : des souvenirs de talent, de courage, et de bienfaisance qu'il y avait laissés ; de M. Bourignon, antiquaire très savant, mort en 1792, auquel on doit un travail estimable sur les monuments que Saintes renferme, travail imprimé par les soins et par l'ordre du préfet que je viens de nommer. Nous quittâmes enfin avec regret le bon gentilhomme, et nous montâmes dans la chaise de poste que nous avions envoyée en avant, et qui nous attendait sur la route. « Quelle route choisir; me demande M. Mersan? voulez-vous visiter *Blaye*, ou nous dirigerons-nous sur *Pons?* — J'avoue que les petites villes sont maintenant pour moi comme les hommes ordinaires dont la société fourmille ; j'ai peu de penchant à me déplacer pour ce qui ne vaut pas la peine d'être observé : si vous les connaissez, et si vous voulez m'instruire, je les tiendrai l'une et l'autre pour vues.

« — Volontiers. Quoique Pons et Blaye ne manquent pas d'une certaine importance, je ne vous fatiguerai pas long-temps du récit de leurs annales. Pons, bâtie en partie sur la *Seigne*, et en partie sur la colline, doit son nom aux divers ponts jetés sur cette rivière, et qui la traversent en différents endroits. Vous auriez pu admirer sur la hauteur son château, qui présente un coup d'œil très pittoresque. C'étaient autrefois d'assez puissants seigneurs que les sires de Pons; lorsqu'ils venaient rendre hommage aux rois de France, ils se présentaient devant le trône armés de toutes pièces et la visière du casque baissée. Ils leur disaient : *Sire, je viens à vous pour vous faire hommage de ma terre de Pons, et vous supplier de me maintenir en la jouissance de mes priviléges.* Le roi lui-même remettait alors une épée au sire de Pons. On vit ces seigneurs mêler leur féroce activité à toutes les guerres qui désolèrent la province. Assiégée par Louis XIII, au commencement du dix-septième siècle, elle appartenait, avant la révolution, à la maison de Lorraine, et le titre de prince de Pons était affecté aux princes de cette maison.

« Vous parlerai-je du célèbre *Agrippa d'Aubigné*, politique, satirique, historien, né auprès de cette ville, et qui passait sa vie à dire des méchancetés, à les expier en prison, à les soutenir à la pointe de l'épée, et à recommencer pour être puni de même? S'il faut en croire un écrivain moderne, Agrippa, l'ami constant du roi de Navarre, lui était attaché par des liens plus tendres et plus secrets d'une parenté non reconnue. Ainsi, par une bizarre complication, dont l'amour et la destinée ont embrouillé les fils, le roi Louis XIV aurait épousé sa propre cousine en s'unissant à madame de Maintenon.

« Un concile tenu à Pons, de 1293 à 1294, fait

encore l'orgueil du petit clergé de cette petite ville. Comment certifier ce fait dont aucun acte, aucun monument ne subsiste?

— Accordez-le lui, m'écriai-je; c'est un dernier honneur dont il faut le laisser s'environner; et vous savez, ajoutai-je en souriant, qu'il ne fait pas beau avoir des querelles, même historiques, avec les hommes d'église.

— Hélas! cela est trop vrai! saint Augustin ne poursuivit-il pas les donatistes jusques à la mort, Bossuet, Fénelon, jusques à l'exil? Le P. La Chaise n'accabla-t-il pas nos jansénistes jusques à la destruction de leur asile? O bizarre et malheureux entêtement des hommes! Ce concile a-t-il existé? Ce mot est-il exact? cette signification est-elle précise? doit-on dire que la troisième personne de la Trinité vient de la seconde, vient des deux, ou vient de la première? Quand je marche, moi créé par Dieu même, marché-je en raison de ma volonté, ou en raison de celle de Dieu? Raisons suffisantes pour se battre, s'égorger, se ruiner, et cela pendant des siècles..... Pauvres humains! »

« Blaye, continua mon guide, antique et vénérable cité, se nommait jadis *Promontorium-Santonum*, le promontoire de la Saintonge. Ce nom, qui lui a été donné de temps immémorial, s'explique assez bien par sa position sur une langue de terre qui ressemble en effet à un promontoire jeté dans la

Gironde. Croirons-nous sur parole les chroniqueurs, d'après lesquels le cadavre sanglant du fameux *Roland*, comte de Blaye, avait été transféré de la vallée de *Roncevaux* dans la cathédrale de cette petite ville? On m'a montré, comme un irrécusable témoignage, le *cor-de-chasse* du héros, si célèbre sous le nom d'*Olisant*, ce qui n'a, comme vous le pensez bien, ni ébranlé ni raffermi ma première conviction.

« Blaye a soutenu plus d'un siége. En 1568, les calvinistes la prirent et lui firent subir tous les outrages et toutes les misères d'une ville saccagée. Les ligueurs s'en emparèrent ensuite et opposèrent au maréchal de Matignon, qui vint les assiéger, une si opiniâtre résistance, qu'il fut obligé de lever le siége et de leur abandonner la ville. Le port de Blaye est peuplé, si j'ose employer cette expression, de navires de tous les pays. Le cabotage de la Bretagne lui envoie ses embarcations légères, qui jettent beaucoup de mouvement dans ces parages. La Gironde, en face de la ville, a près de deux mille toises de large. On a craint que Bordeaux ne souffrît de cette position, et pour apporter remède à sa sûreté menacée, on a construit dans une île, située au milieu du fleuve, une forteresse qu'on nomme encore aujourd'hui *Pâté de Blaye;* elle commande les deux rives, et ferme ainsi le passage de la Gironde.

« Une abbaye qui existait à Blaye contenait,

s'il faut ajouter foi aux menteuses chroniques, les cendres du roi Caribert. Rien de plus irrégulier, ni (tranchons le mot) de plus laid, que l'intérieur de Blaye; les campagnes des environs sont en revanche fertiles, cultivées, et riantes.

« Il ne tiendrait qu'à moi de continuer mon récit et de vous entraîner jusqu'à *Plassac,* où le duc d'Épernon avait un château-fort, que l'on apercevait de la ville de Blaye. On attribue à ce château une magnificence romanesque dont il ne reste plus vestige. Les voyageurs qui battent aujourd'hui le pavé aperçoivent à sa place le château de *Montazet,* dont l'aspect est assez grandiose pour consoler ceux d'entre eux qui peuvent avoir des souvenirs. »

Nous devisions ainsi, tout en admirant la variété presque infinie de cultures qui annonce toute la fertilité de la Saintonge. Le blé, la vigne, le seigle, le sarrasin y croissent ensemble, et y offrent le mélange de leur fécondité différente et de leur végétation. Les marais salants (nous eûmes occasion d'en examiner plusieurs) sont une des principales richesses de la contrée : il est à craindre, ou plutôt à desirer, que la mine de sel gemme découverte en Lorraine ne porte un grand préjudice à cette branche d'industrie saintongeoise.

Beaucoup de chênes verts aux rameaux noueux, au vaste feuillage, jettent sur ce pays une ombre pittoresque. Rien ne contribue plus que ces beaux arbres à donner au paysage un caractère de grace mêlée de grandeur. L'industrie fait chaque jour des progrès en Saintonge. M. Mersan m'a assuré que le département de la Charente-Inférieure était le seizième de la France pour le revenu, et le vingtième pour la population, ce qui prouve que le résultat des produits industriels de ses habitants dépasse la proportion exacte qui se trouve communément entre la population et la richesse.

Déja plusieurs fois j'avais répété, avec l'accent de la surprise, certains noms de villes et de villages qui frappaient mon oreille et qui la surprenaient étrangement. « Vous n'avez pas encore tout entendu, me dit M. Mersan; un voyageur aguerri ne fait point d'attention à ces vétilles; que serait-ce donc si vous aviez à prononcer le nom de ce village du pays de Galles, qui ne se compose exclusivement que de consonnes *Llpwllgwnm* (Voy. *Wine and Walnuts*)?

« Je n'ai rien à dire contre la prononciation des mots saintongeois; elle est facile et franche : mais ces noms eux-mêmes tiennent à la barbarie, et semblent indiquer une grossièreté habituelle qu'on ne rencontre pas dans d'autres contrées. Pour ne citer que les plus honnêtes, je vous rappellerai que nous avons passé par la *Vieille-Anesse*, dont les habitants se sont moqués de nous; que de là nous sommes tombés dans le chemin de la *Crotte*, qui justifie bien son nom et celui plus dégoûtant encore du village auquel il conduit. Ai-je besoin de vous dresser un catalogue complet des titres burlesques de toutes ces bourgades, *Tarte-y-Fume*, *Tout-y-Faut*, *Sèche-Bec*, *Pois-Ventre*, *Engoule-Vent*, véritables noms de carnaval?

« Je tâcherai de vous faire éviter *La Brelandière* et *Cure-Gouflet*. Nous ne passerons pas non plus par *Puy-Merdeux*; mais il est impossible de dîner ailleurs qu'à *l'Ane-Cuit*; c'est le seul hameau des environs qui nous laisse espérer les délices d'une omelette au lard et d'une soupe au lait. Je me résignai à cet inconvénient des voyages, et je trouvai que l'auberge de l'Ane-Cuit valait mieux que son titre, par une compensation sans doute de tant d'autres auberges qui ne valent rien malgré les titres ambitieux qui cachent leur riche nullité.

N° CCXIV. [JUIN 1827.]

SAINT-JEAN D'ANGELY.

Ætas incuriosa suorum.
Tacite.
Siècle qui néglige ses grands hommes

« Passerons-nous aussi rapidement à travers *Saint-Jean-d'Angely* qu'à travers les deux villes de Blaye et de Pons? Notre imagination seule a fait les frais de ce dernier voyage. Je vous l'avoue, je me sens attiré par une sorte de charme irrésistible vers la patrie d'un homme habile, d'un homme généreux qui a bien mérité de sa patrie, et qui aurait des amis sans nombre si le nombre des amis se comptait par celui des bienfaits.

— Nous n'augmentons pas, j'espère, répondis-je à M. Mersan, la liste des ingrats qu'il a faits : elle est longue, et peu glorieuse pour l'espèce humaine.

— Quoi ! vous l'avez connu ? »

A ces mots, je répondis en racontant à mon compagnon de route mon amitié d'ancienne date, ma liaison si intime, si douce, avec le comte *Regnaud de Saint-Jean d'Angely.* Le janséniste s'étonna de me voir aussi bien informé que lui de ce qui concernait cet homme célèbre, et continua en ces mots :

« A mon retour de l'émigration, je n'avais aucun moyen d'existence. Pendant que je luttais contre ma détresse et contre mon désespoir, un personnage que je n'estimais pas s'avisa de me dire tant de mal de M. Regnaud de Saint-Jean d'Angely, que je ne pus m'empêcher d'en penser beaucoup de bien. Je me décidai à l'aller voir. Pauvre comme j'étais, sans recommandation, sans appui, je lui inspirai, dès la première entrevue, ce tendre intérêt que certains ministres accordent aux solliciteurs présentés par de jolies parentes. Je ne lui demandai rien : il m'envoya des secours. Mes longues relations avec lui n'ont été qu'un tissu de services de sa part, et de reconnaissance de la mienne.

— Oui, repris-je, c'était un esprit supérieur et une âme grande. Les plus hautes occupations n'étaient pour lui qu'un jeu. Jamais il ne se reposait sur ses secrétaires des soins d'administration et des travaux intellectuels que ses fonctions exigeaient : il faisait tout par lui-même. Dévoué à Napoléon, il ne s'attela point comme tant d'autres au char de sa fortune pour l'abandonner quand le sort le frappa. Les jours de désastre arrivèrent. Le comte Regnaud de Saint-Jean d'Angely eut la même destinée que l'empereur; comme ce dernier, il resta seul dans la disgrace, et vit presque tous ses amis infidèles à son malheur.

— Quel temps me rappelez-vous! ni tous les services qu'il avait rendus, ni l'élévation ni la souplesse de son esprit ne le garantirent contre le malheur de l'exil; il fut proscrit. En vain par les plus tendres soins, par un dévouement sans mesure, sa noble et belle compagne essaya de lui faire supporter la vie; le coup était porté; il ne revit la France que pour y exhaler son dernier soupir; à peine avait-il franchi le seuil de son hôtel, la nuit même de son retour il expira. »

M. Mersan s'arrêta, et l'expression de sa voix et de son regard annonça que le souvenir de cet ami avait réveillé dans son cœur une vive émotion. Ces éloges naïfs, ce tribut de reconnaissance et de sensibilité, tout en me rappelant celui que j'avais aimé moi-même, mêlèrent à ma tristesse une espèce de satisfaction.

Notre conversation fut longue, et toute consacrée à un seul sujet. A force de parler de celui qui donna tant d'illustration à la petite ville de Saint-Jean d'Angely, nous finîmes par ne plus penser à la ville même. M. Regnaud, né en 1760, d'un père président du tribunal de Saint-Fargeau, et délégué de l'intendance, siégea à l'assemblée constituante, s'y montra fidèle à la monarchie constitutionnelle, ne fit partie d'aucune faction, et ne fut point inscrit sur la liste de ces rois-démocratiques, nommés jacobins. Le 10 août, il défendit Louis XVI au château des Tuileries ; le 13 vendémiaire, il prit parti pour les sections contre la convention nationale. Napoléon lui donna le gouvernement de l'île de Malte : il avait deviné son talent.

Elevé ensuite aux plus hautes dignités, comte de Saint-Jean-d'Angely, grand officier de la Légion-d'Honneur, grand'croix de divers ordres, ministre d'état, président d'une section du conseil d'état, grand-procureur près la haute cour supérieure, membre de l'académie française et du corps législatif, il n'eut que des opinions conciliatrices et philanthropiques. Sa tombe même ne l'a pas protégé contre la calomnie ; l'explication en est facile : il eut de grands talents ; il fit beaucoup de bien ; il excita beaucoup de jalousie ; il dut faire beaucoup d'ingrats.

N° CCXV. [5 juin 1827.]

ANGOULÊME.

Anjou fait *joug*; Angoulême *se blême* (est pâle).
Vers élégiaques de Cl. Marot.

Nous aperçûmes de fort loin Angoulême, bâtie sur une colline escarpée. De quelque côté qu'on s'y rende, elle offre au voyageur un aspect remarquable. La hauteur sur laquelle la ville est située domine tous les coteaux voisins et, dès que nous en eûmes atteint le sommet, la plus vaste scène attira nos regards et fixa notre admiration. Quelle trouvaille pour ces bons chevaliers! et qu'une ville était bien placée au sommet d'un tel escarpement! De là on pouvait apercevoir la marche de l'ennemi et, préparant sa défense en toute sûreté, faire pleuvoir sur lui les flèches et les pierres.

Capitale de l'Angoumois, la ville d'Angoulême, où nous entrâmes, eut à soutenir le choc terrible des conquêtes de César. Elle suivit la destinée commune de toutes les villes gauloises, et jouit du paisible esclavage que le joug romain fit subir à notre pays, en y jetant les semences d'une civilisation féconde. Les Visigoths la possédaient au sixième siècle; conquise alors par les Francs, ravagée par les Normands, elle appartint long-temps aux comtes que les rois de race carlovingienne lui avaient donnés, et parmi lesquels on compte plusieurs Lusignan. La couronne de France s'en empara ensuite, et, par le traité de Brétigny, la céda aux Anglais l'an 1360. Onze ans s'écoulent, les Angoulémois se soulèvent contre la domination étrangère et se réunissent à la France. François Ier, dont Angoulême était l'apanage avant qu'il ne montât sur le trône, en fit alors cadeau à sa mère, Louise de Savoie; un bâtard de Charles II porta le nom de duc d'Angoulême. Louis XIV avait investi de cette duché-pairie le duc de Bouillon; le Dauphin actuel de France a porté son nom jusqu'à l'avènement de son père, S. M. Charles X.

Un sol très fertile, une grande variété de productions enrichissent l'Angoumois. Le climat, sans être rigoureux, est ordinairement froid et salubre. Beaucoup de collines s'élèvent de distance en distance; aucune d'elles n'atteint à une hauteur assez considérable pour mériter le nom de montagne. Le blé, l'orge, le maïs, le seigle, le lin, le safran, sont les produits que M. Mersan m'a indiqués comme les principaux trésors du pays. Plusieurs espèces de mines offrent cependant aux spéculateurs une exploitation plus riche encore. Citons avant tout les mines de fer, dont le métal est doux et ne casse point. Les deux mines principales, celle de Rancogne et de Plancheminier, ont été honorées de la visite de tous les voyageurs attentifs : elles nous ont semblé dignes de leur réputation; leur longue fertilité ne les a pas épuisées. On a aussi découvert dans l'Angoumois des mines d'antimoine, dont on n'a pas tiré grand parti jusqu'à ce jour.

M. Mersan m'entraîna jusqu'à la source de *Sondres*, située à quatre lieues de la ville vers le midi. Cette source porte bateau dès sa naissance : elle a douze brasses de profondeur dès le premier moment de son origine. Ajoutons que l'eau de cette source merveilleuse est chaude en hiver et froide en été.

Chef-lieu du département de la Charente, Angoulême, où nous passâmes deux jours seulement, compte environ quinze mille ames. M. Mersan me cita plusieurs négociants célèbres dont l'industrie, appliquée à la confection de l'eau-de-vie, au travail du fer, à la fabrique du papier, a enrichi leur ville natale.

D'où vient l'ancien nom d'*Ieulisa*, que l'on donnait à cette ville? Je ne sais, et M. Mersan ne l'a pas deviné mieux que moi. Nous eûmes de la peine à nous frayer un passage à travers les cailloux dont les rues sont semées. Angoulême est fort mal bâtie, si l'on n'excepte un quartier neuf, qui offre, comme au Mans et dans plusieurs autres villes modernes, un contraste frappant avec la laideur et la vétusté des autres quartiers. Partout, si l'on en faisait la remarque dans les édifices et dans les mœurs, on retrouverait ce contraste vivant de la nouvelle France et de la France antique.

La cathédrale se fait remarquer par la beauté de son clocher gothique; nous ne fîmes que passer devant elle. Après avoir fait notre visite accoutumée à la bibliothèque et au jardin botanique, formé par les soins de M. *Lefèvre Villebrune*, nous sortîmes d'Angoulême : une excursion rapide nous conduisit jusqu'à *Cognac*.

Qu'on ne croie pas que l'eau-de-vie de Cognac soit l'unique droit de cette ville à la renommée dont elle jouit. Elle a vu naître François Ier : ce roi gentilhomme mérite néanmoins plus de blâme que de gloire ; léger, indiscret, inconséquent, extravagant, prodigue, il a dû à ses flatteurs une illustration contre laquelle réclame la raison et la philosophie. On l'a nommé *père des lettres et des arts :* c'est un sobriquet des courtisans, auxquels sans doute le roi avait ouvert ses coffres. Ses vices, ses cruautés, ses extravagances, ont porté à notre patrie plus d'une blessure dont les suites ont été longtemps et cruellement senties.

Nous ne manquâmes pas de rendre visite aux

ruines du château et à la petite maison attenante où se retrouvent les célèbres salamandres de ce monarque. Peut-être était-ce là une *petite maison* du quinzième siècle, un lieu de délices où le roi, vaincu par Charles-Quint, allait oublier sa honte dans les bras de sa maîtresse, où il trouva la mort.

M. Mersan me fit passer la Charente, et nous allâmes visiter la fameuse plaine de Jarnac, où se donna, en 1567, la bataille qui coûta la vie au prince de Condé. Chef des protestants, ce prince, digne par son courage de porter le grand nom de Condé, fut tué par la plus lâche trahison dont un assassin se fût jamais avisé. L'histoire flétrit de cet opprobre le nom de Montesquiou, capitaine des gardes du duc d'Anjou. Elle rapporte aussi que ce dernier, digne fils de sa mère, fit charger sur un âne le corps du grand capitaine, et l'examina avec une attention minutieuse où la superstition se mêlait sans doute à la férocité. Une pyramide avait été érigée à la place où l'assassinat avait été commis; les débris de ce monument désignent le lieu qu'il occupait. « Ne dirait-on pas, me faisait observer mon guide, qu'il y a chez les hommes un instinct inné de destruction qui s'exerce contre les monuments eux-mêmes? »

Après avoir terminé cette excursion, nous revînmes à Angoulême continuer nos premières observations. M. Mersan, auquel toute cette contrée est parfaitement connue, m'entretint des hommes célèbres qu'elle a produits. *Marguerite de Valois*, sœur de François I*ᵉʳ*, doit se placer à la tête de cette liste; elle était jolie, sage, spirituelle, et aimait à rire : ses contemporains lui ont rendu témoignage sur les deux premiers points; ses contes un peu libres attestent les deux autres qualités. Elle donna le jour à cette reine admirable, Jeanne d'Albret, digne mère du meilleur des rois français. On soupçonna Marguerite de Valois de deux péchés : d'abord du péché d'hérésie, ensuite d'avoir aimé le poète Clément Marot, ou de s'être laissée aimer par lui, ce qui ne m'étonnerait pas de la part de l'auteur des *Cent nouvelles* : dans tous les cas, il y aurait compensation.

Mellin de Saint-Gelais, fils naturel de l'évêque d'Angoulême Saint-Gelais, a fait des poésies naïves et spirituelles qui ont eu du succès dans leur temps, et que l'on peut encore lire avec plaisir. Il devint abbé du Reclus, aumônier et bibliothécaire du roi. Contemporain de Ronsard et son rival, il essaya de nuire à l'auteur de *la Franciade* auprès du roi et des gens de la cour. Ronsard qui, avec tous les défauts dont sa muse est entachée, ne manquait pas d'une certaine hauteur de caractère, se vengea de Saint-Gelais par des satires, et lui pardonna bientôt après. Saint-Gelais, admiré de son siècle, reçut de ses élèves et de ses admirateurs le surnom ou le sobriquet d'*Ovide français*. Ce jugement a été cassé par la postérité, qui n'a laissé à Mellin de Saint-Gelais que le titre assez honorable, et assez rare au seizième siècle, de versificateur élégant et quelquefois harmonieux.

Balzac, qui le premier arrondit la période française, et que l'on a trop négligé après l'avoir trop exalté, naquit à Angoulême en 1594. Ce membre de l'académie française, protégé par Richelieu et le cardinal de Lavalette, a encore droit à quelque estime. Perdre et dissiper beaucoup d'esprit naturel, l'employer à polir des phrases aussi prétentieuses que vides, c'est en faire un mauvais usage, mais enfin, c'est prouver qu'on a de l'esprit. Le public fut charmé du style de Balzac. Ces tours élégants, cette harmonie continue, ces phrases pleines et sonores, durent charmer une nation qui n'avait guère de littérature, et dont le goût naturel s'était débattu sous le poids des controverses théologiques et des guerres de religion. Balzac eut beaucoup de succès et beaucoup d'ennemis. Le moine Goulu l'attaqua en deux gros volumes que Balzac eut le bon sens de mépriser. Sur la fin de sa vie, il se retira dans sa ville natale, et consacra le reste de ses jours à la bienfaisance. Les pauvres d'Angoulême le nommaient leur père. Il fonda le prix annuel de deux mille francs que l'académie française décerne pour un discours en prose sur un sujet donné. Thomas, qui joignait tant d'éloquence à tant de pédantisme,

a dit de l'*Aristipe* de Balzac : « Il y a semé, à tra-
« vers beaucoup de fautes de goût, des vérités de
« tous les temps et de tous les pays. On y trouve
« l'ame d'un citoyen et la douceur de la vertu, re-
« levée quelquefois par l'expression de Tacite. »

N° CCXVI. [JUIN 1827.]

VÉNUS PÉRIGOURDINE.

> Il n'est pas de sotte fantaisie qu'ils ne se mettent en cervelle.
>
> MONTAIGNE.

Nous entrons dans le Périgord : « Est-il besoin de faire reparaître devant vos yeux, me dit M. Mersan, les Visigoths, les Francs, et les Romains? Vous savez leurs exploits et leur puissance sur cette partie de la Gaule encore sauvage. Parlerons-nous des rois d'Aquitaine de la race de Clovis et des ducs leurs successeurs, de Pépin-le-Bref qui l'enleva au malheureux Waiffre, enfin des Périgord (Talleyrand), si célèbres par leurs aïeux, plus célèbres par leur petit-fils? Confisquée, en 1399, par Charles VI, cette province fut l'apanage de Louis, le second fils du monarque. Elle fut successivement le patrimoine de la maison de Penthièvre et de celle d'Albret, jusques au moment où Henri IV la réunit à la couronne. »

A peine descendus à l'hôtel de France, l'auberge

la plus renommée de Périgueux, l'hôte nous conseilla d'aller voir l'amphithéâtre, la porte romaine, et les murs ruinés de *Pétrocorie*, nom d'une ville antique qui s'élevait auprès de Périgueux, nommé alors *Vesuna*. S'il fallait en croire le comte Wlgrin de Taillefer, antiquaire et notre contemporain, on pourrait découvrir dans cet amphithéâtre les vestiges d'un temple circulaire, jadis revêtu de marbre et entouré de colonnades, plusieurs aqueducs, des morceaux de sculpture, des vases, des médailles, et des débris de statues. Un libraire, qui se trouvait alors chez mon hôte, et qui sans doute attend les voyageurs au passage, nous offrit de nous vendre l'ouvrage du comte, où ces découvertes magnifiques sont rapportées. Les gros volumes me font peur, et les découvertes antiques et modernes me trouvent souvent incrédule. M. Mersan, dont la foi, plus robuste, adoptait plus facilement ces souvenirs de grandeur, acheta le vaste magasin d'érudition que le libraire périgourdin lui vendit assez cher. « J'ai fait un fort bon marché, me dit-il ensuite. Le comte Wlgrin descend des princes de Périgord : rien n'est plus rare qu'un fils de prince qui fait l'histoire du pays même où ses pères ont régné. Je crois voir les héroïques ancêtres du comte, gens qui ne signaient qu'avec leur gantelet trempé d'encre, jeter des regards pleins de courroux sur ce descendant indigne, qui de noble s'est fait lettré. »

Périgueux est divisé en deux parties, séparées par la route de Lyon. La vieille et la nouvelle villes s'y retrouvent comme dans la plupart des cités modernes. La plus ancienne, nommée aujourd'hui la *Cité*, est située dans la plaine. La ville nouvelle, plus pittoresque à-la-fois et mieux bâtie, s'élève sur le flanc de la colline; une pente inégale, semée de jardins bizarres, va se terminer à un plateau qui s'unit au coteau littoral de la rive droite de l'île : c'est sur ce terrain montueux que le nouveau Périgueux est construit. Le coteau dont nous parlons, rempart immense et presque à pic, semble protéger la ville qu'il domine.

Nous visitâmes la cathédrale, seul monument digne de fixer l'attention des curieux. Cet édifice, ou plutôt cette masse de pierres, impose par l'étendue et la hauteur de ses dimensions. J'observai la bizarre construction de son clocher carré, qui se termine par une coupole, appuyée sur une multitude de petites colonnes de formes diverses, assemblées au hasard comme les arbres d'une forêt. L'inégalité de cette structure, si éloignée de toutes les lois architecturales, produit un effet piquant qui ne manque pas de grandeur.

L'hôtel de la préfecture m'offrit pour curiosité principale un cabinet fort riche en échantillons minéralogiques. Cette collection renferme, dit-on, tout ce que le Périgord offre en ce genre d'espèces différentes et de variétés précieuses ; il n'est point de département qui, sous le rapport de cette richesse géologique, l'emporte sur celui de la Dordogne. Quand je demandai le nom de l'auteur de cette collection si utile, on me nomma d'abord M. le préfet, auquel cet honneur était bien dû, car il avait du moins fourni le local; puis M. *Brard*, savant modeste, qui dirigeait l'exploitation des mines de houille du pays. Déjà ce nom m'était connu, et je résolus d'aller bientôt visiter les manufactures, et puiser dans les conversations de cet homme distingué les connaissances que ma paresse avait négligées ou redoutées. Ami et collaborateur de *Fauja de Saint-Fond*, le naturaliste, M. Brard, ingénieur de l'école des mines, a composé le *Manuel du minéralogiste et du géologue voyageur;* un *Traité de pierres précieuses;* une *Histoire des coquillages terrestres et pluviatiles qui vivent aux environs de Paris;* enfin, la *Minéralogie appliquée aux arts,* ouvrage qui, à nos yeux, constitue son plus beau titre de gloire.

Vesuna était le nom ancien de Périgueux, et je ne vois qu'une sorte d'analogie dans les noms qui puisse autoriser les antiquaires à affirmer que Vénus était la déesse adorée des Périgourdins. Une tour ronde, immense, haute de cent pieds, a passé longtemps pour le temple de la déesse. Les murailles de cet édifice ont plus d'une toise de large; point de fenêtre, ni de porte; nulle forme architecturale;

rien qui se rapporte au polythéisme, ni sur-tout au culte de la mère des amours. Je ne puis comparer ce monument qu'au tombeau de *Cecilia Metella* que l'on voit près de Rome : il y a toute apparence que ce prétendu sanctuaire de la Vénus périgourdine était simplement un tombeau romain.

M. Mersan, qui m'avait accompagné jusque là, m'annonça que des affaires urgentes le forçaient de rester à Périgueux; je ne prévis pas sans peine le moment où j'allais me séparer de cet homme aimable dans son austérité, cosmopolite par la volonté de son évêque, et chez qui je crus voir revivre la sagesse et la bonté, mais aussi quelques uns des préjugés de Nicole, le Socrate de Port-Royal.

N° CCXVII. [JUIN 1827.]

LES TROUBADOURS

ET LES TRUFFES.

*La mort ne me graverait mie
Si je mourais ès bras m'amie.*
Trad. d'un fabliau du XII siècle.

« Il le faut, mon cher Ermite, me dit M. Mersan, revenant une dernière fois à ses pensées de fatalisme mystérieux ; il faut se quitter ; c'est une des cruelles nécessités attachées à l'humaine existence. Nos attachements ne se font sentir à nous que pour nous faire regretter, quand nous les perdons, la fragilité de notre bonheur. » Je l'embrassai, en convenant de la vérité morale de cette réflexion : et le bon janséniste me promit de venir me visiter dans ma cellule parisienne, plus tôt peut-être que je ne l'espérais. Je me hâtai de partir et de m'éloigner du lieu où j'avais quitté un homme estimable, victime de la ruse et de l'activité de ces polypes de Loyola qui nous enveloppent de toutes parts. Je croyais, en pressant mon départ, faire diversion au regret bien naturel qu'il me causait. « Puissiez-vous, me dit-il au moment où je lui fis les derniers adieux, trouver au pays de *Pascal*, vers lequel vous vous dirigez, un nouveau génie qui foudroie encore la conspiration permanente qu'on fomente sans cesse contre la vertu, les lois, et les rois. »

Je sortis seul de Périgueux par la route de Lyon, route qui, nouvellement ouverte, doit jeter dans la contrée une activité industrielle et une nouvelle prospérité. Le sol en est mauvais, et ses productions ont peu de valeur. Un commerce actif peut néanmoins communiquer à cette partie de la France la richesse et la force qui lui manquent.

Dois-je oublier, en parlant du *Périgord*, sa véritable richesse? L'or que l'on puise dans les mines est peut-être un moyen moins puissant que la truffe parfumée, mobile si actif du gouvernement ministériel de l'époque où j'écris. Objet d'un important commerce, la truffe voyage d'un bout de la France à l'autre, fait les lois, assure le repos des ministres, dérange les estomacs, achète les consciences, aplanit les difficultés parlementaires. Si la truffe venait à manquer, que deviendrait la France?

Voltaire a écrit contre les transitions dans l'art oratoire ; son esprit qui n'a pas eu de modèle ni d'égal, alliait sans peine les idées les plus disparates. En contant la gloire du Périgord, il n'eût point fait difficulté de passer, de la fortune qu'ont faite les truffes, à la renommée dont les troubadours périgourdins ont joui dans leur temps. *Aimery de Sarlat, Arnauld Daniel*, né à Riberac, furent principalement célèbres entre leurs nombreux rivaux. Les chroniques rapportent qu'Arnauld Daniel et Aimery se portèrent devant Richard-Cœur-de-Lion un défi poétique. Le roi enferma chacun des deux poëtes dans une chambre séparée : il s'agissait non seulement de faire bien, mais de faire vite. Les deux chambres n'étaient pas assez éloignées pour qu'en se plaçant dans l'une des deux, on n'entendît pas ce qui se passait dans l'autre. Daniel, dont la verve était apparemment épuisée, sollicita vainement sa muse. Il n'avait rien produit encore lorsque son rival, se mettant à chanter le tenson qu'il venait de composer, lui donna, par cette imprudence, l'occasion de jouer à Aimery de Sarlat l'un des tours les plus singuliers dont l'histoire littéraire fasse mention.

Amenés tous deux devant le prince, il leur ordonne de réciter leur ouvrage, et Daniel demande la permission de commencer. Il répète alors la chanson de son rival, qu'il avait retenue tout entière. On peut juger de la surprise d'Aimery et de l'embarras de Richard; tous deux ne manquèrent pas de penser que le diable était pour quelque chose dans cette affaire. Enfin Daniel avoua sa supercherie, et le roi, qui rit beaucoup de ce plagiat bizarre, combla de présents les deux troubadours.

Lacurne de Sainte-Palaye, auquel j'emprunte ces détails, et dont je parcours, dans ma chaise de poste, les mémoires, plus curieux que bien écrits, cite encore *Arnault de Mareuilles*, troubadour de Périgord. Amoureux d'Adelaïde de Durlat, femme de Roger II, vicomte de Béziers, il trouva dans la personne de ce mari un rival dangereux, car ce rival était roi. Forcé de céder au monarque de Castille, le bel Arnauld de Mareuilles alla porter à Montpellier son génie, ses chansons, et son amour malheureux. L'histoire ne dit pas comment la femme du roi jaloux supporta cette absence, ni si le désespoir du jeune amant ne trouva pas à Montpellier des cœurs tendres et d'heureuses consolations.

Je ne lus pas sans plaisir plusieurs tensons périgourdins, cités et traduits par l'historien de la chevalerie dont j'ai parlé plus haut. L'histoire de Bertrand de Born, vicomte d'Hautefond, m'intéressa vivement. Ce guerrier du douzième siècle, bon poëte, politique habile, employa toutes les ressources de son esprit à brouiller les rois de France et d'Angleterre, à désunir Henri Ier et ses enfants. On ne voit pas, dans toute l'histoire, d'esprit plus remuant ni plus bizarre. Il a toujours à la main l'épée et la lyre. L'enthousiasme de la guerre et l'ardeur de l'amour animent les vers de cet homme qui, par un singulier contraste, se trouvait mêlé à toutes les intrigues de son temps.

Bertrand de Born, son fils, moins célèbre que son père, fut plus paisible dans ses penchants et dans ses goûts. Élias Cairels, qui d'orfèvre se fit jongleur, et que la licence de ses satires éloigna de la cour des grands et priva d'une partie de sa gloire; Élias Tonsalda de Bergerac, Diode de Carlos, Guillaume de La Tour, qui garda près de lui le cadavre d'une femme qu'il avait aimée, et ne voulut point se séparer du cercueil qui le renfermait; Pierre de Basignac, Pierre de Bergerac, Sail de Scola, n'ont laissé que quelques fragments satiriques ou amoureux. Giraud de Borneil, dont Jehan de Meung a imité plusieurs vers, entre autres ce distique, d'une sensibilité charmante,

<blockquote>
La mort ne me graverait mie
Si je mourais ès bras[1] m'amie[2],
</blockquote>

a remporté, au treizième siècle, la palme poétique parmi les troubadours du Périgord.

Un poëte aussi véhément que le premier des de Born a vu le jour à Périgueux, en 1676 : c'est *Lagrange-Chancel*. Imitateur de Racine dans ses tragédies, et d'Archiloque dans ses satires, rien n'égale

---

[1] Dans les bras.
[2] De mon amie.

la pâleur et la faiblesse des premières, si ce n'est l'amertume et la virulence des secondes. Il a prouvé que l'âcreté et l'emportement ne suffisent pas pour flétrir dans la postérité le nom de celui qu'on accuse. On ne joue plus ses pièces, qui ont quelque temps joui d'une célébrité due à la stérilité de la scène française après la mort du grand Racine. On ne lit plus ses *Philippiques*, injuste et terrible dithyrambe contre un prince livré à toutes les erreurs d'une jeunesse voluptueuse, mais qui, dans la faiblesse d'un caractère que la mollesse et la débauche enivraient, a su garder une certaine dignité d'homme et une grace aimable dont la postérité lui a tenu compte.

N° CCXVIII. [8 juin 1827.]

VISITE A LA VÉSÈRE.

I am monarch of all I survey.
COWPER.
Roi des champs qui l'environnent.

Dans l'intention de rendre visite au savant modeste que j'ai cité, M. *Brard,* j'avais, comme je l'ai dit plus haut, pris la route de Lyon. Une triste solitude m'environnait, et je voyais avec surprise la stérilité du sol et le mauvais état de la culture. Quelques paysans mal vêtus poussaient la charrue dans un sol mal préparé : la vieille routine règne encore sur ce canton de la France ; la terre y donne avec avarice et comme à regret ses produits les plus communs. De pauvres villages, des maisons, ou plutôt des huttes, bâties avec de la boue, par-tout l'indigence, la négligence, la malpropreté, et toutes les maladies qu'elles font naître. Je me demandais, si c'était la France que je parcourais. Point de troupeaux, ni même de vaches laitières. Ne pourrait-on pas prélever, sur l'immense produit de l'impôt, une somme destinée à introduire dans ce district presque sauvage la civilisation, l'aisance, et les coutumes d'une agriculture plus féconde et mieux entendue?

Un antiquaire serait mort de douleur s'il avait eu à suivre le chemin que je parcourais. Les ruines d'un aqueduc romain étaient éparses sous mes pas; on avait détruit ce monument immense pour frayer la grande route. L'utilité de ce travail moderne, et le respect que je porte aux nouvelles théories d'économie politique, ne m'empêchèrent point de voir avec regret les traces de cette destruction que Winckelman aurait nommée sacrilége. Plus loin, au fond de la vallée, un castel féodal s'élève, armé de ses tours, de ses bastions, de ses tourelles et de ses créneaux; les fossés étaient remplis d'eau comme si l'ennemi eût été prêt à investir la chevaleresque demeure du haut baron des anciens temps. J'admirai la conservation remarquable de cet édifice gothique, et je m'étonnai qu'il eût pu survivre à tant de révolutions, de guerres, de dissensions et de révoltes. Ce témoignage des mœurs barbares de nos aïeux, qui a traversé l'ancienne jacquerie et les guerres civiles de notre époque, portait avec lui un intérêt terrible et sombre auquel mon esprit s'abandonna long-temps.

Mais plus j'avançais, plus la laideur et la pauvreté des hameaux que je traversais augmentaient mon étonnement. Je n'avais trouvé qu'en Bretagne d'aussi misérables asiles, groupés dans des marais, sur des rocs, et d'un aspect aussi repoussant que l'intérieur en était affreux. Sur une hauteur, j'aperçus un autre château, moins bien conservé que celui que je viens de signaler. Le sol, où la craie dominait, était stérile. On m'avait pompeusement annoncé les grottes d'Arzac; je les visitai : comme il arrive presque toujours, elles me semblèrent d'autant moins remarquables qu'on en avait exagéré l'importance : en louant trop les hommes et les choses, on leur joue d'ordinaire un fort mauvais tour. C'est un avis aux médisants qui croient nuire en employant la satire, et qui la plupart du temps toucheraient bien plus sûrement leur but, si leur malice, plus ingénieuse et plus perfide, prodiguait la louange.

Un ruisseau profond traverse, dans toute sa longueur, une des grottes d'Arzac, laquelle étincelle de *stalactites*, dont les ornements pittoresques sont répandus avec profusion sur ses parois : elle a cent vingt toises de profondeur, et se termine par un dôme magnifique et irrégulier, dont la nature seule a taillé la coupole. Cette grotte renferme une carrière d'albâtre susceptible d'être exploitée et de payer les soins de ceux qui se livreraient à ces travaux.

« Malheureux, dit l'Anglais Sterne, celui qui voyage depuis *Dan* jusqu'à *Berseba*, sans rien trouver de beau, d'agréable, d'intéressant; sans voir

autre chose qu'un terrain aride et un pays stérile ! »
C'était à-peu-près tout ce que j'avais observé depuis
ma sortie de *Périgueux* : une lieue plus loin que le
village de Thenon, ce paysage désolé changea de
face, et je pus enfin saluer la nature riante, gracieuse et variée, que je m'affligeais d'avoir perdue.
De beaux points de vue s'ouvrirent devant moi ;
des prairies, semées de bouquets de bois, des ruisseaux sinueux, des champs ensemencés s'offrirent
enfin à mes regards, et je reconnus la France. A
droite, l'élégante colonnade d'un château ajoutait à
l'effet général du paysage, et rappelait ces belles fabriques dont *Claude Lorrain* a embelli ses tableaux ;
elle appartient au château de Rastignac, dont le possesseur actuel, ancien chambellan de l'empire, est
aujourd'hui pair de France. Un de ses plus proches
parents, aujourd'hui général français, long-temps
général russe, est revenu en France avec les armées
coalisées : c'est sans doute l'une des plus bizarres
singularités de l'époque.

Enfin je touchais au bout de mon voyage, et la
vallée de *la Vésère* s'ouvrait devant moi : une galerie de recherches métallurgiques, dont j'aperçus
l'ouverture, m'annonçait que le séjour du bon et savant M. Brard ne pouvait être éloigné de l'endroit
où je me trouvais. Plusieurs personnes sortaient de
cette galerie : le nom de M. Brard, plusieurs fois répété, vint frapper mon oreille, et me fit reconnaî-

tre quel était, parmi les causeurs, celui auquel j'avais l'intention de m'adresser. Je me présentai moi-même; j'appris à M. Brard quel était le but de ma visite, et l'accueil aimable et simple que je reçus de lui me prouva de nouveau cette vérité fort ancienne, que le talent se pare lui-même, et laisse au charlatanisme de l'ignorance la morgue et l'ostentation.

La maison de M. Brard, assise sur le penchant d'une colline, à l'endroit où deux vallons pittoresques se joignent, atteste le bon goût de celui qui l'a construite dans une situation si agréable. Un beau cabinet minéralogique, une magnifique bibliothèque, en sont les principaux ornements. J'allai admirer, sous la conduite de M. Brard, les houillères du Lardin, l'art avec lequel les travaux sont dirigés, et les beaux produits qu'elles donnent. Armé, comme les mineurs, du marteau et de la lampe, je descendis dans cet enfer de houille, et presque étouffé par l'odeur épaisse qui remplit ces cavernes, je revis la lumière avec autant de plaisir que le pieux Énée, à la fin de son pèlerinage, salue la douce clarté du jour en sortant des demeures de Pluton. Tout à côté, près de la grande route, se trouve la verrerie du Lardin. Je remarquai la majestueuse simplicité de l'édifice: rien de plus noble, de plus sévère, ni de plus beau en même temps que ces bâtiments, dont les lignes simples et harmonieuses, pour ainsi dire, font l'unique ornement. Là régnent, sous les yeux d'une police sage et bienfaisante, humaine et sévère à-la-fois, la paix et l'amour du travail. Le directeur se propose de fonder pour les ouvriers une caisse de secours et d'épargnes, qui leur fournisse, pendant les maladies souvent dangereuses auxquelles leur état les expose, les remèdes et les soins pharmaceutiques ou chirurgicaux qui manquent presque toujours à ces malheureux. On ne peut trop louer ni encourager des vues si bienfaisantes. Quant à l'école d'enseignement mutuel, que M. Brard espère aussi établir, je n'osai ni détruire cette espérance, ni l'engager à compter sur un avenir obscur qui présente aujourd'hui tant de chances contraires au développement de l'intelligence.

Quelques misérables cabanes, habitées par des sauvages plus misérables encore, telles étaient, avant l'arrivée de M. Brard, la civilisation et la population du lieu dont j'admirais la propreté et même l'élégance. De jolies habitations avaient succédé à ses masures, dignes du pays des Hottentots, et où jamais l'industrie n'avait introduit l'aisance. M. Brard a tout créé dans ce canton. Tel est le résultat certain de toute entreprise industrielle; son activité multiplie les produits, attire la richesse, active les facultés, et double la force morale et la force physique des hommes. Anathème et honte éternelle à ces esprits égoïstes et dépravés, qui espèrent, en comprimant l'élan de l'industrie, jouir seuls de la misère publique, et puissent leurs efforts impuissants ne laisser de traces que l'éternelle flétrissure imprimée à leur mémoire!

Pendant les deux jours que je passai à Vésère, j'assistai aux divers cours de minéralogie et de métallurgie que M. Brard y a établis; déja fort remarquables, ils doivent acquérir progressivement plus d'intérêt encore. Décidé à visiter la patrie du cardinal Dubois pour me rendre de là en Auvergne, je quittai M. Brard, et je partis pour Brives-la-Gaillarde. « Que ferez-vous de Cahors, me dit ce dernier, avant de me laisser partir? Oublierez-vous la capitale du département du Lot; et pour me servir d'une expression triviale, mais habituelle aux voyageurs, vous permettrez-vous de *brûler* sans cérémonie une cité de cette importance? — Non, lui répondis-je; mais votre savoir et votre long séjour dans cette province me tiendront lieu d'un voyage, trop rapide d'ailleurs, pour me fournir les documents que vous ne me refuserez pas. On attelle les chevaux, et mes tablettes sont prêtes à recevoir vos notes.

N° CCXIX. [JUIN 1827.]

CAHORS.

>*Polemicotatos episcopos.*
>JULIEN *l'empereur.*
>C'était un évêque guerrier.

« Je n'ai point demeuré à *Cahors,* me dit M. Brard, mais j'ai souvent occasion d'y aller voir un minéralogiste de mes amis, qui s'occupe de l'histoire des métaux sans négliger celle des hommes. C'est à lui que vous devrez les renseignements d'antiquité que ma mémoire cherche à réunir pour vous satisfaire. Les Cardures (*Carduri*) habitaient jadis ce territoire, dont la capitale portait le nom de *Divona :* Cahors changea de nom et se nomma *Cadureum,* lorsque la plupart des cités gauloises, soumises à la domination romaine, quittèrent leur dénomination primitive.

« Les Visigoths, les rois d'Aquitaine, les ducs d'Aquitaine, les comtes de Toulouse, la possédèrent tour-à-tour. En 1228, saint Louis s'en empara. Les Anglais en furent maîtres, la perdirent, et la reconquirent. Devenue la capitale du Quercy, elle se retrouva enfin sous la domination de Charles V. Enlevée de vive force par le bon et vaillant Henri IV, après un long combat livré dans ses propres murs, elle appartint définitivement à la couronne de France. L'antiquité n'offre rien de plus beau que le courage de ce roi qui, disputant pied à pied le succès, rencontrant des ligueurs dans chaque rue, achetant la victoire au prix de son sang, adossé aux boutiques, souvent environné d'un cercle d'épées ennemies, donnait à ses soldats l'exemple de la plus héroïque valeur, et de la prudence militaire la plus consommée.

« L'évêque de Cahors, comte de la ville, jouissait, depuis un temps immémorial, du plus étrange privilége. Quand il faisait dans son évêché son entrée solennelle, le vicomte de Cessac, son vassal, son homme-lige, allait l'attendre à la porte de la ville : nu-tête, sans manteau, les jambes et les pieds nus, le vicomte n'avait pour chaussure que des pantoufles. Ensuite, saisissant la bride de la mule sur laquelle le prélat était assis, il conduisait son suzerain ecclésiastique jusqu'au palais épiscopal. Son service ne s'arrêtait pas là : il le servait à table, et, pour prix de cet office domestique, il se trouvait possesseur de la vaisselle de vermeil qui avait servi au festin, seule clause qui déplût à l'évêque et offrît une consolation au noble vassal. De là des contestations fréquentes, terminées par un arrêt du parlement de Toulouse. Le prix de la vaisselle fut fixé à 3,000 francs, et, pour cette somme, tout évêque cadurien pouvait se donner le plaisir d'avoir un haut et puissant seigneur pour palefrenier et pour laquais pendant un jour de sa vie. Pour derniers priviléges évangéliques de ce serviteur du Christ, on plaçait sur l'autel, toutes les fois qu'il disait l'office, un casque, des gantelets, et une épée.

« Ce que la ville dont nous parlons renferme de plus important, ce sont les antiquités romaines dont elle abonde. Vous auriez admiré l'amphithéâtre, bâti de petites pierres carrées, liées par un ciment indestructible. Près de la préfecture se trouve un monument antique nouvellement restauré, et élevé à la mémoire de Marcus Lucterius. Plusieurs ouvrages archéologiques en donnent le dessin.

« La position de Cahors, au fond d'une gorge étroite, a quelque chose de sauvage et de pittoresque : le Lot l'environne de ses eaux écumeuses et bruyantes. On a prétendu, on a imprimé même, que sa cathédrale, soutenue par des arceaux gothiques, et évidemment construite par les architectes du moyen age, fut autrefois un temple payen : assertion souvent répétée et qui prouve l'extrême ignorance de ceux qui l'ont soutenue. Le cardinal d'Ossat, qui depuis est monté sur le trône papal, est né à Cahors, dans la boutique d'un cordonnier, son père. On sait comment, chargé de choisir parmi les cardinaux un souverain pontife, il ne crut pouvoir mieux faire que de se proclamer lui-même. Qu'on se figure l'étonnement des conclavistes, en l'entendant s'écrier : *Ego sum papa.*

Clément Marot, l'honneur de *mon pupître*, comme Jean-Baptiste Rousseau le disait avec assez peu d'élégance, est aussi de Cahors. Il a laissé des poésies charmantes, que la naïveté, la verve, et une certaine énergie pleine de vivacité, d'esprit et de grace, feront vivre aussi long-temps que la langue française. Je me contente d'indiquer à vos souvenirs littéraires, bon Ermite, ce poëte aimable qui semble tenir à-la-fois de la gentillesse naïve des trouvères et de la correction plus classique des modernes poëtes d'Académie.

« On compte environ douze mille ames à Cahors. La ville possède un collége, un théâtre, un séminaire, une pépinière, une bibliothéque et une académie : vous ne vous étonnerez pas si je rassemble dans la même énumération des objets disparates, mais dont la civilisation moderne favorise, pour ainsi dire, le développement simultané. Le gibier abonde dans les environs; le vin y est délicieux; et l'on y vit à bon marché: vous voyez que je vous entretiens d'un véritable pays de Cocagne. Les vignes, plantées sur les coteaux qui entourent Cahors, jouissent d'une célébrité méritée, que je n'ai pu justifier à vos yeux que par de faibles échantillons. » Je serais tenté de proposer aux ministres la translation passagère des chambres législatives dans une région bienheureuse où les festins ministériels, entretenus à beaucoup moins de frais, soulageraient infiniment le budget de l'état. »

Tels furent à-peu-près les renseignements que je dus à l'instruction économique et historique de M. Brard. En le quittant, je me dirigeai vers Souillac, où je passai la Dordogne sur un pont magnifique dont la construction s'achève. Du haut de la montagne de Cressenzac, que j'atteignis bientôt, on découvre une vue immense; l'œil suit avec délices le cours sinueux de la Dordogne, qui parcourt et anime un paysage aussi varié qu'enchanteur. C'est, sans doute, un des panorama les plus riants et les plus imposants à-la-fois de l'Europe entière. Je laissai à ma droite le château pittoresque, et je descendis dans un autre vallon, plus beau peut-être encore et où se trouve assise une de ces villes auxquelles le caprice d'un moderne rimailleur a donné une célébrité plus grotesque que poétique : *Brives-la-Gaillarde* méritait bien que je m'y arrêtasse quelque temps, et les observations que je recueillis, pendant le temps que j'y passai, doivent être consignées dans un chapitre séparé.

N° CCXX. [JUIN 1827.]

DE BRIVES-LA-GAILLARDE

A LIMOGES.

> On ne pouvait quitter ce lieu charmant, ni
> s'empêcher de désirer le revoir
>
> FÉNELON

Il est impossible de rien imaginer de plus riant que le paysage qui sert de fond à la petite ville de *Brives-la-Gaillarde*. Je ne sais pourquoi on l'a choisie pour en faire une espèce de type ridicule des villes de province. Aux environs, de nombreux ruisseaux serpentent dans les prairies; des bosquets ombreux sont groupés de distance en distance avec la variété la plus pittoresque, et l'aspect enchanteur de ces beaux lieux semble de nature, non à exciter la verve comique d'un auteur de parodies, mais à éveiller le talent d'un Breughel, d'un Wouvermans ou d'un Demarne.

Je commençai par me promener sous les arbres qui embellissent la chaussée construite le long de la Corrèze : parmi les édifices dont l'élégance m'a frappé, j'ai sur-tout remarqué ceux du *Grand-Faubourg,* que la route publique traverse.

Brives, que j'essaie de réhabiliter, fut le théâtre du sacre d'un roi. Ce fut dans ses murs que Gondebaud, fils naturel de Clotaire Ier, fut couronné roi des Français à son retour d'Italie, en 585. Ce roi devait aller périr misérablement à *Lugdunum Convenarum,* au pied des Pyrénées, abandonné de ceux mêmes qui l'avaient amené en France.

Le cardinal *Dubois, ami du prince,* célèbre dans les annales de la galanterie, du jeu, de la table, et de l'Église, est né à Brives-la-Gaillarde; peu de gens ont mieux connu l'art de s'élever aux dignités les plus hautes par l'impudence même de leurs vices et la nudité de leur bassesse.

Je ne dois point passer sous silence l'accueil fort aimable que je reçus de plusieurs Brivois fort spirituels et fort aimables; je desire que le témoignage que je leur rends, et l'admiration que tout ami de la nature doit à la fertilité riante du pays où Brives est située concourent à relever cette jolie petite ville de l'espèce de déchéance qu'elle a injustement subie.

Je partis pour Limoges, qui n'est éloignée de Brives que de trente lieues. On trouve sur la route, et suspendue pour ainsi dire sur la cime d'un rocher, *Userche,* qui domine la *Vezère.* Ses nombreuses tourelles, entremêlées d'arbres vigoureux, ce mélange agréable de constructions et de verdure, lui donnent un aspect singulier, que dans le jargon à la mode on ne manquerait pas de nommer romantique. En 1815, elle offrait un spectacle plus pittoresque encore. Des banderolles tricolores s'agitaient dans les airs sur le sommet de ces tours, et l'éclat des bannières qui se jouaient dans les rameaux prêtait un air de fête et de triomphe à cette ville peu connue, et digne d'attirer l'attention des artistes. Ils n'ont pas négligé le château de Pierre-Buffière, qui appartenait autrefois à des seigneurs considérables, rois féodaux des pays d'alentour. Ces belles ruines ont été souvent dessinées; la mousse qui les couvre, les effets bizarres de la lumière et de l'ombre, jouant à travers ces masses que le temps a brisées de mille manières, ajoutent à ces ruines quelque chose d'étrange qui rappelle les débris des vieux châteaux d'Écosse, où la muse de Walter Scott a trouvé ses plus heureuses inspirations.

J'arrive à *Limoges*. L'hôtel de *la Pyramide*, que l'on m'avait indiqué comme le meilleur de la ville, reçut le dépôt de mon faible bagage. Malgré la curiosité que j'avais d'examiner dans tous ses détails la patrie de Jacques Delille, et, s'il faut tout dire, celle de M. de Pourceaugnac, je cédai, comme les héros de Virgile et d'Homère, au sommeil et à la fatigue. Le lendemain matin, l'*Annuaire limousin*, que je m'étais procuré, me parut utile à consulter, tandis que la servante apprêtait mon déjeûner avec une lenteur vraiment nationale.

J'y appris, d'abord, que cette partie de la Gaule était jadis habitée par les *Limovins*, et que l'un d'entre eux, Galba, monta sur le trône des césars. Le Limousin, long-temps possédé par les Romains et les Visigoths, fit ensuite partie du royaume d'Austrasie et de Toulouse. Après avoir appartenu à des ducs et à des comtes héréditaires, il tomba, par le mariage d'Éléonore d'Aquitaine, au pouvoir des Anglais. En 1203, Philippe-Auguste leur enleva cette province, que ce prince leur rendit en 1259. Ils la conservèrent jusqu'au règne de Charles V, qui la réunit à la couronne. L'évêché de Limoges, un des plus anciens et des plus vastes de la France, a gardé, sous le nouveau concordat, les dimensions presque gigantesques que les antiques coutumes lui avaient assignées.

Bâtie sur le penchant d'une colline, et dans le creux du vallon, Limoges est à-la-fois gothique et moderne. En 1790, un violent incendie a fait disparaître un grand nombre de ces masures hideuses, dont les derniers échantillons contrastent encore aujourd'hui avec l'élégance des nouveaux quartiers. J'ai remarqué les édifices de la place d'Orsay; les fondements de ces belles constructions reposent sur les débris d'un ancien amphithéâtre, détruit, à la grande douleur des érudits. En général les rues de Limoges sont tortueuses, malpropres, et dignes de servir de point de comparaison avec ces sentiers immondes dont les plus antiques cités de la France offrent au voyageur le spectacle dégoûtant. L'*Annuaire* m'indiquait, comme la principale curiosité de la ville, le tombeau du malheureux Waistre, duc d'Aquitaine, et je m'acheminais déja vers l'église de Saint-Martial, où *se trouve* ce monument, quand on m'apprit qu'elle avait été démolie en 1793. Telle est l'exactitude des itinéraires : cette erreur se retrouve dans celui de Richard, publié récemment, et les voyageurs qui pourraient s'y laisser attraper comme moi feront bien de se tenir pour avertis.

Je cherchai, comme le dit un auteur systématique qui a eu le malheur de naître deux siècles trop tard, une compensation à mon désappointement. J'allai visiter la cathédrale, où l'on me fit remarquer un tableau de Rubens où se retrouve toute la magie et toute la vigueur de son pinceau. L'évêché, vers lequel je me dirigeai ensuite, est un immense édifice; ses jardins, dont l'étendue est proportionnée à celle des bâtiments, occupent une grande terrasse qui s'étend jusqu'aux bords de l'eau, et d'où l'on descend sur la rive par des degrés qui produisent un effet agréable et pittoresque. La manufacture de porcelaine, que j'examinai dans tous ses détails, réveilla chez moi, par le spectacle d'une industrie féconde et puissante, le noble orgueil de la patrie. Je me félicitai comme Français de voir les travaux de mes concitoyens enchaîner sur notre sol les trésors que l'Inde absorbait jadis.

Je cherchai vainement la trace de cette noble famille des Pourceaugnacs, si plaisamment immortalisée par Molière, et dont tous les écoliers connaissent les armes parlantes. Au nombre des Limousins célèbres se trouve en première ligne *Jean Dorat, Dauratus* (le doré), inventeur de l'anagramme, et qui s'amusa jadis à faire de son nom propre un barbarisme en calembourg; esprit médiocre et chargé de science, poëte latin assez élégant, érudit et polyglotte, en un mot, capable de dire à ses ennemis de grosses injures en sept ou huit langues différentes.

Le climat du Limousin est généralement froid ; des montagnes s'y élèvent de toutes parts ; le sol en est médiocre. De nombreux ruisseaux arrosent les vallées, et la plupart d'entre elles offrent de belles prairies et de fertiles pâturages. Aussi les chevaux et les bestiaux de cette contrée jouissent-ils d'une juste renommée. C'est pour leur fournir des aliments salubres et nourrissants que l'on y cultive le sainfoin et la luzerne, en dépit d'un préjugé populaire qui affirmait que les grains ne germaient point dans ce terrain. Les hommes de ce pays sont en général forts et trapus; les femmes de cette haute classe de la société que les Anglais appellent *high-life* y sont renommées par la régularité de leurs traits et l'extrême fraîcheur de leur teint. Si la beauté était en ce moment l'objet d'un concours européen, c'est une jeune dame du département de la Haute-Vienne, fille d'un de nos braves généraux, que Paris y députerait pour assurer le prix aux Françaises.

La contrée doit aux arbres qui la couvrent cet aspect sauvage et riant qui la distingue. Le charme, le hêtre, le châtaignier, en couvrent les hauteurs. Le châtaignier sur-tout se reproduit dans le Limousin avec une étonnante fertilité : son fruit sert de nourriture commune aux paysans et même aux bourgeois. On dirait que ce bel arbre, devenu la providence du Limousin, supplée à l'avarice naturelle du sol. Un gastronome, auquel M. Mersan m'avait adressé à Limoges, me fit goûter d'excellents mets dont ce fruit faisait la base, et je dois saisir cette occasion de rendre un éclatant hommage aux truites saumonnées, aux légumes savoureux, et au gibier délicieux, qui, placés sur la même table, accompagnaient le plat national.

Je priai le même habitant de Limoges de m'instruire d'une manière succincte des résultats et des richesses de l'industrie limousine. « Je dois placer en première ligne, me dit-il, l'exploitation des mines d'étain, de fer, de plomb, de cuivre, d'antimoine, de soufre, d'alun, et de vitriol, que fournit notre province. Chaque jour on y découvre de nouvelles mines de charbon de terre. Nos fabriques de drap, de papier, d'étoffes, de porcelaine, et d'épingles, sont toutes florissantes, versent beaucoup d'argent dans la circulation, et entretiennent dans l'aisance une nombreuse population d'ouvriers. La tannerie est peut-être la branche la plus importante de l'industrie de Limoges : la matière première ne nous manque pas, et notre commerce sous ce rapport est très considérable.

« Quel est le curieux dont le cabinet ne renferme pas quelques émaux de Limoges ? Cet art, autrefois spécialement cultivé dans notre province, a dégénéré peu à peu. En 1761, il n'y avait déjà plus dans la ville qu'un seul ouvrier émailleur ; je doute qu'il ait un successeur parmi nos contemporains.

« Je ne vous parlerai pas de nos maçons ; le Limousin est, comme vous le savez, la pépinière de tous ces hommes robustes qui, la truelle sur l'épaule, se répandent sur toutes les routes de France et vont construire vos habitations et vos palais. C'est du Limousin que viennent à Paris ces essaims d'ouvriers qui constituent, au sein de la capitale, une espèce de république et de population isolée. Si l'ouvrage manque, tous ces hommes n'ont plus de pain, et la police est obligée de les renvoyer dans leurs montagnes. Ajoutons que la maçonnerie, prise dans le sens le plus matériel et le plus rigoureux, c'est-à-dire l'art de manier le plâtre, est honorée en Limousin comme l'agriculture à la Chine. Un proverbe national, né de cette vénération pour la truelle, est, certes, un des plus grands efforts de malice que l'esprit limousin se soit permis : *Si ton fils a de l'esprit, boule-lou (fais-le) maçon; s'il n'en a pas, boule-lou juge ou prêtre.* »

n° CCXXI. [JUIN 1827]

LE CHATEAU DE MONTAIGNE.

Downright Montaigne.
POPE
Montaigne le franc-parleur

Nous autres voyageurs, nous ressemblons pour la plupart à ces peintres gothiques qui ne savaient qu'imiter confusément les objets dont leurs regards étaient frappés. Sans observer les lois de la perspective, sans suivre aucune règle dans la disposition des divers plans de nos tableaux, nous nous contentons de reproduire les choses dans l'ordre où elles se présentent à nos yeux. Quelquefois un mince accessoire occupe la place que l'objet principal devrait remplir, et il arrive de temps à autre que les objets les plus intéressants sont oubliés. C'est à-peu-près la méthode d'après laquelle les orientaux travaillent; les paravants chinois, modèles de l'industrie des plus mauvais peintres du monde, sont remplis de personnages aussi grands que leur propre maison, de mandarins de trois pieds prenant le frais dans des jardins dont les plus grands arbres n'ont pas deux pouces de hauteur.

Je suis prêt à donner cette critique pour une confession. J'ai plus d'une fois voyagé comme Levaillant et Pococke tout-à-fait au hasard, mais avec un peu moins de prétention qu'eux. En avouant naïvement mes erreurs, j'aurai du moins sur eux l'avantage de la modestie.

Dans mon desir d'atteindre enfin le but de mon voyage et l'asile du repos au coin du foyer domestique, j'ai parcouru rapidement des contrées dont plusieurs souvenirs d'une grande importance me sont échappés; tandis que j'ai recueilli sur ma route une foule de particularités d'un intérêt très secondaire.

Telles furent les réflexions que m'inspira la lettre suivante de M. Mersan, lettre qui me fut remise à l'*hôtel de la Pyramide* au moment où j'allais quitter Limoges et partir pour l'Auvergne.

« *Pendez-vous, brave Crillon*, je viens de rendre visite au château de Montaigne le *douteur*, et vous n'y étiez pas. Votre impatience vous a privé d'un grand plaisir, et j'ai été obligé de m'acheminer seul vers l'antique demeure du philosophe, au village de *Montaigne-Saint-Michel*.

« J'ai payé assez cher mon pèlerinage en subissant la fatigue d'une mauvaise route. De *Périgueux* à *Bergerac* elle est cependant tolérable; mais de Bergerac à *Castillon*, elle devient affreuse; de

Castillon au château de Montaigne elle est presque impraticable. Après avoir gravi une côte escarpée, j'ai atteint le plateau qui la domine, et bientôt après le château lui-même, qui porte avec lui le caractère prononcé de son époque. Un donjon percé d'une porte double est le seul péristyle de ce manoir. Par cette porte on entre dans une cour aussi vaste qu'elle est simplement construite; les ailes du bâtiment sont occupées par des ateliers, des étables, et une laiterie. Au fond se trouve le château proprement dit, flanqué de deux donjons inégaux de grandeur, différents de forme, et dont l'alignement n'est pas le même. Je livre à votre observation la description naïve de cette rustique et chevaleresque demeure : il me semble qu'il y a quelque chose de touchant dans cette simplicité même, alliée au souvenir d'un des esprits les plus pénétrants et les plus brillants de toutes les époques.

« Par une bizarrerie digne de l'auteur du fameux chapitre des *Coches* et de celui de la *Vertu des femmes*, où il est question d'elles, mais point du tout de leur vertu, le philosophe avait choisi son habitation particulière, non dans le château même, mais au-dessus de la porte d'entrée, dans le donjon que j'ai désigné à votre attention et qui s'offre d'abord à celle du voyageur. Je ne manquai point de visiter ce sanctuaire : sa forme est circulaire comme celle de la tour qui le renferme. Toutes les poutres du plafond sont chargées d'inscriptions grecques ou latines : ce vers de Térence se trouve au nombre des axiomes que sans doute le bon Montaigne avait choisis lui-même dans ses auteurs de prédilection :

Homo sum, humani nihil à me alienum puto.

« Homme, je m'intéresse à tout ce qui tient à « l'homme. » N'est-ce pas la véritable devise de ce génie si remarquable et si piquant? Dans un temps de savante barbarie, où l'on ne savait étudier la nature humaine que dans le grec, le latin, l'hébreu, n'a-t-il pas été le premier à dévoiler l'homme même, à le soumettre tout entier à ses observations impartiales?

« De la chambre de Montaigne, on me conduisit vers un appartement que le bon Henri IV habita, et dont on a conservé intact le mobilier : c'est là sans doute une trouvaille inappréciable pour un antiquaire; le simple citoyen y attache un autre genre d'intérêt, celui d'une tendre et profonde reconnaissance.

« J'appris que le château de Montaigne avait passé dans la famille Duburc. C'est peut-être la seule propriété que j'envierais à son possesseur, si Ferney était détruit. »

N° CCXII. [JUIN 1827.]

LA LIMAGNE.

D'AGUESSEAU.

Dives opum . Limania tellus
SIDOINE APOLLINAIRE.
La riche et fertile Limagne.

Je dois une réparation au plus illustre des Limousins, au grand d'Aguesseau, chancelier de France, né en 1668 à Limoges. On sait que le fameux Talon disait en parlant de ses débuts : « Je voudrais finir comme ce jeune homme commence. » Nommé procureur-général du parlement de Paris à trente-deux ans, il déploya sur ce grand théâtre la force d'une haute et noble éloquence, jointe à un beau caractère. « Puis-je me reposer, disait-il, lorsque je sais qu'il y a tant d'hommes qui souffrent ! »

D'Aguesseau soutenait l'opposition parlementaire qui conserva, sous les habitudes de la monarchie, la dernière étincelle des libertés françaises ; ce que l'on nomme libertés gallicanes, c'est-à-dire l'affranchissement des évêques de France du joug sacré du pape, n'eut pas de plus ardent défenseur, ni la bulle *Unigenitus* de plus opiniâtre ennemi. Louis XV lui-même lutta vainement contre la volonté de ce magistrat et la noble résistance que sa conscience lui imposait. « Allez, disait madame d'Aguesseau à son mari, oubliez devant le roi femme et enfants; perdez tout, hormis l'honneur. » Ses fréquentes disgrâces honorèrent sa vertu; la faveur qu'il reconquit enfin honora le monarque. Savant, orateur, grand jurisconsulte, il embrassait pour ainsi dire l'universalité des connaissances humaines. Cette longue vie sans tache se termina le 9 février 1751 : l'année précédente, il avait rendu les sceaux.

Supposons aujourd'hui, bien gratuitement il est vrai, un ministre semblable à d'Aguesseau; un ministre indépendant, vrai, n'agissant que d'après son impulsion personnelle, incapable de fléchir ou de dissimuler, sur qui nulle puissance occulte n'a de prise, et qui ne ménage à la puissance aucune vérité dure, au risque d'aller dans sa terre de Fresnes expier l'irréparable tort de sa vertu! Que de bons mots jailliraient des arsenaux de quelques journaux nocturnes contre une excellence qui songerait à la France avant de penser aux jésuites! Il est vrai que d'Aguesseau a aujourd'hui des statues; et c'est là peut-être une compensation suffisante et une consolation assez douce pour son ombre, contre les brocards des révérends pères et les injures des Gâcous du temps.

Que le Limousin ait fourni à la liste des bienheureux, soixante-quatre saints ou saintes, tous bien canonisés, et jouissant par conséquent de leur petite chapelle, c'est ce que *l'Annuaire* m'apprend, et ce que je rapporte comme un fait précieux pour les fidèles de Limoges.

Cependant la course rapide des chevaux de poste m'entraînait vers *Clermont*, où je comptais trouver un de mes anciens amis, M. de *Venissan*. Déja j'entrais dans cette magnifique contrée, où les poètes français ont vu une lointaine image des Champs-Élysées, dans la belle et fertile Limagne. Quel coup d'œil, en effet! quel panorama de verdure riante, de montagnes pittoresques, de champs cultivés! Où trouver de nouvelles couleurs pour reproduire les variétés de paysages qu'offre la France! Moins éclatants peut-être que ceux de quelques autres régions continentales, ils présentent une plus grande diversité d'aspects, et réunissent les beautés de presque toutes les zones.

Encadrée dans les montagnes qui l'environnent, la Limagne ne ressemble à aucun autre pays de la France. Des gorges âpres et hideuses, d'horribles défilés conduisent dans ce paradis terrestre, et en font ressortir le brillant éclat. A une nature avare et languissante succède tout-à-coup une vaste étendue de plaines verdoyantes, parées de toutes les pompes végétales, se prolongeant à perte de vue, arrosées par d'innombrables ruisseaux, traversées par l'Allier, animées par des villes et des hameaux sans nombre. Pour la première fois, je m'étonnai de trouver la réalité plus belle que toutes les féeries de l'imagination.

Quand j'arrivai à Clermont, et que je fis part à M. de Venissan de mon enthousiasme pour sa patrie, je m'aperçus de toute la bienveillance que cette admiration excitait en lui. « Il y a long-temps, me dit-il, que la Limagne est un objet d'éloge. Grégoire de Tours, long-temps avant vous, raconta le chagrin du roi Childebert, qui, traversant par un temps pluvieux cette belle contrée, ne se consolait pas de ne pouvoir juger par lui-même si elle méritait la brillante réputation qu'elle s'était faite. Sidoine Apollinaire cite la Limagne parmi les plus belles contrées du monde. *Lemania* est l'étymologie que Ducange donne au mot Limagne, qui, dans ce sens, voudrait dire plaine fertile et cultivée. L'étymologiste n'a point pensé que la Limagne n'étant pas une plaine, on pourrait contredire son assertion par elle-même, et que l'aspect seul de nos montagnes suffit pour renverser l'argument de son érudition. Quant à la ville de Clermont, elle a porté autrefois tant de noms différents, que j'aurais peine à choisir entre eux. Détruite par les Normands, elle se releva de ses ruines et s'appela Clermont, du nom d'un château de *Claremons*, que les conquérants n'avaient point abbattu.

« Nous étions puissants sous la domination romaine. Les gens de l'Auvergne faisaient fondre par le sculpteur grec Zénodore une statue de Mercure en bronze doré, qui leur coûtait six millions de nos francs, et qui avait quatre-vingts coudées : entreprise dont je doute que la municipalité de Clermont voulût se charger aujourd'hui. *Vasso*, temple antique, passait pour une des merveilles de Clermont. Un roi des Allemands le détruisit, comme il détruisait sur son passage tous les monuments, pour laisser, disait-il, son souvenir à leur place. Ce fou barbare s'est trompé : son nom est à peine connu de quelques savants, et je prends plaisir à le taire.

« Vous avez remarqué sans doute la nature et l'aspect volcanique des rocs dont Clermont est entouré. Ce qu'il y a de plus bizarre, c'est que la montagne sur laquelle cette ville est construite diffère entièrement des autres montagnes. Elle est toute granitique, et semble façonnée, non par les feux terrestres, mais par les ondes maritimes. Le noyau principal est recouvert de plusieurs couches superposées de gravier, de pouzzolane, de laves roulées : on creuse cette partie du terrain, où l'on pratique des caves toujours fraîches dans lesquelles le vin se conserve pendant les plus grandes chaleurs. »

Je parcourus Clermont avec M. de Venissan. Les sinuosités d'un labyrinthe chinois, ou les contours bizarres que les artistes emploient dans ces ouvrages qu'ils nomment vermiculés, peuvent seuls donner quelque idée des incroyables circonvolutions que les rues de Clermont font subir au passant et au voyageur. C'est le plus merveilleux désordre de rues sans alignement, de maisons entassées, isolées, éloignées, rapprochées, comme si un tremblement de terre eût imprimé à la ville une nouvelle forme.

On a voulu mettre dans cette confusion quelque apparence d'ordre et d'harmonie. Clermont a senti l'influence bienfaisante de cette révolution tant calomniée. Le marquis de La Tourette et le baron Ramond, anciens préfets impériaux, ont sur-tout droit à la reconnaissance des Clermontais. M. de Balainvilliers, intendant, avait essayé d'aligner Clermont : les ingénieurs lui présentèrent un plan d'après lequel on ne pouvait améliorer cette ville qu'après l'avoir démolie. L'intendant renonça à sa première intention, et se contenta d'embellir les boulevarts extérieurs. Arthur Young, en parlant des rues de Clermont, disait : « Passe encore si elles

« n'étaient que tortues; mais il y en a dont la puan
« teur, la malpropreté, l'obscurité, les fait ressem-
« bler à des canaux d'immondices. »

Quoiqu'il y ait bien encore des reproches à faire
à Clermont, ajoutons que certaines améliorations y
ont eu lieu, et que le piéton n'est plus obligé, pour
aller en visite, de se munir, comme autrefois,
d'une paire d'énormes sabots.

« L'Anglais dont vous nous parlez a traité bien
lestement notre ville, me dit M. de Venissan, lorsque nous commençâmes notre tournée le lendemain de mon arrivée; mais il aurait ajouté à sa
satire quelque phrase plus amère encore, s'il avait
aperçu les nombreuses fontaines qui décorent *Clermont*. L'eau coule à grands flots dans toutes ces
rues que l'on accuse avec raison d'une si grande
malpropreté : plus commodes qu'élégantes, une
seule d'entre elles est remarquable par son architecture; c'est cet obélisque qui s'élève devant vous,
et que l'on a consacré à la mémoire de Desaix. »

Je suivis mon guide jusqu'à la cathédrale, qui a
eu l'honneur d'avoir Massillon pour évêque. Construite par deux évêques de Clermont, au douzième
siècle (Hugues et Guy de La Tour), elle ne fut pas
achevée. Quelle église en France l'a jamais été entièrement! J'admirai l'éclat de ses vitraux et la légèreté imposante de son architecture.

Les belles promenades de Clermont dominent toute la Limagne, et contribuent à l'embellissement de la ville. Le séminaire et la salle de spectacle sont des édifices élégamment construits. Je rendis ma visite accoutumée au cabinet d'histoire naturelle, à la bibliothèque, à la préfecture, et M. de Venissan me fit assister à une séance de l'académie de Clermont. J'y appris ou plutôt on me fit souvenir que plusieurs grands hommes avaient vu le jour dans cette ville, ou dans les environs : c'est là que naquit ce chevalier d'Assas, dont le noble dévouement (prouvé par le seul témoignage de Voltaire) sauva l'armée française à Clostercamp d'une attaque de nuit; l'illustre Pascal, l'académicien Thomas, l'abbé Girard, auteur des synonymes, le spirituel et caustique Chamfort étaient également de Clermont. Le poète Delille, que Voltaire appelait si spirituellement l'abbé Virgile, naquit dans un village à peu de distance de Clermont. J'aurais profité de la présentation de mon ami dans les différentes familles clermontaises qu'il connaissait, mais déja la meilleure compagnie d'Auvergne se rendait aux champs pour y commencer les travaux agricoles; c'est à cette absence que je crus devoir attribuer le peu de jolies femmes qui s'offrirent à mes regards. D'autres voyageurs ont pris cette absence momentanée du beau sexe pour une absence de beauté chez les femmes de Clermont; je ne juge point aussi vite, qaand ils s'agit de porter un arrêt de cette importance.

Je m'étais reposé quatre jours à Clermont; M. de Venissan me proposa de m'accompagner dans ma tournée en Auvergne, et j'acceptai sa proposition.

n° CCXXIII. [JUIN 1827.]

LE MASQUE DE FER.

O santo orgoglio!
BENOIT XIV
O saint orgueil!

Nous avions traversé les petits villages de *Vaire, Monton, et Martres*, avec plus de rapidité que M. de Venissan ne l'aurait voulu. Il pensait que la célérité de notre course à travers l'*Auvergne* était une sorte d'injure faite à son pays. Chacun des rochers balsatiques dont il est semé, chaque ruine, chaque débris d'église ou de château, renfermait, à l'en croire, des germes d'intérêt qui devaient se développer à sa voix; mais j'étais pressé d'atteindre le terme de mon voyage. Nous arrivâmes à *Issoire*, où le chancelier *Duprat* a vu le jour. « Quel mélange de présomption et d'inhabileté! me dit M. de Venissan. Je le nommerais le dernier des ministres, si le temps où nous vivons ne m'apprenait qu'il ne faut désespérer de rien, ni décourager personne.

« C'est encore à Issoire qu'est né ce terrible

capitaine *Merle*, baron de *Salavas*, dont le portrait, tracé par l'historien de Thou, n'est peut-être pas exempt de partialité. Si vous ne m'aviez plusieurs fois témoigné le desir de parcourir plutôt que d'examiner notre province, je vous introduirais dans plusieurs réunions *Issoriennes*, qui vous donneraient une idée favorable de la société en Auvergne. — Je crois me souvenir, mon cher guide, d'un passage de Piganiol de La Force, auteur suspect, à la vérité, et d'une phrase de cet autre romancier érudit, le comte de Boulainvilliers, qui tous deux attribuent aux habitants d'Issoire la manie de plaider long-temps, et pour des minuties. « Ils n'ont, dit le premier de ces deux écrivains, « qu'une seule industrie, celle des procès. » Vous me permettrez d'opposer cette double autorité à votre bienveillance patriotique. »

Mon guide repoussa légèrement cette attaque, et nous sortîmes d'Issoire sans avoir approfondi cette question de mœurs locales. Sur un rocher volcanique, dont les flancs étincellent de ces débris de la fusion des métaux, qui attestent l'antique incendie dont le sol a été dévoré, est assise une ruine de château que sa situation imposante me fit remarquer. Mon attention et ma curiosité redoublèrent quand j'appris que le château d'*Usson*, que j'avais sous les yeux, avait servi de retraite à cette fameuse *Marguerite de Valois*, fille de roi, sœur de rois, femme de roi, disons plus, femme de Henri IV; de cette reine qui trouva la fortune volage et son époux infidèle, mais qui se vengea, en femme, des infidélités de l'une et des torts de l'autre. Les vers du père Lemoine me revinrent à la pensée :

> Cette brillante fleur de l'arbre des Valois,
> En qui mourut le nom de tant de puissants rois,
> Marguerite, pour qui tant de lauriers fleurirent,
> Pour qui tant de bouquets chez les muses se firent,
> A vu fleurs et lauriers sur sa tête sécher,
> Et, par un coup fatal, les lis s'en détacher.
> Las ! le cercle royal dont l'avait couronnée
> En tumulte et sans ordre un trop prompt hyménée,
> Rompu, d'un même coup, devant ses pieds tombant,
> La laissa comme un tronc dégradé par le vent.
> Épouse sans époux, et reine sans royaume,
> Vaine ombre du passé, grand et noble fantôme,
> Elle traîna depuis les restes de son sort,
> Et vit jusqu'à son nom mourir avant sa mort.

Après avoir examiné les restes du château d'Usson, nous nous reposâmes dans une auberge voisine, située sur le penchant de ce même rocher basaltique dont la forme et la beauté pittoresque nous avaient frappés. Le souvenir de Marguerite était présent à notre imagination, et tous les événements de sa vie amoureuse, guerrière, et prisonnière, furent tour-à-tour soumis à notre examen critique. En dépit de la majesté des souvenirs, nous demeurâmes convaincus que *cette brillante fleur de l'arbre des Valois* n'avait été ni une reine vertueuse, ni même une bonne femme, et qu'elle avait dû, comme François I*er*, sa réputation factice à quelques largesses habilement répandues parmi les gens de lettres de son temps. « Je la vois, me dit M. de Venissan, commencer par séduire ce pauvre gouverneur Canillac, à la garde duquel elle était confiée, devenir sa maîtresse, et celle du château (l'histoire ne dit point à quel prix), et finir par chasser à-la-fois de sa présence, du nombre de ses amants et de la forteresse même, le trop facile gardien. Il faut entendre un révérend père, nommé Hilarion de La Coste, décrire cet asile des voluptés de Marguerite, le château le mieux fortifié de toute la France. *Ce fut,* dit le père, *un Thabor pour sa dévotion, un Liban pour sa solitude, un Olympe pour ses exercices, un Parnasse pour les muses, et un Caucase pour son affliction.* Le bon Hilarion aurait pu ajouter à cette belle énumération de lieux communs bibliques et mythologiques, *la Cythère des Grecs et la Babylone de Sardanapale*. En effet, la reine ne se gênait point dans ses amours, et plus d'une roche basaltique a servi de retraite à cette Didon nouvelle, auprès de qui de jeunes et beaux pages étaient sûrs de trouver un amoureux accueil. On dit que, plus d'une fois, on vit descendre du château d'Usson une vieille femme, tenant dans ses bras un enfant nouveau-né. Quand la nuit était profonde, les bergers qui veillaient sur leurs troupeaux s'effrayaient d'une apparition si inattendue. On disait que la vieille Argosie, dont le nom s'est conservé dans nos contrées, entretenait commerce avec les esprits des ténèbres; et, plus d'une fois, la justice fut sur le point de la punir de ce forfait, et du crime plus réel de favoriser les avortements et d'enseigner aux jeunes femmes les moyens les plus sûrs de se délivrer des fruits indiscrets de leurs amours. Je me souviens du portrait singulier que mon grand-père, à quatre-vingt-cinq ans, nous faisait de cette sorcière auvergnate, de la minutieuse description de son visage et de sa physionomie, et sur-tout d'un récit fort intéressant qu'il répétait sans cesse, et que j'ai fini par savoir à-peu-près par cœur.

« Vous allez décider vous-même, mon cher Ermite, du degré d'authenticité de cette narration, qui n'est pas sans vraisemblance, et qui, dans l'esprit de mon grand-père, avait acquis le degré de certitude d'une démonstration mathématique. Un jeune homme, nommé Henri *Savoli*, dont les Mémoires du siècle de Louis XIV parlent comme de l'un des plus beaux hommes de son temps, demeurait à Saint-Germain avec sa sœur *Hélène Savoli*. Mon grand-père, pour appuyer de preuves cet exorde, ne manquait pas de citer Saint-Simon, Dangeau, et plusieurs écrivains moins connus, dont les passages, textuellement rapportés, attestaient en effet l'existence de ces deux personnages dont vous êtes loin de soupçonner jusqu'ici les rapports avec ma sorcière auvergnate et Marguerite de Valois.

« Si vous me permettez de suivre l'exemple de mon grand-père et de tous les romanciers passés et présents, c'est-à-dire de me lancer sans préparation au milieu des événements, *in medias res*, comme dit Horace, je vous montrerai la belle Hélène de Savoli sous les traits d'une Languedocienne de dix-huit ans, dans tout l'éclat de cette beauté pleine de mouvement et de vie, à laquelle les femmes de nos régions plus septentrionales ne peuvent opposer que des charmes plus doux, mais plus languissants. Les yeux d'Hélène lançaient des flammes, dans l'expression la plus exacte de ce mot poétique; le plus beau teint, une bouche toujours riante et dont le sourire s'échappait de deux lèvres vermeilles, une taille élancée, une chevelure brune dont les tresses nombreuses couronnaient cet ensemble plein d'élégance, voilà le portrait effacé d'Hélène de Savoli. Elle vivait dans la retraite la plus sévère et la plus profonde : un air de dédain et de grandeur se mêlait chez elle à cette douce expression de modestie dont la beauté des vierges s'embellit encore;

elle aimait la solitude, et souvent elle s'égarait sous les ombrages de la forêt de Saint-Germain. Son frère, que les desirs vagues d'une ambition cachée avaient entraîné dans cette région voisine de la cour, abandonnait entièrement sa sœur à la conduite d'une dame chez laquelle Hélène demeurait; vieille janséniste, d'une dévotion altière, et qui élevait quelquefois la question de savoir s'il n'y avait pas dans les promenades solitaires d'Hélène une certaine douceur mondaine et condamnable qui pouvait conduire au péché. Tous deux auraient pu paraître à la cour; leur nom était distingué, et la médiocrité de leur fortune n'eût pas été un obstacle à leur présentation, sous Louis XIV, jeune encore, mais qui aima toujours à voir les grandeurs naître sous sa main.

« Cependant ni Hélène ni son frère ne songèrent à se faire présenter à la cour. N'allez pas regarder ce mépris comme l'indice d'un esprit philosophique, fort peu répandu sous le règne du grand monarque qui disait tout haut : l'*État, c'est moi.* Au contraire, la belle Hélène et son frère avaient sur leur origine et leur destinée des notions qui nourrissaient leur orgueil; et s'ils ne paraissaient pas à la cour de Saint-Germain, il fallait attribuer leur retraite à la fierté de leur sang et à leur respect pour cette noble descendance, dont ils devaient être victimes.

« Peu de temps après que Savoli était venu habiter Saint-Germain, il eut avec sa sœur un entretien secret dont il lui avait déjà fait pressentir la mystérieuse importance. « Ma chère Hélène, lui dit-il
« un jour, en se promenant avec elle sous les arbres
« de la forêt, il est temps de vous confier un secret
« de famille dont votre âge et plus encore votre
« raison précoce vous rendent capable de supporter
« le poids. Votre naissance et la mienne sont bien
« plus illustres que vous ne le pensez. Écoutez-moi
« seulement, et vous allez connaître l'histoire de nos
« ancêtres : vous jugerez alors s'il est des honneurs
« auxquels il nous soit défendu de prétendre.

« Peu de temps avant sa mort, Louis de Savoli,
« notre père, me fit appeler au chevet de son lit.
« Vous savez quelle mélancolie profonde le condui-
« sit au tombeau. « Je suis *roi*, mon fils, me dit-il
« d'une voix sombre et désespérée, et au lieu d'un
« trône, je ne vous lègue qu'un vain titre et ma pau-
« vreté. Pourquoi le ciel ne m'a-t-il pas donné des
« trésors pour suppléer aux armées et à la puissance
« qui me manquent! j'aurais pu soutenir des droits
« incontestables, et si je n'avais vécu, du moins je
« serais mort en roi. Votre mère elle-même ignore
« le secret de votre destinée. Prenez cette cassette;
« elle renferme les preuves authentiques de votre
« origine.

« Vous avez entendu dire, continua-t-il d'une voix

« plus émue, que mon père, et par conséquent votre
« aïeul, Henri de Savoli, eut, dans sa jeunesse, une
« entrevue avec Marguerite de Valois, alors sur le
« déclin des ans, et qu'il dut son avancement mili-
« taire à cette reine, qui le recommanda à Louis XIII,
« en même temps qu'au général de Bassompierre,
« occupé de jeter alors les premiers fondements de
« sa gloire militaire. Marguerite de Valois était sa
« mère. Dans le nom de *Savoli* que nous portons,
« reconnaissez l'anagramme du nom plus illustre de
« *Valois*, qui m'appartient, et qui est le vôtre. »

« A peine avait-il prononcé ces paroles, que la violence et la précipitation avec laquelle il avait parlé, hâtant sa fin qui approchait, il perdit connaissance. Dieu lui laissa à peine le temps et la force de me recommander le soin de son nom. J'ai cru découvrir en vous, Hélène, cette force d'esprit que l'on n'attend pas communément des personnes de votre âge et de votre sexe; déja la fierté de votre ame et la noblesse de votre caractère vous rendent dignes du nom que nous portons. Continuez, ma sœur, et peut-être la destinée, plus juste envers vous, vous permettra-t-elle de déployer dans un plus haut rang ces qualités qui vous ont été transmises avec le sang; suivez-moi; nous allons parcourir ensemble les titres si précieux dont je suis dépositaire. »

« Hélène, muette d'étonnement, regagna d'un

pas rapide l'obscure demeure où elle avait vécu jusqu'alors ignorée. En effet, elle trouva dans la cassette, dont Henri Savoli lui remit la clé, une lettre de la vieille Argosie adressée à la reine Marguerite de Médicis, lettre où cette femme mourante attestait que le jeune homme auquel elle la donnait était bien le fils de la reine, et où elle cherchait à émouvoir en sa faveur le cœur de la royale mère qui l'avait abandonné dès le premier jour de sa naissance. A cette lettre était jointe un manuscrit écrit de la main du premier des Savoli, fils de la reine, manuscrit qui contenait toute l'histoire de sa vie. Il était né dans le château d'Usson, et à peine avait-il jeté les premiers cris de douleur qui annoncent qu'un homme naît pour souffrir, Argosie l'avait emporté dans ses bras, avec la bourse de cuir où sa mère dénaturée avait placé quelques doublons pour suffire à la subsistance de ses premières années. La vieille l'avait élevé comme son enfant jusqu'au jour de sa mort, où elle lui remit la lettre dont je viens de parler, en lui révélant le secret de sa naissance. Voler à Paris, se jeter aux pieds de Marguerite, obtenir de sa protection un grade militaire, ce fut pour le jeune homme l'affaire de peu de jours. La nature avait parlé au cœur de la fille des Valois, et peut-être cet enfant des amours de la reine eût-il fait une rapide fortune, si la mort de sa protectrice naturelle n'eût tout-à-

de ne point lui cacher plus long-temps le secret de leur commune origine, et c'était dans cette entrevue, dont nous venons de résumer les traits principaux, qu'il avait accompli son dessein.

« Il y avait chez Hélène une certaine fierté naturelle qui se trouvait dans une parfaite harmonie avec son origine. Plus solitaire que jamais, elle fuyait la présence du monde et se repaissait, dans la solitude, de ces mêmes chimères qui ne lui offraient pas, comme à son frère, des chances de combat, de gloire, de tumulte, et de triomphe, mais l'espérance incertaine et vague d'une grandeur qui flattait sa vanité féminine.

« En dépit d'une solitude si sauvage, la beauté d'Hélène avait été remarquée, et déja quelques courtisans, qui l'avaient aperçue assise et plongée dans la rêverie au pied des chênes de la forêt, parlaient, dans le style alors à la mode, de la *merveilleuse et farouche nymphe de la forêt de Saint-Germain*. Louis XIV, à la fleur de l'âge et dans toute l'ardeur des passions, n'entendit pas sans curiosité ces propos des gens de sa cour, qui, incertains sur le nom seul d'Hélène, s'accordaient tous à louer sa beauté exquise. Un jour qu'elle était occupée à lire les *Horaces*, de Corneille, qui venaient de paraître, elle crut entendre un bruit léger non loin du lieu où elle reposait. Elle regarde; un jeune homme élégamment vêtu se présente devant ses yeux; la beauté de

coup détruit ses hautes espérances. La conscience de son rang, et l'orgueil qui lui était naturel, excitèrent la haine de ses compagnons d'armes. On reconnut son courage, on rendit justice à ses qualités généreuses; mais le dédain qui se peignait sur sa figure, mais la morgue déplacée qui se faisait sentir dans toutes ses paroles, aliénèrent les esprits de ses chefs et de ses égaux. Il quitta le service, s'allia noblement et pauvrement à la petite-fille des souverains de Tarare, se retira dans le Languedoc, et donna naissance à Louis de Savoli, père de celui que nous venons d'entendre révéler à sa sœur Hélène ce grand secret de famille.

« Les sentiments de fierté que Louis avait reçus de son père, transmis à Henri son fils, trouvèrent malheureusement chez ce jeune homme une ame plus impétueuse, un esprit plus fougueux, et une vanité plus irritable. Il renferma dans son sein le mystère de sa propre grandeur, et ne se nourrit que de cette pensée. Seul pendant les nuits, en se promenant auprès des galeries du Louvre, il maudissait le sort qui l'avait jeté si loin, et fait naître si près du trône. Son sang bouillonnait dans ses veines : une seule image s'offrait à son esprit. Comme il craignait que sa jeune sœur, parvenue à l'âge où le cœur cherche un objet digne d'amour, ne le choisît parmi de simples gentilshommes, que Savoli méprisait du haut de sa grandeur royale, il avait résolu

son visage, la noblesse de sa démarche, semblaient trahir je ne sais quelle supériorité de rang et d'esprit. Hélène se lève et veut s'éloigner. « Ah! daignez me « pardonner, lui dit le jeune homme, la démarche « indiscrète qui trouble votre solitude. En passant « près de vous, je me suis étonné de ne pas vous « avoir vue au château, et je n'ai pu m'empêcher « de vous témoigner ma surprise de ce que vous avez « pu nous envier un si bel ornement de nos fêtes, « et regarder la cour de votre roi comme indigne « de vous. »

« Hélène à ces paroles devine sans peine le rang et le nom de celui qui lui parlait un langage si nouveau. L'orgueil même dont son frère avait eu soin de l'armer contre les attaques de l'amour fut ce qui la perdit. Un roi seul lui sembla digne d'elle, et elle se crut seule digne d'un roi. Les ombrages épais de Saint-Germain protégèrent et cachèrent pendant quelque temps leurs amours; et tandis que Henri de Savoli, livré aux intrigues des seigneurs mécontents qui avaient conservé les séditieuses habitudes de la Fronde, osait essayer de vaines conspirations contre Louis XIV., sa sœur, tout entière aux desirs du monarque, s'abandonnait à son amour.

« Imprudente confiance! ce fut dans un de ces entretiens pleins d'abandon et de volupté qu'Hélène, entraînée par la passion qui l'enivrait, révéla au jeune souverain le secret de sa propre naissance! Louis XIV, dont la politique ne cessa jamais de dominer les passions les plus vives, aperçut d'un coup d'œil les dangers et les troubles que l'existence de Henri de Savoli pouvait faire naître. Il se tut, et, sans communiquer à Hélène les pensées qui l'agitaient, il se hâta de retourner au château, où il assembla son conseil. Ses ministres, déja informés des menées secrètes dont Savoli était complice, décidèrent unanimement qu'il n'y avait point à balancer, et que ce jeune homme devait être arraché à la société, que sa présence et son audace pouvaient troubler. En effet, Savoli disparut, et fut conduit aux îles Sainte-Marguerite. Sa sœur infortunée prit le voile.

— Mais, m'écriai-je, c'est une nouvelle édition du masque de fer que je viens d'entendre.

— Avouez, bon Ermite, que la version que je dois à mon grand-père n'est pas la moins vraisemblable. En la réduisant aux faits certains, à l'existence de ce Savoli, dont on n'a plus entendu parler, à l'anagramme singulière qu'offre son nom, à la vie fort dissolue de Marguerite de Valois, et aux traditions répandues en Auvergne sur la naissance de plusieurs fils de cette reine, vous devez convenir que mon roman pourrait prétendre aux honneurs de l'histoire, si je voulais soutenir mon opinion avec la véhémence et l'opiniâtreté que l'on apporte ordinairement dans ces matières. Au surplus, rangez

N° CCXXIV. [JUIN 1827.]

LE LAC PAVIN.

> *Among the verdant scene of shades and green
> I wandered*
> SPENCER.
>
> Je m'égarais sur cet amphithéâtre de verdure
> et d'ombrage.

« Le temps et mon âge me poussent, plutôt qu'ils ne me conduisent, dans la route que j'achève, dis-je à M. de Venissan. Quittons donc le château d'Usson, mon cher guide; les souvenirs d'une reine voluptueuse à laquelle l'histoire a tant de reproches à faire, ne peuvent m'occuper plus long-temps. — Passerons-nous par les bains du Mont-Dor? — Oui; mais nous ne ferons qu'y passer. Il en est de la course du voyageur octogénaire comme de celle du soleil, qui semble se précipiter en approchant de l'horizon. Je dois me contenter aujourd'hui de ces indications vastes et de ces grands traits qui font connaître plutôt la physionomie générale d'un

cette conjecture au nombre des mille et une explications de ce mystère de despotisme, dont plus de cent années révolues et les efforts de plus de cinquante écrivains n'ont pu soulever le voile et détacher le masque. »

la base de plusieurs rochers volcaniques qui élèvent leurs aiguilles du fond des eaux. M. de Venissan me raconta qu'un ingénieur, nommé Chevalier, eut le premier l'audace de s'embarquer sur ce petit océan, dont les cavernes inconnues et profondes doivent y soulever plus d'une tempête. Aucune naiade ne détruisit dans son courroux le frêle radeau, composé de deux claies, auquel le navigateur avait confié sa fortune. Du lac Pavin nous remontâmes jusques à la source de la Dor, rivière qui donne à-la-fois son nom à la Dordogne, réunion de la Dor et de la Dogne et aux célèbres Monts-Dor, et non pas *Monts-d'Or,* comme on a tort de l'écrire ordinairement.

Du fond d'un large ravin, qui a la forme d'un triangle, et dont le fond est tapissé de pierres d'un rouge éclatant, s'élance une source argentée dont l'onde brille de la manière la plus pittoresque sur le lit sanglant qui la contient. Cette source de la Dor offre un des plus magnifiques coups d'œil que la peinture puisse essayer de reproduire, sans espoir d'en égaler jamais la grace et l'effet singulier. Tout autour sont des masses de rochers de formes gigantesques et bizarres, semées de bouquets d'arbres qui semblent moins avoir poussé sur leurs flancs que s'y trouver suspendus par je ne sais quel pouvoir magique. Plusieurs gorges affreuses, parmi

lieu, qu'ils ne reproduisent les nuances de son histoire et de ses mœurs.

—J'en suis d'autant plus fâché, cher Ermite, que l'Auvergne est précisément une des provinces de France qui mériteraient le mieux un examen approfondi. La nature même de son sol est digne de fixer l'attention. Par-tout le feu y a laissé des traces de son passage. Ces rochers, ces débris, ces montagnes, ne sont, pour ainsi dire, que les jeux d'un incendie, et les preuves de son ancienne fureur. Si vous ne pouvez m'accorder une longue attention, du moins vous forcerai-je à me suivre à travers les villes les plus dignes de remarque de notre antique Auvergne. Une voiture légère et deux bons chevaux vous emporteront dans cette tournée trop rapide; et, avant quinze jours, je vous laisserai repartir pour vos foyers, où, après une si longue odyssée, vous devez en effet avoir besoin de reposer votre tête. »

Cette proposition une fois acceptée, nous changeâmes de direction; et M. de Venissan me conduisit au lac *Pavin*: c'est un très beau spectacle. Imaginez, sous la forme d'une immense coupe de lave, un vieux cratère, dont les flancs noirs décrivent un cercle parfait, et renferment une eau pure qui réfléchit la verdure des arbres vigoureux dont les bois sont parés. Ce cristal limpide laisse apercevoir

lesquelles on doit distinguer la gorge d'*Enfer* comme la plus épouvantable, séparent ces inaccessibles rochers. Par-tout la lave, aiguisée en pointes noirâtres, hérisse le sol basaltique : les neiges accumulées pendant l'hiver s'échappent au printemps à travers ces gorges ; quelques unes d'entre elles conservent, pendant le printemps même, un pont de glace au-dessus du torrent auquel elles servent de lit. Telle est la source de la Dordogne, que nous vîmes s'échapper, au milieu d'un nuage de vapeurs, d'un antre creusé en arcade, dont le compas du géomètre n'eût pas mieux arrondi le cintre.

« Je vous retiendrai moins long-temps que vous ne le croyez aux bains de Mont-Dor, me dit M. de Venissan quand nous fûmes arrivés dans ce village. Vous avez déja esquissé, pendant votre séjour à Bagnères [1], le tableau d'une petite ville où l'on vient boire les eaux thermales et l'oubli des grandes cités dont on abandonne les murs sans renoncer à leurs habitudes. »

Après avoir admiré la propreté des bains, le bon ordre de l'établissement, et l'incroyable saleté de la ville ; après avoir rendu notre hommage à quelques belles ruines romaines qui s'y trouvent, nous partîmes du village du Mont-Dor pour nous

---

[1] Tome VIII, page 200.

rendre à Aurillac, ville rivale de Saint-Flour, et qui lui dispute avec avantage le titre de la capitale de la Haute-Auvergne.

« Saluez, me dit mon guide, ce chef-lieu du département du Cantal, situé, comme vous le voyez, dans un riant vallon, et qui a donné naissance à un homme de bien, au courageux garde des sceaux, au chancelier Duvair. Ce fut lui qui, recevant de Louis XIV l'injonction d'apposer le sceau royal à un acte que sa conscience réprouvait, osa prononcer un refus formel, et résister aux menaces du monarque. Louis XIV prit les sceaux des mains de celui qui en était le digne dépositaire, accomplit sa volonté; puis il voulut les rendre à Duvair, qui répondit : *Je ne puis les recevoir, ils sont pollués.* Louis XIV, cédant à la fermeté de la vertu, jette au feu la grace injuste qu'il voulait accorder, et demande de nouveau au chancelier s'il veut reprendre les insignes de sa charge.—*Volontiers, le feu purifie tout.* — Noble courage, dont on serait bien embarrassé de trouver un autre exemple à une époque où l'on parle si haut de liberté. Aurillac a vu naître aussi le cardinal de Noailles, assez hardi pour se mesurer avec les jésuites, et Pierre de Gugnières, qui voulut réprimer trop tôt l'orgueil et l'autorité ecclésiastiques. Que cette haine est terrible! L'esprit prêtre est un esprit de vengeance! Non seulement Cugnières fut repris de justice, mais les chanoines de Notre-Dame de Paris érigèrent, comme monument de leur victoire, une petite statue contrefaite, qu'ils placèrent à l'entrée du chœur, et contre laquelle on éteignait les cierges en signe de mépris. »

Nous étions entrés à Aurillac : je m'étonnai d'en trouver les rues propres, et ce mérite, si commun en Angleterre et si rare en France, me parut devoir être porté en ligne de compte. D'ailleurs, malgré la sinuosité des rues, elles sont larges, et c'est encore un avantage qui manque ordinairement à nos cités gothiques. « Il y a ici, me dit M. de Venissan, une fort jolie salle de spectacle qui sert à tout, excepté à jouer la comédie. Quant à l'étymologie et à l'histoire de la ville, je ne pourrais vous affirmer que les mines d'or dont la ville est entourée aient donné à cette capitale des chaudronniers le nom dont elle s'enorgueillit. Rien n'annonce que l'on ait jamais recueilli aux environs d'Aurillac le précieux métal dont il est question. Remarquable par l'industrie et l'habileté de ses chaudronniers et par la liberté dont les femmes y jouissent, Aurillac l'est encore davantage par cette manie de procès dont vous me parliez tout-à-l'heure, et qui a fini par faire partie intégrante et nécessaire du caractère des habitants. Joignez à ces traits une hospitalité extrême et une préférence marquée, donnée aux étrangers sur les naturels du pays, vous aurez le tableau complet des mœurs d'Aurillac, et vous pourrez dans votre rapide excursion vous diriger vers Saint-Flour. »

N° CCXXV. [14 juin 1827.]

UNE TOURNÉE EN AUVERGNE.

Tantæ ne animis cœlestibus iræ!
Virgile
Haines dévotes!

Après avoir visité les débris féodaux du castel de La Tour d'Auvergne, dont les derniers seigneurs se sont éteints de notre temps; après être descendu dans les oubliettes que ces nobles suzerains avaient fait creuser sous les salles mêmes de leurs banquets; après avoir traversé plusieurs villages et bourgades, dont tous les noms, terminés en *ac*, se confondent dans ma mémoire, nous arrivâmes à *Massiac*, située dans une gorge étroite entre deux torrents. Les Auvergnats choisissent souvent d'aussi bizarres campements, mais rarement d'aussi dangereux. « Je ne vous jetterai pas, me dit mon guide, dans l'importante question de savoir si le géomètre *Rolle* est né à Massiac ou à *Ambert;* le problème ne vous amuserait point et n'aurait aucun résultat bien utile. Massiac, où nous allons nous arrêter pour déjeuner, n'a qu'un souvenir historique, celui de sa terrible inondation du 22 juillet 1788. Cette catastrophe aurait dû être prévue par les hardis fondateurs qui construisirent leur ville entre deux torrents dans le creux d'un vallon. »

Nous déjeunâmes fort bien à Massiac ; M. de Venissan crut devoir édifier notre repas en me racontant l'histoire véritable et sacrée du pont de Massiac, dont il ne reste plus aucune trace, et que la ferveur de sainte Madeleine jeta sur l'Allier en faisant voler son chapelet dans l'air. Voilà un mode de construction béatifique extrêmement commode, et dont il serait heureux que le constructeur du nouveau pont des Invalides eût eu le secret. M. de Venissan, après m'avoir appris que Massiac était autrefois la propriété des seigneurs ou plutôt des tyrans d'Espinchal, dont la mémoire est encore abhorrée en Auvergne, donna le signal du départ. Nous traversâmes Loubenet et Fajole, deux villages de peu d'importance, et après avoir suivi les nombreuses sinuosités de la route qui serpente autour d'un plateau extrêmement élevé, nous redescendîmes vers Saint-Flour, situé lui-même sur une hauteur, mais que domine le plateau dont je parle.

Assis sur le cratère d'un volcan éteint, environné d'un paysage âpre et sévère, Saint-Flour repose sur un rocher coupé à pic de deux côtés et qui se trouve à plus de cinq cents toises au-dessus de la mer. Il y a dans cet aspect d'un pays montagneux et peu cultivé une certaine austérité grandiose qui ne s'allie point aux idées riantes, mais qui ne manque pas de majesté. Presque toutes les maisons sont construites avec de la lave, et l'irrégularité de leur disposition prête encore à la ville quelque chose de plus sombre et de plus sévère. Je cherchais des yeux ces chaudronniers célèbres dans toute la France, et dont la gloire est pour ainsi dire associée à celle de Saint-Flour. « Erreur, me dit M. de Venissan; *Aurillac* seul a droit à cette célébrité dont Voltaire a essayé de doter la petite ville d'Issoire, et dont nos vaudevillistes ont affublé Saint-Flour, sans doute pour la commodité de la rime, avec *amour et troubadour*. Cette dernière n'a plus d'industrie d'aucune espèce; ses tapisseries étaient vantées autrefois; aujourd'hui l'on y fabrique quelques toiles, et l'on y vend des mules. D'ailleurs rien de plus malsain que cette petite ville; l'eau, attirée par le basalte, se répand par des siphons naturels sur le plateau qu'elle occupe; à peine a-t-on quelques mauvais charbons de sapin pour se chauffer; le bois y manque; le printemps y est humide et l'hiver extrêmement rigoureux.

Mon guide, après m'avoir fait parcourir Saint-Flour, qui contient à-peu-près six mille habitants, et m'avoir engagé dans une dissertation savante sur certaines petites statues d'enfants qui arrosaient autrefois la place de Saint-Flour comme le *Manequet* de Bruxelles, et qu'un évêque mutila étrangement par respect pour les bonnes mœurs, m'annonça que nous allions repartir, et que nous arriverions le soir à *Brioude*. Les préfets de Napoléon ne voyageaient pas d'une manière plus expéditive que nous. Pendant la route, nous parlâmes de cette étrange manie de nos ancêtres, qui d'un besoin de la nature humaine faisaient un ornement de leurs places. Je ne voulais voir dans cette bizarrerie qu'une preuve de la grossièreté de leurs mœurs, tandis que M. de Venissan, se livrant à une érudition digne de trouver sa place parmi les Mémoires de l'académie des sciences, essaya de prouver que ces petites figures indécentes n'étaient qu'un léger souvenir du culte de Phallus chez les anciens.

Le soleil se couchait lorsque nous aperçûmes au milieu d'un vaste bassin la ville de Brioude. « Ne cherchez pas ici, me dit mon ami, cette *bénigne* cité de Brioude, dont parle Sidoine Apollinaire :

Huic te suspicit benigna Brivas.

« L'air de Brioude est presque méphitique, et son climat est plus malsain encore que celui de Saint-Flour ; la fièvre y règne en souveraine, et le teint des Briondaises se fait remarquer par cette couleur cuivrée dont les Indiennes des bords de l'Indus pourraient se montrer jalouses. »

Comme il prononçait ces mots, j'entrai dans la ville et j'aperçus avec dégoût d'énormes monceaux de fumier et d'immondices dont l'odeur et l'aspect affligeaient et révoltaient tous les sens à-la-fois. « Je vous crois sans peine, lui dis-je : les habitants de Brioude semblent travailler eux-mêmes à corrompre l'atmosphère où ils vivent; c'est pis qu'en Bretagne, c'est autre chose qu'en Provence. Je regrette que la nuit nous ait surpris dans cette cité malheureuse, et que le besoin du repos, après une route précipitée et pour ainsi dire haletante, nous force d'y passer la nuit.

« Demain, à quatre heures du matin, nous quitterons Brioude, qui compte à-peu-près six mille habitants et qui n'offre à la curiosité du voyageur que les ruines aristocratiques de ce fameux chapitre de Brioude, qui admettait quatre-vingts chevaliers, desquels il exigeait comme titres, quatre degrés de noblesse paternelle et autant de noblesse maternelle. Aussi l'écusson capitulaire, fort semblable à l'enseigne des quatre fils Aymon, représentait-il un seul destrier portant quatre chevaliers bardés de fer. « *Je vous ai tiré de la poussière*, disait un jour madame de Pompadour en colère au cardinal, encore abbé de Bernis, qui passait pour son amant! — *Madame*, répondit-il avec hauteur, *on peut tirer de la misère un comte de Brioude, on ne le tire pas de la poussière.* » Il y a de la fierté dans cette réponse, mais ce n'est pas de la fierté romaine. Les prétentions du noble chapitre s'élevèrent si haut et furent portées si loin, que les gouverneurs de la province furent obligés de tracer autour de leur puissance souveraine un cercle dont la circonférence ne s'étendait pas au-delà des remparts de Brioude. Mais là ils régnaient en despotes; et tous ces gens que Mercier appelait assez plaisamment la race *genuflexible,* se prosternaient devant ces petits rois qui officiaient en robe violette avec la crosse et la mitre. »

M. de Venissan me parla encore des efforts inutiles que fit *Turgot* pour établir à Brioude une manufacture de draps, et se plaignit vivement du système de dévastation forestière que les habitants semblent avoir adopté. Ces causeries administratives et historiques nous conduisirent au sommeil, et il s'endormit en m'expliquant encore, du lit que la servante d'auberge lui avait préparé non loin du mien, la fabrication des draps appelés *londrins.*

« Ermite, me dit-il en me réveillant aux premiers rayons de l'aurore, allons voir le pont de Vieille-Brioude; cette merveille du canton est l'un des plus beaux arcs-de-triomphe que l'industrie humaine se soit érigés à elle-même. » Je me levai et nous nous acheminâmes en cotoyant les rives de l'Allier vers le pont de Vieille-Brioude, dont on me faisait un si magnifique éloge. Je ne trouvai pas (ce qui est fort rare) le panégyrique au-dessus de la vérité. Une arche immense, reposant sur deux rochers, semble s'élancer sur l'Allier qui a creusé son lit dans la lave où il bouillonne.

La hardiesse d'une telle construction, la beauté du point de vue, terrassent pour ainsi dire le spectateur sous l'admiration qu'elles inspirent. « Je ne vous raconterai point, me dit mon guide, les chroniques différentes auxquelles ce pont merveilleux a donné lieu. Les plus vraisemblables traditions reculent l'époque de sa construction jusqu'à l'année 1452. D'autres l'attribuent à une princesse de Dombes, et d'autres enfin aux Romains; cette dernière opinion est insoutenable.

« Ce dont on ne peut douter, c'est que l'impossibilité de jeter une pile dans le torrent impétueux de l'Allier n'ait fait naître chez l'architecte l'idée de franchir l'obstacle au lieu de lutter contre lui. Avant la révolution, cette arche admirable ne servait qu'aux piétons et aux bêtes de somme : longue de cent soixante-dix pieds, large de douze pieds seulement, élevée de quatre-vingt-cinq pieds au-dessus du niveau du fleuve, elle a été élargie et consolidée par M. *Ofareli*, ingénieur vivant, et continue la route publique, depuis qu'un autre pont, destiné au passage des voitures, a été enlevé par la violence des eaux.

Nous quittâmes ce monument, aussi remarquable au moins que le pont du Diable en Suisse, pour nous rendre à la *Chaise-Dieu*, petit village situé au milieu d'un paysage horrible et inculte, lieu d'exil consacré par le souvenir du vertueux évêque de Senez, Soanen, janséniste, que les fils de Loyola firent reléguer dans cette affreuse solitude. Tencin, cardinal incestueux, présidait le concile provincial qui condamna l'un des ecclésiastiques les plus vénérables de ce temps à vivre et à mourir dans cette espèce de purgatoire. Les jansénistes l'invoquèrent comme un saint, et les philosophes peuvent aussi le canoniser si toutes les vertus charitables et austères, réunies dans un seul personnage, suffisent dans leur esprit pour l'élever au rang des immortels. Par un contraste que M. de Venissan ne manqua pas de faire ressortir, le cardinal de Rohan, que l'histoire a flétri du surnom de *Cardinal-Collier*, fut aussi exilé par la cour à la Chaise-Dieu. Imaginez une petite ville entourée d'énormes murailles et placée sur le sommet d'un roc à plus de huit cents toises au-dessus de la mer; une température humide et froide; des tempêtes neigeuses, que les habitants nomment *Écirs*, enfin l'image de la désolation et de la stérilité. Dans la cathédrale, qui élevait son clocher gigantesque au niveau du Puy-de-Dôme, mais dont la mousse décorait les colonnes, Clément VI et Gilbert Moitiers de La Fayette, maréchal de France, furent ensevelis; nous eussions observé leurs tombeaux plus à loisir si la vapeur malfaisante qui tombait des parois ne nous eût chassés de l'église.

« Vous admirez sans doute comme moi, me dit M. de Venissan, l'ingénieuse méchanceté des prêtres, qui ont choisi pour leurs ennemis ce lieu d'exil. De la hauteur où nous sommes l'œil ne découvre que des laves et des pierres, des terres incultes, et un sol déchiré jadis par les foudres souterraines. A peine quelques sapins, dont la noire verdure semble se découper sur l'azur du ciel, suffisent pour adoucir la rigueur d'un hiver qui dure ici huit mois entiers. Écoutez ces cloches lugubres dont les longs roulements, répétés par les échos des montagnes, ressemblent à un tonnerre égaré dans la nue, et qui gronderait à-la-fois dans toutes les directions. Quand le paysan, surpris par la nuit et enveloppé de tourbillons de neige, ne sait plus vers quel point diriger sa course pour regagner le hameau, les cloches, qui sonnent long-temps avant la fin de la soirée, et long-temps après le coucher du soleil, avertissent son oreille et le guident vers sa famille. »

En quittant ce lieu d'exil, choisi par la haine jésuitique, M. de Venissan m'apprit qu'une lettre-de-cachet, fermée, avait défendu aux moines de la Chaise-Dieu d'ensevelir Soanen dans leur église; raffinement de barbarie dont l'époque ne remonte pas plus haut que le commencement de ce dix-huitième siècle, nommé siècle de la philosophie.

Ambert, Oliergues et *Thiers*, auxquels nous rendîmes ensuite notre visite, ne sont guère mieux situés, et ne jouissent pas d'une atmosphère plus salubre que les autres villes de l'Auvergne. Ambert doit la beauté, la largeur et la propreté de ses rues à l'un de ses intendants, nommé *Madur Dulac,* que M. de Venissan me recommanda de ne pas oublier, et que j'inscrivis avec joie sur mes tablettes, où j'ai trop rarement à placer les noms de ces hommes qui ne font que du bien à leurs semblables. Non seulement ce bon citoyen s'occupa d'assainir sa ville natale, mais il encouragea l'industrie des Ambertins, qui font aujourd'hui un commerce assez considérable de camelots, d'étamines pour les pavillons des navires, et de papiers qu'ils fabriquent eux-mêmes. C'est de cette ville qu'est originaire l'illustre famille des *La Fayette,* dont le descendant a des autels dans le Nouveau-Monde, et de nobles amitiés dans l'ancien.

Une coupole de vapeurs pèse sur la plupart des cités auvergnates, et ni Oliergues ni Thiers ne sont exemptes de cette sombre coiffure que les nuages du ciel et les exhalaisons de la terre font errer sur ces villes. Si cette particularité singulière nuit à la salubrité des habitations, elle a quelque chose de très pittoresque. Le soleil, en pénétrant de ses rayons cette masse opaque, la dore et l'argente des plus riches couleurs du prisme. Thiers, située sur une hauteur, chef-lieu d'arrondissement ainsi qu'Ambert, étonne le voyageur par sa ressemblance avec quelques villes de l'Italie. La plupart des maisons sont peintes à l'extérieur, et quelques fresques, assez heureusement exécutées, décorent les plus remarquables. Joignez à ces nuances variées et brillantes le coup d'œil de cette belle Limagne, le commencement des montagnes du Forez, les groupes majestueux de piles volcaniques dont le sol est semé ; un horizon aussi varié que fertile, un paysage immense; dans l'intérieur de la ville, un mouvement perpétuel d'industrie; le bruit des limes, des scies, des marteaux, qui servent à fabriquer l'excellente coutellerie de Thiers ; les rouets des fileurs, les souflets des forgerons; en un mot, le spectacle d'une activité utile, productrice et vertueuse. J'appris avec le plus vif plaisir, de M. de Venissan, que la petite ville de Thiers voyait ses destinées s'élever chaque année avec les progrès de son commerce, et que la richesse, les bonnes mœurs, le bonheur, enfin, autant que ce mot peut convenir à l'homme, étaient le partage des habitants de Thiers. Il me cita la quincaillerie, la coutellerie, la tannerie et la papeterie, comme les branches principales de son commerce, qui chaque jour acquiert de nouvelles forces et des débouchés nouveaux.

N° CCXXVI. [JUIN 1827.]

LES MODERNES PATRIARCHES.

> Un souffle fait les gentilshommes et les princes ; mais une race de paysans vigoureux, vertueux et simples, il faut des siècles pour la créer.
> GOLDSMITH, *Traveller*.

Aux environs de Thiers, la vue est frappée d'une multitude de jolies maisons isolées, entourées de bouquets d'arbres, et dont la propreté extérieure charme les yeux. « Ce sont, me dit mon guide, les maisons habitées par des paysans couteliers, qui sont en même temps agriculteurs et propriétaires. Rien n'est plus intéressant que cette vie industrieuse et rurale, et cette population de vingt mille hommes qui, répandue sur une étendue d'environ dix lieues carrées, jouit, malgré l'infertilité du terrain, de la plus grande aisance. Chaque fabricant de coutellerie a sa marque particulière, et vous pensez bien que l'émulation des Thierrois les porte à se surpasser mutuellement, et à donner au signe de leur petite fabrique la plus grande prépondérance possible.

Ce signe, plus respectable que le pal et les gueules des blasons, cette armoirie de l'industrie se transmet de père en fils, et il est défendu à toute autre fabrique d'usurper le signe de la fabrique voisine. Deux tables, l'une de plomb et l'autre d'argent, sur lesquelles ces divers signes sont inscrits se trouvent dans les archives de la mairie de Thiers. De tous les registres administratifs, ce ne sont point les moins respectables. Mais je vous conduis vers un sujet d'admiration philosophique bien plus édifiant encore.

J'ai à vous parler d'une république de patriarches dont nous ne sommes éloignés que de quelques centaines de toises. — Au lieu d'en parler pourquoi ne pas m'y conduire. — La fin de mon récit répondra à cette question. Apprenez, continua M. de Venissan, que l'esprit d'association, celui qui depuis trente années manque peut-être le plus à la France, est très répandu dans cette partie de la province. C'est à cet esprit que la république des Pinons (et ne croyez pas que l'expression dont je me sers soit exagérée ou métaphorique) doit l'état florissant dont elle jouit.

« Plusieurs familles, les Termes, les Guittards, les Baritel, les Bourgades, les Beaujeux, ont fondé en Auvergne des associations volontaires où l'égalité de chacun est soumise à une loi commune. Les Guittards forment la plus ancienne de ces congrégations vertueuses, si peu semblables à nos congrégations dirigées vers le noble but de la propagation du vice et de l'ignorance. La noblesse agricole des Guittards se perd dans la nuit des temps : ce sont les Montmorency de l'agriculture. Ils habitent le village de Pinon, dont ils sont propriétaires, cultivateurs, rois, maires, ou plutôt patriarches. Leur gouvernement n'est ni théocratique, ni despotique, ni aristocratique, ni anarchique ; ils vivent dans l'abondance et la frugalité, sans s'embarrasser de ce qu'Aristote a pu dire et Delolme penser des constitutions anciennes ou modernes.

« La libre élection du *maître* des Pinons, entre les mains duquel repose le pouvoir exécutif, appartient à tous les membres de la famille. C'est le maître qui surveille, ordonne, modère, hâte, ou suspend les travaux. Nommé par le consentement unanime, il déposerait le pouvoir s'il venait jamais à en abuser, ou si ses talents administratifs ne s'élevaient pas à la hauteur de sa place. La *maîtresse* est chargée de commander aux autres femmes, comme le *maître* commande aux autres hommes : c'est elle qui surveille les détails domestiques et les soins du grand ménage ; elle est toujours choisie dans une autre branche de la famille que celle du maître. Tous deux s'asseyent aux places d'honneur et jouissent d'une considération d'autant plus grande, qu'elle est accordée par de libres suffrages. Grande fête quand le fils du maître ou de la maîtresse se marie : un festin splendide réunit alors la communauté tout entière autour de la même table. Ce dictateur, ce roi, ce président, le maître des Pinons, en un mot, est en outre censeur général des mœurs : il réprimande, exhorte, loue, encourage à son gré. La communauté des biens, si recommandée par Platon, est un des fondements de l'état ; la propriété reste perpétuellement indivise. Mais c'est là que s'arrête la ressemblance du code des Guittards avec celui de l'élève de Socrate ; la communauté des femmes en est bannie, et nulle part les mœurs ne sont plus pures. Si une jeune fille des Guittards se marie hors de la république, ce qui, d'ailleurs, n'arrive presque jamais, une dot de six cents francs lui est assignée, et elle n'a pas d'autres droits à faire valoir. Voilà, mon cher philosophe, la race d'hommes laborieux, honnêtes, et plus vertueux que les Spartiates, que la France renferme presqu'à son insu.

Le hameau, siège du gouvernement, ne se distingue des autres villages d'Auvergne que par une propreté recherchée, unie à une extrême simplicité. Le maître habite une maison un peu plus haute et un peu mieux construite que les autres : c'est là que l'on fait descendre ordinairement les voyageurs.

Tout, chez les Guittards, respire la paix et l'aisance ; mais on y chercherait vainement une seule trace de luxe. Tous les meubles en bois de sapin doivent leur éclat à leur extrême propreté. Une cloche annonce l'heure des repas qui se prennent en commun.

A l'époque où je visitai les Pinons pour la dernière fois, il y a près de dix ans, le maître me donna à-peu-près en ces termes les renseignements que je lui demandai sur le petit état qu'il gouvernait alors avec tant de sagesse. « Vous voyez, me dit-il, que nous ne sommes pas riches ; cette montre d'argent, que m'a léguée mon oncle, chanoine à Thiers, est le seul objet de luxe qui se trouve à Pinon. Mais qu'avons-nous besoin de richesses? notre terrain nous fournit tout, excepté le fer et le sel, que nous obtenons par échange. D'ailleurs, nous fabriquons ici nous-mêmes tout ce dont nous avons besoin; Dieu et la bonne Vierge (dont il me montra la statue, adossée à l'une des parois de la cheminée,) bénissent notre travail, puisque nous avons de quoi donner aux pauvres qui se présentent le superflu de notre petit trésor. Il est inouï que les Pinons aient jamais renvoyé un malheureux sans lui donner à manger, à coucher, et quelques pièces de monnaie. » Je suivis ensuite le maître des Pinons à travers les propriétés de la république, qui sont beaucoup moins vastes que celles de Saint-Marin. Beaucoup de châtaigniers, quelques arpents de vignobles, des champs de seigle, une soixantaine de vaches, et quelques paires de bœufs, voilà tout ce que possèdent les Pinons. Beaucoup de nos rentiers sont ordinairement plus riches que la république entière des Pinons ; mais ce qui ne fait qu'à peine le bonheur d'un seul individu citoyen de nos villes soutient à Pinon une population tout entière dans l'exercice de toutes les vertus utiles et industrieuses. Le maître m'apprit aussi que l'intendant d'Auvergne, Chazerat, pénétré de vénération pour les Pinons, fit accorder vers 1750, au maître de l'association, le droit de porter dans les grandes cérémonies une ceinture de velours bleu, avec une lisière rouge. Un mauvais poëte du temps essaya de gâter cette heureuse idée en composant le quatrain suivant, qui fut brodé sur la ceinture où se trouvait aussi une plaque d'argent, aux armes de France, supportée par des charrues, des herses, et des instruments de labour.

> Chazerat de l'État obtint cette ceinture :
>   Les Guittards en sont revêtus ;
>   Elle honore l'agriculture ;
>   Elle est le prix de leurs vertus.

Il aurait mieux valu peut-être faire graver sur la plaque d'argent de plus simples paroles; mais, dans cette époque d'afféterie et de politesse, il fallait que ces caractères du temps se reproduisissent par-tout.

Telle est, mon cher Ermite, la république patriarcale que Pinon renferme ou plutôt renfermait encore il y a neuf ans. Pourquoi faut-il, après m'être livré au plaisir de vous faire le tableau de cette touchante association, que je sois obligé de vous annoncer que ce qui était vrai il y a quelques années ne l'est plus aujourd'hui : cette petite république vient de périr par les mêmes causes qui ont fait crouler de grands empires. C'est en 1818 que la communauté des Guittards-Pinon a été détruite et qu'un partage légal a fixé à chacun des ayants-droit la part des biens qui devait lui revenir. La sotte vanité du dernier chef de cette antique et vénérable société a sans doute hâté une dissolution que les changements survenus dans notre législation et d'autres circonstances auraient nécessairement amenée à une époque plus ou moins prochaine. Au lieu d'une seule maison, d'un seul ménage, les Guittards-Pinon en offrent en ce moment huit, dont quatre portent un nom différent. L'heureuse abolition de la forclusion des filles renferme en elle-même, il faut bien en convenir, un principe de dissolution auquel on voit succomber chaque année quelques unes de celles qui s'étaient conservées aux environs de Thiers et dans la partie montagneuse de son arrondissement. Je dois vous dire encore que, depuis soixante ans, la population de la famille patriarcale des Guittards avait prodigieusement diminué ; que la longévité y était moins commune et que le nombre des enfants mâles allait en décroissant d'une manière sensible. J'ai recherché les causes de cette dégénération et je n'ai pu en trouver d'autre que l'usage établi depuis un siécle des mariages entre parents. Au moment du partage, les biens de la communauté étaient évalués à plus de trois cent mille francs :... Vous savez maintenant pourquoi je ne vous engage pas à vous arrêter sur le territoire de la république des Guittards-Pinon.

Pendant qu'on préparait notre dîner à Aigue-Perse, nous avons été visiter au nord de cette petite ville la source que l'on appelait jadis *la Fontaine empoisonnée* : la persuasion où l'on était alors que les oiseaux qui voltigeaient au-dessus des eaux de cette fontaine y tombaient morts, lui avait fait donner ce nom qu'elle a perdu depuis qu'on a pris la peine d'observer que chaque jour les hirondelles se jouaient impunément sur sa surface; ce que cette fontaine a d'ailleurs de très remarquable, c'est qu'elle bout à gros bouillons, bien que son eau soit froide au toucher et qu'elle produit dans le bassin qui la reçoit le même bruit que si elle passait sur de la chaux vive : cette fontaine prend sa source au pied de la colonne au sommet de laquelle était bâti l'ancien château de Montpensier.

Aigue-Perse, dont la population s'élève à peine à trois mille ames, et qui n'a qu'une seule rue sur la grande route de Moulin à Clermont, ne nous aurait arrêtés que le temps nécessaire pour y prendre notre repas si j'eusse pu oublier qu'un des généraux les plus illustres, un des hommes les plus honorables de la France, résidait à quelque distance de cette ville. Le desir de rendre visite le lendemain matin au général Becker me détermina à passer la nuit à Aigue-Perse. On peut juger de mon désappointement lorsque j'appris, au moment de monter en voiture pour me rendre au château de Mons, que le général était à Paris, où le retenait encore la session de la chambre des pairs dont il est membre. L'espoir de le retrouver incessamment dans la capitale ne me dédommagea pas du plaisir que je me promettais à voir le compagnon de Masséna, le beau-frère du célèbre général Desaix, dans la retraite glorieuse qu'il habite avec sa noble compagne.

La carrière militaire du général Becker, illustrée par les plus beaux faits d'armes, a été marquée par deux circonstances qui le distinguent entre tant de héros dont la France s'honore : c'est à lui que s'adressait, en 1815, *la lettre patente* du prince de Wréde, commandant l'armée austro-bavaroise, dont un des corps avait pénétré jusqu'à Clermont, et dans laquelle on lisait ces paroles mémorables que l'histoire a déjà recueillies:

« Les généraux des armées alliées sont invités à prendre sous leur protection spéciale les propriétés du général Becker, à titre de réciprocité pour sa noble conduite et la générosité de ses procédés : ils seront utiles à ce brave militaire qui n'a jamais cessé de faire le bien par-tout où il a pu. »

A la seconde abdication de l'empereur Napoléon, ce fut le général Becker que le gouvernement désigna pour accompagner ce prince jusqu'à sa dernière destination : peut-être la postérité ne saura-t-elle jamais avec quelle grandeur d'ame il remplit cette mission difficile : ce général fut le dernier Français qui reçut l'accolade du grand Napoléon, au moment où la coalition des rois le bannissait de l'Europe, dont il était depuis quinze ans le maître et l'arbitre. « *La vie du général Becker* (comme l'a dit son biographe après Marc-Aurèle) *est du petit nombre de celles qui ne se démentent jamais, et qui ressemblent au caractère parfaitement soutenu d'une tragédie de Sophocle.*

Après avoir écrit ce peu de lignes sur mon cahier de notes, et comme dédommagement du plaisir dont je me trouvais frustré, nous retournâmes à Clermont; je ne songeai pas sans regret que je devais y quitter M. de Venissan.

N° CCXXVII. [JUIN 1827.]

NOTRE MONTAGNE.

>   Le géant porte une couronne mêlée de glaçons
> et de fleurs
>   DE HALTER.

« Jetez un regard sur *Billom*, mon cher Ermite, et passez vite, tout vieux que vous êtes.

Non ragioniam di lor, ma garda e passa.

Là fut jadis une des premières et des plus importantes garnisons de la milice de Loyola. Au train dont les choses vont, il ne faut pas douter qu'ils ne reconquièrent bientôt cette antique forteresse de leur puissance[1]. C'est à Billom que se trouvait ce fameux tableau gothique où le vaisseau de la religion, conduit par Ignace, voguait vers le port du salut, tandis que des réprouvés, et entre autres Henri IV, dont la figure était reconnaissable, tombaient dans les gouffres d'une éternité vengeresse.

[1] Prophétie qui s'est réalisée.

Est-il besoin d'une autre preuve de la complicité des jésuites dans le meurtre de cet excellent roi? »

Nous passâmes de Billom à *Beauregard;* et, comme l'éternelle vicissitude des choses humaines semble n'agir que pour attester le système des compensations et des contrastes, là s'offrit à nous le souvenir de ce bon Massillon, dont l'émotion tendre et pathétique, la vie vertueuse, et la douce bienfaisance, ont fait l'honneur de la chaire française et de notre épiscopat. C'est à Beauregard que se trouve l'ancienne maison de campagne des évêques de Clermont. A Billom et à Beauregard on récolte beaucoup de vin et de chanvre: « Ce sont, me disait M. de Venissan, les richesses principales du pays.»

Un mot unique avait retenti incessamment à mon oreille depuis que j'avais mis le pied en Auvergne; ce mot était *Dôme.* Avez-vous vu Dôme? quand verrez-vous Dôme? M. de Venissan, qui voulait me mettre en mesure de répondre à cette question que l'on m'adressait de toutes parts, arrangea une partie de campagne qui devait me conduire à Dôme; il la composa d'un savant géologue, d'un érudit local, qui ne connaissait au monde que *sa montagne,* et d'un jeune colonel qui passe à Clermont les tristes jours de la demi-paie.

« Vous allez voir une merveille, me dit mon aimable introducteur lorsque nous fûmes réunis tous les cinq dans la voiture qui devait nous conduire au pied du Dôme; songez que les Indiens n'ont pas plus de vénération pour leur mont *Morou*, sorti du nombril de Brahma, les Chingulais pour leur pic de *Bodou*, au centre de l'île de Ceylan, que nous pour la montagne à laquelle le nom de *Pascal* se rattache. Apprenez d'abord que nous distinguons soigneusement les *puys*, des *chauds*; les *puys* sont des élévations plus ou moins aiguës, plus ou moins hautes; les *chauds* sont des plateaux plus ou moins étendus. Monsieur vous donnera d'ailleurs, ajouta-t-il en me montrant le petit érudit qui avait concentré toutes ses affections sur *sa montagne*, tous les renseignements scientifiques et populaires dont votre curiosité est avide. Jugez seulement de notre amour pour le Puy, par ce dicton que tous les bons Auvergnats répètent à l'envi :

> Si Dôme était sur Dôme,
> On verrait les portes de Rome.

« Il y a des gens qui trouvent un peu d'exagération dans cet éloge, et qui soutiennent hardiment que trente Puy-de-Dôme l'un sur l'autre ne s'élèveraient pas à la hauteur des *Cordilières;* mais nous les laissons dire. — Pour moi, ajouta le jeune colonel sans s'apercevoir que cette observation ironique excitait déjà la colère du petit savant, et que ses muscles buccinateurs gonflaient ses joues courroucées, j'ai assez long-temps battu les buissons de l'Europe pour me croire en état d'apprécier le mérite comparatif du fameux Puy d'Auvergne et des autres montagnes du continent, et tout ce que je puis dire, c'est que j'ai vu ailleurs, mon cher savant, les aînés de votre montagne. »

Pendant deux heures que dura le voyage, la discussion eut le temps de s'animer et de s'élever presque à la hauteur d'une véritable et violente dispute. Le colonel, qui conservait son sang-froid, prenait plaisir à opposer une vingtaine de sommets des Alpes et des Pyrénées, le Vésuve et l'Etna lui-même, à l'enthousiasme de M. Mica : tel était le nom du savant montagnard. « Voyez, s'écria ce dernier quand nous fûmes parvenus au milieu des plus rudes et des plus terribles cahots jusqu'au pied de la montagne, voyez ce cône majestueux, comme il s'élève paré d'une végétation superbe dont la draperie verdoyante laisse apercevoir, en deux ou trois endroits seulement, les rochers de lave qui trahissent l'origine du Puy et constituent ses titres de noblesse ! C'est là *notre montagne,* et quiconque est insensible à sa beauté, n'est point digne d'être né en Auvergne; je le déclare hautement. Allons, messieurs, gravissons le Puy du côté d'*Allagnat,* nous le descendrons du côté du nord : notre cher Ermite me donnera le bras, et nous irons doucement. Voici, d'abord, le Petit-Puy, qui cache son vénérable père, ou plutôt, comme disait un poète de Clermont dans une ode lue à notre athénée, qui lui sert d'estafier et de page. »

Forcé de m'asseoir de temps en temps, je retardais un peu la course de ces messieurs, et je donnais à M. Mica le temps de développer ses théories. Comme tous les gens exclusifs, il avait le ton rauque et tranchant. Échappé aux railleries du colonel, il trouva moyen d'établir avec le géologue une querelle dans toutes les règles, où ces messieurs passèrent en revue tous les systèmes sur la formation des volcans, inventés par *Saussure*, *Bonnet*, et *Vernès*; la roche dure, la lave et le granite se heurtaient dans leurs discours; l'un faisait naître le Puy d'un grand incendie, l'autre mêlait l'onde à la flamme.

Cependant nous avions atteint la cime du Puy, et l'incroyable et ravissante fécondité de la nature me consola un peu de l'ennui que tant de science m'avait causé. Un parfum enchanteur s'exhalait de toutes parts, et se composait de l'arome de mille fleurs sauvages qui tapissaient les flancs poreux de la montagne : les eaux pluviales qu'elle absorbe prêtent à sa végétation une richesse dont rien ne peut donner d'idée. Ici l'amant de *notre montagne* triomphait de l'enthousiasme général, et le colonel lui-même éprouvait l'enchantement où tout concourait à nous plonger. Soit que l'œil s'enfonçât et se perdît dans l'immense horizon qui s'ouvrait sous nos pieds, soit qu'il se reposât sur les croupes verdoyantes de ces soixante puys différents dont la chaîne se prolongeait devant nous, soit qu'il se fixât sur cette verdure vigoureuse où le thym, le serpolet, les œillets sauvages se mêlaient pour former une couche épaisse et odoriférante; le mélange de ces beautés pleines de grâce et empreintes d'une majesté terrible; ces nuances d'un vert sombre, cette blancheur des roches étincelantes, cette variété du basalte rouge et de la lave noircie contrastant avec la fertilité éclatante dont les vastes champs de la Limagne se revêtent, nous offraient un spectacle tel que la plus riche imagination peut à peine le concevoir, et tel que l'homme le plus insensible aux charmes de la nature pittoresque en eût été ému. « Venez, monsieur, me dit le géologue dans un moment où, le menton appuyé sur ma canne, je cherchais à découvrir, une longue vue à la main, les différents villages de la Limagne; venez, monsieur l'Ermite, reconnaître avec moi la vérité du système, que je soutiens et qui est certainement le seul avoué par la nature. Vous qui avez visité les plus célèbres volcans du monde, dites-moi si ce bourrelet, qui environne la cime du Puy, n'annonce pas évidemment son origine volcanique? qui ne verrait là les débris d'un cratère?» Le géologue avait raison, en dépit de l'érudit de *notre montagne*, qui soutenait envers et contre tous la théorie huttonienne ou neptunienne. Comme j'examinais attentivement le bourrelet sur lequel le partisan de Werner fondait la juste espérance de son triomphe, je bronchai sur un amas de ruines. Je fus surpris de la hardiesse de ceux qui, choisissant une position aussi sauvage et aussi complétement isolée, avaient bâti leur château sur le front même du Dôme, au-dessus des nuages. « Seraient-ce, demandai-je à M. de Venissan, les débris d'une demeure féodale? — Non, me répondit-il, c'est une ruine de chapelle; les prêtres, ajouta-t-il en riant, se sont toujours logés au-dessus des nobles. »

Nous avions eu soin d'emporter des provisions : un âne qui nous suivait, d'assez mauvaise humeur et de plus mauvaise grace encore, était chargé du bagage gastronomique. « Puisque Dôme nous a *ôté son chapeau*, s'écria M. Mica, remercions-le de sa politesse; asseyons-nous sur ce gazon épais et honorons *notre montagne* par les libations accoutumées. » En effet, le repas fut servi sur un gazon de deux ou trois pieds de diamètre, que je n'oserais pas appeler une pelouse, et dès que le *premier amour de manger, amor compressus edendi*, fut réprimé, comme dit Virgile, je me hâtai de demander ce que l'on devait entendre par ces mots le *chapeau du Dôme*: cette expression singulière m'avait frappé dans le discours de M. Mica. On me répondit assez légèrement que c'était une couronne de nuages dont le plus haut des puys, qui est Dôme, s'environne de temps à autre. Je laissai la conversation errer à l'aventure; et le géologue, s'étant donné carrière, me fournit plusieurs observations fort dignes d'être recueillies, et dont j'ai pris note sur le lieu même. Je dois dire que je n'ai presque jamais tenu compte des critiques et des contradictions assez fréquentes du savant de *notre montagne*; au malheur de ne jamais exprimer son opinion avec politesse, il joignait celui de n'avoir presque jamais raison.

Je ne suivrai pas non plus les interlocuteurs dans l'abyme des temps où ils cherchèrent le grand cataclisme ou la conflagration universelle comme causes séparées ou concomitantes des volcans d'Auvergne. Je me permis quelques légères épigrammes contre cette conversation antédiluvienne, et le colonel fut mon auxiliaire dans ce petit combat. On me cita deux noms illustres d'hommes qui se sont occupés de réduire en système ou en théorie les cratères éteints de l'Auvergne, MM. de Malesherbes et de Montlosier, tous deux destinés à déployer diversement un grand caractère au milieu de ces volcans politiques plus terribles que les volcans que la nature a tour-à-tour allumés et éteints au sein de la terre. Le géologue avait entamé une dissertation assez longue sur les formes régulières qu'affecte le basalte, dont en effet nous avions sous les yeux plusieurs échantillons taillés en colonnes magnifiques; le colonel, qui semblait deviner par instinct quels étaient les véritables objets de ma curiosité, parla des mines d'antimoine de Massiac, des mines d'argent de Pontgibaud, des mines de plomb, de cuivre, de fer dont cette contrée abonde : on convint généralement que l'Auvergne renfermait d'inappréciables trésors, et que si des entrepreneurs riches et habiles se chargeaient d'exploiter une terre dans le sein de laquelle tous les métaux précieux ont germé depuis si long-temps, les résultats de ce travail paieraient avec usure leurs efforts même les plus pénibles. « Nos paysans, me dit M. de Venissan, redoutent malheureusement les travaux des mines. Quelques exemples récents des catastrophes terribles que la dilatation du gaz a causées dans ces excavations, leur ont inspiré pour l'état de mineur une horreur invincible. Il est triste que les immenses richesses minéralogiques de l'Auvergne ne soient pas mises à profit d'une manière plus utile. Le cristal naturel, le porphyre, le jaspe, la lave susceptible d'un si beau poli, le basalte dont la matière formerait des statues aussi solides que le bronze, s'offrent de toutes parts aux voyageurs qui visitent ce pays.

« Nous avons d'excellentes mines de houille dans la Basse-Auvergne, et si les plans de Colbert, qui voulait rendre l'Allier navigable depuis Brioude jusqu'à Pont-du-Château, eussent été exécutés, notre contrée, l'une des plus pauvres de la France, en serait certainement la plus riche. Aujourd'hui nous n'avons ni ponts, ni canaux, ni routes; aucun de ces moyens de communication, qui sont au commerce ce que les veines sont au corps humain, ne favorise notre industrie. J'ai vu l'année dernière deux de ces sapinières, bateaux de sapin, qui, construites et assemblées avec des chevilles du même bois, sont chargées de pommes, de marrons, de papier, et de vin, enfin des seuls objets qui constituent notre commerce; je les ai vues, dis-je, rester un mois entier engravées dans le sable du fleuve. »

On parla beaucoup d'administration; M. de Venissan prétendit avec raison que la meilleure de toutes est celle qui ouvre aux particuliers la route la plus facile et la plus large vers ces améliorations industrielles dont l'état profite, et que l'intérêt de chacun indique à tous. Les eaux minérales dont l'Auvergne est la source la plus féconde devinrent ensuite l'objet de la conversation : sur un espace de soixante lieues elles jaillissent du sol presque à chaque pas. M. de Venissan vanta l'efficacité de celles de Médagne, qui guérirent Massillon de la colique néphrétique; M. Mica prétendit que Chaudes-Aigues et Mont-Dor méritaient la renommée par excellence dont ces deux endroits jouissaient. Au récit des malheurs causés par l'embrasement des mines de charbon, le colonel opposa celui des éboulements fréquents que les eaux minérales provoquent en s'infiltrant dans les terres; il cita le fameux éboulement de 1783, où tout un côté de la montagne glissa sur ses flancs et alla s'asseoir dans la plaine. Quatre-vingts années auparavant Issoire avait été victime, me dit M. de Venissan, d'une semblable calamité. Toutes les propriétés furent bouleversées par cette espèce de tremblement de terre, et sur les ruines des chaumières l'esprit de chicane, ne reconnaissant plus les limites du territoire de chaque habitant, vint s'établir et commencer de nouveaux désastres.

On se levait pour partir, et l'on parlait d'aller visiter le *Nid de la Poule*, entonnoir basaltique tapissé de verdure dont l'homme de *notre montagne* commençait l'éloge, quand tout-à-coup, se tournant du côté du sentier que nous venions de gravir, il s'écria : « *Vite! vite! voici le chapeau!* » Nous fixâmes nos regards vers le point qui attirait son attention, et il ajouta : « Remarquez du côté du Cantal cette masse de nuages; elle va s'avancer avec rapidité, et en moins d'une demi-heure notre montagne aura sa coiffure. Hâtons-nous de descendre et d'échapper aux torrents de pluie qui vont couler de la tête du Puy. » Nous suivîmes ce conseil, et M. de Venissan m'expliqua, chemin faisant, ce phénomène, résultat de l'attraction que ces soixante pics basaltiques exercent sur les nuages errants dans l'atmosphère. En effet, je vis toutes les masses de vapeurs suspendues à l'extrémité de l'horizon accourir par vagues pressées, augmenter rapidement de volume et de vitesse, et se suspendre en couronne noire sur le front de la montagne : suivant que le souffle du vent agitait ces vapeurs elles changeaient de forme; tantôt semblables à un cône noir et renversé qui, tenu en équilibre sur sa pointe, touchait celle du Puy-de-Dôme; tantôt figurant au-dessus de cette montagne verte une montagne lumineuse qui ne touchait à l'autre que par sa couche inférieure. Quand nous arrivâmes au pied du Puy, je me sentais si fatigué que je demandai à mes compagnons de route un moment de répit; le spectacle était déja changé. Des lignes de nuages blancs, suspendus comme des bandelettes au-dessus de la chaîne entière des puys, se balançaient sur chacun de ces pics par bandes rangées avec un art apparent qui surprenait la vue. Lorsque je me levai pour dire adieu à la dernière montagne sur laquelle je monterai sans doute, une métamorphose plus étonnante nous pénétra d'admiration. Les nuages, prenant la forme du cône et le couvrant dans toute son étendue, lui firent changer, non de figure, mais de couleur. Vous eussiez dit une pyramide de vapeurs brunes et noires, se levant dans l'azur du ciel. Enfin, cette magie bizarre se détruisant elle-même, je vis les masses de nuécs rouler tout-à-coup le long de la montagne comme des corps solides qui, lancés sur un plan incliné, s'évanouiraient après avoir décrit mille cercles de rotation précipitée : la pluie tombait par torrents lorsque nous entrâmes dans le carrosse qui nous ramena dans la capitale des Arveri.

N° CCXXVIII. [juin 1827.]

LES GRANDS VASSAUX

ET LES VILAINS.

> *Auferre, trucidare, rapere.. imperium appellant.*
> TACITE.
> Rapines, meurtres, pillages, voilà ce qu'ils appellent gouvernement.

Je combattis les obligeantes prières de mon hôte, et je lui prouvai qu'il était pour moi d'une nécessité insurmontable de quitter Clermont le lendemain, et de me rendre en Bourgogne où m'attendait le général P***, avec lequel je devais parcourir ces lieux de lugubres triomphes, où les derniers efforts d'une noble armée avaient repoussé pied à pied l'invasion ennemie. «Avant de nous séparer, je veux, dit-il, vous donner une idée légère et rapide du peuple que vous quittez, et qui méritait une observation beaucoup plus approfondie. Personne n'a conservé plus intact que les

Auvergnats l'ancien caractère gaulois. Leur position centrale les a protégés à-la-fois contre les armes ennemies et les révolutions des mœurs. La superstition, la rusticité, l'ignorance, sont les défauts les plus communs des habitants de ce pays; la probité, le travail, et la bonne foi, sont des vertus héréditaires dont ils peuvent justement se vanter.

« L'histoire spéciale de l'Auvergne diffère peu de celle des autres nations gauloises. Lucain fait mention de l'orgueilleuse prétention des Auvergnats, qui se disaient issus des Troyens, et par conséquent frères des Romains.

Arvernique ausi Latio se dicere fratres
Sanguine ab iliaco.

Leur roi Bituitus, dont le territoire s'étendait de Narbonne à Marseille, et des Pyrénées au Rhin, s'unit aux Allobroges pour résister aux armées romaines. Battu par Ænobarbus, exilé à Albe avec son fils, il y mourut sans revoir la Gaule. César eut à combattre le fils, aussi vaillant que son père, et dont l'histoire a couronné le nom héroïque. Vercingétorix força César à capituler dans Alexia. Sans suivre la province auvergnate à travers ces révolutions communes à tous les peuples de la Gaule, j'arrive à l'année 929, où l'Auvergne devint vassale des ducs d'Aquitaine. Portée dans la maison de

Bourgogne par le mariage de Jeanne, comtesse d'Auvergne, avec Philippe, comte de Nevers, elle passa en 1437 sous la suzeraineté de la maison de Latour, fut léguée aux Médicis par le testament d'Anne en 1524, et rapportée à la couronne par Catherine de Médicis.

« Bernard, dont la terrible voix lança contre l'Orient effrayé tant de brigands chargés d'écussons et de croix, prêcha la première croisade à Clermont. Ce fut un bonheur pour l'Auvergne, qui gémissait depuis si long-temps sous le joug terrible des seigneurs. On ne peut se faire aucune idée de la férocité de ces monstres qui du dixième au dix-septième siècle couvrirent de sang les vallées de l'Auvergne. Louis XIV fut obligé d'envoyer, en 1666, des commissaires chargés de tenir les *grands jours* à Clermont, pour imposer un frein au délire de meurtres et de rapines qui s'était emparé des barons auvergnats. Toute cette noblesse se sentait si coupable qu'elle prit la fuite : on ne lit pas sans effroi le récit que Fléchier nous a laissé des informations et des travaux de cette cour prevôtale.

« Un gentilhomme, sans éclat du côté de la naissance, croyait, dit Fléchier, prouver l'antiquité de sa noblesse, et sur-tout son excellence, en se souillant d'horribles forfaits.

« Il se trouvait dans le procès d'un autre une

chose très singulière, et qu'on ne pouvait rencontrer que dans un pays aussi plein de crimes que celui-ci ; c'est que l'accusateur, celui qui avait fait l'information, et les témoins, étaient plus criminels que l'accusé même. Le premier était accusé par son père d'avoir tué son frère, d'avoir voulu être parricide, et de cent autres crimes ; le second a été reconnu faussaire, et condamné comme ayant violé la foi publique ; les autres, pour plusieurs crimes, ont été condamnés aux galères et au bannissement perpétuel.

« Un de ces terribles châtelains tenait dans une des tours, à Pontchâteau, douze scélérats dévoués à toutes sortes de crimes, qu'il appelait ses *douze apôtres*, et qui catéchisaient avec l'épée ou le bâton ceux qui étaient rebelles à ses volontés. Les juges n'étaient pas assemblés un moment qu'il n'en coûtât la vie à quelque criminel ; ils ne disaient pas un mot qui ne fût un arrêt contre le fugitif. Enfin le nombre des coupables était tel que dans un seul jour ils en firent effigier plus de trente.

« Le clergé, dit encore Fléchier, ne valait pas mieux ; ses excès étaient les mêmes ; son impudence passait au-delà. Croirait-on que celui de Clermont eut l'effronterie de présenter aux commissaires une bulle du pape qui exemptait de la juridiction de l'évêque *les chanoines et les enfants qu'ils auront eus par quelque crime que ce soit?* » Et c'est Fléchier qui rapporte ce fait étrange; c'est un saint évêque qui n'a pas craint de flétrir la cour de Rome, en signalant l'existence d'une pièce aussi odieuse.

« Les séances s'ouvrirent à Clermont le 28 septembre 1665; les commissaires avaient ordre d'informer sur les plaintes qu'on leur adresserait des provinces voisines, et ils envoyèrent peu de jours après les conseillers de Pelletier, Joly de Fleury, et la Faluère dans la Haute-Auvergne, la Marche, et le Bourbonnais, avec pouvoir de faire arrêter et de faire conduire à Clermont tous les nobles accusés.

« On éprouve un invincible dégoût lorsque l'on parcourt dans tous ses détails cette relation de forfaits, de violences, d'exactions, de turpitudes, et d'atrocités. « On se sent le cœur attristé, dit encore Fléchier, quand on lit ces longues listes de cruautés, presque toutes commises gaiement et de sang-froid par des hommes qui se glorifiaient de leur naissance, et quand, dans une seule famille, l'une des plus distinguées de la province, celle des Montboissier, on voit jusqu'à cinq personnes, toutes criminelles et toutes condamnées. »

« Les sorciers, les accusations de magie, jouèrent un rôle dans cette affaire. Plusieurs malheureux furent condamnés à mort pour avoir noué l'aiguillette, *enchantement qu'il ne faut pas tenir pour des fables*, dit Fléchier. On poursuivit les diseurs de bonne aventure, mais on n'atteignit point les plus coupables. On se contenta de détruire sans retour les repaires de leur odieuse tyrannie....

— Maudit soit de la France quiconque tenterait de la relever!

—Toute la France vous répondra *amen*, mon cher Ermite, toute la France, excepté pourtant certains Français que nous devons à l'Ukraine. Mais si les grands vassaux auvergnats jouent un affreux rôle dans nos annales, en revanche, j'offre à votre admiration philosophique une population de paysans sincères, actifs, vigoureux, hospitaliers. L'Auvergnat a toutes les qualités et presque tous les défauts du sauvage. Charitable, hospitalier, il partage avec le pauvre son pain et sa couche; vindicatif, il attend, comme le pâtre des montagnes corses, le jour qui lui permettra de frapper son ennemi du *goujon*, poignard national, qui a la forme d'un couteau de chasse. Sa dévotion superstitieuse, sa crédulité extrême, sa colère ardente, sa vengeance profonde et opiniâtre, n'étouffent pas chez lui toutes les vertus. Assez semblables d'ailleurs aux Écossais des Highlands, nos paysans aiment la joie des festins, et sur-tout la danse. Ils ont sur-tout conservé la tradition d'une danse antique, dont la voluptueuse et lascive inconvenance ne peut être ni décrite ni même indiquée, et pour laquelle ils ont le même goût que les Otaïtiens pour leurs rondes, les Espagnols pour leur *fandango*, et les Napolitains pour leur *tarentele*. Cette danse se nomme *la goignade*, et ces mouvements voluptueux, que ma plume laique n'oserait décrire, un évêque les a indiqués; c'est à Fléchier que j'emprunte la description suivante de *la goignade*, que d'ailleurs je n'ai pas vue :

« *La goignade*, dit cet évêque bel esprit dans son style plein d'afféterie, ajoute sur le fond de gaieté de la *bourrée* une broderie d'impudence, et l'on peut dire que c'est la danse du monde la plus dissolue. Elle se soutient par des pas qui paraissent fort déréglés, et ne laissent pas d'être mesurés et justes ; par des figures qui sont très hardies et qui font une agitation universelle de tout le corps. Vous voyez partir la dame et le cavalier, avec un mouvement de tête qui accompagne celui des pieds, et qui est suivi de celui des épaules et de toutes les autres parties du corps qui se démontent d'une manière très indécente. Ils tournent sur un pied fort agilement ; ils s'approchent, se rencontrent, se joignent l'un l'autre si immodestement, que je ne doute point que ce ne soit une imitation des Bacchantes, dont on parle tant dans les livres anciens. M. l'évêque d'Aleth excommunie dans son diocèse ceux qui dansent de cette façon. L'usage en est pourtant si commun en Auvergne, qu'on le suit dès qu'on sait marcher, et l'on peut dire que les habitants naissent avec la science infuse de leurs *bourrées*. Il est vrai que les dames s'étant, depuis quelques années, retranchées dans le soin de leur domestique et dans la dévotion, il n'en reste que deux ou trois, qui, pour soutenir l'honneur de leur pays et pour n'être pas blâmées de laisser perdre les bonnes coutumes, pratiquent encore ces anciennes leçons. Elles ont pourtant quelque espèce de retenue devant les étrangers; mais lorsqu'elles sont ou masquées ou avec du monde de connaissance, il les fait beau voir perdre toute honte et se moquer de la bienséance et de l'honnêteté. »

« J'aurais, comme vous le pensez, beaucoup de choses à dire à Fléchier sur son courroux contre la *goignade*. Pour vous, mon cher Ermite, vous avez trop attentivement observé les hommes pour que j'aie besoin de vous dire que cette expression naïve de la volupté que les peuples primitifs regardent comme naturelle, et les peuples civilisés comme grossière, n'est point un témoignage suffisant des mauvaises mœurs d'une nation. Ici le mariage est en honneur, et si l'amour use de sa libre puissance, la foi conjugale n'est presque jamais violée. En Auvergne, les femmes sont généralement belles; entre *Vic* et *Aurillac*, elles sont admirables. D'ailleurs le sang auvergnat fait couler, dans les veines des hommes comme des femmes, la santé, la force, et la fraîcheur; et si l'on rencontre chez nous quelques individus maigres, jaunes et basanés, il faut en général les chercher sur les limites du *Querci* et du *Rouergue*.

« Quant à l'ignorance de nos Auvergnats, je vous en donnerai une idée assez juste en vous apprenant que M. de Montlosier, qui s'est occupé long-temps de recherches minéralogiques, a été surnommé par ses compatriotes le *Pierriste*, et que Cassini, qui alla en Auvergne pour dresser la carte célèbre qui porte son nom, fut regardé comme un sorcier. La routine est encore maîtresse de notre agriculture, et à l'exception de quelques familles riches, on emploie, pour cultiver la terre, les méthodes les plus anciennes et les moins productives. Fertile en mauvais vin, l'Auvergne semble la patrie des buveurs; nulle part on ne consomme, sur un espace égal de terrain, une plus grande quantité de cette liqueur traîtresse et noire, à laquelle on ne donne le nom de vin que pour se dispenser d'en créer un autre. Le pain n'y est pas meilleur. Vous voyez, mon ami, qu'en nommant l'Auvergne un pays sauvage, j'ai exprimé en fort peu de mots sa véritable situation physique; mais je dois ajouter que ce pays sauvage a produit de bien grands hommes. »

N° CCXXIX. [JUIN 1827.]

L'AUVERGNE VENGÉE.

> C'est ainsi que l'on écrit l'histoire.
> VOLTAIRE.

« On a lancé contre notre esprit, notre bon sens, et notre imagination, plus d'un anathème, continua M. Venissan. Il ne tiendrait pas à certains écrivailleurs que l'on ne traitât l'Auvergne comme la Béotie de la France. L'un, médecin, qui a écrit d'assez mauvais traités sur nos eaux thermales, affirme que nous manquons entièrement des facultés brillantes de l'esprit. Il prétend que les Auvergnats ne réussissent point dans les arts qui tiennent à l'imagination et à un sens exquis : La nature me paraît, dit-il, leur avoir refusé l'un et l'autre ; du moins j'en juge par le peu d'artistes que cette province fournit, et par l'ignorance où l'on y est sur les beaux-arts, ce qui me paraît un défaut national.

« Un autre, moins absolu dans sa condamnation, explique, avec un peu plus de politesse, à-peu-près la même pensée : c'est l'intendant d'Ormesson, dans son rapport sur la situation du pays. L'intendant méprise nos montagnes et nous prive de génie, en raison directe de notre pauvreté.

« Les gens de la Limagne sont laborieux, mais pesants, grossiers, et sans industrie, en sorte qu'ils tirent rarement quelque profit de leur travail : aussi sont-ils fort pauvres. Au contraire, ceux de la Montagne sont vifs et industrieux, et subsistent abondamment des ventes de leurs bestiaux et de leurs fromages ; mais ils sont tous extrêmement paresseux. Le caractère, joint à la vivacité et à la finesse de l'esprit, se trouve commun dans le territoire d'Aurillac. Il y a de plus quelque malignité dans les habitants de celui de Saint-Flour. Les peuples du Mont-Dor sont grossiers, et en quelque sorte sauvages. Ceux qui ont le plus de commerce, tels que les habitants de Thiers, d'Ambert, et des environs, sont doux et sociables, mais un peu simples. Au reste, nous ne parlons ici que du peuple en général ; car il est de fait que les habitants des villes sont aussi polis, aussi spirituels, aussi actifs que ceux des autres villes du royaume. »

« Ceci est un peu plus honnête ; mais il est évident que l'intendant d'Ormesson n'estime les hommes que par le degré de politesse des gens de la ville, et que, s'il accorde par grace aux Auvergnats un peu de finesse d'esprit à Aurillac, et même quelque malignité du côté de Saint-Flour, il a en revanche le plus souverain mépris pour une province qui n'est pas riche. Il oublie que l'Auvergne a produit Pascal, Thomas (sans parler de MM. de Montlosier, de Pradt, de Barante, nés après lui), tous hommes assez éloquents et assez instruits; qu'elle a vu naître Mainard, Firmond, Dubelloy, Boissy, hommes de talents divers; Delille, l'un des plus glorieux noms de la poésie française; Girard le grammairien, Chamfort, auxquels on ne refusera pas de l'esprit; le grand L'Hôpital et sept autres chanceliers, Saint-Bonnet, Gerbert, Pierre Flotte, Giac Duprat, Dubourg, Duvair, et Marillac. La liste est assez longue, comme vous le voyez, et plusieurs de ces noms honoreront à jamais la France.

« S'il me fallait donner pour ainsi dire le bilan des facultés intellectuelles de mes concitoyens, je dirais que leur esprit est, en général, plus remarquable par la force, la profondeur et la patience de la pensée, que par la grace et l'art; que l'éclat est loin de leur manquer, mais que le bon goût, fruit d'une civilisation plus complète, leur est assez souvent infidèle, sur-tout quand ils veulent cultiver, comme Boissy, Dubelloy, Chamfort, les domaines de l'imagination : je dirais qu'en général nos prosateurs se distinguent par un génie mâle et sauvage, ce qu'il me serait aisé de prouver par l'exemple du grand Pascal, de Thomas, de MM. de Pradt et de Montlosier.

« Je ne répéterai pas ce que l'on trouve dans toutes les biographies sur le *génie effrayant* de Pascal, sur le style emphatique de Thomas, et les tragédies non moins emphatiques de Dubelloy. Depuis que la littérature est devenue un métier en France, quel compilateur n'a mille et mille fois répété sans examen ces petites particularités littéraires? Je passerai donc rapidement sur ce grand Pascal, dont vous savez que M. Villemain a résumé la vie en quelques pages pleines d'élégance et d'éloquence. Né à Clermont le 19 juin 1623, Blaise Pascal mourut fou à trente-trois ans, après avoir pesé l'air, résolu les plus grands problèmes de la géométrie, écrasé les jésuites, et, si jeune encore, dominé son siècle par ce que la pensée a de plus haut et de plus fort. Ses *pensées philosophiques*, ou plutôt ses *Pensées chrétiennes*, ont fait l'admiration de Voltaire, qui les a combattues; son *Problème de la roulette* a excité l'enthousiasme de tous les géomètres; ses *Lettres provinciales*, devant lesquelles l'amour-propre le plus sûr de lui-même, celui de Bussy-Rabutin, recula malgré le choix du roi, qui voulait engager cette guerre entre l'homme de génie et le fat de la cour : les *petites Lettres*, comme on les nommait alors, premier modèle d'éloquence, de raillerie et de comédie, terrible coup de massue, qui cent ans plus tard ont écrasé les jésuites, parlent assez haut en faveur de cet homme immortel, grand théologien, philosophe hardi, grand orateur, doué de l'esprit le plus vif, le plus mordant, le plus juste et le plus vaste.

« Je pourrais vous parler longuement des trois pères Firmends, honnêtes gens, quoique jésuites, et vous apprendre plusieurs choses que vous ignorez : mais ces savants hommes ont passé la plus grande partie de leur vie dans les souterrains les plus obscurs d'une érudition souvent surannée et quelquefois inutile. Je citerai de nouveau le vénérable et malheureux Soanen, dont je vous ai déja raconté l'exil; le poëte abbé Danchet; dont les sermons lyriques, joués à l'Opéra, ne sont plus connus que par une épigramme de Voltaire; Arnauld d'Andilly, de l'académie française, et membre de l'illustre tribu des Arnauld.

« Grégoire, archevêque de Suez, né à Riom, espèce de Tite-Live gothique, qui ne manquait pas d'une certaine facilité d'écrire, rare dans le temps barbare où il vivait, mérite un examen plus approfondi. Son ouvrage reflète, comme en un miroir, les mœurs naivement dégradées de ce bon vieux temps, où la chevalerie ramenait l'âge d'or à coups d'épieu, de hache, et de lance. Tous ces noms que je viens de me rappeler n'étaient pas compris dans ma liste des Auvergnats célèbres, non plus que Domat, clermontois, ami de Pascal, celui que Boileau appelait, à juste titre, le *restau-*

rateur de la raison dans la jurisprudence, et d'Aguesseau le plus philosophe des jurisconsultes. Domat, auquel on accorda une chétive pension qu'un danseur eût dédaignée, vint mourir, en 1693, à Paris dans la détresse.

« J'ai déja prononcé le nom de Girard, grammairien, homme d'esprit et membre actif de l'académie : vous voyez que je rassemble ses titres sous leur plus beau jour; de Laus de Boissy, et non *Louis* de Boissy (comme l'ont imprimé quelques dictionnaires destinés à perpétuer le mensonge historique); de Boissy, auteur de vaudevilles qu'il appelait des comédies, et qui ne manque ni de trait ni de grace, mais bien de profondeur et de vrai comique; de Dubelloy, né à Saint-Flour en 1727, espèce de Lucain dramatique, réunissant les défauts, sans avoir les hautes qualités du poëte romain; écrivain dur et d'une conception sèche, autant que son style est emphatique, mais assez heureux pour trouver de beaux effets dans les annales françaises, et pour les exprimer quelquefois avec énergie : enfin, de Thomas et Chamfort, qui composèrent, au dix-huitième siècle, la véritable gloire littéraire de l'Auvergne.

« Rarement deux écrivains ont offert des contrastes plus marqués. L'esprit de saillie qui pétillait chez Chamfort, la lourdeur et la force d'investigation philosophique qui distinguaient Thomas; l'afféterie de l'un, la majesté guindée du style de l'autre, offrent les oppositions les plus saillantes qui puissent séduire ces écrivains dont le goût académique se plaît à détailler dans un parallèle toutes les raisons pour lesquelles deux objets, qu'ils réunissent, ne se ressemblent en rien. Vous connaissez la verve acrimonieuse de Chamfort et sa fin tragique; vous avez admiré le beau caractère de Thomas, qui refusa de servir la vengeance du duc d'Aumont contre Marmontel, et se montra loyal aux risques de sa fortune. Personne n'a mieux parlé de Thomas que ce bon Lacretelle, votre vieil ami : Thomas fut le premier patron littéraire du philosophe que vous avez perdu récemment, et rien n'est plus touchant que cet hommage de gratitude littéraire, fort rare d'ailleurs, et mêlée à une appréciation très juste du talent de Thomas.

« Delille, né aux environs d'Aigue-Perse en 1738, a chanté en vers pleins d'harmonie et de variété la Limagne, sa patrie, les champs, les bois, l'imagination. Si la muse lui avait refusé le don de créer, elle lui avait accordé en revanche toutes les qualités brillantes dont un versificateur peut être doué. Son courage et sa persévérante opposition refusèrent des louanges à l'empereur, qui confisqua au profit de sa gloire l'héritage de la république.

« La France actuelle doit à l'Auvergne trois personnages distingués par le mérite le plus différent et le plus éminent : je veux parler de l'abbé de Pradt, du baron de Barante et du comte de Montlosier; l'un publiciste ingénieux, et devenu célèbre dans les deux mondes, homme spirituel et profond, versé dans les mystères diplomatiques, écrivain pittoresque et rempli de verve; le second, homme instruit et sagace, qui a eu le seul tort de vouloir porter le roman dans l'histoire, et remettre à la mode les vieilles chroniques; le dernier enfin, homme éloquent, érudit, adversaire terrible, redoutable aux jésuites, doué d'une verve ardente et sauvage, continuateur de Pascal et digne de ce beau titre.

« Michel de L'Hôpital est aussi né en Auvergne; je n'ai pas besoin de louer cet homme adorable, Socrate de la magistrature, tolérant dans le siècle de l'intolérance, éloquent dans le siècle de la barbarie, stoïque dans le siècle de la corruption. Aigue-Perse, sa patrie et celle de Delille, attend encore la statue de ce grand homme et le buste du chantre des jardins.

« Tels sont à-peu-près, mon cher Ermite, les principaux titres de l'Auvergne à cette gloire intellectuelle qu'on voudrait lui refuser. Je ne sais si beaucoup de provinces pourraient lui opposer une égale quantité de notabilités littéraires; mais des chaumières habitées par de pauvres gens couvrent nos montagnes; l'Auvergne peuple la France entière d'hommes simples, laborieux, honnêtes, qui passent trente ans de leur vie à gagner à la sueur de leur front la nourriture de leurs familles; c'en était assez pour flétrir l'Auvergne de cette accusation de grossièreté et d'ignorance, sans songer au génie de quelques uns de ses enfants.

« C'est ainsi, vous le savez, que l'on écrit l'histoire.

N° CCXXX (JUIN 1827.)

LE BERCEAU DES BOURBONS.

*I offer my revengeful services. . For I will fight
Against my conker'd country, with the spleen
Of all the under-fiends.*

SHAKESPEARE, *Coriolan*

J'offre aux ennemis de Rome le secours de ma vengeance. Je combattrai ma patrie, je laverai mon offense avec toute la fureur des enfers.

Je ne quittai pas M. de Venissan, mon ami et mon guide fidèle, sans avoir répondu, par l'expression d'un regret sincère, aux reproches qu'il me faisait de n'avoir visité l'Auvergne qu'en passant. Après avoir accepté tout le poids de cette culpabilité, si grande aux yeux d'un bon Auvergnat, je m'acheminai vers Gannat, l'une des villes importantes de l'ancien Bourbonnais, province qu'il me fallait traverser pour atteindre la Bourgogne. *Gannat* a peu de réputation et peu de droits à en acquérir. C'est une de ces villes de l'ancienne roche, où toutes les maisons sont mal construites, toutes les rues tortueuses, et tous les pavés autant de pièges pour le voyageur inexpérimenté. La mère de mon aubergiste m'entretint fort long-temps de la béatitude de la ville, alors qu'un gros chapitre de douze chanoines et un bon couvent de révérends augustins la peuplaient d'une manière extrêmement agréable aux yeux du Très-Haut. C'était là le bonheur et la gloire de Gannat; la révolution, en détruisant ces asiles de la sainteté féconde, avait, suivant la bonne dame, dépouillé Gannat de tous ses honneurs. Je quittai cette ville en admirant sa belle situation, et j'entrai bientôt dans la vallée de *Saint-Pourçain*, autre cité du Bourbonnais, dont une statue fait toute la célébrité. Avant de pouvoir y admirer le bel *Ecce Homo* auquel tous les voyageurs ont prodigué de si justes éloges, et dont l'auteur inconnu était certainement un artiste du premier ordre, il me fallut subir les lamentations du bedeau, déplorant la destruction d'une autre abbaye de bénédictins, située à Saint-Pourçain, et licenciée en 1789. Ma politesse, qui s'étend jusqu'aux sacristains, joignit ses regrets aux larmes de l'homme aux deux couleurs, qui, se mettant en frais d'érudition pour me plaire, m'apprit que la famille *Seguier*, famille célèbre dans la magistrature, était originaire de Saint-Pourçain. Je fus obligé de le contredire, et d'anciens rapports que j'avais eus avec quelques parents de cette honorable famille m'ayant appris sur l'origine des Seguier des détails nécessairement inconnus du sacristain, je les lui transmis, ce qui augmenta un peu son estime pour moi et son fonds de science héraldique. Désormais il pourra répéter avec assurance que les Seguier sont originaires du Languedoc, et que Guillaume Seguier, capitoul à Toulouse en 1319, portait *d'azur un chevron d'or, accompagné en chef de deux étoiles, et en pointe d'un mouton tranquille d'argent.* Tout ébahi de mon éloquence héraldique, le sacristain me fit une profonde salutation, et se retira sans ajouter un mot.

Je partis de Saint-Pourçain après avoir admiré l'*Ecce Homo,* merveille de l'art, dont je ne révoquai pas en doute les miracles ecclésiastiques. Quand *Moulins* m'ouvrit ses portes, la nuit était déjà fort avancée. Je descendis à l'hôtel de *l'Allier.* L'excellent souper que l'on me servit, et la politesse accorte des chambrières de l'hôtellerie, justifièrent à mes yeux la double renommée de cet hôtel. Les souvenirs historiques que la province où j'étais entré offraient à ma mémoire amusèrent ma solitude et soulagèrent l'ennui d'une longue veille ; car, malgré ma lassitude, le sommeil s'obstinait à me fuir. Ce berceau de la maison de Bourbon était rempli d'intérêt pour un homme qui n'avait jamais négligé l'étude des annales de sa patrie.

Je rassemblai donc mes souvenirs sur ce point d'histoire et de généalogie. Aux Archambaud, seigneurs du Bourbonnais au dixième siècle, les comtes de Clermont succédèrent, et cette province entra en 1265 dans la maison de France par le mariage de Béatrix avec Robert, sixième fils de Louis IX, guerrier brave, et qui fut blessé à la jambe dans un tournois, sous les murs de Paris. Ce fut son fils, Louis, duc de Bourbon, comte de la Marche et de Clermont, qui éleva le premier au-dessus des suzerains de France la branche à laquelle il appartenait. Charles IV, que l'épée de Louis avait sauvé, érigea pour lui le Bourbonnais en duché-pairie. Son petit-fils, otage volontaire du malheureux roi Jean, et l'un des héros qui chassèrent les Anglais de France, Louis II, duc de Bourbon, se montra digne de ses ancêtres. Chargé d'élever Charles VI, il lui inculqua ces vertus privées qui lui conservèrent l'amour du peuple au milieu des ruines de son intelligence et de celles de son royaume. On vit ce prince, honnête homme, lutter publiquement contre Isabeau de Bavière, et quitter la cour lorsque la rivalité du duc de Bourgogne et du duc d'Orléans, jointe aux ruses et aux atrocités d'Isabelle, accumula les crimes et le sang autour d'un trône occupé par le simulacre d'un roi.

Je parcourus ainsi la filiation tout entière de la maison de Bourbon, et minuit sonnait quand je m'assoupis dans un grand fauteuil à bras que la jeune servante avait roulé jusque auprès de mon lit. Mon imagination, déja frappée du nom du connétable de Bourbon, le dernier des princes de cette race sur lequel ma pensée se fût arrêtée, s'empara pendant mon sommeil de cette grande ombre historique; les scènes si dramatiques de sa vie se succédèrent et se développèrent avec une rapidité merveilleuse. Je reconnus à sa toque noire, au feu des diamants étincelants sur cette sombre coiffure, à l'aigrette victorieuse si souvent couverte de sang et de fumée, ce grand connétable, le Coriolan des temps modernes. Ici il gagnait la bataille de Marignan; là il mettait le trône à deux doigts de sa perte. J'étais témoin de sa fureur, lorsqu'un ordre de madame d'Angoulême le força de céder sa place et son titre au frère de la maîtresse du roi. Je lisais sur ce front terrible le profond ressentiment de toutes les injures dont une cour ingrate et un roi, jouet de trois femmes, l'avaient accablé. J'entrais sous sa tente, et il me semblait que je devinais ses pensées nocturnes, que le plan de sa conspiration se déroulait devant moi, et que la ruine du trône, résultat nécessaire de l'ineffaçable offense gravée dans cette ame vindicative, me pénétrait de crainte et d'étonnement. Je le voyais, dépouillé de cinq provinces, traîné devant les tribunaux par de misérables chicanes, en dépit des droits les mieux établis et de ses services glorieux; je croyais lire dans son cœur, et voir se presser, comme des flots, tous les mouvements de l'indignation, de la rage, et de l'orgueil blessé.

Alors commençait un plus grand spectacle : Charles-Quint, profitant en politique habile des folies de son rival; trois puissances, l'Angleterre, l'Espagne, et le connétable, liguées contre François Ier, et Bourbon, Bourbon seul entrant pour un tiers dans cette ligue. Dans les champs de Biagrassa et de Pavie, je vis ce grand capitaine, devenu traître, conduire les bandes étrangères contre ses concitoyens, et la victoire, obstinée à le suivre, couronner les bannières ennemies. Enfin tous les actes de cette vie héroïque et coupable se succédaient devant moi, et m'intéressaient plus vivement que la sainte prouesse de Polyeucte ou le délire d'Othello. Pour dernier trait de sa criminelle existence, je le voyais en Espagne, méprisé des grands, haï du peuple, délaissé par ceux qui avaient exploité son crime. J'entendis le marquis de Villana dire à Charles-Quint : « Si *le traître* entre dans ma maison par les ordres de votre majesté, je ne m'y opposerai pas; mais, le lendemain, je la brûlerai. » Une si grande tragédie allait se terminer; et j'entendais le coup de fusil du fameux sculpteur Benvenuto Cellini, qui tua le connétable d'un coup de carabine sous les murs de Rome, qu'il assiégeait en 1527, lorsque je m'éveillai. Le jour avait déja paru; et, au lieu des murailles de Rome, je n'aperçus que les lambris de l'auberge de Moulins.

J'ouvris ma fenêtre, et, après avoir respiré l'air frais de la matinée, j'allais me mettre en route, quand sur un buffet dégarni d'assiettes, et qui tombait en débris, j'aperçus quelques livres, et entre autres une vieille histoire du Bourbonnais, dont l'auteur prétend que les plus anciennes armes de la maison de Bourbon furent trois crapauds, changés depuis en fleurs de lis. La meilleure preuve qu'apporte le chroniqueur à l'appui de son opinion, c'est que Bourbon vient de bourbe, et que les crapauds vivent dans la bourbe; d'où il conclut niaisement que les princes de la maison de Bourbon ont dû placer trois crapauds dans leurs armoiries. Puissamment raisonné!

N° CCXXXI. [JUIN 1827.]

DEUX VILLES

ET

TROIS GRANDS HOMMES.

> A Nevers donc, chez les Visitandines,
> Était naguère un perroquet fameux.
> GRESSET.

Rien de plus bizarre que ces échiquiers de briques rouges et noires dont tous les murs de la ville de Moulins sont couverts, et qui étonnent ou plutôt qui offensent la vue du voyageur. Cette mosaïque de mauvais goût se représente dans presque toutes les rues du chef-lieu du département de l'Allier. Heureusement la grace et l'élégance des femmes que je rencontrais à chaque pas sur ma route, la beauté de leurs traits, la fraîcheur des paysannes, dont les grands chapeaux de paille couvrent souvent de jolis visages, détournèrent agréablement mon attention, que ces losanges désagréables avaient occupée. Quelques renseignements, que je demandai selon mon ordinaire aux habitants de toutes les classes que le hasard m'envoyait, me guidèrent à travers les quatre quartiers de la ville. On peut la diviser en effet en ville ancienne et en ville nouvelle, faubourg des Carmes et faubourg de l'Allier. De riantes promenades, un Cours planté de quatre rangs d'ormes, m'avaient fait oublier l'aspect anti-pittoresque que le caprice des maçons a donné à cette capitale, lorsque je me souvins que le tombeau du maréchal de Montmorenci, victime du pouvoir de Richelieu, se trouvait dans le couvent de *la Visitation* à Moulins. Je me hâtai de m'y faire conduire : la composition du groupe funèbre placé sur le tombeau est heureuse et expressive. La Valeur et la Libéralité, *qualités princières,* comme on aurait dit au quatorzième siècle, et que les Montmorenci ont toujours déployées, s'élèvent des deux côtés du tombeau. Plus loin sont la Piété et la Justice. Le maréchal, à demi couché, est appuyé sur son coude : sa femme est à ses pieds, enveloppée d'une longue robe de deuil, et versant des larmes. Derrière le groupe est l'urne cinéraire, placée sous un élégant portique. Ce monument simple, et de bon goût, dont l'exécution est parfaite et l'idée heureuse, éveilla chez moi ces émotions mêlées de douleur, d'admiration, ces pensées mélancoliques et hautes dont le charme se fait si vivement sentir de certains esprits. Montmorenci était le filleul de Henri IV, qui disait de lui : « Si jamais la race royale venait à faillir, regardez Montmorenci, et reconnaissez votre maître. » C'était lui qui s'attristait de ne pas posséder plus de trésors, pour faire plus de largesses. « Que ne suis-je empereur ! s'écriait-il ; je donnerais bien davantage. » Quand le lâche frère de Louis XIII, Gaston d'Orléans, se révolta contre le monarque, Montmorenci, qui gouvernait le Languedoc, l'accueillit dans cette province. Ce fut une faute, ou plutôt une faiblesse. A peine la lutte fut-elle engagée, Montmorenci, abandonné par l'ingrat, se battit comme un lion, tomba sur le champ de bataille, et fut décapité par ordre du sanguinaire Richelieu. « Je le reconnus, disait un des témoins pendant l'information du procès que ce ministre-roi poursuivit avec rage, je le reconnus au feu et à la fumée dont il était couvert; un homme, après avoir rompu six de nos rangs, tuait encore des soldats au septième : je jugeai que ce ne pouvait être que Montmorenci. »

Deux autres grands hommes, le maréchal de *Berwick* et le maréchal de *Villars*, ont vu le jour à Moulins. Rivaux de gloire et concitoyens, tous deux moururent en 1734. Berwick, frappé d'un coup de canon, périt le premier. «Je le disais bien, s'écria Villars en apprenant cette nouvelle, que

Berwick est toujours plus heureux que moi! » Villars n'a rien à envier à son émule. En 1713 il a sauvé sa patrie, et Denain lui assure une immortelle renommée.

Moulins date d'hier : son histoire ne remonte pas plus haut que le quatorzième siècle; et quatre siècles ne sont rien dans l'histoire d'une ville. Remarquable par la fertilité du terrain qui l'environne, fertilité dont l'agronome anglais Arthur Young a fait le plus pompeux éloge, elle conserve encore les préjugés de l'ancienne agriculture, dont personne n'a pu vaincre l'obstination. Par-tout cinq ou six bœufs sont attelés à la même charrue; et cette prodigalité bizarre est d'autant moins raisonnable que le sol est sablonneux et léger. Je demandai quelques explications là-dessus, et ne reçus pour toute réponse qu'un seul mot sacramentel : *l'usage*.

De Moulins à Nevers je suivis une route délicieuse; *Nevers*, immortalisée par un perroquet, ville plus petite que Moulins, me retint peu de temps; je pensai à l'aimable comte de Nivernais, auteur de fables gracieuses et descendant des anciens souverains du pays; au menuisier *maître Adam*, auquel on a fait une réputation exagérée, et qui ne peut guère passer pour poète que parmi les menuisiers; je pensai sur-tout à l'aimable oiseau dont les caquets de l'hôtelière me rappelaient l'indiscret babil. Tout en récapitulant les diverses gloires de Nevers, j'allais m'embarquer dans la diligence du soir, quand un de ces incidents par lesquels Cervantes a soin de terminer ses chapitres, et d'éveiller l'attention du lecteur, vint m'engager à passer encore dans cette petite ville assez mal bâtie la nuit entière et la matinée du jour suivant.

N° CCXXXII. [juin 1827.]

DE BOURGES A ISSOUDUN.

> Du magistrat ignorant,
> C'est la robe qu'on salue.
> La Fontaine.

Une lettre que l'on me remit au moment où j'allais monter dans la voiture publique causa ce retard. Mon ami, le général P***, m'apprenait qu'au lieu de parcourir avec moi le Berri comme nous en étions convenu, il ne pourrait m'accompagner qu'en Bourgogne et en Champagne. Pour m'épargner, disait-il ensuite, cette tournée dans la province où il ne pouvait pas me servir de *cicerone*, il m'envoyait ses observations particulières, dont je pourrais faire mon profit.

« Je ne prétends pas vous plonger avec moi, m'écrivait-il, dans les antiquités du Berri, qui ressemblent à celles de toute la Gaule. De ducs en ducs, de gouverneurs en gouverneurs, cette province passa enfin sous la domination du roi de

France, à qui Herpin la vendit en 1094 pour aller se croiser en Terre-Sainte, acquisition qui se fit pour soixante mille sous d'or (ou *solidi*). Herpin, prisonnier des Sarrazins, obtint sa liberté, revint en France, et se fit moine. Avouez qu'il aurait pu commencer par-là.

« Charles V donna le Berri en apanage à l'un de ses fils, qui se montra le plus avide et le plus cruel de tous les princes, ruina le Berri et le Languedoc, révolta ses peuples et mourut dans son lit. Le malheureux Louis XVI porta le titre de duc de Berri dans sa jeunesse, et le dernier duc de ce nom est tombé sous le fer d'un assassin.

« Le Haut-Berri s'étendait du Cher à la Loire, le Bas-Berri du Cher à la Creuse : l'Indre, l'Arnon, et l'Eure, l'arrosaient. C'est une contrée monotone et fertile, féconde en vins et en pâturages, et célèbre comme vous savez par l'épaisse toison dont ses moutons sont couverts; des mines de fer abondantes, de grands bois de la plus belle venue augmentent la richesse de la province. Par-tout s'élèvent de belles manufactures et des forges magnifiques ; la terre est semée de coquillages fossiles, de cornes d'Ammon, et de crustacées. Peu de monuments antiques s'y trouvent, et, si l'on excepte deux magnifiques *dolmens*, rien ne recommande le Berri aux recherches des antiquaires.

« S'il m'est permis de passer du culte druidique à la hiérarchie chrétienne je vous rappellerai qu'un membre de la famille de M. de Villèle occupe aujourd'hui le siége archiépiscopal de *Bourges*. Naguère les de Villèle répudiaient la parenté de celui qui ne régissait pas encore la machine administrative; aujourd'hui tout a changé; ils s'avouent cousins, cousins-germains, et presque frères du roi de nos finances.

« Le département de l'Indre et celui du Cher composent l'ancien Berri. Bourges est la capitale du premier. C'est une ville composée de champs et de maisons, entrecoupée d'espaces déserts, et habitée par dix-neuf mille habitants. La principale illustration de Bourges repose sur ses sept conciles. Dans celui de 1448, le roi de Bourges, Charles VII, fit décréter la pragmatique sanction, palladium des libertés gallicanes, que la cour de Rome attaqua pendant trois siècles, et que Louis XI et François Ier sacrifièrent à leurs intérêts passagers.

Rien de plus ravissant que les promenades publiques et la situation de cette ville, à laquelle trois fleuves servent de ceinture. J'ai été visiter, mon cher Ermite, la maison de ce brave négociant, *Jacques Cœur;* son industrie si active, sa sagacité, sa vaste et forte intelligence, l'élevèrent au ministère de finances; la jalousie des grands le précipita de ce rang si justement acquis; la faiblesse du roi le jeta dans la misère et dans les cachots. Cette noble victime parvint à échapper à son sort, et, en dépit de la lâcheté de ses amis et de la haine de ses ennemis, relevant sa fortune abattue, mourut riche et estimé en 1461, dans l'île de Chio, où il servait contre les Turcs; le pape Caliste IV avait su l'apprécier et le protéger.

« Deux belles tours, cinq portes immenses, de majestueux pilastres, des sculptures d'une délicatesse extrême; de vastes cryptes, soutenus par d'énormes piliers, recommandent la cathédrale de Bourges aux amateurs du beau gothique. Vous n'auriez pas manqué d'aller y rendre hommage au tombeau du jurisconsulte *Cujas*, toulousain de naissance et persécuté par ses concitoyens; il erra long-temps en France et vint s'établir à Bourges, où Marguerite de Valois l'appela. Banni de nouveau par l'envie, il se retira à Valence, et habita tour-à-tour diverses villes qui se disputaient sa présence. On connaît sa fière réponse au sénat de Toulouse : « Vous m'avez dédaigné présent, absent je vous dédaigne. » Ce fut à Bourges qu'il vint mourir. *Pibrac*, les frères *Pithou*, *Poulinger*, et les plus célèbres jurisconsultes de l'époque, furent ses élèves. Les querelles religieuses ne l'occupaient point; il témoignait hautement son mépris pour ces horreurs et ces arguties théologiques. Ce n'est pas là le moindre titre de sa gloire. Cet homme remarquable n'eut pas même de tombeau, et ce ne fut qu'un siècle après sa mort que M. de *Gibœuf* fit placer le portrait de ce grand jurisconsulte dans la chapelle où ses cendres reposaient sans honneur.

« *Nicolas Cusherineau*, historien jadis célèbre, le P. *Gibœuf*, le jurisconsulte *Pinson*, *La Chapelle*, mauvais auteur tragique et membre de l'académie, sont nés à Bourges. Ce La Chapelle succéda à *Furetière*, qu'une violence aussi injuste qu'inouïe avait expulsé de l'académie; il essaya de se réhabiliter dans l'esprit de ses confrères, en faisant, en pleine académie, l'éloge de l'académicien banni. Cette hardiesse honore sa mémoire, que trois détestables tragédies n'auraient pas sauvée d'un profond oubli.

« Les PP. *Déchamps*, *Sauciet*, *d'Orléans*, tous trois jésuites, sont nés à Bourges. *Bourdaloue*, l'un des princes de l'éloquence religieuse, logicien exact, courageux dénonciateur des fautes du prince et des vices de la cour, était, comme ces derniers, membre de la compagnie de Loyola et natif de la capitale du Berri. Madame de Sévigné exprimait ainsi la noble franchise de ses sermons. « Il frappe à tour de bras, va à bride abattue; c'est un sauve qui peut général. » La liberté se réfugiait alors dans la tribune chrétienne; c'était la seule conseillère des monarques. Bourdaloue, né à Bourges le 20 août 1632, termina à Paris, le 13 mai 1704, des jours pleins de gloire.

« Il y a long-temps, mon cher Ermite, que j'ai vainement cherché l'origine du fameux dicton, sur les armes de Bourges, *un âne dans un fauteuil.* Tous les Bourgevins auxquels j'en demandai l'explication tournèrent ma demande en raillerie, ou crurent que je voulais les offenser. Un petit bossu, renommé par sa malice, prit ma demande en meilleure part, et me communiqua l'étymologie suivante d'un proverbe aussi généralement répandu que la source en est généralement ignorée. « Apprenez, me dit-il, que vers les derniers temps du règne de Charles IX, un homme rare vivait à Bourges. Ennemi des factions, ami du peuple, tolérant et humain, pieux et charitable, il réprima tous les partis, révolta tous les guisards, déplut aux catholiques, et offensa les huguenots. Un ordre de la cour le destitue. A sa place s'installe un magistrat dont le caractère contrastait singulièrement avec celui de son prédécesseur. Flatteur de la cour, ami des Guises, prenant l'argent de toutes mains, assidu aux sermons des capucins, où sa rotondité s'endormait, habile à aigrir les haines catholiques, à prélever des impôts arbitraires, à déchaîner la frénésie des sectes religieuses, ce dernier remplit bientôt de sang et de meurtres la ville où il commandait en roi. Cependant sa vaste carrure se pavanait deux fois par semaine dans un immense fauteuil. Un jour que deux bonnes dames catholiques avaient saisi, au sortir de la messe, des torches enflammées pour incendier le prêche, on les conduisit devant ce juge intègre, qui leur reprocha doucement l'excès de leur zèle. Elles répondirent avec amertume; et le chef de la commune, croyant sa dignité compromise, éleva la voix : « Sachez, mesdames, que je suis le magistrat du lieu, le représentant de la ville, et les armes parlantes de Bourges.—Je le crois, reprit une des catholiques, si les armes de Bourges sont *un âne dans un fauteuil !* » Le trait partit comme l'éclair, et traversa deux siècles. C'est une belle destinée pour une épigramme.

« Vous trouverez peut-être le récit de mon bossu plus piquant que vraisemblable; mais vous avouerez qu'il y a du moins du naturel dans le caractère de ce magistrat guisard :

Tout vice est issu d'ânerie.

« Au surplus, si vous êtes curieux de connaître les véritables armoiries de la ville, continua le bossu, je vous dirai qu'elles sont d'azur à trois moutons d'argent, accornées de sable, accolées de gueules, et clarinées d'or, à la bordure engrelée de gueules et au chef cousu de France. »

« Que la science héraldique est une belle chose ! Je vous laisse, mon cher Ermite, le soin de traduire tout cet *accolage*, ce *clarinage*, et cet *engrelage*. Je suis du nouveau régime, et je vous avoue franchement que je n'y comprends rien.

« *Issoudun*, chef-lieu d'arrondissement, compte près de douze mille habitants. La petite rivière de Théole la divise en deux parties, dont l'une est habitée par l'industrie et l'autre par l'opulence. Un esprit national, un sens droit, et une activité extrême, distinguent les Issoudunois, qui se souviennent encore que les Anglais ont long-temps été maîtres de leur ville. On dirait que le patriotisme est héréditaire chez eux ; la ligue ne les séduisit jamais, et leur fidélité résista en même temps aux armes des partisans des Guises et aux insinuations des jésuites. Leur conduite ne fut pas moins loyale pendant la ridicule guerre de la Fronde, et douze cents de leurs maisons incendiées par les frondeurs payèrent leur noble résistance. Pendant que leur ville brûlait, les Issoudunois, abandonnant le soin de leurs propriétés, se précipitèrent sur l'ennemi et le taillèrent en pièces : exemple de courage et d'héroïsme, peut-être sans modèle dans l'histoire. Les ruines d'Issoudun fumaient encore lorsque Louis XIV traversa la province. On lui apprit cet honorable dévouement, et aux exemptions dont ses ancêtres avaient doté la ville il joignit le droit d'élire un maire, qui, par ce fait seul, deviendrait noble. Les Issoudunois ne virent dans cette faveur qu'un vain titre qui pourrait amener le mépris du commerce : leur refus était digne de leur première conduite. On a vu toutes les villes où les fonctions municipales conféraient la noblesse vieillir dans une incurable et orgueilleuse apathie. Issoudun n'eut point de capitouls nobles, comme Toulouse, mais de bons commerçants et d'excellents citoyens.

N° CCXXXIII. [JUIN 1827]

CORRESPONDANCE.

SUITE D'UNE TOURNÉE EN BERRI.

> Là sont les eaux thermales, dans une situation agréable.
>
> PLINE *le Jeune*, Ép. X, 1 III

« Châteauroux, avec ses petites maisons sans goût et sans grace, jetées au milieu d'une plaine sablonneuse, ne mérite pas de nous arrêter long-temps. L'histoire a conservé le nom de cette duchesse de *Châteauroux* qui fit faire quelques sottises à Louis XV, et celui du noble prélat, M. *Fitz-James*, qui ne craignit pas de faire retentir aux oreilles du monarque les plaintes de son peuple et le scandale dont ses royales faiblesses remplissaient la cour. Aujourd'hui une belle manufacture de draps est établie à Châteauroux. Après l'avoir visitée, je passai par *Levroux*, village intéressant pour les archéologues, et où les médailles romaines et les monuments gaulois, débris respectables, sont accumulés avec un luxe et un désordre que j'ai admirés sur parole. *Vatan*, par où je dirigeai ma course, appartenait jadis aux seigneurs de *Culant*. Ce nom, vous l'avouerez, est digne de figurer à côté des plus grotesques dénominations qui aient acquis, depuis Pantagruel jusqu'à Jocrisse, le droit de nous faire rire. Les comtes de Limonade et de Marmelade ont excité récemment les railleries de nos journaux. Je demanderai, après madame de Staël, si les ducs de Bouillon sont plus euphoniques que ceux de Culant, et si les Crèvecœur et les Vilainquatorze ne sont pas aussi ridicules que les ducs de l'Anse et les marquis de Limonade.

« *Vierzon*, ville petite, industrieuse, située dans un canton fertile et pittoresque, a perdu depuis la révolution deux ou trois couvents, et l'habitude d'envoyer à Paris une multitude de petits enfants pour y faire apprentissage de cordonnerie. En revanche, les Vierzonais ont établi plusieurs fabriques, et dû à l'exploitation de diverses branches de commerce un grand accroissement de richesses. *Henrichemont*, que je me contentai de traverser, me plut par le souvenir de Sully et de Henri IV, qui se mêle à son histoire. L'ami fidèle du Béarnais lui donna le nom qu'elle porte aujourd'hui, en *souvenir de son bon maître*. Rien n'est plus touchant que ce baptême de l'amitié. Auparavant, Henrichemont se nommait *Boisbelle*.

« En arrivant à *Sancerre*, je ne sentis pas avec moins de force ce prestige des noms ; Sancerre me rappelait ce fameux connétable qui chassa les Anglais de France et partagea la gloire des Clisson et des Duguesclin. Placée sur une colline, la ville de Sancerre domine une vaste étendue de pays. Sa belle situation, son aspect pittoresque, attirent les regards de tous ceux qui descendent la route de Paris à Lyon. Sancerre est célèbre par ses vins, et l'hommage que lui rend l'Europe gourmande me semble très mérité.

« Voilà, mon cher Ermite, quelques notions sur le Berri. J'aurais pu vous parler de *La Châtre*, de *Saint-Amand*, du *Blanc*, d'*Argenson* ; mais je dois avouer que mes affaires ne m'ont pas conduit dans ces parages, et sans doute vous ne prétendez pas rendre visite à toutes les communes du royaume. Attendez-moi à Sens, où dans un mois, à dater de ce jour, je ne manquerai pas de me rendre. Si par hasard j'étais le premier à ce poste, vous pouvez compter que j'attendrai votre venue dans cette petite ville que je vous indique, et d'où nous irons en Champagne admirer les tristes et glorieux champs de notre dernière gloire et de nos premiers malheurs. »

Il fallut bien me résigner à faire seul le long trajet dont je m'étais promis d'abréger le cours et de soulager l'ennui par d'aimables et franches causeries.

Cette pensée n'était pas sans quelque tristesse, et ma philosophie fut un moment jetée hors de ses gonds. Cependant je surmontai ma faiblesse; je me rappelai que la vie n'est qu'une série de désappointements, et je partis.

Me voilà seul en route pour la Bourgogne. Je traversai beaucoup de vignobles, une contrée aride, mais fertile en ceps qui produisent d'excellent raisin. Après avoir passé dans plusieurs villages de chétive apparence, j'atteignis *Bourbon-Lancy*, dont les bains sont célèbres. Mon aubergiste du *Lion-d'Or* crut voir en moi un de ces malades à la mode que la pléthore de leur bourse attire en Bourgogne; il commença par me faire l'éloge des médecins, de la ville, des eaux, des habitants, et sur-tout de son auberge; jamais panégyriste ne fut plus universel. J'éludai ses demandes, et je me fis conduire à l'établissement des bains, situé dans le faubourg Saint-Léger, au-dessous d'une roche immense environnée de ruines romaines. Henri III fut le premier fondateur de ces bains fameux, que Henri IV et le cardinal de Richelieu continuèrent. Un cour assez vaste contient les sept puits qui composent toute la richesse de Bourbon-Lancy. On voit, du fond de ces puits, l'onde thermale s'échapper en bouillonnant: elle ne brûle ni les lèvres ni l'estomac, quoique sa chaleur soit insupportable à la main. J'admirai sur-tout le puits nommé *la Fontaine de la reine*;

treize niches l'environnent. S'il faut en croire la tradition et un jeune docteur qui voulut bien me servir de guide, elles sont de construction romaine, et attestent encore le luxe voluptueux avec lequel cette nation hautaine changeait en plaisirs magnifiques les soins de sa santé. J'écoutai patiemment la longue histoire des statues romaines trouvées en ces lieux, et l'énumération des systèmes différents destinés à expliquer un phénomène inexplicable. Pour moi, qui ne sais point lire à livre ouvert dans les mystères de la nature, je me contentai de goûter ces eaux singulières, qui laissent dans la bouche un goût désagréable et fade, et de présenter à leur vapeur un cachet de montre, dont l'or pâlit à l'instant même, et justifia la prédiction du docteur, qui venait de m'annoncer ce miracle.

Mon jeune *cicerone* m'apprit que les hommes de la révolution avaient essayé de débaptiser Bourbon-Lancy, et de lui imposer le nom de *Bellevue*. L'esprit de faction est le même dans tous les temps, et notre époque a été témoin à son tour de cette fureur impuissante qui s'exerce ou plutôt s'épuise contre les souvenirs et les monuments.

« A propos de monuments, monsieur l'Ermite, vous n'oublierez pas, j'espère, continua le jeune homme, la merveille historique et romanesque dont notre ville doit se glorifier le plus. Madame la comtesse *de Genlis* est notre compatriote. Habillée en

Amour, comme l'univers le sait, elle a passé dans ce canton les premières années de sa mémorable vie : son père était seigneur de Bourbon-Lancy. L'Europe a lu dans ses mémoires que sa beauté était surnaturelle, sa grace ineffable, son esprit universel, son ame pure, sa conduite digne de Clarisse Harlowe, son génie plus vaste que celui de Voltaire, et son indulgence sans égale. Je ne vous apprends rien, mon cher Ermite; mais ce résumé succinct des huit volumes in-folio de ses Mémoires auto-biographiques vous plaira sans doute, si les longs ouvrages effraient votre vieillesse. »

Je remerciai l'esculape des bains de la ville, et je convins qu'après avoir si bien parlé de madame de Genlis, il devait n'avoir rien d'intéressant à m'apprendre sur Bourbon-Lancy.

N° CCXXXIV. [JUIN 1827.]

LE CHAROLAIS.

> Les couvents sont des tombeaux à fleur de terre, où les vices seuls restent vivants.
>
> KANT

Paray, qui me rappela le souvenir de *Paray,* abbé de Cîteaux, évêque de Palestrine, archevêque de Reims et cardinal, et où les protestants avaient un temple que la révocation de l'édit de Nantes détruisit; Paray, devenu un désert depuis cette époque, excita chez moi toutes les réflexions tristes et philosophiques que le souvenir de cet acte abominable fait naître. J'étais encore plongé dans une rêverie douloureuse, et les scènes de détresse et de malheur qui suivirent une si impolitique atrocité se retraçaient à ma pensée quand j'atteignis la ville de *Charolles,* capitale du Charolais, ville assise dans un vallon très étroit, et baignée de deux rivières. Sur une hauteur qui domine la ville, les débris pittoresques d'un ancien château attestent la splendeur éclipsée des suzerains qui pesaient sur le canton.

J'étais porteur d'une lettre de recommandation pour un gentilhomme du Charolais qui descend d'une des plus nobles familles de la province. Son affabilité me retint, et je passai deux jours entiers à Charolles. J'allai, sous sa conduite, visiter *Semur-en-Brionnais,* petite ville dont la fertilité dément l'ancien proverbe : *Semur, où pleuvent les pierres.* Le gentilhomme ne manqua pas de me faire remarquer les ruines d'une ancienne châtellenie qui avait appartenu à ses aïeux, et je ne manquai pas non plus d'engager mon hôte à me raconter l'histoire du comté, qu'il possédait fort bien.

« Habité du temps de César par les *Amburri,* ou plutôt par les *Brannovii,* sous les empereurs chrétiens, me dit-il, le Charolais fit partie de la seconde Lyonnaise; les Bourguignons s'en emparèrent, et les Francs, au sixième siècle, en chassèrent les nouveaux maîtres. Plus tard il passa en différentes mains. Jean de Bourbon, fils de Robert de France, ayant eu dans son apanage la baronnie de Charolais, la transmit à sa mort, arrivée en 1316, à Béatrix, sa fille, qui épousa Jean Ier, comte d'Armagnac; à cette époque, le pays fut érigé en comté. Philippe-le-Hardi, duc de Bourgogne, l'acheta soixante mille francs d'or; et, depuis lors, le Charolais fit partie des domaines bourguignons. Le duc Jean-le-Bon, dans sa jeunesse, en porta le nom et le titre.

Louis XI s'en empara après la mort de Charles-le-Téméraire; mais Charles VIII le rendit par le traité de Senlis, en 1493, à Philippe, archiduc d'Autriche, fils de Marie de Bourgogne, à la charge par lui de le tenir en fief de la couronne de France. Ce prince en fit l'hommage en 1490. Charles-Quint céda ce comté à Philippe II, roi d'Espagne, son fils, qui le donna en 1598 à sa fille aînée, Isabelle-Claire-Eugénie, épouse de l'archiduc Albert d'Autriche. A sa mort, qui eut lieu en 1633, le Charolois retourna au roi d'Espagne, Philippe IV. La couronne de France, qui en avait repris les droits royaux depuis Henri II, le confisqua en 1674, le rendit en 1679 : enfin il fut saisi définitivement, par arrêt du parlement, le 28 mars 1684, au profit du prince de Condé. Il revint définitivement au domaine royal, par suite d'un échange qui eut lieu entre Louis XV et mademoiselle de Sens. »

J'admirai la mémoire héraldique et chronologique de mon hôte, mémoire qui n'hésita pas un instant, et qui lui fournit aussi des détails sur les familles illustres du comté. Le Charolais souffrit beaucoup des fameuses querelles de la première maison ducale d'Aquitaine avec les enfants de Pépin-le-Grand. Waistre, qui le ravagea, en fut chassé par Pépin-le-Bref en 761. Les Auvergnats, qui l'avaient envahi au onzième siècle, éprouvèrent la vaillance du comte Lambert, qui les défit entièrement auprès de *Challemoux.* Les *grandes compagnies des écorcheurs,* qui plus tard désolèrent la France, n'épargnèrent pas ce pays, qui eut aussi à souffrir des guerres sanglantes soulevées entre les Armagnacs et les Bourguignons, et plus tard entre les catholiques et les protestants. *Le bon vieux temps* n'a laissé en réalité que d'horribles souvenirs. *Ce n'était partout,* dit un ancien auteur, *que voleries, pillages, saccagements de villes et de châteaux par les royaux comme par les ligueux. Que Dieu y boute fin, et nous sauve des garnements!*

La peste noire qui désola l'Europe dans le quatorzième siècle n'épargna pas le Charolais. Sur cent personnes il ne s'en sauvait pas douze. La famine marchait à la suite; elle fut affreuse, et elle ne s'arrêta pas à cette époque. Le grand hiver de 1709 y fit périr les trois cinquièmes de la population.

Pour me procurer ces renseignements, j'employai, comme on le peut penser, toute l'adresse d'esprit que la nature et une longue habitude des hommes ont pu léguer à mon vieil âge. C'était à son corps défendant, et pièce à pièce, que le gentilhomme m'apprenait sur le bon vieux temps ces particularités curieuses. Quoi qu'il en soit, sa franchise, sa politesse, et son érudition locale, m'avaient charmé; un sentiment d'estime mutuelle, qui nous attachait déjà l'un à l'autre, semblait prouver que l'antipathie des préjugés eux-mêmes peut céder à l'ascendant d'une certaine sympathie entre des personnes de bonne foi. Le gentilhomme et le philosophe, que le hasard avait réunis et qui devaient passer ensemble plus de temps qu'ils ne l'avaient cru l'un et l'autre, se dirigèrent vers *Cluny*.

Cluny n'est plus qu'une petite ville de quatre mille cinq cents habitants. On y remarque une diminution sensible dans la population depuis la suppression des moines. La rivière de *Crosnes* l'arrose. Cluny, au premier aspect, donne l'idée d'une cité assez grande, mais des jardins et mêmes des terrains cultivés en remplissent la plus grande partie. Une abbaye de bénédictins l'a fondé au sixième siècle; maison célèbre, la première de celles qui suivirent la règle de saint Benoît. Une bibliothèque riche en manuscrits, d'immenses trésors, dix-sept prieurés qui dépendaient de l'abbaye, la gloire érudite dont cet ordre s'est couvert, les hommes célèbres qu'il a créés, voilà de nobles souvenirs pour un monastère. Aujourd'hui, tout est en ruines, et les magnifiques ouvrages que les enfants de Cluny ont publiés sont les seuls monuments de leur existence.

L'utilité des monastères, devenue le sujet de notre conversation, fut soutenue avec vigueur par mon gentilhomme, et repoussée par moi avec la même force. « J'avoue, lui dis-je, que ces retraites studieuses et simples, ces républiques de savants et de chrétiens, rassemblés dans des lieux isolés du bruit du monde, et soumis à des régles austères, ne manquent pas d'un certain charme pour les imaginations tendres ou élevées; mais de ces thébaïdes a jailli la foudre qui frappait les rois et ébranlait les peuples. De là sont partis les coups les plus funestes dont la civilisation ait été frappée. La rage de l'ambition, une envie frénétique, l'intrigue, l'imbécillité, le fanatisme, les vices les plus contraires, ont germé dans ces solitudes. Si les régles des couvents obligeaient leurs habitants à un travail industrieux et utile, à un désintéressement complet, à une abnégation réelle, rien ne pourrait s'opposer à la réédification de ces lieux de retraite, qui offriraient aux malheureux un asile, à la société des modèles de bon ordre et de paix, d'activité et de force morale. Mais l'esprit des couvents est autre chose; il tend à la domination des esprits par l'étonnement et le respect que leurs privations et leur abnégation excitent. Ils veulent atteindre à la puissance positive au moyen du pouvoir spirituel et de l'influence morale. Ils établissent le culte de la paresse et du célibat; la politique ne saurait trop les flétrir. »

Mon gentilhomme battit long-temps la campagne, et nous arrivions à Mâcon avant que cette grande question fût épuisée.

N° CCXXXV. [20 JUIN 1827.]

UNE HEURE A MACON.

Camarades, marchez toujours.
Dernières paroles de JOUBERT.

« Choisissez pour lieu de repos l'auberge du *Sauvage*, la seule qui soit en réputation à Mâcon; la femme de l'aubergiste est jolie, aimable, bienveillante, et contribue singulièrement à la gloire de son mari. Demandez la chambre du second qui donne sur le quai et domine le cours de la Saône; vous méditerez agréablement sur la beauté de la nature; et, dès que je me serai acquitté d'une commission dont le vicomte de*** m'a prié de me charger, je viendrai vous trouver ici. »

Je suivis tous ces conseils, et je reconnus bientôt que le gentilhomme de Charolles ne les avait point hasardés. Sans parler de la grace prévenante de l'hôtesse et de l'aimable expression de son visage, dont la beauté justifiait au moins une partie de sa réputation, je trouvai au *Sauvage* cette *confortabilité* de détails si rare en France, que le mot lui-même n'est pas encore entré dans notre langue. J'avais ouvert la fenêtre de ma chambre, et, les yeux fixés sur un quai magnifique, couvert d'une population active, je contemplais cette belle rivière embrassant et battant de ses flots une île délicieuse; plus loin, le faubourg Saint-Laurent; plus loin encore, une campagne verdoyante, et dans le fond, les montagnes d'Auvergne, bordant l'horizon et servant de repoussoir et de cadre à ce tableau magique.

« Ce paysage est enchanteur, dis-je à celui qui s'était emparé de ma direction temporaire. Quelle nature exubérante! quelle active industrie!...... — Ici, vous me permettrez de vous arrêter: l'industrie est nulle à Mâcon; la nature seule y est belle, et vous avez, une fois dans votre vie, jugé comme ce baron à qui toutes les femmes de France paraissaient rousses, parceque la couleur des cheveux de son hôtesse avait eu le malheur de lui déplaire. »

J'étais sorti avec mon noble guide, et deux jeunes paysannes mâconnaises furent les premiers objets de curiosité qui se présentèrent à nous. Leur costume a de l'élégance et de la bizarrerie. C'est un corset de drap bleu très serré sur la taille et brodé en rouge; une petite jupe assez courte et de couleur différente; un petit bonnet plissé sous un chapeau de feutre extrêmement petit; ajustement agréable qui rappelle le vêtement leste et singulier de la cour d'Élizabeth en Angleterre.

« Ces jolies filles et leur joli costume, le bon vin de Mâcon et le paysage charmant qui l'environne, sont à-peu-près ce que la ville offre de plus intéressant, me dit M. de ***. Les rues, comme vous le voyez, ne sont pas plus propres ni mieux alignées que celles de la plupart des cités françaises; seulement observez que, par une attention délicate, l'on a eu soin de choisir les cailloux les plus larges et les plus unis pour composer, des deux côtés de la voie publique, ces espèces de trottoirs, qui sont moins fatigants pour le piéton que les aspérités redoutables dont le chemin central est hérissé. La cathédrale a été détruite par cette révolution dont votre philosophie trompée vante quelquefois.... — Les bienfaits, mon cher monsieur, non les sottises, encore moins les crimes. — Quoi qu'il en soit, l'église de Mâcon, magnifique monument, est tombée sous les coups de l'égalité républicaine. Je n'ai à vous montrer que la préfecture et l'hôpital; après quoi nous repartirons, s'il vous plaît, pour Châlons, ville rivale de celle où nous sommes, et qui, par sa position, méritait peut-être davantage le titre de chef-lieu du département. Aussi les Châlonnais poursuivent-ils les Mâconnais d'une haine aussi invétérée qu'envenimée. Ces derniers, à entendre leurs ennemis, prélèvent sur la France entière un frauduleux impôt, en vendant, comme produit de leurs vignobles, une quantité immense d'eau de la Saône, mêlée à une petite quantité de nectar. Les Châlonnais accusent aussi les gens de Mâcon d'usure et d'avarice; et je dois convenir que le premier de ces deux vices, s'il n'en est pas indigène, y jouit du moins du droit de cité; j'ajouterai, mon cher Ermite, que Paris possède en ce moment le Mâconnais le plus célèbre dans le métier que je signale.... Peut-être aurez-vous entendu retentir jusqu'au fond de votre cellule le nom que je viens de vous dire à l'oreille.... »

Nous donnâmes un souvenir au poëte élégant Sénecée, qui est né à Mâcon, et dont les vers malins, pleins de saillie et d'imagination, valent bien à tout prendre les vers à la mode de notre muse vaporeuse. Mon gentilhomme me rappela que Sénecée, homme d'esprit, et d'un esprit très indépendant, avait été attaché à la domesticité particulière d'un prince, et il partait de là pour commencer le plus bel éloge de la servitude féodale; heureusement nous étions sortis de Mâcon, nous avions traversé Sain-Aubin, nous arrivions à Pont-de-Vaux, et je crus prendre une juste revanche en lui rappelant que ce petit village avait été le berceau de Joubert, l'un des héros de cette grande époque militaire où nos soldats, enivrés d'un saint enthousiasme, enlevaient au pas de charge les couronnes féodales, et ne demandaient pour prix de leur héroïsme qu'un peu de gloire et un souvenir de la patrie.

Je me plus, je l'avoue, à répéter toutes les circonstances de la belle vie du guerrier, et je ne vis pas sans une maligne joie l'impression que mon récit faisait sur mon guide, que la bienséance forçait à m'écouter.

« Vous avouerez, lui dis-je, qu'on peut être guerrier de naissance, sans l'être d'extraction et sans avoir une seule goutte de sang noble dans les veines. Né de parents fort pauvres et très obscurs, Joubert était militaire à quatorze ans et demi. Il s'enrôla volontairement en décembre 1791 ; et dès qu'il eut revêtu l'habit militaire sa bravoure et ses talents se développèrent, et le placèrent au premier rang. Dans une affaire où, avec très peu de monde, il avait eu à braver des forces considérables, il ne se retira qu'après avoir été exposé à dix pas à la mitraille, aux grenades, et aux balles dirigées à bout portant contre lui. « J'ai tout fait humainement, ajoutait-il, pour m'enterrer dans les redoutes ennemies. » Sur le champ de bataille de Loano, il reçut le grade de général de brigade ; dès ce moment la gloire marqua chacun des pas de la carrière de Joubert. Il déploya toutes les qualités d'un héros dans cette campagne du Tyrol, en 1796, que Carnot, alors ministre-directeur de la guerre, désignait sous le nom de *campagne des géants*. L'armée d'Italie le croyait perdu : au retour de cette expédition et à son arrivée au camp du général en chef, la sentinelle qui veillait en avant de la tente de celui-ci ayant voulu l'arrêter, il essaya de forcer sa consigne, le soldat se fâcha, et Bonaparte, qui accourut, reconnut le brave Joubert, et s'écria en l'embrassant : « Le héros qui a forcé le Tyrol a bien pu forcer ta consigne. » Tant de beaux faits d'armes furent terminés par une mort glorieuse : une balle frappa Joubert à la funeste bataille de Novi : *Camarades, marchez toujours,* furent les dernières paroles qu'il prononça, et sa perte décida celle de la bataille. Un étranger, auquel je raconterais les exploits de Joubert, aurait peine à croire que sa statue placée au Luxembourg en ait été retirée depuis la restauration. Vous me paraissez connaître la France nouvelle mieux que moi, et je n'ai pas besoin de vous affirmer un fait aussi incroyable qu'il est vrai. »

La politesse et l'humeur luttaient visiblement chez celui qui m'écoutait; et la conversation languit depuis notre sortie de Pont-de-Vaux jusqu'à Tournus, petite ville située sur la rive droite de la Saône, et que l'industrie a élevée, depuis la révolution, du rang inférieur où elle se trouvait au niveau des villes de troisième ordre les plus florissantes. La population de Tournus est quintuplée depuis cette époque, quoique le grand couvent de bénédictins, détruit en 1792, n'appelle plus sur les habitants la bénédiction céleste. C'est ce que m'apprit mon guide, qui se gardait bien de tirer, de ces aveux de l'histoire, les inductions naturelles qui en jaillissent au profit de la philosophie et de la raison.

« Les bénédictins, me dit-il, furent suzerains de Tournus, et leur couvent, semblable à une forteresse, s'élevait au-dessus de la ville qu'il pouvait, à son gré, défendre, attaquer ou foudroyer. Puisqu'il faut que la puissance appartienne à quelqu'un, pourquoi refuser de la remettre aux mains de quelques pieux solitaires, dont les habitudes pacifiques ne menacent point le pays de révolutions violentes....? »

Comme il parlait ainsi, nous passions sur un pont de bois soutenu par des piles de pierre et dont l'aspect est gracieux. J'arrêtai M. de*** au milieu des sophismes qu'il soutenait avec assez de talent, et, après lui avoir vainement demandé des renseignements sur l'époque de la construction de ce pont, je lui parlai de l'industrie de Tournus, dont il m'avoua qu'il ignorait absolument les produits. « Tout ce que je sais, me dit-il, c'est que le peintre Greuze, est né à Tournus : peintre charmant, si sa naiveté était moins apprêtée, sa grace moins fade et moins monotone, son coloris moins rose, et ses expressions plus variées.—Ajoutez, dis-je, que ses groupes sont heureux et que souvent ses petites compositions sont pleines de grace et de pathétique. Voilà les qualités qu'il ne partage avec aucun peintre de son temps. Quant à ses défauts, ce sont ceux de Lagrenée, de Vanloo, de Boucher; en un mot, les défauts de son siécle. »

N° CCXXXVI [JUIN 1827.]

CHALONS-SUR-SAONE.

> La terreur seule a la mémoire longue, la reconnaissance n'a pas de souvenirs.
>
> JOUY.

La troisième capitale de la Bourgogne, la rivale de Mâcon, *Châlons,* où nous parvînmes vers le milieu du jour suivant, me rappela cette rapide et victorieuse course de l'homme prodige qui, seul, et sans coup férir, reconquit un puissant empire qu'il avait fondé. Comme moi, il s'était avancé par Mâcon, Tournus, Châlons, Avalon, et Auxerre. Cette remarque n'échappa pas au gentilhomme charolais, qui, peut-être excité par l'esprit de contradiction, trouvait quelque plaisir dans une conversation où nous n'étions jamais d'accord, et où, sans nous quereller jamais, nous discutions toujours.

Le spectacle de ce lion, traqué par une multitude d'ennemis que ses derniers efforts épouvantaient encore, se représentait à ma pensée et me pénétrait d'admiration. On pense bien que mon guide ne partageait pas mes sentiments, et n'oubliait rien pour les distraire. A peine fûmes-nous logés à l'*hôtel du Parc*, dont les fenêtres commandent, ainsi que celui du *Sauvage*, à Mâcon, une vue délicieuse et vaste; à peine avais-je jeté un coup-d'œil sur le grand quai construit sur les bords de la Saône, que M. de *** me parla des nombreux couvents que possédait Châlons, et de cette fourmilière de religieux qui en couvraient autrefois le territoire. «Aujourd'hui, lui dis-je, Châlons ne connaît plus que les bonnes sœurs de la Charité. » J'eus la malice de laisser deviner à mon interlocuteur ma pensée presque entière ; il ne voulut pas convenir avec moi que Châlons, en ne conservant que ces charitables sœurs, avait gagné ce qu'il paraissait avoir perdu. Il brisa le cours de la conversation et m'entretint du commerce de la ville, que favorise singulièrement le beau canal du Centre, terminé en 1792 par M. Gausliey, ingénieur en chef, qui en avait donné le plan. Pour la première fois nous nous trouvâmes du même avis, et nous formâmes en commun des vœux pour que le système de canalisation, si utile à l'industrie, s'étendît en France où il augmenterait la richesse des provinces, en multipliant entre elles les points de communication ; les canaux, *ces routes qui marchent*, comme Pascal l'a exprimé avec une originalité pleine de génie, sont des véhicules d'opulence publique. On trouve dans les mémoires du temps, qu'avant l'ouverture du canal de Riquet, le blé valait trois francs la mesure à Castelnaudary, et qu'après cette ouverture, le prix de la même mesure s'éleva subitement à sept francs.

Après une heure de repos, nous descendons sur le quai. Des marchandises de toute espèce l'encombrent. « Châlons fait principalement, me dit mon guide, un commerce d'entrepôt. Sous l'empire, et plus encore sous l'ancien régime (je me permis de sourire légèrement à ce mot), c'était le point central où venaient aboutir le négoce de Paris et de la province. Une foule de banquiers, de courtiers, d'agents d'affaires, s'y enrichissaient en répandant beaucoup de numéraire dans le pays. Les grains, les vins, les savons, les huiles, les fers et les cuirs sont les principales productions dont on y trafique; trois foires fameuses, et qui attirent de nombreux marchands et consommateurs, ajoutent à tous ces avantages, qui sont fort grands encore, quoiqu'ils aient diminué depuis l'ancien régime.

« On y trafique aussi d'une matière qui sort des eaux de la Saône; c'est l'écaille de l'ablette, petit poisson fort commun dans cette rivière. On nomme la liqueur argentine qu'on en extrait *essence d'Orient*. Elle sert à faire les perles fausses, dont le débit est si étendu. »

Nous allâmes visiter l'hôpital *Saint-Laurent*, situé dans l'île de ce nom. Desservi par des femmes, ou plutôt par des anges, tenu avec une excessive propreté, cet établissement nous fit admirer également la sagesse de ceux qui l'ont soumis à des règlements aussi sévères qu'utiles, et le dévouement de ces femmes courageuses qui, consacrant leur jeunesse à l'exercice d'une vertu sublime et obscure, ne se lassent pas de leurs saintes fonctions. Cet hôpital, aussi bien situé que bien dirigé, nous sembla le modèle des institutions de ce genre.

Le nom du législateur-conquérant, effacé de l'obélisque érigé par les habitants de Châlons en l'honneur du vainqueur d'Austerlitz et du créateur du code de nos lois, me fit faire de cruelles réflexions sur la sottise et l'ingratitude des hommes. M. de *** et moi, pénétrés de sentiments très différents, comme on peut croire, nous passâmes en silence auprès de ce monument.

Mon gentilhomme charolais avait gardé le plus profond silence pendant la demi-heure qu'avait duré notre examen. Je ne voulus pas profiter de mon avantage, et je lui demandai si nous ne pourrions pas, avant la fin de la soirée, aller visiter la fameuse manufacture de *Creuzot.* « Ne vaudrait-il pas mieux, me répondit-il, que nous disposassions notre feuille de route de manière à passer par *Mont-Cenis*, pour ensuite nous diriger vers *Autun?* Si vous m'en croyez, nous remettrons cette partie à demain matin ; et pendant que vous feuilleterez l'*Annuaire* du département, où se trouve une assez bonne histoire de Châlons, je ferai en sorte que nous ayons demain matin de bonne heure des chevaux prêts à nous conduire à la manufacture, ou plutôt aux manufactures du Creuzot. »

J'adoptai les conclusions de M. de***, et je me mis à étudier la science historique de l'*Annuaire*. Je ne pus m'empêcher de sourire de l'extrême importance que l'auteur semble attacher à l'origine celtique de sa ville, du déluge d'étymologies différentes dont il accable son lecteur, et de la prolixité des dissertations qu'il consacre à ces origines incertaines. Les deux mots *Castrum caballionense* me semblèrent renfermer l'étymologie la plus vraisemblable de cette cité. Cependant César, qui parle de Châlons comme d'une ville déja existante, paraît contredire l'opinion qui attribuerait la fondation primitive de la ville à une station romaine. Malgré le conflit singulier des avis des savants, je me décidai en faveur de ceux qui attribuent à Châlons une haute antiquité. En effet, je trouve encore, dans les *Commentaires* de César, que ce grand capitaine la choisit pour servir de magasins aux troupes romaines, et qu'il l'appela lui-même *Castrum frumentarium*. Il y eut aussi à Châlons un port pour le service de la marine impériale : un préfet de la navigation y résida dans les temps postérieurs.

Auguste visita Châlons à son passage dans les

Gaules, l'an de Rome 727. Un de ses successeurs, l'empereur Probus, fit planter sur les coteaux voisins la vigne, qu'il naturalisa dans ces contrées, et la Bourgogne lui dut ainsi la source de sa richesse et de sa prospérité. Je suis toujours surpris que depuis le temps que l'on fait du vin en Bourgogne, la reconnaissance des propriétaires des vignobles n'ait pas songé à élever une statue à l'empereur Probus ; j'aimerais à voir ce prince représenté debout, non point dans le sanglant appareil d'un conquérant, mais tenant à la main un ceps de vigne chargé de plusieurs grappes de raisin ;.... idée ridicule qui ne sera jamais exécutée : les peuples n'érigent des monuments qu'à ceux qui les écrasent de leur gloire. A peine, après des siècles, Angevins et Provençaux ont-ils consacré le souvenir du roi René, leur bienfaiteur. La terreur seule a la mémoire longue ; la reconnaissance n'a point de souvenirs.

Châlons joua un rôle sous la puissance impériale, et lorsque Clovis eut arboré dans la Gaule les bannières françaises, le fils de Clotaire Ier, dans sa rébellion, livra cette ville aux flammes. Le roi Gontran la releva de ses ruines en la choisissant pour la capitale de son royaume de Bourgogne. Brunehaut, cette fameuse reine qui a laissé une mémoire exécrée, aima le séjour de Châlons. Clovis II y assembla le parlement national ; plus tard, lorsque le

Maure Abdérame, franchissant les Pyrénées, vint ravager la France, ses armées ruinèrent Macon, Tournus et Châlons.

Charlemagne, en 813, tint à Châlons un concile dans lequel on recommanda l'étude des sciences humaines : c'était un grand pas fait vers la civilisation ; mais le conquérant mourut, et l'ignorance ressaisit son empire. Cette ville était malheureuse; elle fut encore incendiée en 834 par Lothaire, fils de Louis-le-Débonnaire. Une église, celle de Saint-Georges, échappa seule à l'embrasement. Ce fut une des huit villes où Charles-le-Chauve fit frapper monnaie. Les Normands la ravagèrent plus tard. Le roi Charles VIII, à son entrée dans Châlons, en 1494, au lieu de se montrer au peuple dans toute la pompe de la royauté, parut revêtu d'un surplis et d'une aumusse, singulier vêtement pour le chef d'un peuple de guerriers. Nos ancêtres ont été quelquefois, il faut en convenir, de plaisants personnages.

Louis XII reçut dans cette ville l'accueil dû à ses vertus. « Les paysans, pour mieux le voir, cou-
« raient après lui à perdre haleine, dit un ancien
« auteur. Ceux qui ne montraient pas le même em-
« pressement étaient accablés de malédictions par
« les autres, et on s'écriait de toutes parts : C'est
« lui qui fait régner la justice parmi nous, qui fé-
« conde nos moissons, qui nous a préservés des pil-
« leries des gendarmes, et qui le premier nous a fait

« goûter les douceurs de la paix et de la concorde. »

Magnifique panégyrique, qui ne s'est répété que sous le règne du bon Henri IV! Les monarques ont-ils changé de principes, ou les peuples sont-ils devenus ingrats?

Les huguenots commirent dans Châlons de telles horreurs, qu'elles devraient être écrites, dit un historien, en caractères de feu et de sang. Depuis cette époque, les choses se sont passées là comme dans le reste de la France; et les Châlonnais conserveront long-temps la mémoire des deux dernières invasions, lorsque les alliés, nos amis, accablèrent et saccagèrent ce pays qu'ils étaient venus délivrer.

Les seigneurs particuliers de Châlons portèrent le titre de comte. Le premier, parmi les seigneurs héréditaires, fut Théodoric Ier, qui régna également sur Macon. Cette souveraineté, après avoir passé dans plusieurs maisons, entra dans celle de Bourgogne par un échange qui eut lieu en 1247.

On vivait jadis dans ce pays d'une manière heureuse, simple et naive. Si l'on doit s'en rapporter aux historiens, une femme qui eût forfait à la fidélité conjugale était retranchée de la société des personnes de son sexe: punition fort bonne en ce temps-là à Châlons, mais qui de nos jours aurait l'inconvénient de dissoudre la société. L'usure était inconnue: on n'en peut plus dire autant; c'est, comme à Macon, un fruit du terroir.

Ces dernières réflexions satiriques m'étaient dictées par mon guide, qui, à son retour, me trouva occupé à prendre des notes sur l'*Annuaire* châlonnais. Je tairai plus d'une anecdote dont il appuya ses observations; j'erre à travers la France à-peu-près comme Sterne errait dans Paris, et je n'aspire point au titre de Suétone de nos villes départementales.

N° CCXXXVII. [JUIN 1827.]

LA VILLE DE L'INDUSTRIE.

> O patrie!...
> . . . .
> Vois tes arts, tes vaisseaux, tes metiers, et tes armes,
> En tous temps, en tous lieux, dans la guerre ou la paix,
> Imposer des tributs, et n'en subir jamais'
> Madame TASTU.

Nous partîmes à cinq heures du matin, et nous passâmes sur un pont le canal du Centre. Nous laissâmes à notre gauche le village de *Saint-Berain*, où se trouve une verrerie. *Pereuil*, que nous traversâmes rapidement, est un village assez bien bâti. Cependant la route devenait à chaque pas plus mauvaise, et nous gravissions péniblement l'escarpement d'une pente rapide qui s'appelle *la Montagne-Noire*, et qui nous conduisit au *Creuzot*.

Cet admirable établissement offre l'aspect d'une ville dévouée à l'industrie. Tout y est mouvement, production, activité, *fervet opus:* la richesse, l'ordre et le travail règnent sur ce coin de terre. Un directeur des ateliers voulut bien nous servir de guide, et nous conduisit d'abord aux ateliers de verrerie. Nous examinâmes avec la plus vive curiosité les procédés employés pour la fabrication de ces cristaux magnifiques, et de ce verre dont la matière fusible et transparente se prête à tous les besoins de l'homme.

« Le sable, matière première de tout ce qui sort des fourneaux verriers, est recueilli, me disait mon guide, dans la forêt de *Fontainebleau*. Nulle part on n'en trouve d'aussi blanc ni d'aussi fin. Lorsqu'il arrive au Creuzot, on le tamise pour en séparer les petites pierres qui s'y trouvent. Quant au minium, on le fait venir de Paris; nous en consommons cent mille livres pesant chaque année. On ne produit un cristal d'une blancheur éclatante qu'en mêlant beaucoup de minium au sable; le pied cube de cette substance pèse deux cent quarante livres. La potasse que nous importons d'Amérique nous coûte beaucoup moins cher que celle que nous pourrions tirer de la Lorraine. »

J'essaierais en vain de décrire avec une exactitude minutieuse les détails du mécanisme intérieur de ce bel établissement. La vapeur, moteur si puissant, y joue le plus grand rôle. Les quatre hauts-fourneaux sont alimentés par le charbon de terre, qui se trouve dans le sol même, souvent à peu de profondeur. « Il arrive souvent, nous disait notre guide, que des incendies souterrains dévorent des lieues entières occupées par un lit de charbon. Nos mineurs les combattent en versant un déluge d'eau sur le sol, ou, lorsque ces efforts sont inutiles, en élevant un mur de séparation entre les galeries qu'ils exploitent et le lieu du danger. Cependant l'explosion des vapeurs délétères a lieu quelquefois, et la manufacture a déja compté plus d'une victime de ce désastre. »

Les ouvriers sont logés au Creuzot; nous admirâmes la régularité, la simplicité, le bon ordre, et la propreté de cette espèce de caserne industrielle. Le gouvernement impérial, qui appréciait à sa valeur l'importance de cet établissement, a fait creuser pour son service un canal qui aboutit à celui du Centre, et dont la voûte perce une montagne. Nous visitâmes ce monument de magnificence et d'utilité, et nous jetâmes un coup d'œil d'étonnement sur un puits, profond de quatre cents pieds, achevé en 1814, au moment où l'empire s'écroulait. Cette éloquence des dates fatiguait le gentilhomme de Charolles.

Les canons devant lesquels l'Europe a tremblé pendant vingt ans, ces bronzes qui ornent nos places publiques, sont sortis, pour la plupart, des ateliers du Creuzot. Les Parisiens ignorent assez généralement que les deux beaux lions, gardiens de l'immortelle académie française, et qui pourraient bien lui survivre, ont été fondus en Bourgogne.

Nous examinâmes tour-à-tour une foule de produits utiles et divers, entre lesquels je me contenterai de citer une machine ingénieuse pour le ferrage des canons.

L'autre quartier de cette ville industrieuse eut encore plus de séduction pour nous; là étincellent les feux du diamant, le cristal, qui plus tard reflétera l'éclat des bougies, les mille et mille inventions d'une mode capricieuse, les coupes qui orneront les tables royales, les flacons qui doivent figurer sur les toilettes dans les boudoirs. Notre introducteur nous faisait assister à tous les progrès et, pour ainsi dire, aux métamorphoses de ces objets précieux qui subissaient plus de changements dans leur figure et leurs couleurs que le dieu Wishnou de la mythologie indienne. « C'est à M. Desfougerais, ajouta-t-il, que la France doit le bienfait immense et la gloire utile de ne plus payer un tribut annuel aux manufactures de cristaux de l'Angleterre. Il a trouvé le secret du *flint glass;* la pureté, la diaphanéité de cette matière si précieuse à la marine et à l'astronomie surpassent aujourd'hui chez nous ce que la nation rivale peut produire de plus parfait. »

Je dois rendre à mon nouvel ami le Charolais la justice de dire qu'il partageait l'admiration et l'espéce de joie patriotique que cette belle manufacture et ses conquêtes m'inspiraient. Mais cette parité d'opinions et de sentiments cessa quand je soutins que l'impulsion donnée d'abord par une puissante liberté, ensuite par une main non moins énergique, et dont le seul tort fut de réunir et d'accaparer toutes les forces sociales, que cette double impulsion était précisément ce qui avait donné naissance à cette merveilleuse activité industrielle, à cette richesse de productions et de ressources; compensations plus que suffisantes pour les malheurs et les troubles dont le pays avait été agité. « En effet, lui disais-je, l'orage passe, les germes de fécondité qu'il laisse après lui restent sur le sol, le rajeunissent, et le font renaître paré de moissons plus opulentes et de plus vertes forêts. »

N° CCXXXVIII. [22 juin 1827.]

L'ENNEMI DES ROMAINS.

> Rome enfin que je hais!...
> CORNEILLE.

« Je vous suis toujours en vous promettant de vous quitter sans cesse, et décidément je vous accompagnerai, monsieur l'Ermite, jusqu'à la ville de *Sens*, où vous a donné rendez-vous le général P***; mais là je vous quitterai bien définitivement. Il me serait trop pénible de troubler le concert d'éloges ou plutôt d'hymne que vous offrirez tous deux en commun à votre dieu des batailles. Pour moi, qui ai lu dans vos philosophes d'assez belles malédictions contre les conquérants, vous me permettrez de répéter contre votre idole à-peu-près les mêmes paroles dont Voltaire, Jean-Jacques, Diderot, Massillon, flétrirent ces fougueux Langely. »

Le bruit singulier d'une charrette, qui, en roulant près de nous, étouffait la voix de M. de ***, par un mélange de sifflements déchirants et de craquements désagréables, interrompit la tirade de mon interlocuteur. Une seconde charrette lui succéda, et ne fit pas retentir à nos oreilles un fracas moins désagréable. J'appris de M. de *** que telle était la construction des chariots de la Bourgogne, et que l'habitude, cette seconde mère, rendait les Bourguignons absolument insensibles à l'épouvantable bruit dont ces roues mal agencées et ces ais mal joints effraient le voyageur.

Après avoir traversé *Marmagne*, où je n'admirai pas deux marmousets gaulois, que mon guide me montra; *Saint-Symphorien*, où M. de Champeaux eut le bonheur de trouver, après d'immenses recherches, le métal nommé par Klaproth *urane oxydé lamelliforme,* et après avoir gravi et descendu la belle montagne de Jupiter, ou Mont-Jeu, *Mons-Jovis*, d'où la vue est immense et délicieuse, nous arrivâmes par le riant vallon de l'*Arroux* dans la ville d'*Autun*. M. de *** fit élection de domicile passager à l'*hôtel de la Poste*, et de là me conduisit chez un savant de ses amis, dont il me dépeignit d'avance le caractère bizarre et la haine originale contre les Romains, et contre M. Millin : je le laisserai parler lui-même pour ne rien ôter à la naïve expression de ses sentiments.

« Quoi, dit ce petit vieillard en nous apercevant, et en se levant d'un vieux fauteuil de cuir aux longs bras et au vaste dossier, encore un Millin ! encore un Millin ! » Il avait prononcé ces paroles en me regardant d'un air presque farouche. Puis, se tournant du côté de mon guide : « Je vois ce qui vous amène, M. de ***; ce monsieur est un voyageur; il rendra visite aux antiquités d'Autun, comme M. Millin; il imprimera de gros livres sur l'origine gauloise ou romaine, comme M. Millin; il dira beaucoup de mal des Autunois qui l'auront accompagné dans ses courses, mais qui peut-être ne lui auront pas offert une seule feuillette de vin de Bourgogne; le tout comme M. Millin. »

Nous laissâmes un libre cours à la grande colère du petit savant, qui n'avait que deux idées ou plutôt deux sentiments : la haine des Romains, et la haine de M. Millin. M. de *** lui représenta que j'étais un voyageur inoffensif, un simple ermite, qui n'avait pour les fils de Romulus ni pour l'archéologue du dix-neuvième siècle aucune inclination violente, et que nous lui serions fort obligés s'il voulait bien nous éclairer, dans notre route, au milieu des antiquités Autunoises, sur l'origine desquelles nous lui promettions de nous en rapporter exclusivement à lui.

Ces mots apaisèrent le courroux de l'érudit, qui, en prenant sa canne et son chapeau, répétait encore : « Sur-tout pas de Millin! et qu'on ne vienne pas admirer nos débris celtiques pour les calomnier ensuite, et nous railler! » Le mot *celtique* jeté dans cette phrase donnait la clef du système de notre savant et de sa haine pour Millin. Ce dernier avait attribué aux Gaulois-Romains, ou du moins aux Romains du moyen âge, les monuments dont Autun conserve les débris, tandis que l'ami de mon guide les replongeait, de son autorité privée, dans les plus sombres ténèbres des temps druidiques. Un Carthaginois ne détestait pas plus cordialement les maîtres de la terre; M. *Gail* ne poursuivait pas M. *Coray* avec plus de véhémence, que l'Autunois ne vengeait les droits de sa patrie outragée, en attaquant toutes les assertions de M. Millin. L'ennemi des Romains se mit donc en route avec nous, et nous apporta les meilleures raisons du monde pour nous prouver que le bel arc de triomphe de la porte d'Arroux, malgré sa construction évidemment latine, n'appartenait pas au peuple-roi. Je ne pus m'empêcher d'admirer la peine qu'il se donnait et les arguments qu'il accumulait pour prouver ce que personne ne croira jamais. La même scène, moitié plaisante et moitié ennuyeuse, se reproduisit devant le temple de Janus, qui est situé hors de la ville, et sur les débris du temple de Pluton, dont notre érudit se plut à faire un collége de druides. Le tout fut terminé par une magnifique péroraison contre les conquérants de la Gaule et contre M. Millin, calomniateur d'Autun; morceau d'éloquence où les méfaits des souverains du monde et les plagiats de l'archéologue français se mêlaient et se confondaient dans le désordre le plus pittoresque.

Le seul de ces monuments qui me parut vraiment remarquable est la belle porte d'Arroux, composée de quatre arcades inégales, dont les deux plus grandes occupent le centre et les deux petites les côtés. Au-dessus de la frise soutenue par de beaux pilastres corinthiens se trouvait une galerie ouverte par dix petits anneaux, dont sept seulement subsistent aujourd'hui. En dépit de l'éloquence de l'Autunois celtique, qui donnait aux Grecs Phocéens, débarqués dans la Gaule, l'honneur de cette belle construction, le bon goût des ornements, qui rappellent ceux de la maison carrée de Nîmes, et surtout l'admirable industrie qui a présidé à la taille des pierres et à leur liaison, ne me laissèrent pas le moindre doute sur l'origine romaine de l'un des plus remarquables arcs de triomphe et des plus beaux souvenirs de gloire que la puissance des Romains ait laissés sur la terre, qu'ils ont écrasée, usurpée, et civilisée.

Nous allâmes visiter une autre porte moins considérable, et un tombeau pyramidal, qui ressemble au monument de Cestius, non loin de Rome. L'érudit celtique nous accompagna aussi dans notre course rapide à travers les débris de l'amphithéâtre, et, selon l'usage immémorial des Scaliger et des Lipse, assignant à chaque ruine, à chaque reste d'inscription effacée, une destination d'autant plus certaine à ses yeux qu'elle était plus arbitraire aux nôtres : il nous laissa, fatigués également de sa science, des Romains, des Celtes, de M. Millin, et de ses inimitiés de cabinet.

L'Arroux, rivière qui n'est pas navigable, mais dont le cours sinueux offre des accidents pittoresques, arrose Autun, que l'on partage en trois parties : la plus élevée se nomme le *Château*, et renferme les deux cathédrales, dont l'une est restée à demi-construite, et dont l'autre, quoique plus avancée, n'est pas achevée. M. de *** m'y conduisit, et me fit remarquer la chapelle où M. de Talleyrand, avant la révolution, où il joua tant de rôles, célébrait le saint sacrifice dans toute la pompe des habits archiépiscopaux. Sur le tombeau d'un Montholon, chef de l'illustre maison de ce nom, je lus ces vers :

> Hola ! ho ! gros lourdeau,
> Passe le pied sur ce tombeau.
> Ci-gît un homme, ce dit-on,
> On l'appelait Jean Monthélon ;
> Et sa femme Marie Ladonne :
> Priez Dieu qu'il leur pardonne.

Plus d'un éloge écrit en meilleur style n'est pas aussi véridique.

Nous nous arrêtâmes devant l'endroit où se trouvait jadis le mausolée du président *Jeannin*, qu'il ne faut pas confondre avec le ministre Jeannin. C'était un homme étonnant que ce magistrat, ministre sous plusieurs rois, homme vertueux, quoique ligueur, ami des lettres, quoiqu'il fût homme pieux, et qui faisait payer exactement aux gens de lettres leur pension sans exiger qu'ils lui fissent la cour. Henri IV l'estimait et l'aimait beaucoup. « Voyez-vous ce bonhomme? disait-il à Marie de Médicis, c'est un des serviteurs les plus affectionnés à mon service, et le plus capable de servir l'État. S'il arrive que Dieu dispose de moi, je vous prie de vous reposer sur sa fidélité et la passion qu'il a pour le bien de mes peuples. »

« Je ne vous parlerai pas, me dit M. de ***, de Nicolas *Rollin*, chancelier de Bourgogne, ni de deux autres Jean *Rollin*, successivement cardinaux et évêques d'Autun, tous trois nés dans cette ville. Le dernier des deux était, suivant Jean Paradin, « un grand remueur de ménages; » éloge assez mince pour un évêque. Jean de La *Bontière*, médiocre traducteur; *Barthélemi de Chassenoux*, auteur d'un *Catalogue de la gloire du monde*, catalogue qui n'a point servi à la sienne; *Saint-Didier*, à qui le pape reprocha si amèrement son amour pour les lettres, et qui osa faire de sévères remontrances à l'atroce Brunehaut; *Eumens*, recteur célèbre du troisième siècle, pour qui l'empereur Constance avait une haute vénération; *Saint-Germain*, qui, comme

Saint-Didier, opposa la puissance de la raison et l'autorité de la religion aux volontés d'une tyrannie sans frein, tels sont les noms les plus célèbres que les annales autunoises aient conservés. Suivez-moi maintenant, traversons l'église Saint-Martin, où la terrible reine d'Austrasie fut inhumée, et de là nous irons dîner chez un Bourguignon de mes amis, aussi instruit au moins dans les antiquités du lieu que le vieillard ennemi des Romains, et plus amusant que lui. Il connaît sur-tout les coutumes antiques de la Bourgogne; cette partie de son histoire n'en n'est pas la moins curieuse. »

En face de la cathédrale est une jolie fontaine dont l'architecture est très élégante; deux coupoles supportées par des pilastres ioniques s'élèvent du milieu du bassin. Un pélican couronne le second dôme. La place porte le nom des *Terraux*, comme celle qui fait face à l'hôtel-de-ville de Lyon. M. de*** nous fit examiner le clocher de la cathédrale, aussi remarquable par sa hauteur que par la grace élégante de sa construction. C'est le cardinal Rollin qui la fit bâtir. En l'admirant de près, on se demande comment on a pu construire une flèche creuse, haute de trois cents pieds, et cependant solide, quoique la muraille n'ait que cinq à six pouces d'épaisseur. Certes, nos architectes modernes y regarderaient à deux fois avant d'entreprendre un pareil ouvrage.

L'église de Saint-Martin ne m'offrit pour toute curiosité que ce qui n'y était pas, c'est-à-dire une épitaphe de la reine Brunehaut, que M. de *** me récita sur la foi des chroniqueurs, et que je cherchai vainement sur la pierre tumulaire. Cette épitaphe est si complétement dans l'esprit des prêtres, que si la vérité historique lui manque, elle réunit assez de caractères de vraisemblance morale pour être considérée comme authentique :

>Ci-gît la reine Brunehaut,
>A qui le pape saint Grégoire
>Donna des eloges de gloire
>Qui mettent sa vertu bien haut:
>Sa piété pour les saints mystères
>Lui fit fonder trois monastères
>Sous la règle de saint Benoit :
>Saint-Martin, Saint-Jean, Saint-Undoche,
>Sont trois saints lieux où l'on connait
>Qu'elle est exempte de reproche.

L'heure du dîner était venue. Nous nous rendîmes chez M. de Venissan, parent de mon guide du côté des femmes, et qui demeurait hors des murs d'Autun. Chemin faisant, M. de *** rappelait à ma mémoire ce que la sienne pouvait rassembler de souvenirs sur cette cité où, en peu d'heures, nous avions vu tant de débris gothiques, romains, celtiques, et dont le sable même semblait empreint d'antiquité.

« Mon cher Ermite, je suis de la province, et sans doute vous ne repousserez pas mes connaissances spéciales. Vous ne vous étonnerez pas si je continue auprès de vous le rôle d'explicateur. Autun, vous le savez, est la vieille *Bibracte*, la cité principale des Éduens, l'un des plus puissants peuples parmi ceux de la Gaule. Les Éduens avaient déjà fait une invasion en Italie, l'an 163 de Rome, et, à cette époque, ils fondèrent Milan. C'est vous apprendre en deux mots qu'Autun a une plus haute antiquité que Rome : j'en suis fâché pour l'orgueil romain; mais tous nos antiquaires vous le diront, et désormais vous verrez sans surprise l'inimitié des Autunois contre ce peuple latin, plus jeune qu'eux, et qui a usurpé leur gloire. Lorsque les concitoyens des Césars conquirent la première Narbonnaise en 636 de leur ère, ils s'allièrent aux Éduens, quoique ceux-ci eussent fait partie de l'expédition de Brennus. César, vainqueur de la Gaule, vint après la prise d'Alide passer l'hiver à Bibracte, chez Divitiacus, son ami, qui l'était aussi du frère de Cicéron.

« Auguste visita cette province de l'Empire, et s'arrêta à Bibracte, qu'il s'occupa d'embellir par une multitude d'édifices et de monuments. Les habitants, par reconnaissance, changèrent le nom antique de la cité en celui d'*Augustodunum*, et de là à Autun il n'y a pas loin pour les étymologistes. C'est pourtant ce que nie avec opiniâtreté le membre de l'académie celtique, avec qui je vous ai fait lier connaissance.

« L'Éduen Sacrovir, après la mort de Germanicus, crut pouvoir rendre la liberté à sa patrie : le succès ne répondit pas à sa noble attente ; il fut battu, et se donna la mort.

« L'empereur Claude ayant, en l'an 48 de Jésus-Christ, appelé les Gaulois à la dignité de sénateurs, les Éduens furent parmi ceux-ci les premiers qui profitèrent de cette faveur, alors vivement enviée. Posthume se défendit dans Autun contre Gallien, qui ne put l'y forcer. Plus tard, Tétricas, l'un des prétendants à l'Empire, ruina si bien la ville qu'elle ne se releva que sous le gouvernement de Constance-Chlore et de Constantin son fils. Le premier, qui aimait le séjour d'Autun, employa les immenses revenus dont il disposait pour en reconstruire les édifices et la repeupler ; fait incontestable, que néanmoins notre celte nie tout aussi hardiment que M. Schlegelnie, le génie de Molière, Mercier, le génie de Newton, et M. Azaïs, l'inégalité du sort des hommes.

« Grace à Constantin, Autun fut nommée la *ville-mère des provinces*. Il fit plus encore, il y vint habiter ; et bientôt, achevant ce que son père avait commencé, il augmenta sa splendeur. Véritables fondateurs d'Autun, les Romains possédèrent cette ville jusques à l'époque où les barbares fondirent de toutes parts sur l'Empire. Les Bourguignons s'en emparèrent sous la conduite de Gondicaire, leur roi, en 427; elle fut l'objet de sanglantes querelles pour les fils de ce prince qui se la disputaient. Gondebaud, l'un d'entre eux, finit par triompher de ses frères, qui d'abord l'avaient assiégé dans Autun. Il resta possesseur du royaume de Bourgogne, dont Autun ne devint pas la capitale.

« Les monarques mérovingiens s'en emparèrent à leur tour; elle tomba plus tard au pouvoir des Sarrasins, qui la saccagèrent horriblement. Prise encore en 888 par les Normands, elle ne se releva plus des maux dont l'accabla la barbarie de ces deux peuples :

Vix ut vestigia restent,

a dit à ce sujet Guillaume-l'Armoricain dans son mauvais poëme historique intitulé *la Philippiade*. Elle fut un instant la capitale du premier duché de Bourgogne; mais les princes préférèrent le séjour de Dijon, et Autun devint une cité du second ordre, par un de ces caprices de la fortune qui n'épargne, dans ses mobiles fantaisies, ni les villes, ni les hommes.

« Les Anglais, dans les guerres injustes qu'ils soutinrent en France, n'épargnèrent pas non plus Autun; ils en brûlèrent une partie en 1379, après la victoire de Briou. Les protestants ne la ménagèrent pas, quoique là, comme dans le reste de la Bourgogne, la nuit de la saint Barthélemy ne leur eût point été fatale. Autun embrassa le parti de la Ligue, et le maréchal d'Aumont fut obligé d'en lever le siége en 1691. Là le fanatisme était vivant de la plus terrible frénésie. Des enfants, des vieillards, des magistrats, des femmes, se battirent sur la brèche contre les royalistes avec un acharnement inexprimable, le tout en l'honneur de la très sainte Église.

« Enfin, dans nos dernières guerres, Autun n'a pas été épargnée par nos nobles alliés, et je n'aurais pas conseillé au cher M. Blücher de venir se fixer dans cette partie de la Bourgogne, comme il en avait eu, dit-on, la pensée. » Nous étions parvenus à la grille de la petite maison de M. de Venissan, chez lequel, après avoir savouré les excellents vins du crû, je recueillis des documents que je crois dignes d'être reproduits sur les mœurs anciennes de ce pays singulier.

N° CCXXXIX. [juin 1827.]

DINER PRÈS D'AUTUN.

> *Multa cecidere...*
> Horace.
> Partout des débris

« La *Bourgogne*, qui constitua long-temps un royaume à part, offrait dans ses mœurs, me dit M. de *Venissan*, une multitude de spécialités curieuses, dont maints savants ont recueilli les traces. En vous donnant une légère idée de ces singularités de notre province, je ne ferai que passer légèrement sur des détails auxquels La Monnaie, Courtépée, Buller, Amanton, Deslyons, Grosley, ont consacré beaucoup de temps, de recherches, et de volumes. C'est chez ces écrivains que nos romanciers modernes trouveraient des matériaux excellents à exploiter, si la littérature n'était pas aujourd'hui le prix de la course, et si la gloire ne semblait dépendre maintenant non de la force du génie ou de la patience des études, mais de la rapidité de la plume et de la prompte *confection* des ouvrages.

« Vous trouveriez sans doute mon érudition assez complaisante si elle s'arrêtait à l'époque où l'on avait en Bourgogne huit aunes d'étoffe pour quatre francs, c'est-à-dire vers le milieu du treizième siècle; mais je vous rejette dans une antiquité un peu plus haute. Au commencement du onzième siècle, où nos seigneurs inventaient des impôts sans fin et sans raison : *porcellagium*, droits sur les porcs ; *carredum*, droits sur les voitures; *messimagium*, droits sur la moisson. Le langage des tyrans était aussi barbare qu'eux.

« Les Bourguignons, auxquels on n'épargna pas les sobriquets, rendirent à ceux qui avaient inventé la mauvaise rime,

Bourguignon salé,
L'épée au côté, etc.,

épigramme pour épigramme; il est vrai que, même entre eux, ils ne se ménageaient guère. On n'entendait parler alors que de *li buveors* d'Auxerre, *li musarts* d'Autun, *li moqueux* de Dijon, *li buveors* de Beaune. La même coutume régnait d'ailleurs dans toute la France. C'étaient *li sergens* du Hainaut, *li cavaliers* de Champagne, *li mongeors* de Poitiers, *li riches* de Châlons, *li nobles* de Vienne, *li fiers* de Neufchâtel, *li preux* de Vergy, *li meillor* archer d'Anjou.

Il n'est pas de contrée en France où la pensée religieuse, détournée de son véritable but et s'alliant à l'ignorance, ait donné pour résultat de plus comiques, quelquefois de plus dégoûtantes absurdités. Ici chaque père de famille laissait en mourant son meilleur lit à l'Église; là le célèbre Vincent Ferrier, dominicain espagnol, prêchait au peuple ces belles paraboles où il comparait Jésus-Christ à un médecin qui vient visiter un malade: 1° il lui regarde la face, *facies inspicitur;* 2° il tâte le pouls, *pulsus tangitur;* 3° il observe les urines, *urina attenditur;* 4° il prescrit la diète, *dieta prescribitur;* 5° il fait prendre des sirops, *syrupus immittitur;* 6° il purge, *purgatio conceditur.* Noble et touchante éloquence apostolique, que le plus patient des érudits et le moins délicat des auditeurs ne pourraient suivre dans tous les détails médicaux, développés et commentés par le moine, sans que leur cœur se soulevât.

Avant la révolution l'on voyait encore l'aîné des Chastellux prendre possession d'un canonicat héréditaire, concédé à sa famille par le chapitre d'Avalon; botté, éperonné, l'oiseau sur le poing, un baudrier placé sur un surplis, une épée au côté, une aumusse sur le bras gauche, les deux mains gantées, et coiffé d'un chapeau surmonté d'une plume blanche: tel était le bel équipage dans lequel les vicomtes-chanoines de Chastellux paraissaient une fois dans leur vie; ce qui leur valait de bonnes terres et des revenus assurés.

« Je n'ai pas besoin de vous entretenir long-temps de la *Mère-Folle*, procession satirique, indigène de la ville de *Rigin*, espèce de parodie de la royauté et de l'ordre social, amusement de carnaval, qui, par l'ironie de son but et la verve bizarre qui l'animait, méritait plutôt d'être conservé que ces insipides travestissements dont la froide gaieté et la folie sans esprit remplissent Paris pendant les jours gras.

« A *Flavigny*, les veuves ne pouvaient pas se remarier sans l'aveu du curé, et tous les habitants du lieu payaient au couvent un denier par toise de l'emplacement que leurs maisons occupaient. A *Is-sur-Tille*, le jour du carnaval, les gens du seigneur enlevaient impunément toutes les poules qu'ils pouvaient atteindre avec leur bâton. A *Beaune*, la nuit de Noël, le maire et les échevins allaient, en bottes et à cheval, placer une chandelle sur l'une des fenêtres du château de *Corberon*. Un usage, très répandu en Bourgogne, voulait que, pendant les couches de la dame du lieu, les habitants battissent l'eau des fossés pour empêcher les grenouilles de coasser.

« On sautait dans les églises; on dansait la *fraule* dans les cimetières; les chanoines et les seigneurs non seulement ne s'opposaient pas à la propagation de ces coutumes barbares, mais les appuyaient de leur autorité et de leur exemple. Les curés de *Montigny* et de *Sagny* disaient la messe en bottes, avec deux pistolets sur l'autel.

« Nulle part les vieux usages ne se sont conservés plus long-temps qu'en Bourgogne. Nos enfants demandent encore à la *suche de Noei*, c'est-à-dire à la bûche de Noël, des gâteaux et des dragées; c'est encore parmi nous que le *festin du roi boit* est dans toute sa splendeur. Il est vrai que les anciennes fêtes de l'Épiphanie ont un peu perdu de l'éclat dont elles brillaient; lorsque quatre animaux, le bœuf, l'âne, le coq, et l'agneau, représentaient la Nativité dans un mystère bourguignon que La Monnaie nous a transmis. Le coq disait: *Christus natus est* (le Christ est né); le bœuf mugissait, et demandait *Oubi?* (*ubi*, où?) l'agneau bêlait en répondant *in Be-e-e-e-thle-e-em* (à Bethléem); l'âne concluait en criant de tout son gosier *hin-hamus hin-hamus*; ce qui, dans son dialecte d'âne, signifiait *eamus* (allons). Cette fête subsistait sous Louis XIV; et Pascal vivait, et Bossuet tonnait, et Condé gagnait des batailles à la même époque où l'âne jouait un si grand rôle en Bourgogne. »

N° CCXL. [JUIN 1827.]

LA BOURGOGNE VINEUSE.

ET

SAINT-JEAN-DE-LOSNE.

> Hommage donc, disait-il en langage pantagruélique,
> à cette maîtresse du monde, à la dive bouteille !
> RABELAIS.
> .... Qui sert son pays sert souvent un ingrat
> VOLTAIRE.

M. de Venissan nous retint chez lui pendant la nuit suivante, et ne nous permit de nous remettre en route que le lendemain matin. Il nous accompagna jusqu'à la vallée de *Cusey*, vallée étroite, du milieu de laquelle une petite colonne, qui s'élève dans une mer de verdure, semble attester l'intention de perpétuer la tradition, aujourd'hui effacée, de quelque bataille, dont le nom même a disparu. « Allez, nous dit-il ensuite en nous quittant sur la route de Beaune, suivez le chemin, qui, de vignoble en vignoble, vous conduira jusqu'à la capitale de la Bourgogne. Un dithyrambe en l'honneur de Bacchus serait le fruit littéraire le plus naturel de la tournée que vous commencez ; ce serait-là l'hommage le plus juste que l'Ermite pourrait rendre à ce pays. Vous passerez par Beaune, Nuits, Clos-Vougeot; à chaque pas les produits de la vigne vous offriront des variétés nouvelles et délectables. Ah! que je vous plaindrais, si une bonne analyse critique et gastronomique des saveurs différentes de tous ces vins, classés par zones et numérotés savamment à la manière du docteur Gall, n'était pas le résultat de votre voyage ! »

Il dit, et partit. Nos chevaux de louage nous conduisirent assez lestement jusqu'à Beaune, qui a fourni tant de vin à nos restaurateurs et tant de bons mots à Piron. Assez bien construite, assez bien alignée même, entourée de jolies promenades, cette ville semble fondée non d'après les lois de la république de Platon, mais d'après les axiomes plus faciles établis par Épicure. Nous visitâmes la bibliothèque solitaire, le théâtre, un wauxhall élégant, un jeu de paume commode, un hôpital fort bien tenu. Rollin, à ce que m'apprit mon guide, non le bon universitaire de 1770, mais le chancelier de Bourgogne au quinzième siècle, fonda cet établissement par ordre de Louis XI, qui disait avec cette gaieté âcre dont il était doué : « Rollin a fait assez de pauvres pour qu'il bâtisse une maison qui serve à les loger. »

Cependant nous avions regagné notre auberge, et un modeste souper était servi devant nous. « La sainte bouteille, la sacro-sainte gourde, » cette divinité que Rabelais honorait par-dessus toutes les autres, fut aussi l'objet de nos hommages; et tout en rendant justice à Beaune, tout en réfutant Piron, qui cependant était trop connaisseur pour envelopper dans sa haine l'objet de notre admiration, nous cherchions, dans un excellent annuaire du département de la Côte-d'Or, quelques documents historiques.

Ce petit trésor de science, ouvert à tous ceux qui veulent acquérir quelques lumières rapides sur les révolutions, et même sur les coutumes bourguignonnes, nous apprit que la ville de Beaune, appelée en latin *Belna*, tire son origine d'un *castrum* romain. Plusieurs monuments le prouvent : une inscription découverte en 1683 semblerait annoncer que cette ville portait d'abord le nom de *Minervia*; on dit qu'elle dut ensuite celui de *Belna* au dieu *Belenus*, nom sous lequel les Gaulois adoraient le soleil. Si je puis essayer aussi une conjecture érudite, il me semble probable que *Belna* était le nom primitif de la ville, que les Romains auront voulu changer en celui de Minerve, mais sans pouvoir y parvenir, et qu'en dépit des conquérants, l'appellation celtique aura prévalu. » Il y a là, s'écria mon ami le gentilhomme, de quoi faire mourir de plaisir l'érudit que nous avons laissé à Autun.—Il mourrait de douleur, repris-je, s'il lisait comme moi dans cet annuaire que les Beaunois réclament pour leur ville tous les honneurs de l'ancienne *Bibracte*, si bien acquis à la ville d'Autun. Il est vrai que l'auteur donne gain de cause aux Autunois.

Nous trouvons ensuite que cette ville suivit le sort de toute la Gaule; elle passa des Romains aux barbares, appartint aux Bourguignons et aux Francs, et eut ses comtes particuliers sous la seconde race de nos rois. Le premier connu se nommait *Manussès de Vergy* en 880, lequel appartenait à l'illustre maison de Vergy, d'où est née la belle *Gabrielle*, épouse de *Fayel*, et amante de *Raoul de Coucy*, de tragique mémoire.

Les ducs de Bourgogne en devinrent les maîtres ainsi que de toute la province. Ce pays florissait sous ces princes, et on y établit une manufacture d'étoffe. Les draps que l'on y fabriquait étaient larges, il n'en fallait que sept aunes pour vêtir complètement un homme et une femme, et l'aune coûtait dix sous.

Les armoiries de la ville représentaient une vierge portant son fils, et celui-ci tenait dans sa main une grappe de raisin; autour était cette devise: *Causa nostræ lætitiæ* (la cause de notre alégresse.) L'auteur de l'annuaire ne s'explique pas sur l'ambiguité de cette expression qui laisse à deviner ce que les Beaunois voient avec tant de plaisir; était-ce la vierge ou la grappe?

Le premier titre de gloire de cette ville est d'avoir donné le jour à Gaspard *Monge*, l'un des plus beaux noms, l'une des plus grandes célébrités de notre époque. Fils d'un simple marchand forain, ce créateur de la géométrie descriptive, ce grand homme qui partagea la gloire des Lavoisier, des Cavendish et des La Grange, ce grand citoyen, ce noble génie mourut en 1818, chassé de l'Institut, radié de la liste des professeurs de l'école polytechnique, privé de tous traitements. Aucun de ses élèves, devenus ses enfants, ne put assister à ses obsèques; M. Bertholet prononça quelques touchantes paroles sur sa tombe solitaire. Ce fait seul suffira pour constater l'état de barbarie où la France était alors momentanément replongée.

Nous repartîmes; et mon compagnon de route m'entretint long-temps de M. *Dupré-Sainte-Maure*, ancien sous-préfet de Beaune, connu par la publication d'un *Essai sur les relations commerciales du département de l'Aude*.

Cependant les vignobles les plus célèbres de la contrée chère aux gourmets se succédaient devant nous : *La Romanée*, *Saint-Georges*, *Nuits*, connue par l'admirable bouquet de ses vins; *Cîteaux*, qui, toujours fameux par ses vins et célèbre encore par ses moines d'autrefois, doit une gloire plus récente et plus honorable à M. de Chauvelin, ferme et spirituel défenseur des libertés françaises ; *Clos-Vougeot*, dont nous allâmes goûter les produits dans le clos même où on les récolte, nous conduisirent de vignoble en vignoble jusqu'à *Saint-Jean-de-Losne*, petite ville que je voulus aller visiter, et qui devrait être un lieu de pèlerinage pour tout homme dont la pensée de la patrie et le dévouement de ses concitoyens peuvent émouvoir l'ame et faire battre le cœur.

En 1636, Saint-Jean-de-Losne était assiégée par l'armée impériale, commandée par le grand-duc de Galéas, et forte de soixante mille hommes. Losne n'avait, pour soutenir ses efforts, qu'une enceinte mal fortifiée, huit petites pièces de canon sans canonniers pour les servir, une garnison de cent cinquante hommes, dont il fallut payer la fidélité au poids de l'or, et trois cents habitants, véritables Spartiates. « Malgré le feu terrible d'une nombreuse artillerie, dit un auteur, l'éclat des bombes, les feux d'artifice, un furieux assaut qui dura trois heures, et une brèche ouverte de douze toises, ils tinrent ferme, et rien ne fut capable d'ébranler leur constance ; ils résolurent de tout sacrifier pour l'intérêt commun. Une délibération formée par leurs échevins, MM. Desgranges et Labre, portée de porte en porte sur la brèche, fut signée par presque tous les bourgeois ; ils s'obligèrent sous serment de combattre jusqu'à la mort. Si le nombre des assiégeants l'emportait, il fut décidé que chacun, au son d'une grosse cloche, mettrait le feu à sa maison, périrait ensuite l'épée à la main en se défendant de rue en rue, ou se retirerait par la porte du pont de Saône, dont on abattrait une arche, pour rendre cette conquête inutile aux ennemis.

« Ainsi fortifiés, nos trois cents citoyens soutinrent pendant quatre heures, avec une valeur incroyable, un second assaut encore plus meurtrier que le premier; ils s'y battirent en désespérés, aidés de leurs femmes qui donnèrent des marques de courage au-dessus de leur sexe; elles versaient des graisses fondues, des huiles bouillantes, sur leurs ennemis; dépavaient les rues pour les écraser à coups de pierres, prenaient les armes de leurs frères, de leurs maris tués ou blessés, et combattaient avec tout l'acharnement du désespoir et de la vengeance.

Malgré cette résistance, qui tenait du prodige, c'en était fait, si douze Auxonois, accourus au secours de leurs voisins, et qui partagèrent leur péril à la dernière heure de l'assaut, n'eussent annoncé la prochaine arrivée de troupes fraîches. En effet, le comte de Rantzaw arriva peu après la fin de l'action, et comme il était nuit.

« La résistance opiniâtre des assiégés, jointe à la crainte d'une inondation dont menaçait une pluie de douze heures, força Galéas rebuté à lever le siége le 3 novembre, après être demeuré neuf jours devant la place, et y avoir fait une grande perte d'hommes et de munitions; ses soldats, toujours vainqueurs sous Walstein et Tilly, frémissaient de rage de se voir battus par une poignée de bourgeois et d'avoir échoué devant une bicoque. »

A cette héroïque défense, les Losnois joignirent le généreux orgueil de refuser les titres de noblesse que leur offrait Louis XIII. Leur dévouement avait assez de grandeur, et n'attendait rien de la cotte de mailles héraldique.

Napoléon, à son passage en Bourgogne pendant les cent jours, reprocha aux habitants de Saint-Jean-de-Losne de n'avoir pas, en 1814, montré le courage de leurs ancêtres.

« Pourquoi nous aviez-vous donné un mauvais maire? lui répondirent-ils. » A la seconde invasion ils firent une vigoureuse résistance.

Mon guide s'étonnait avec moi du silence honteux des historiens qui n'ont pas même rappelé en peu de mots ce trait d'héroïsme, dont les moindres circonstances ont un si grand intérêt. Ce n'est que vers la fin du dix-huitième siècle que cette action prodigieuse fut rappelée au souvenir de la France qui oubliait ses enfants, leur gloire, leur sacrifice, et sa grandeur. En Angleterre une telle action eût passé de l'histoire sur la scène, et dans la poésie la plus élevée comme dans la plus populaire. Malheur aux nations qui se négligent elles-mêmes, qui n'ont pas de respect pour leurs propres vertus, et qui croient avoir des annales historiques, quand les noms des grandes familles remplissent de vastes répertoires de noms, de titres, et d'orgueil!

N° CCXLI. [26 juin 1827.]

DIJON.

> Dijon, où tout le monde a de l'esprit.
> GROSLEY.

« Nous voici dans les murs de *Dijon*, cité fière d'avoir produit Buffon, Bossuet, Rameau, Desbrosses, Piron, Crébillon, et même saint Bernard, dont l'orthodoxie doit s'étonner de se trouver en compagnie si profane, mais dont le génie et l'ame ardente mériteraient encore cet honneur, toute sainteté à part. Descendons à l'hôtel du Parc, visitons ensuite l'église de Saint-Bénigne, cathédrale de Dijon, le musée, fort remarquable et fort riche, la bibliothèque publique, également digne d'une ville toute littéraire : de là nous nous rendrons chez un ancien parlementaire de mes amis, homme respectable, pour qui, comme pour tous les gens de robe, la France entière était circonscrite dans l'enceinte du palais judiciaire, mais qui, par son esprit cultivé et son ton plein de politesse, bien qu'un peu cérémonieux, vous donnera une idée assez exacte de l'ancienne société dijonnaise. »

Je suivis aveuglément le guide complaisant qui s'était imposé la tâche de suivre ou de diriger mes pas à travers la Bourgogne, et qui, tout en signalant avec infiniment de tact les préjugés des autres, avait soin de n'en abandonner aucun des siens. Je déplorai avec lui la destruction des mausolées de la cathédrale, modèle du style gothique, et dont la flèche s'élève dans les airs avec une hardiesse digne des plus beaux monuments de ce genre. J'admirai une *Descente de croix*, composition savante, due au pinceau énergique de Jouvenet. La bibliothèque, que je visitai ensuite, m'offrit plusieurs manuscrits précieux. « Eh quoi! dis-je à M. de***, un portrait de Voltaire conservé dans l'enceinte de votre bibliothèque! Ce respect pour le grand homme ennemi des Garasse et des Nonotte me surprend et me charme. » Le gentilhomme ne répondit rien, et me conduisit au musée qui occupe l'une des ailes de l'ancien palais des ducs de Bourgogne.

Sur le socle d'un fort beau buste de marbre sont inscrits ces mots :

MONUMENT DE RECONNAISSANCE ET D'AMITIÉ.
LES ÉLÈVES DE L'ÉCOLE DE DIJON,
LES ARTISTES, LES AMATEURS,
A LEUR MAÎTRE, LEUR PÈRE, ET LEUR AMI.

Cette inscription, due à la reconnaissance et non à la flatterie, me sembla fort touchante. « C'est, me dit M. de***, le buste de M. Devrys, qui demanda, en 1789, aux états-généraux de Dijon la fondation du musée. »

Ce bel établissement renferme aujourd'hui une infinité d'objets précieux. J'y remarquai des ouvrages d'arts de toutes espèces, des statues en marbre et en plâtre, des bas-reliefs, des médailles, des empreintes de pierres gravées, des curiosités naturelles et artificielles, des gravures, des tableaux, etc. Parmi ces derniers se montre au premier rang un saint Jérôme du Dominiquin; un paysage de Gaspard Poussin, digne du pinceau large et pittoresque qui distingue ce grand paysagiste; la Mort de saint François d'Assises, par Augustin Carache; plusieurs paysages et tableaux de Vander Vorf, de Teniers, de Van-Ostade, et sur-tout un intérieur d'église du célébre Peter Neefps, tableau d'une conservation et d'une exécution parfaites; des copies d'un grand mérite, dignes aussi de fixer l'attention; celle de l'école d'Athènes, d'après Raphaël, exécutée par des élèves habiles sous la direction de Nicolas Poussin, est sur-tout remarquable; un portrait de Mignard, peint par lui-même, attira aussi mes regards; celui du président Bouhier, par Largillière, est du plus bel effet; une sainte Famille, tableau original de Rubens, ne le cède en rien aux plus magnifiques productions de ce roi des coloristes.

Si les moines, dans leur réalité vivante, choquent ma vue et effraient ma pensée, j'en vis avec beaucoup de plaisir soixante-dix sculptés, ou plutôt soixante-dix figures en marbre, de douze pouces de haut, représentant des moines de divers ordres religieux; le *faire* en est parfait, et le mouvement des draperies admirable; on préfère là, comme dans les célèbres tableaux de chœur, celles dont le visage est entièrement voilé. Ces statues ornaient les mausolées des ducs de Bourgogne, détruits avec tant d'autres monuments du même genre en 1793.

Parmi les objets antiques je distinguai une petite galère de bronze; c'était sans doute un *ex voto:* on l'a trouvée en 1763, en labourant la terre au village de Blenau; il reste encore l'un des deux rameurs qui semblaient conduire le petit navire entre les écueils. La faiblesse humaine se confia toujours aux mêmes superstitions. J'eus peine à quitter ce magnifique musée, et mon guide m'entraîna presque de vive force loin de ce lieu qui avait tant de séduction pour moi.

Dijon est une ville élégante, construite avec goût, ornée d'hôtels superbes, embellie par des promenades pittoresques. Celle des Trois-Allées, située au pied d'une colline, et qui a un quart de lieue de longueur, me semble l'emporter même sur la célèbre promenade d'Aix, à laquelle on la compare. Le goût des arts, l'aisance, et la joie, respirent dans cette capitale de la Bourgogne. Entourée d'une riche ceinture de collines verdoyantes, baignée par les flots de deux rivières, l'Ouche et la Suzon, elle donne par son aspect seul une idée favorable des mœurs qui y règnent; et cette idée n'est point contredite par le caractère moral et intellectuel de ceux qui l'habitent.

Cependant nous frappâmes à la porte de la maison occupée par l'ancien membre du parlement dijonnais. Fort bien reçus par l'ami de M. ***, nous acceptâmes l'invitation qu'il nous fit de recevoir de lui l'hospitalité. Le lendemain il nous conduisit au palais des anciens ducs de Bourgogne, que nous n'avions fait que traverser. Sur une des clefs de la vieille tour il nous montra le rabot du fameux Jean-sans-Peur, devise insultante, réponse terrible à la devise du duc d'Orléans, qui avait choisi pour emblême un bâton couvert de nœuds.

Les noms de Guyton-Morveau, de M. Maret, duc de Bassano, célèbres Dijonnais, se mêlèrent, dans la conversation du membre du parlement, aux souvenirs des anciens états de Bourgogne et aux éclaircissements historiques sur le *Castrum dionense*, première origine de Dijon. Le lendemain ce vénérable débris d'une magistrature qui seule contrebalança pendant plusieurs siècles les envahissements du pouvoir, me donna communication d'une histoire succincte de la Bourgogne, où il me permit de puiser des renseignements d'un grand intérêt et d'une exactitude incontestable.

N° CCXLII. [JUIN 1827.]

ANNALES BOURGUIGNONNES.

Sad records of ill used time.
WORDSWORTH
Tristes souvenirs d'un temps mal employé !

La *Bourgogne*, long-temps indépendante, théâtre de grands événements et de grands crimes politiques, se rattache à tout ce que l'histoire de France offre de plus intéressant et de plus remarquable. Elle a eu de nombreux historiens. La crédulité de Grégoire, Frédégaire, Aymoyn, leur servile abaissement devant les puissances de leur époque, ôte quelque autorité à leurs récits; mais, contemporains des événements qu'ils rapportent, ils n'ont pu détruire entièrement la vérité qu'ils ont obscurcie. Les chroniques de Saint-Bénigne, de Bèze, de Flavigny, de Vezelay, ont encouru les mêmes reproches, quoique leurs auteurs aient écrit un peu plus tard. Paradin, Gollut, Saint-Julien, se montrent moins serviles, mais non moins crédules. Le premier qui ait débrouillé avec une sagacité impartiale ces monuments confus est Duchesne : Chasseneux et Begat, jurisconsultes habiles, ont aussi contribué à éclaircir l'ancienne histoire de Bourgogne. Plusieurs autres écrivains, le jésuite Royer, le Bourguignon Claude, A. Gerard, et sur-tout l'abbé Lebœuf, ont jeté de la lumière sur quelques points isolés de nos annales. Le bénédictin dom Plancher a voulu faire l'histoire de la province; ses cinq volumes in-folio ne contiennent guère que celle de nos moines. Dans les temps plus modernes, MM. Mille, Beguillet, Gareau, l'intendant de Harlay, ont montré plus d'impartialité et d'exactitude. Je les ai tous consultés, sans oublier M. Dufey, de l'Yonne, qui a publié un excellent résumé de l'histoire de sa province.

La Bourgogne, au temps des Gaulois, était partagée en divers peuples : les *Éduens*, dont la capitale était *Bibracte;* les *Lingons,* les *Séquanais,* les *Dogens,* etc. Ils formèrent la principale force de l'armée de Brennus, lorsqu'elle descendit dans l'Étrurie, l'an de Rome 364, et quand ils assiégèrent et prirent cette ville, destinée à devenir la capitale du monde connu. Depuis ce grand événement, la terreur du nom gaulois fut portée chez les Romains à un si haut point que, dans les guerres entreprises contre nos ancêtres, tout privilége cessait, nul n'était dispensé de prendre les armes, et il y avait toujours dans le trésor de la république des fonds uniquement destinés à cet effet.

Plus tard, vers l'an 636 de Rome, les Romains se vengèrent; à leur tour ils pénétrèrent dans la Gaule, s'emparèrent de la province de Narbonne, et reçurent au nombre de leurs alliés les Éduens et les Lingons. Bientôt César entreprit une lutte sanglante qui dura dix ans, pendant lesquels il effectua la soumission totale de la Gaule, malgré la bravoure déployée par Vercingétorix et quelques autres chefs aussi vaillants que malheureux. La liberté expira sous les remparts d'Ulise, et depuis ce moment elle ne brilla plus sur la Gaule. La Bourgogne fit partie de la province lyonnaise ; des routes militaires, de somptueux monuments, de riches cités l'embellirent. La paix régna dans la Gaule; le christianisme s'établit dans le pays, qui fut appelé à profiter des lumières de l'Évangile par les efforts de trois disciples de saint Polycarpe, Bénigne, Andoche, et Tyrse; le premier martyrisé à Dijon, vers l'an 178 de l'ère chrétienne, et les deux autres à Saulieu.

Peu de temps avant la conversion de Constantin, le repos de la Gaule avait été troublé par les guerres civiles que firent naître dans tout l'empire les trente tyrans qui s'en disputaient les dépouilles. Posthume, reconnu empereur par les Gaulois, se défendit dans Autun contre tous les efforts de Gallien. Cette ville soutint plus tard un autre siége contre Étricus, qui s'en empara et la démantela entièrement. Constantin demeura dans Autun, qu'il embellit, et dont il releva les remparts. Depuis son règne la Bourgogne fut tranquille ; mais la décadence de l'empire laissa les barbares maîtres de ravager les pays sur lesquels la domination romaine avait pesé. Les Bourguignons, Germains d'origine, voulurent prendre leur part du pillage universel. Ils partirent du sein de leurs forêts, et se répandirent dans la Gaule pour la première fois l'an 275 de J.-C. Ils s'y rendirent maîtres de plus de soixante-dix villes. En 279, l'empereur Probus les battit et les chassa. Ils allèrent occuper la rive droite du Rhin, où ils demeurèrent jusqu'en 407, époque où, appelés avec d'autres nations par le patrice Stilicon, traître à l'empire, ils rentrèrent dans la Lyonnaise, sous le commandement du roi Gondicaire, et devinrent maîtres de tout l'espace enclavé entre le haut Rhin, la Saône, et le Rhône.

Une fois établis dans ce pays, leurs mœurs s'adoucirent. Sidoine Apollinaire les peint sous des couleurs favorables. Il est vrai que le bon évêque avait peur lorsqu'il chanta leurs louanges, et que plus tard, quand ils eurent quitté l'Auvergne, il les traita de barbares.

Genève devint la capitale des états de Gondicaire, guerrier hardi qui s'empara de Vienne, d'Autun, et poussa ses conquêtes jusqu'à Metz. Une sanglante victoire, que les bourguignons perdirent en 435, les contraignit à se rendre tributaires de Rome.

Gondioche succéda à Gondicaire, dont il était le fils. Sous son règne, Attila, ce *fléau de Dieu*, traversa la Bourgogne, et la flamme et le meurtre marquèrent par-tout son passage. On connaît sa défaite dans les champs Catalauniques, où les Bourguignons furent, dit-on, les vaillants auxiliaires des Romains, des Visigoths, et des Francs. Gondioche donna des lois à son peuple, et établit solidement son trône.

Gondebaud, l'un de ses fils, se livra, ainsi que ses sujets, aux erreurs de l'arianisme. La division se mit parmi le peuple : deux frères du roi le poursuivent, le combattent, et le défont sous les murs d'Autun. La fortune change; la victoire est pour lui; il surprend ses frères dans Vienne, fait couper la tête de Chilpéric, précipite sa femme Agrippine dans le Rhône, force l'une des filles de ce prince à entrer dans un monastère, relègue Clotilde, la seconde, à Genève, tandis que Gondemar, autre frère du roi, plutôt que de consentir à périr de la main du bourreau, se fait brûler vif dans son palais.

Gondebaud poursuit le cours de ses triomphes, pénètre en Italie, s'empare de Pavie et de Turin, et rentre en Bourgogne chargé d'un immense butin. Mais le ciel ne voulait pas toujours servir ses crimes; il fut obligé de donner en mariage sa nièce Clotilde au roi des Francs, Clovis. Celle-ci engagea son époux à déclarer la guerre au barbare, et vers l'an

500 Clovis détacha du royaume des Bourguignons toute la Provence. Les évêques de la Gaule servaient le monarque français, nouvellement chrétien, et qui seul de tous les princes avait résisté à la contagion de l'hérésie arienne. Les prélats profitèrent de ce moment pour sommer Gondebaud d'assembler un concile, dans lequel ils se proposaient, disaient-ils, de combattre l'erreur. Le roi bourguignon, qui savait leur intention secrète, leur répliqua :

« Si votre foi était véritable, votre fidélité devrait être inébranlable. Pourquoi n'avez-vous pas empêché Clovis de me déclarer la guerre, et de se joindre à mes ennemis pour me détruire? Que le roi des Français montre sa foi par ses œuvres; quand on a la foi, on n'est ni avide du bien d'autrui, ni altéré du sang des peuples. » Bien raisonné pour un barbare.

La guerre eut enfin un terme : Gondebaud profita du calme pour rédiger le corps de lois bourguignonnes qu'on appela depuis *lois gombettes;* code très insuffisant, mais qui n'était pas sans mérite, puisque Montesquieu l'élève au-dessus de tous ceux que les autres princes barbares donnèrent à leurs sujets.

Les juges qui, requis trois fois, ne rendaient pas la justice, étaient passibles d'une amende de douze sous d'or. La peine du talion était en vigueur: qui crevait un œil en devait perdre un, etc., etc. Le vol d'un épervier était cruellement puni; sans doute parceque cet oiseau était la propriété de la noblesse. On sait que la loi salique défendait au Franc prisonnier de donner pour sa rançon son épée ou son épervier; mais il pouvait céder jusqu'à deux cents serfs de ses terres. Voltaire a-t-il eu tort de dire que l'homme avait toujours été l'animal le plus méprisé sur la terre?

Gondebaud favorisa maladroitement la guerre que Clovis déclara aux Visigoths, et qui se termina en 507 par la mort d'Alaric, roi de ce peuple, et par la conquête de toutes les provinces soumises à sa domination depuis les bords de la Loire jusqu'au pied des Pyrénées. Gondebaud mourut en 516, laissant, malgré ses crimes, un grand souvenir. Il avait montré une habileté consommée dans le choix de ses ministres, habileté si rare et si précieuse pour les peuples.

Sigismond, l'aîné de ses fils, épousa une esclave qui le poussa au crime, et lui fit étrangler en 522 Sigeric, son premier-né, enfant de la reine Amalberge. Le crime consommé, le roi en reconnaît toute l'étendue; il pleure, il s'humilie devant Dieu; son peuple le hait et le méprise: les monarques français, poussés par Clotilde, leur mère, s'allient à Théodoric, roi des Ostrogoths, et grand-père de l'infortuné Sigeric; on attaque Sigismond; des moines le livrent, et Clodomir le fait jeter dans un puits avec toute sa famille en 524, tandis que Gondemar, son frère, cherche à relever le royaume des Bourguignons. Clodomir marche contre lui; il est vaincu et tué. En 534 Clotaire et Childebert remportent à leur tour une grande victoire sur Gondemar, s'emparent de ses états, l'obligent à prendre la fuite, et dès ce moment l'histoire de sa vie est inconnue.

La Bourgogne, dès-lors, tantôt réunie, tantôt divisée, fut soumise au sceptre des rois de France. Dans les obscures annales des Mérovingiens on distingue Gontran, roi d'Orléans et de Bourgogne, homme charitable, bienfaisant, aimé de son peuple.

Je franchis toute la première race, et je trouve dans la seconde deux noms dignes d'être signalés dans le petit nombre des seigneurs français demeurés fidéles à Louis-le-Débonnaire, Guérin de Vergy et le comte d'Autun. La royauté avait perdu sa majesté sous les successeurs de Charlemagne. Chaque gouverneur de province cherchait et parvenait presque toujours à se rendre indépendant. On vit, sous Louis-le-Bègue, trois nouveaux royaumes se former des débris de l'ancienne Bourgogne : celui de Provence, dont Bozon fut le premier roi, élu en 879; celui de la Bourgogne transjurane, par Rodolphe, couronné à Saint-Maurice en Valais, en 888, et celui d'Arles, en 950. La Bourgogne proprement dite passa sous l'autorité des ducs qui l'administraient bénéficiairement. Dès cette époque Hugues, fils naturel de Charlemagne, obtint ce titre vers 778. Richard-le-Justicier, frère de Bozon, roi d'Arles, devint premier duc héréditaire de Bourgogne en 893. Raoul, son fils, lui succéda en 921. Celui-ci se déclara contre Charles-le-Simple, et en faveur de Robert, duc de France, son beau-frère. Lui-même fut élu roi après la mort de ce dernier. Il mourut sans laisser de postérité, et Hugues-le-Noir, son frère, obtint après lui le duché de Bourgogne, qui ne fut réuni à la couronne qu'en 1002, après la cession forcée que le duc Otte Guillaume en fit alors.

Henri Ier, roi de France, donna ce duché, qu'il avait possédé lui-même, à Robert II, son frère, chef de la première maison de la race de Hugues-Capet qui ait possédé héréditairement la couronne. En 1027, la province fut frappée d'une affreuse famine. Le duc soutint la guerre contre de grands vassaux qu'il ne contenait qu'à peine ; il commit lui-même un crime horrible en assassinant de sa propre main Dalmase de Seimur, son beau-père, et périt à son tour, en 1073, d'un accident tragique dont les chroniqueurs ne nous ont pas fait connaître les détails. Le clergé lui ouvrit les portes du ciel : il avait enrichi les églises.

Hugues, son petit-fils, gouverna après lui ; la

douceur de ses manières lui concilia les esprits. Son premier acte fut de jurer entre les mains de Rainal, évêque de Langres, la conservation des priviléges de ses sujets. C'est une cérémonie à laquelle les princes se soumettent volontiers, mais qu'ils observent le plus rarement qu'ils peuvent. Hugues Ier fit plus; il convoqua en 1076 les états à Bèze, et là il dispensa de l'obéissance qui lui était due, par une loi solennelle, six de ses hauts barons, dans le cas qu'il lui arrivât de faire violence aux lois, aux coutumes, ou aux priviléges de la Bourgogne : *tant,* dit l'historien Saint-Julien, *étaient lors toutes les voies ouvertes pour obvier et étouffer la tyrannie, et desir de retenir les princes en leur devoir, obéissance, serment, foi, et prud'hommie.*

La paix régnait dans la contrée; Hugues courut chercher la guerre et la gloire en Espagne, où il alla secourir le roi Sanche d'Aragon, battu par les Sarrasins. De retour de cette expédition, et dégoûté du monde, il se retira dans l'abbaye de Cluny, où il fit profession monacale. Le pape Grégoire VII n'approuva pas cet acte de piété mal entendue; il adressa de sévères reproches à l'abbé du lieu. « Vous avez, lui écrivit-il, enlevé le duc de Bour-«gogne, et par là vous ôtez à cent mille chrétiens «leur unique protecteur. Si vous ne vouliez pas «exécuter mes ordres qui vous le défendaient, au «moins eussiez-vous dû être sensible aux gémisse-

« ments des pauvres, aux larmes des veuves, aux
« cris des orphelins. » Hugues mourut quinze ans
après sous les habits sacerdotaux.

Eudes, son frère, prit en 1078 le diadème que
Hugues abandonnait; il passa sa vie à doter des
couvents et à se quereller avec le clergé; et, pour
contenter celui-ci, il partit pour la Palestine en
1102, et mourut la même année à Tarse, en Cilicie. Hugues II, qu'il avait eu de la fille de Mahaud, comte de Bourgogne, passa les quarante ans de son règne dans l'exercice des vertus paisibles. Il encouragea les sciences, se querella avec les prêtres, chose qui était alors très difficile à éviter, et mourut en 1142, laissant la couronne ducale à Eudes II, son fils. Deux ans après celui-ci alla, avec quinze mille hommes, secourir Alphonse de Portugal, son cousin. Il eut la gloire de triompher des Maures et de les chasser de la ville de Lisbonne. A son retour il osa résister à l'exemple général et à l'éloquence de saint Bernard, et refusa de se croiser pour la Terre-Sainte. Il demeura dans ses états dont il fit le bonheur. Sa mort arriva en 1162. C'était un homme sage et un brave guerrier. Son fils ne l'imita pas; il courut en Palestine, s'y querella avec les autres princes, épuisa son royaume, et mourut à Tyr, laissant la couronne à Eudes III, son fils. Cette époque, encore sauvage, voyait régner plusieurs usages extravagants qui semblaient compromettre

la dignité du catholicisme. On enterrait et on ressuscitait l'*alleluia* dans certaines églises. Il y en avait d'autres où un choriste apportait une grosse toupie sur laquelle était gravé en lettres d'or le mot *alleluia*; l'enfant, un fouet à la main, la chassait devant lui jusqu'à qu'elle fût sortie du temple.

Eudes, malgré l'exemple de son père, fit partie de la quatrième croisade avec Boniface, marquis de Montferrat, et Baudouin, comte de Flandre. Au lieu de tourner leurs armes contre les infidèles ils entreprirent la conquête de l'empire de Constantinople, dont ils s'emparèrent. Baudouin fut élu empereur par les croisés, et Eudes, satisfait du succès de cette expédition, revint dans ses états qu'il n'aurait pas dû quitter. Sa fureur pour les croisades n'était pas encore assouvie; il en entreprit en 1209 une autre moins lointaine, mais plus odieuse; il se joignit aux persécuteurs des Albigeois, et obéit en bon catholique aux ordres de cet Amalric, légat du pape, qui criait sur la brèche de Béziers : *Tuez-les tous, Dieu reconnaîtra les siens!*

Eudes refusa avec indignation, après la prise de Carcassonne, la souveraineté des domaines conquis sur le seigneur de cette cité : il quitta même la croisade et vint secourir Philippe-Auguste contre l'empereur Othon IV et le comte de Flandre. Eudes prit sa part de gloire de la bataille de Bouvines, qui fut livrée le 27 juillet 1214. Enfin Eudes songeait à retourner dans l'Orient, lorsqu'il mourut à Lyon en 1218, laissant ses sujets inconsolables de sa perte, et la couronne à Hugues IV, son fils.

Celui-ci n'avait que six ans; Alix de Vergy, sa mère, prit la régence. Elle gouverna avec sagesse et fermeté, et lorsqu'elle se retira, après avoir remis l'administration, ce fut pour cultiver son domaine de Prénois; *elle y faisait valoir deux charrues à bœufs et un troupeau de cinq cents moutons:* les princesses de ce temps n'étaient pas mieux dotées que des archiduchesses allemandes de nos jours. Hugues, à sa majorité, assista au sacre de Louis IX en qualité de premier pair de France. Sa politique profonde s'opposa, en 1248, à l'établissement que le pape Innocent IV voulait faire en France. Au nom de tous les pairs et barons il protesta contre l'invasion pontificale avec un courage et une sagacité qui ne peuvent recevoir trop d'éloges. Il se croisa ensuite avec saint Louis, et comme lui il fut fait prisonnier à la Massoure. De retour en Bourgogne il obtint de Baudouin, empereur de Constantinople, le royaume de Thessalonique, et mourut en 1272, laissant une mémoire honorable que n'éclipsa pas Robert II, son fils et son héritier.

Celui-ci passe en Italie, et veut venger le meurtre des Français commis dans la Sicile en 1282; en 1294 il rendit une loi somptuaire qui défendait de donner au *grand mangier* (le souper) plus de deux plats et un potage au lard *sans fraude*, et au *petit mangier* (le dîner) plus d'un mets et d'un entremets. Les jours maigres et ceux de jeûne la frugalité de nos ancêtres était plus grande encore.

Hugues V, Eudes IV, se succèdent sans déshonorer ni signaler leur règne par de grands crimes ou de hautes vertus. A Eudes IV succéda son petit-fils, Philippe de Rouvre, qui eut pour tutrice Jeanne de Boulogne, sa mère, femme du roi Jean. Ce monarque, prenant aussi la qualité de tuteur, se servit utilement de la Bourgogne, dont il dirigeait à son gré les grands vassaux; mais après sa captivité, triste résultat de la bataille de Poitiers, livrée le 19 septembre 1356, les Anglais, ne trouvant point d'obstacles, parcoururent la plus grande partie du royaume, et la Bourgogne ne fut pas épargnée dans cette course dévastatrice. Cent mille *moutons d'or* achetèrent leur retraite, et deux ans après le jeune duc termina sa vie sans laisser d'héritiers de sa noble race. En lui s'éteignit la première maison de Bourgogne sortie du sang de France; elle avait régné trois cent vingt-neuf ans. Le roi Jean déclara ce duché sa propriété particulière : il vint à Dijon, et, après la prise de possession, il réunit la Bourgogne à la couronne : ce ne fut pas pour long-temps.

En 1363 il donna le duché de Bourgogne, avec clause de réversion, à Philippe son quatrième fils, surnommé *le Hardi*. Ce présent impolitique coûta bien du sang au royaume. Charles V ratifia ce don funeste. A peine couronné à Dijon, il fut attaqué par les Anglais. Le fameux Prince Noir pénétra dans la Bourgogne en 1366, et s'avança jusqu'à Auxerre : mais Charles V avait de trop habiles généraux pour se laisser insulter impunément. Duguesclin attaqua les Anglais sur leurs derrières, et il les contraignit bientôt à quitter la Bourgogne pour courir se renfermer dans la Guyenne.

Les grandes Compagnies formées d'un ramas de bandits, de soldats, et même de chevaliers, accoutumés à vivre aux dépens du peuple, fondirent à leur tour sur la Bourgogne; et, pour l'en délivrer, on n'employa pas toujours l'appui des armes : on paya leur retraite; marché déshonorant qui ne fit que les accoutumer au pillage, jusqu'à l'heure où Duguesclin se mettant à leur tête les conduisit en Espagne au secours de Henri de Transtamare qui disputait la couronne d'Aragon à Pierre-le-Cruel.

Philippe-le-Hardi épousa Marguerite de Flandre, qui lui apporta en dot le comté de Bourgogne (celui-ci indépendant du duché), celui d'Artois, celui de Flandre, celui de Rhétel, et celui de Nevers, acquisitions magnifiques qui l'élevèrent au niveau des plus puissants rois, et éveillèrent en lui cette ambition sans bornes qui devait préparer une chute si profonde.

Il eut à combattre en 1384 les Flamands révoltés : les rebelles furent vaincus à Comines et à Rosebecq : dans cette dernière bataille Artevelle, leur chef, trouva la mort. Son crédit et sa puissance augmentaient chaque jour, lorsque la folie de Charles VI obligea les Français à mettre un régent à la tête du gouvernement ; il obtint cette éminente charge dont il s'acquitta dignement.

L'Église était alors déchirée par un schisme qui divisait en deux le souverain pontificat. Boniface IX régnait en Italie, et Benoît XIII à Avignon. La chrétienté souffrait d'un tel scandale. La France députa, en 1393, le duc régent à la cour d'Avignon ; mais ses sollicitations ne purent rien obtenir. Pétrarque attribue au bon vin de Bourgogne, dont le duc régala le sacré collége, l'obstination des cardinaux à ne pas retourner à Rome. « C'est, dit-il, qu'en Italie il n'y a pas de vin de Beaune, et qu'ils ne croient pas pouvoir mener une vie heureuse sans cette liqueur qu'ils regardent comme leur cinquième élément. » (*Petrarchi*, Op. p. 800.) Il écrivait sérieusement ces singulières paroles dans une lettre adressée au pape Urbain V pour l'exhorter à venir à Rome.

Philippe, de retour dans ses états, continua à veiller à leur administration comme à celle de la France. La mort le surprit, pour le malheur commun du royaume, le 27 avril 1404. On embauma son corps, qui fut enveloppé de trente-deux aunes de toile cirée, recouvert d'un habit de chartreux, et placé dans une caisse de plomb. Sa libéralité et sa magnificence avaient tellement endetté son trésor particulier que sa veuve, ne pouvant acquitter de si fortes sommes, renonça à la communauté de biens, en se soumettant à une coutume bizarre, celle de déposer sur le cercueil de son mari sa ceinture, sa bourse, et les clefs de sa maison. Du reste elle lui survécut peu de temps, et mourut le 21 mars 1407. *C'était*, dit l'historien Colut, *une princesse généreuse, mal endurante, et d'un naturel vraiment gaulois.*

Philippe avait de grandes qualités, obscurcies par quelques défauts. Il aimait la littérature, et son goût pour les livres, très rares alors, était extrême. Il paya aux frères Manuel vingt sous d'or par jour, pendant quatre ans, « pour parfaire les histoires d'une très belle et notable Bible par eux commencées, et ne pourront se louer à d'autres, mais entendre et besogner seulement l'ouvrage d'icelle. » Six cents livres, somme énorme alors, furent données à maître Jean Durand son physicien, médecin, pour employer *ès-écritures* et perfections de ladite Bible; il acheta cinq cents livres, de Denis Raponde, un Tite-Live enluminé de lettres d'or et *d'imaiges*, en 1396; un livre *de la Propriété des choses* lui coûta cent écus d'or. Une Bible *en français, de lettres très bien historiées*, armoiriée de ses armes, garnie de gros fermeaux d'argent doré, fut payée six cents écus à Jacques-Raymond Lombard. Le duc reçut du même marchand, *en bonnes étrennes*, un livre en français de plusieurs histoires *des femmes de bonne renommée*. L'auteur dont nous tirons ce dernier fait assure qu'il était de médiocre grandeur.

Je ne quitterai pas le règne de Philippe-le-Hardi sans faire observer que les *gelines des Indes*, qui sont sans doute les dindons, ou tout au moins les pintades, furent apportées pour la première fois d'Artois à Dijon en 1385. C'est alors que Viennot de l'Abergement, *physicien*, fut condamné à cinquante francs d'or d'amende par le bailli de Dijon pour n'avoir pas guéri les malades qu'il avait entrepris de rendre à la vie. Quelle brutalité envers la médecine ! Si l'on renfermait nos docteurs malheureux, quel jeune homme assez hardi prendrait ses inscriptions à la Faculté?

Le furieux Jean-sans-Peur, en succédant à son père, n'apporta pas sur le trône les mêmes vertus. Terrible dans sa colère, il était né pour le malheur de la France, que ses passions devaient conduire à deux doigts de sa perte. Il avait encore augmenté ses vastes états par son mariage avec Marguerite de Bavière, qui lui apporta en dot les comtés de Hainaut, de Hollande, et de Zélande. Ses premiers pas furent fermes et heureux. Il commença par payer les dettes de son père, et par combattre avec vigueur les Anglais, nos perpétuels ennemis.

Ses querelles avec le duc d'Orléans, frère du malheureux Charles VI, ne restèrent pas long-temps renfermées dans l'enceinte du palais; elles éclatèrent, et furent sanglantes. Le duc d'Orléans prétendait à la régence, le duc de Bourgogne la lui disputait; le premier avait pris, pour corps de sa devise, un *bâton noueux*, le second choisit un *rabot*; et sa conduite répondit à cette menace mystérieuse. Il fit assassiner son rival par d'Othonville, gentilhomme et son écuyer, le 29 novembre 1407. Bientôt il avoua le crime, et trouva des prêtres assez infames pour l'ériger en vertu; un docteur, Jean Petit, qui, en présence de tous les Parisiens et de la cour, entreprit de prouver, par *douze arguments en l'honneur des douze apôtres*, que le duc avait fait une action très honorable. Pourquoi les ministres de Dieu ont-ils toujours cru trouver dans la *Bible* des raisons militantes en faveur de l'assassinat et du régicide?

Il eût fallu punir Jean-sans-Peur; mais il était puissant, il possédait la faveur populaire : non seulement son forfait resta impuni, mais un jugement solennel le déchargea. Cependant le duc n'osant se flatter que les plus épouvantables dogmes le serviraient à ce sujet dans le concile de Constance, alors assemblé, Jean chargea ses ambassadeurs, dont un était abbé, d'y gagner les esprits; ils distribuèrent plus de deux cents écus d'or à divers *maîtres en divinité* (des théologiens); plus de cinquante *queues* de vin de Beaune, de Nuits, de Pomard, avec de la vaisselle d'or aux cardinaux. A ce prix les pères du concile trouvèrent très orthodoxes les arguments de l'homicide en l'honneur des douze apôtres. Le bénédictin dom Plancher me fournit le fait; et cette autorité que je cite ne laisse pas le moindre doute sur la vérité d'une action si bien en rapport avec la piété et l'esprit ecclésiastiques.

Cependant le duc allait venger son beau-frère attaqué par les Liégeois. Il les battit, et leur tua vingt-quatre mille hommes. La duchesse d'Orléans profitait de son absence pour le ruiner à la cour de France, et le faisait déclarer ennemi de l'état. Nous venions de perdre la bataille d'Azincourt, et les Anglais devenaient de plus en plus formidables; le duc, poussé par sa colère, s'unit secrétement avec eux, et leur facilita la prise de Rouen. Ce n'était pas assez : ses capitaines, introduits dans Paris, soulevèrent la populace contre les Armagnac, ses adversaires, et d'horribles massacres eurent lieu. Le connétable de France, le chancelier, huit évêques, des magistrats, et deux mille citoyens, furent égorgés devant le Châtelet et devant l'Abbaye, par un épouvantable rapport avec une catastrophe plus récente, dont le souvenir sanglant ne sera pas perdu.

Le ciel eut honte de souffrir plus long-temps un monstre tel que le Bourguignon. Celui-ci, par une promesse de paix fallacieuse, attira le dauphin, qui devait être Charles VII, au pont de Montereau; il espérait se rendre maître de la personne du dauphin; mais, au moment où il allait porter sa main sur le prince, Tanneguy du Châtel le prévint, et, d'un coup de dague, le renversa sans vie. Cet événement eut lieu le 10 septembre 1419.

Jean-sans-Peur, malgré ses vices, avait quelques brillantes qualités : il était comme son père l'ami des arts; il protégea utilement ceux qui les exerçaient. Il donna cent soixante écus à l'illustre Christine de Pisan pour deux livres qu'elle lui offrit; il paya à Jacques Raponde quatre cents francs d'or les romans de *Lancelot du Lac*, *du Saint-Gréal*, et *des Faits du roi Arthur*. Fanatique, il protégea l'infame tribunal de l'inquisition. Le feu des bûchers consuma en Bourgogne plusieurs centaines d'hérétiques, de magiciens, ou de sorciers.

Philippe-le-Bon, impatient de venger la mort de son père, jura une haine éternelle à la maison royale de France dont il sortait, et s'allia, en 1420, à l'Angleterre par le traité de Troyes. Il consentit à ce que le sceptre, violemment enlevé au dauphin, passât dans une famille étrangère, par le mariage de Catherine, fille de Charles VI, avec Henri V, roi de la Grande-Bretagne. Ce pacte sacrilége fut consommé avec le concours de plusieurs princes du sang, d'un grand nombre de membres de la noblesse et du clergé. On assembla de prétendus états-généraux qui osèrent légitimer cette odieuse usurpation; mais la Providence n'abandonna pas les enfants de saint Louis: les efforts des Anglais, ceux du duc de Bourgogne, furent inutiles. Je passe sous silence leurs coupables victoires pour en venir au moment où Philippe-le-Bon, ouvrant enfin les yeux, revint à de plus justes, à de plus politiques sentiments. Il reconnut que toute sa grandeur reposait sur celle de sa famille; il se rangea à son devoir, et, le 21 septembre 1435, la paix d'Arras enleva son appui aux Anglais, et prépara l'expulsion totale de ceux-ci du continent français. Ce n'est pas que le duc ne se fît accorder d'immenses avantages; mais aucun ne balançait ceux que la réconciliation apportait au parti royal.

Philippe montra plus de vraie générosité, en accordant la liberté à René d'Anjou, duc de Lorraine, et roi titulaire de Sicile, et en payant la rançon de son cousin-germain, le duc d'Orléans, prisonnier en Angleterre, fils de ce duc d'Orléans que le père de Philippe avait fait égorger. Il demeura, dès ce jour, le fidèle allié de la France. Bientôt il vit venir à sa cour le dauphin, qui devait être Louis XI. Il fuyait, non le courroux, mais la bonté de Charles VII, son père : ce prince, arrivé auprès du duc, le sollicita de le secourir activement.

« Monseigneur, lui répliqua Philippe, mes soldats, mes finances, sont à votre service, excepté contre monseigneur votre père ; mais de réformer son conseil cela ne convient ni à vous ni à moi. Je le connais si sage et si prudent que nous ne saurions mieux faire que de nous en rapporter à lui. » Cependant, après ces fermes paroles, il le combla de compliments, et pourvut avec magnificence à son entretien. Charles VII, qui avait la douleur de bien connaître son fils, écrivit à Philippe : *Vous nourrissez un renard qui mangera un jour vos poules.* Le roi ne tarda pas à mourir.

Philippe assista au sacre de Louis XI, qui voulut être armé chevalier de sa main. Le duc profita de cette circonstance pour lui donner de sages avis, et le dissuader de s'abandonner à la vengeance. Il n'y réussit pas ; et il eut lui-même à se plaindre d'un prince auquel il avait rendu de si importants services. La guerre du *bien public* eut lieu ; le duc fut obligé de suivre, presque malgré lui, le parti de tous les grands du royaume contre le roi. Après la bataille de Montlhéry, qui demeura indécise, les seigneurs s'accommodèrent avec Louis XI, sans s'embarrasser du bien public dont ils avaient si pompeusement prétendu embrasser la défense. Le duc de Bourgogne profita de la paix pour fonder des établissements utiles. Il créa une université à Dôle, protégea celle de Louvain, et se distingua par son amour des sciences et des lettres. Il donna de nouvelles lois à la Bourgogne, protégea le commerce, fit fleurir l'industrie dans ses vastes états, excita la découverte de Jean de Bruges, qui donnait à la peinture une nouvelle vie. Il fit tisser en riches tapisseries les meilleurs tableaux des artistes de son temps; enfin il ne négligea rien de ce qui pouvait augmenter le bien être et la fortune de ses sujets. Il aima la magnificence, les fêtes, et les femmes. Le nombre de ses enfants naturels fut considérable, et il les dota tous très richement. Ses peuples le pleurèrent lorsqu'ils eurent le malheur de le perdre, en 1467. Il y eut alors, dit Paradin, plus de larmes que de paroles; car il semblait que chacun eût enterré son père. Le titre de *Bon* que l'amour des peuples donna à Philippe, et la vénération que la Bourgogne conserve encore pour lui, témoignent en faveur de son règne. Il possédait cinq duchés à *hauts fleurons;* quinze comtés d'ancienne érection; ses vastes domaines, sa grandeur territoriale, lui firent obtenir, au concile de Bâle, le premier rang après les rois; les autres souverains lui accordaient le titre de *grand duc d'Occident.*

Charles, connu d'abord sous le nom de comte de

Charolois, et que ses entreprises gigantesques firent appeler *le Téméraire*, succéda au duc son père, sans posséder ses plus nobles qualités. Son esprit inquiet, hardi, sans maturité et sans prudence, ne lui servit qu'à l'entraîner dans des guerres qui lui furent presque toujours funestes. Je passerai sous silence ses nombreux et sanglants démêlés avec ses sujets de Flandre; la révolte, en permanence dans ce pays, était suscitée par l'astucieuse politique de Louis XI.

« On sait comment ce dernier prince, en 1467, ayant demandé au duc de Bourgogne une entrevue, fut arrêté à Péronne, et obligé d'accompagner Charles, qui marchait pour réduire les Liégeois mutinés. Ce trait appartient à l'histoire de France; il est d'ailleurs trop connu pour que je m'y arrête. Toujours poussé par l'amour dangereux des conquêtes le duc voulut tenter celle de la Suisse, mais la bataille de Granson qu'il perdit contre ces républicains, le 3 mars 1476, fit éprouver un terrible échec à son orgueil. Entièrement défait, il alla cacher sa honte dans la solitude, où il demeura long-temps, laissant pousser sa barbe et croître ses ongles. Une seconde bataille, perdue à Morat contre les mêmes adversaires, acheva de mettre le comble à sa folie, mais ne le détourna pas de ses desseins. Furieux contre le duc de Lorraine René, qui s'était joint aux Suisses, il mit le siége devant Nanci, et trouva la mort dans un combat terrible. En lui finit la postérité mâle de la seconde maison ducale de Bourgogne. Ce prince, dit Duclos, n'eut d'autres vertus que celles d'un soldat. Il fut ambitieux, téméraire, sans conduite, sans conseil; toujours altéré de sang; il ruina ses sujets par les impôts excessifs dont il les chargea.

« Marie, sa fille, recueillit en 1476 son héritage. Elle ne devait pas le posséder paisiblement. Louis XI, dès la mort du duc, songea à prendre possession de la Bourgogne, comme d'un fief dévolu à la couronne; les états de ce duché ne balancèrent pas à se soumettre à lui. Marie alla régner dans la Flandre; et, plus tard, par son mariage avec l'archiduc d'Autriche Maximilien, depuis empereur, elle porta sa puissance dans une maison étrangère; union qui devint la source de tant de guerres si fatales à la France.

Louis XI vint à Dijon se faire reconnaître souverain de la Bourgogne. Il promit tout, et s'embarrassa fort peu de ce qu'il avait promis. Depuis ce temps l'histoire de Bourgogne se confond dans notre histoire générale, et cesse d'offrir un intérêt spécial. Dijon soutint, en 1513, le siége que les Suisses vinrent mettre devant ses murailles. Plus tard, les états de Bourgogne s'honorèrent en refusant de passer sous la loi de Charles-Quint, comme le proposait François I*er*, prisonnier à Pavie. Ce roi vendait ses sujets et ses plus belles provinces pour sa rançon. Les provinces trouvèrent que le roi ne valait pas le prix qu'il mettait à sa personne, et ne voulurent pas qu'on les vendît.

« La Ligue couvrit de sang la Bourgogne; catholiques et protestants rivalisèrent d'atrocité. Un grand homme, le président Jeannin, ministre comme on en voit peu, et qui, en servant tour-à-tour la Ligue et le roi, trouva toujours le moyen d'honorer sa conduite, épargna à la Bourgogne les épouvantables horreurs de la Saint-Barthélemy. Il était en charge municipale à Dijon. Mandé par le comte de Charny, lieutenant de roi dans la province, il reçut avec effroi la communication des ordres atroces que celui-ci venait de recevoir. Jeannin lui représenta que leur exécution ne pressait point; que le souverain n'avait pu prendre une telle mesure avec de mûres délibérations, et qu'il fallait lui en demander l'explication. On temporisa; et, en effet, Charles IX, épouvanté de son crime, ne tarda pas à expédier à Dijon des ordres contraires à ceux qui firent ailleurs verser tant de sang.

Le dernier événement important dont il fut question dans le manuscrit de l'ancien membre du parlement de Dijon était le siége de Saint-Jean-de-

Losne, dont j'ai dit quelques mots dans mon précédent discours. Je ne copierai point le récit intéressant de cet acte héroïque, qu'il a emprunté en grande partie à des chroniques oubliées, et qui redoubla ma vénération pour ces martyrs de la patrie.

N° CCXLIII [JUIN 1827.]

BUSSY ET BUFFON.

Majestati naturæ par ingenium
D'ANGIVILLIERS.
Son génie égale la majesté de la nature.

L'aurore naît ; nous quittons le bon parlementaire, et nous nous acheminons vers *Montbard*, lieu consacré par la mémoire de l'homme de génie qui l'habita. Pendant la route nous passions en revue les grands hommes de cette belle province : *Vauban*, qui créa le génie militaire ; *Piron*, spirituel versificateur ; *Crébillon*, dont la tête était forte, le talent énergique, et la muse monotone et barbare ; l'éloquent *Bossuet*, le dernier représentant de la foi catholique dans ce qu'elle a de plus auguste ; *Guyton-Morveau*, dont les belles découvertes combattirent avec tant de succès les miasmes pestilentiels ; *Carnot*, nouveau Vauban, républicain sans ambition, savant dans la théorie de la guerre, courageux sur le champ de bataille, honoré par ses ennemis même, à qui les habitants d'Anvers, sauvés par lui, érigèrent une statue, et qui mourut dans l'exil; le fameux *Théodore de Bèze*, homme éloquent et poëte aimable; l'intrépide *Chambure;* les maréchaux *Junot* et *Marmont*, ce dernier moins honorablement connu sous le nom de duc de *Raguse;* le docteur *Bichat*, qui a fait faire tant de progrès à la science anatomique; *Jean Cousin*, sculpteur élégant, ingénieux, habile, artiste supérieur à son époque; *Soufflot*, qui a construit le Panthéon; le naturaliste *Daubanton;* le musicien *Rameau;* les deux frères *Longepierre;* le savant *Menestrier;* le grammairien *Saumaise;* le spirituel président *Bouhier;* l'historien *Desbrosses*, et le conventionnel *Goujon*, enfermé au château du *Taureau*, dont la mort fut sublime, et dont le fils, auteur d'une bonne table de Voltaire et d'un volume des *Fastes civils*, s'est distingué par des talents précoces et brillants.

Je n'ai point compris dans cette liste le grand *Buffon*, dont le château, situé sur une montagne élevée, s'offrait à nos regards avec une majesté qui s'accordait si bien avec le souvenir du peintre de la création. Je me rappelai la belle épigraphe d'Augivilliers : *Majestati naturæ par ingenium* (génie aussi majestueux que la nature). M. de *** railla beaucoup ces voyageurs qui, en transcrivant l'inscription, l'ont défigurée : en changeant le mot *par* en *per*, ils ont détruit le sens de cette phrase, et traduit en ridicule une pensée haute et énergique.

Nous visitâmes ces vastes jardins qui occupent treize terrasses superposées, et dont les arbres ont été plantés par Buffon; ces cabinets de forme gothique, où il écrivit ses admirables pages; cette tour octogone, où il se renfermait pour méditer dans une obscurité profonde, sanctuaire où Jean-Jacques s'agenouilla, et que nous ne pûmes contempler sans éprouver un sentiment presque religieux.

Les systèmes de Buffon peuvent, comme ceux de Platon, de Pythagore, de Copernic même, céder à la puissance lente et sûre de l'observation et du temps; mais ce style qui égale la magnificence et la variété de la nature, mais cette sublimité tempérée par la grace, cette exactitude animée et vivante, tant d'harmonie et de coloris, de pureté et de force, l'ont placé pour toujours au rang des écrivains immortels. Sur une colonne érigée à Buffon par son fils, nous lûmes ces mots antithétiques :

EXCELSÆ TURRI, HUMILIS COLUMNA ;
PARENTI SUO, FILIUS BUFFON. — 1785.

Ce qui veut dire : *A la haute tour, l'humble colonne; à son père, le fils de Buffon.* En dépit de l'admiration commune des voyageurs, cette sentence ne nous parut qu'une antithèse peu digne du talent du père et de la modestie du fils. M. de *** me raconta longuement les dévastations que les hordes de Vandales firent subir au château de Montbard; frénésie absurde que je condamnai comme lui, et dont il essayait vainement de rendre responsable la liberté, si souvent et si injustement confondue avec la licence, sa plus mortelle ennemie.

« Partons, me dit-il au moment où je jetais un long regard sur la belle perspective que l'on découvre du haut du pavillon de Montbard; un autre château nous attend. Aux souvenirs de gloire et de génie vont succéder des souvenirs plus gais, plus brillants, et peut-être aussi instructifs. Le château de *Bussy-Rabutin* mérite aussi de fixer votre attention; c'est là que ce courtisan disgracié expia pendant de si longues années le tort d'avoir chansonné les attraits de la maîtresse du roi.

> Que *Deodatus* est heureux
> De baiser ce bec amoureux
> Qui d'une oreille à l'autre va !
> Alleluia !

«—Allons, mon cher monsieur, je suis prêt ! »
Semur, jolie ville que nous traversâmes rapidement et qu'arrose la petite rivière de *l'Armançon*, me rappela que, dans un bulletin daté de la grande-armée, Napoléon traita de *freluquet* le sous-préfet de ce lieu. Napoléon n'avait pas toujours le mot propre à la bouche. Au milieu d'une gorge profonde est situé le château de Bussy. La pluie tombait par torrents quand nous l'aperçûmes, et la

violence d'une tempête, dont la durée égala l'impétueuse fureur, nous donna le temps d'examiner à loisir la retraite du gentilhomme, cousin de madame de Sévigné, orgueilleux descendant des Rabutins.

Un corps de logis, dans le fond, accompagné de deux ailes en retour, compose cet édifice, dont l'architecture appartient à des époques diverses. Rien d'intéressant n'avait encore frappé nos regards, lorsque, dans une tour située au fond de la bibliothèque, au milieu d'une foule de petits amours tenant des légendes fort niaises, et parmi plusieurs tableaux tirés des *Métamorphoses d'Ovide*, nous remarquâmes douze portraits. Onze de ces tableaux représentent des femmes de la cour de Louis XIV; sous chacun d'eux se trouve une inscription, j'en transcris quelques unes:

Gillonne d'Harcourt, comtesse de Fiesque, *femme d'un esprit admirable, d'une fortune ordinaire, et d'un cœur de reine.* La marquise de Montglat, *qui, par son inconstance, a remis en honneur la matrone d'Éphèse, et les femmes d'Astolphe et de Joconde.* Cette belle était la maîtresse en titre de Bussy; ce fut d'elle sur-tout qu'il eut à se plaindre. La duchesse de Choiseul Praslin, *jolie, vive, fort éclairée, particulièrement sur les défauts d'autrui; grande ménagère de son amitié, mais ne ménageant rien pour ceux à qui elle la donne.* La marquise de

La Baume, *la plus jolie maîtresse du royaume et la plus aimable, si elle n'eût été la plus infidèle.* La marquise d'Humières, *femme d'une vertu qui, sans être des plus austères ni rustique, eût contenté les plus difficiles.* La maréchale de La Ferté-Senneterre, *belle et de bonne intention, mais à la conduite de qui les soins d'un mari, habile homme, n'ont pas été inutiles.* La comtesse d'Olonne, *la plus belle de son temps, mais moins fameuse encore par sa beauté que par l'usage qu'elle en fit.* Madame de Montmorency, *digne d'un homme, non pas des plus grandes qualités, mais des plus aimables.* Madame de Gouville, *belle, aimable, de bon esprit, autant capable que femme au monde de rendre un homme heureux si elle voulait l'aimer; une des meilleures amies qui fût jamais.* La princesse de Mecklenbourg, *à laquelle on ne pouvait refuser ni sa bourse, ni son cœur, mais qui ne faisait aucun cas de la bagatelle.*

Je transcrivis sur mes notes particulières plusieurs de ces inscriptions que je n'oserais ni répéter ni imprimer; et qui attestent toute la licence de ce courtisan, tout le cynisme de son langage, toute l'imprudence avec laquelle il déshonorait dans sa galerie les femmes que sa fatuité et sa réputation de séducteur avaient rangées au nombre de ses conquêtes. Le douzième portrait est celui de Bussy lui-même, peu s'en est fallu que je ne suppléasse à l'inscription qui manque à ce tableau : elle eût respiré le plus profond mépris et l'indignation la plus juste.

Dans sa chambre à coucher on trouve aussi deux rangées de portraits de famille; parmi lesquels on distingue avec plaisir ceux de madame de Sévigné, et de madame de Grignan. Il a placé dans le salon des grands capitaines, et orné de devises de sa façon, les portraits des hommes célèbres de toutes les époques et tous les rois de France accompagnés de leurs maîtresses.

Le nombre d'emblèmes et de devises répandus dans les diverses pièces de la maison est considérable; il y en a beaucoup qui ne signifient rien, et quelques unes de spirituelles. Au nombre de ces dernières est une hirondelle à tête de femme traversant la mer, *fugit hiemem* (elle fuit l'hiver); l'oiseau féminin porte les traits de la marquise de Montglat; un arc en ciel, *moins Iris que la mienne;* enfin des vues de plusieurs châteaux royaux, des paysages, des portraits de famille, quelques uns assez précieux, achèvent d'orner cette retraite si peu philosophique, où éclatent avec tant d'impudence la vanité du maître, ses mœurs effrontées, ses prétentions au bel esprit, son emportement, et son outrecuidance.

N° CCXLIV. [29 juin 1827.]

AUXERRE.

>Un chanoine de l'Auxerrois,
>Qui chantait après boire, etc.
>*Vieille chanson.*

« Vous avez hâte d'arriver à Sens, monsieur l'Ermite, et si vous n'étiez pas extrêmement poli, pour un homme en capuchon, vous m'avoueriez votre désir d'arriver le plus tôt possible à Troyes, à Champ-Aubert et à Montmirail. Malgré votre réserve et votre politesse je vous devine, et nous allons, si vous le voulez, prendre une chaise de poste pour abréger le chemin. Nous sauterons ainsi par-dessus les châteaux d'Époisse avec tous ses souvenirs, et de Burbilly, qu'aimait la marquise de Sévigné : nous *brûlerons*, si vous le voulez, Avalon qui, n'ayant pas de vignobles, fabrique les tonneaux nécessaires au reste de la Bourgogne; *Auxerre* même, quoique cette patrie épiscopale du bon Amyot dût avoir quelque intérêt pour vous. »

Je consentis à traverser les trois premières villes,

non comme un observateur, mais comme Alfiéri, ou comme un Anglais attaqué du spleen, c'est-à-dire bride abattue. Nous nous arrêtâmes cependant quelques heures à Auxerre, située sur la rive droite de l'Yonne, dans une position charmante. Le soleil, qui naissait quand nous y entrâmes, éclairait du côté du sud des coteaux chargés de vignobles, et brillait dans les eaux du fleuve. Une île chargée de verdure s'élève comme un vase, et sort des bras de l'Yonne; quand nous fûmes à l'extrémité du pont qu'il faut traverser pour arriver jusqu'à la capitale de l'Auxerrois, le coup d'œil nous sembla plus magnifique encore.

Arrivés à l'auberge du *Léopard*, mon guide, dont le trésor d'érudition était à sec, envoya demander chez un libraire l'histoire d'Auxerre, par l'abbé Lebœuf. Au lieu d'un volume de dimension commune, je fus étonné, je l'avoue, de voir arriver trois tomes gigantesques, dont Boileau eût craint d'armer les combattants de la Sainte-Chapelle. Je les parcourus, et mon étonnement augmenta quand je trouvai dans de si gros ouvrages peu de faits certains, et des conjectures sans nombre. Ils m'apprirent qu'Auxerre est désignée sous le nom d'*Antherodurum* dans les tables de Peutinger; que son origine se perd dans la nuit des temps; que les Huns, les Sarrasins, les Normands, les Anglais et les religionnaires la saccagèrent de leur mieux, c'est-à-dire complétement; qu'elle eut des seigneurs particuliers qui l'écrasèrent; que, sous la loi gombette ou féodale, elle fut également malheureuse; enfin, qu'elle ne respira que lorsque Henri IV, saisissant d'une main ferme les rênes du royaume, rétablit la paix en France.

Le mauvais temps, qui régnait depuis une semaine, nous retint un jour entier à Auxerre, prisonniers dans l'auberge du Léopard; nous trouvâmes, dans les pages inanimées de ce bon abbé Lebœuf, des consolations et un amusement que nous n'eussions jamais cru pouvoir attendre d'un écrivain aussi profondément ennuyeux. Ce *cicerone* muet nous apprit que trois églises d'Auxerre méritent d'attacher les regards du voyageur: Saint-Pierre est la première, et se distingue par un mélange de diverses architectures que vante l'abbé Lebœuf, et que, dans ma tournée du lendemain, je trouvai de fort mauvais goût. Il y a des parties tout-à-fait modernes; le portail est de 1636, et le reste évidemment plus ancien; les vitraux peints qui la décorent sont beaux, mais on les laisse dans un état complet de dégradation.

La seconde est l'abbaye de Saint-Germain, fondée par le saint de ce nom en 422: elle renfermait, outre les dépouilles de ce vénérable personnage, les corps de soixante autres saints, qui reposaient dans des grottes ou cryptes que Conrard, beau-frère de Louis-le-Débonnaire, avait fait bâtir; un pilier creux, sur lequel était inscrit ce mot *Polyandrion*, fut ouvert par les ordres de M. de Séguier, évêque d'Auxerre, en 1636 : on y trouva les ossements de trente martyrs avec les instruments de leur supplice. La révolution, à ce que me dit M. de ***, profana ces reliques.

La cathédrale, dédiée à saint Étienne, est le troisième et le plus beau de ces monuments religieux. L'abbé Lebœuf en fait très longuement l'histoire. Je me contenterai d'en parler d'après mes observations, et comme disent les experts, *de visu*. Une multitude de figures et de sujets sacrés ornent le portail. L'intérieur, dans sa majesté sombre, est l'un des plus magnifiques vaisseaux gothiques qui existent en France; rien n'égale la splendeur des vitraux que le temps a conservés; l'œil ne peut se lasser d'admirer les brillantes couleurs des roses lorsque le soleil les frappe; ils sèment le pavé de l'église de toutes les pierres précieuses dont l'éclat brille sur le front des rois d'Orient.

Je parcourais la nef, lorsque, d'un côté du chœur, j'aperçus un tombeau magnifique : « Admirez, me dit M. de ***, la souplesse de ces vêtements épiscopaux taillés dans le marbre, la belle expression de cette figure; et, si jamais vous avez parcouru avec un sentiment d'intérêt et de curiosité vive les traductions de Plutarque que nous a léguées le bon homme Amyot, ployez le genou devant les restes du savant évêque d'Auxerre enseveli dans ce monument qui n'est point indigne de lui. »

Je saluai avec respect la mémoire du grand aumônier de France, dont la naïveté gauloise reproduisit avec bonheur la naïve prolixité de l'historien de Chéronée; et, jetant un regard distrait sur d'autres monuments consacrés à des prélats que mon guide assurait être infiniment plus nobles que le bon Amyot, j'allai à la bibliothèque, peu riche en livres, mais qui renferme des manuscrits précieux.

« C'est là, me dit M. de ***, que se rassemble l'athénée de l'Yonne, qui compte plusieurs membres d'un vrai mérite, tels que MM. Fournier, Laire, Guise, et sur-tout M. Fourier de l'Académie française, secrétaire perpétuel de l'académie des Sciences, esprit étendu, ferme, et brillant, dont la renommée n'est pas renfermée dans les limites de la France.

« D'autres célébrités appartiennent à la ville d'Auxerre, sans parler de l'abbé Lebœuf, dont vous avez été à même de juger la science et le style ; je citerai *Sedaine*, auteur dramatique distingué, qui connaissait mieux la scène que la grammaire; *Rétif de La Bretonne*, dont le cynisme et la trivialité grossière cachaient quelques étincelles d'un génie brut et hardi ; *Lacurne Saint-Palaye*, profondément versé dans l'histoire de la chevalerie; enfin, la famille des *Fournier,* qui ont élevé si haut l'art de la fonderie. »

Le ciel s'était apaisé: nous partîmes. Le commerce d'Auxerre occupa les loisirs de la route. M. de*** passa en revue les tributs bachiques de Coulanges, Vermanton, Megrin-la-Chenette, vignobles voisins d'Auxerre, qui sert d'entrepôt à leurs produits. Quoi qu'en dise M. de Venissan, je laisse à l'auteur de la Physiologie du goût, scientifique successeur de l'Almanach des Gourmands, le soin de dresser le tableau synoptique des qualités, saveurs, bouquets, et nuances des différents vins de Bourgogne. Mon guide me prouva très bien que cette richesse des vignobles versait chaque année, dans le commerce de l'Auxerrois, une quantité considérable de numéraire; et il m'apprit, ce qui n'eut rien d'étonnant pour moi, que plusieurs négociants en vin, qui habitent cette ville, aiment les lettres, recueillent des antiquités, et cultivent à-la-fois les arbustes consacrés à Bacchus et au dieu des arts.

N° CCXLV. [JUIN 1827.]

STATION A SENS.

Cum te nec sine te vivere nequeo
CATULLE.
Je ne puis ni vivre avec toi ni sans toi

Joigny et *Villeneuve-le-Roi*, que nous traversâmes la nuit, pourraient me fournir quelques amplifications assez brillantes sur le beau gothique, si je voulais me servir des documents que les livres renferment, et si je n'avais pas une insurmontable horreur pour la rhétorique et le mensonge, deux choses que des liens d'étroite parenté unissent depuis long-temps. Mon guide, toujours très aimable et toujours très gentilhomme, me parla des nobles du lieu, et de l'exclusive profusion de mauvais goût qui distingue, s'il faut l'en croire, l'architecture de la cathédrale de Villeneuve-le-Roi; en revanche, il me vanta beaucoup la porte triomphale de cette petite ville érigée par les Sénonois à la mémoire du dauphin, père de S. M. Charles X; dont M. Guillemot, ancien directeur de la manufacture des Gobelins, donna les dessins.

« Nous approchons de *Sens*, M. l'Ermite, je vous ai suivi pour mon plaisir; et, par une assez singulière contradiction, nous nous sommes parfaitement convenus sans nous entendre sur aucun point. Je m'arrête à Sens, où demeure un vieux gentilhomme, parent de ma femme; et, dès que votre général sera ici, je vous laisse la liberté de partir. — Ce n'est pas, lui répondis-je, la diversité des opinions qui fait aujourd'hui les haines, ce sont les exigences de la vanité, les prétentions de la mauvaise foi, les oppositions des intérêts. Grace à Dieu, ces vilains sentiments n'entrent point dans nos ames. Vous adorez dans la vieille France de glorieux souvenirs que j'avoue, tout en niant la possibilité de ressusciter les cendres de la monarchie de Louis XIV. Je vois dans la France nouvelle une multitude de belles actions, de vertus héroiques, de nobles souvenirs, d'espérances élevées, que vous avez, selon moi, le tort de méconnaître : mais tout en priant le ciel qu'il vous ouvre les yeux, je respecte des sentiments dont je ne puis révoquer en doute la franchise, si j'en récuse la justesse. Je puis regarder une opinion comme fausse, jamais comme coupable; je ne suis pas un ermite fanatique. »

L'illustre et cher général P*** m'attendait déja à l'hôtel de l'*Écu;* la fumée du cigarre de la Havane, dont il savourait le parfum sur la porte de l'auberge, fut pour moi le premier indice de sa présence. « Voici deux jours, brave Ermite, que je suis à mon poste. Je ne m'étonne pas que vous ayez tardé quelque temps à vous rendre au vôtre, la Bourgogne est riche en sujets d'observation. — Ajoutez, général, à cette cause légitime les mauvais chemins et les torrents de pluie qui les ont inondés pendant la semaine dernière. Si vous le voulez, nous partirons demain ; mais vous me permettrez de réclamer de monsieur, ajoutai-je en lui montrant le gentilhomme du Charolais, la continuation de ses services, et de passer la journée à explorer les antiquités et les curiosités nouvelles de la ville de Sens.— Très volontiers ; mais à condition que monsieur me permettra de vous accompagner. J'ai traversé cette ville plusieurs fois ; mais, je l'avouerai, sans donner autant d'attention aux ruines et aux monuments qu'aux jolis visages de l'endroit, et aux points militaires que pouvait offrir la campagne des environs.

M. de ***, dont la complaisance m'avait si utilement guidé, nous conduisit d'abord sur les remparts, de construction romaine, et ensuite aux promenades, dont la disposition pittoresque semble un effet de l'art le plus habile et le plus heureux. De là nous allâmes visiter la cathédrale de *Saint-Étienne*, qui occupe le centre d'une belle place au milieu de la ville. La façade, entre autres monuments, portait la statue équestre de Philippe de Valois. A peine s'il en reste de faibles débris; l'intérieur de l'édifice est d'une belle et hardie construction; la nef principale, dont la voûte est très exhaussée, contraste avec les galeries latérales, qui sont basses et produisent un effet disgracieux.

« Je ne partage pas, nous dit M. de ***, l'opinion de ce bon Millin, qui s'est fait tant d'ennemis en Bourgogne, sur le riche baldaquin qui surmonte le maître-autel du chœur; il ne me paraît point lourd : j'en admire au contraire la magnificence et l'élégant éclat.—Pour souscrire à ces éloges, ne faudrait-il pas, monsieur, interrompit le général, faire quelques concessions au mauvais goût de l'époque, de ce temps où les arts étaient aussi dépravés que les mœurs?... » Un léger signe que je fis l'arrêta, et je prévins une discussion prête à éclore. Nous continuâmes notre examen.

Les grilles du pourtour sont belles, mais inférieures à celles du chœur de la cathédrale de Toulouse, dont j'avais admiré le style noble lors de mon passage dans cette ville.

Au milieu de Saint-Étienne on a rétabli, depuis la restauration, le mausolée de la dauphine et du dauphin père de Louis XVI, de Louis XVIII, et de Charles X.

Ce monument, ouvrage de Coustou et de ses

deux élèves, Julien et Beauvais, est très imposant au premier coup d'œil par sa grandeur et par le nombre des figures qui le composent. Le Temps recouvre les urnes où sont renfermées les cendres des deux époux; le Génie de l'amour conjugal pleure et le laisse faire; le Génie des arts regrette le couple royal; l'Immortalité lui prépare ses récompenses, et la Religion pose sur les urnes une couronne d'étoiles. Le faire est beau, les expressions sont heureuses; mais quel abus de l'allégorie! « C'est un poëme, disait le gentilhomme charolais. — C'est un logogriphe, répondit le général. La peinture et la sculpture ne sauraient exprimer trop nettement leur pensée; l'œil se perd dans ces groupes; et cette grande allégorie taillée en marbre ne laisse qu'une impression confuse, vague, et sans effet. »

Derrière le chœur, un groupe de sculpture représente le martyre de saint Savinien. J'admirai l'habileté du ciseau qui l'a produit. Le mausolée de l'infame cardinal Duprat reçut l'hommage mérité de nos malédictions; M. de *** nous apprit que le tombeau du cardinal Duperron, plus digne d'être conservé, avait été brisé pendant la révolution. Les vitraux sont d'un éclat et d'une variété de nuances admirables. Le paradis, représenté sur la grande rosace de la porte à gauche, nous éblouissait de sa splendeur; on voulut bien nous montrer dans la sacristie les portraits de plusieurs archevêques.

« Si vous voulez m'appartenir encore un jour, mon cher Ermite, me dit M. de ***, je vous ferai voir le fameux manuscrit de la fête des fous, que l'on conserve à la bibliothèque de Sens. Plusieurs manufactures de colle forte, de clepsydres, de vastes tanneries, mériteraient aussi quelques regards. Les Sénonois possèdent des curiosités dignes de vous : des fragments de marbres, des débris de monuments antiques, des inscriptions, quelques tableaux, dont un de Jean Cousin représentant Ève sous les attributs de Pandore. Des dyptiques en ivoire et d'un travail précieux, un coffret de même matière chargé de curieux bas-reliefs, des objets qui ont appartenu à d'illustres personnages, etc. »

Je remerciai M. de ***, qui, ne pouvant ébranler notre résolution de partir le lendemain, voulut terminer dignement son office de *cicerone* en nous apprenant que la capitale du Sénonois avait été nommée d'abord *Agedicum;* qu'elle était la principale ville des Sénones, peuple de la Gaule, et l'une des nations les plus belliqueuses de la confédération qui, sous les ordres de Brennus, saccagea Rome, destinée à être un jour la capitale du monde.

Sous le règne des faibles descendants du puissant Charlemagne, Sens eut des comtes particuliers;

Magnerius fut le premier de ces comtes souverains et héréditaires. Richard, qui mourut sans postérité en 932, après avoir fait la guerre au roi Raoul, qu'il ne voulait pas reconnaître en cette qualité, et qui le soumit, eut pour successeur Froment Ier : on ne sait s'ils étaient parents. Renaud Ier, fils de celui-ci, fonda Joigny, et battit les Saxons; Renaud II, son petit-fils, fut un très méchant prince, au dire des chroniques, car il persécuta son archevêque. Le saint prélat, pour se venger, introduisit le roi Robert dans la ville : un traité en laissa pourtant la moitié au comte Renaud; celui-ci et son frère Froment III, n'ayant pas eu d'enfants, Henri Ier fit valoir une confiscation antérieure, et s'empara de tout le comté.

Saint Savinien fut le premier évêque de Sens; il souffrit le martyre le 31 décembre 240. Ses successeurs, devenus archevêques, prirent modestement les titres de vicomtes de Sens, de primats des Gaules, de Germanie. Parmi les conciles qui ont été tenus dans cette église, le plus célèbre, sans contredit, est celui de 1140, où saint Bernard fit condamner comme hérétique le subtil Abélard.

Le fondateur de notre école de peinture, Jean Cousin, est né à Sens. Son coloris est vigoureux, son dessin énergique, mais non sans quelque sécheresse : les admirables vitraux de l'église de Sens sont regardés comme les plus beaux monuments de son talent.

Je fis mes adieux et mes remerciements au gentilhomme, et le lendemain, à quatre heures du matin, nous étions en route pour la Champagne.

N° CCXLVI. [JUIN 1827.]

LE LION TRAQUÉ.

> Quel naufrage victorieux !
> FCOUCHARD LEBRUN.

« Enfin, mon cher général, nous voilà seuls ! Nous allons donc parcourir ensemble cette province où sont empreints les derniers pas du lion ; vous m'indiquerez ses traces glorieuses et sanglantes. Là, dirons-nous, le sang français fut versé pour la défense du sol français. C'est là que l'homme du destin se vit cerné par les baïonnettes de l'Europe sans désespérer de son génie et de sa fortune. Je ne veux voir, mon cher général, que la campagne de 1814 dans ces champs illustrés par elle ; je n'ai de souvenirs que pour cette troupe de soldats héroïques, dans laquelle vous avez si noblement figuré, et qui, harassée par une longue guerre et se battant presque par-tout un contre quinze, remporta plus de dix victoires, et ne fut accablée que par la trahison. Ces derniers élans d'un invincible courage, ces dernières lueurs d'un foudre qui fit trembler l'Europe, excitent encore en moi de vives sensations, et me semblent plus intéressants mille fois que tous les détails topographiques et tous les souvenirs gothiques dont je pourrais charger mes dernières pages; mon vieux sang se ranime à cet aspect. »

Le général, pour toute réponse, jeta sur moi un sombre regard, et tomba dans une profonde rêverie. Nous traversâmes *Clugny*, *Villenauxe*, *Estissac*, sans que la conversation pût se ranimer.

Livré moi-même aux réflexions profondes qui l'absorbaient, je n'en fus tiré que par une exclamation qui lui échappa en approchant de *Troyes*. « Tant d'hommes dévorés par la victoire pour arriver à ce résultat ! de si généreux sacrifices pour subir la honte d'une invasion ! Nous voici parvenus, continua le général, au point central des derniers mouvements militaires du grand Napoléon : représentez-vous avec moi la brutale férocité de ces hordes du Nord parvenues jusqu'au sein de notre belle France!.... » Je serrai sa main, et je vis deux larmes ardentes s'échapper des paupières du guerrier et sillonner son mâle et beau visage....

Nous entrâmes dans la capitale de la Champagne, et nous descendîmes à l'auberge où il plut à notre postillon de nous conduire. Nous ne songeâmes guère aux curiosités que la ville des modernes Troyens pouvait nous offrir : la plus grande de toutes n'était-elle pas cette catastrophe inouïe dans les temps modernes? Le génie, luttant seul contre la fortune, les débris de bataillons mutilés par cent combats, tenant l'Europe en échec, et enfin, malgré tous les prodiges du courage et de la prudence, la chute d'un colosse de gloire sous les efforts réunis du nombre, de la trahison et du destin.

« Vous le savez, mon ami, me dit l'illustre général, depuis cette fatale guerre d'Espagne, le génie qui protégeait la France et son empereur nous avait abandonnés. Les éléments s'étaient ligués avec tous les rois de l'Europe; la fortune, dans son premier et terrible caprice, nous ramenait des murs de Moscou sur les frontières du Rhin. La neutralité de la Suisse avait été violée; d'innombrables armées nous débordaient de toutes parts; déjà la grande armée autrichienne, commandée par le prince de Schwartzemberg, quittait les Vosges et se dirigeait sur la Champagne.

« Le duc de Trévise, trop faible pour l'arrêter, reculait en battant quelquefois l'ennemi, comme il le fit à *Colombey-les-deux-Églises* et à *Bar-sur-Aube;* il ne pouvait se flatter de conserver Troyes. Napoléon essaya de le dégager en livrant le combat de la Rothière, dont l'issue fut malheureuse; les troupes françaises battent en retraite, elles se joignent devant Troyes avec le corps du maréchal de Trévise, et contiennent un instant l'ennemi; de nouvelles circonstances obligent à une désastreuse évacuation. L'empereur aurait pu se défendre dans cette forte position, où de nombreux canaux auraient facilité la résistance ; mais la sûreté du lieu pouvait être compromise et l'incendie être le résultat d'une bataille. Il voulut épargner ce malheur à la capitale de la Champagne; le 6 février 1814, l'armée en sortit pour se porter sur d'autres points.

« Les confédérés ne tardèrent pas à pénétrer dans la ville à la suite d'une capitulation qu'ils violèrent selon leur usage. Quelques habitants osèrent se réjouir sous les drapeaux étrangers; quel que fût le motif de cette alégresse l'avenir sera sévère pour eux. Ceux qui avaient conservé un vieil attachement pour la maison de Bourbon, instruits que le comte d'Artois accompagnait les confédérés, ne peuvent contenir l'explosion de sentiments si long-temps secrets. On connaît la réponse de l'empereur Alexandre à M. le chevalier de G*** et à M. de V***, qui lui demandaient le rétablissement du trône royal. « Je trouve votre démarche un peu prématurée. Les chances de la guerre sont incertaines, et je serais fâché de vous voir sacrifiés. »

« Il y avait dans ces mots autant de politique que de modestie, et une singulière précision. Dix-huit jours s'écoulent, par-tout nous triomphons; dernière et perfide caresse de la fortune! Les coalisés abandonnent Troyes, où le chevalier G*** ne craignit pas de demeurer : une foule nombreuse se précipita sur le passage de Napoléon; à son retour cette ville avait accueilli l'empereur battu avec une froideur insultante; vainqueur, elle lui demandait vengeance, elle voulait avoir justice de ce qu'elle appelait un acte de trahison. M. G*** fut traduit devant un conseil de guerre, jugé, condamné, et exécuté, avant que l'empereur eût pu accorder la grace, ou pour mieux dire dans le temps qu'il l'accordait. Cet acte eut des suites funestes; il aigrit les partis, et servit de prétexte à des représailles cruelles, qui envenimèrent plus tard les esprits au lieu de les rapprocher.

« Bientôt la marche des événements devint plus rapide; l'ennemi déborda nos faibles lignes; il s'avança sur Paris, que la trahison livra. La France passa à une ère nouvelle, et je n'ai pas besoin de vous parler par anticipation de l'amitié des Cosaques, de l'asile qui nous fut offert par la Charte, des persécutions que cette Charte même eut à souffrir, et du lent et terrible progrès de Loyola dans une société épuisée, fatiguée, et déshonorée.

« Je ne remplirais pas ma tâche si je me contentais de vous parler de la ville où nous sommes. *Méry-sur-Seine* et *Arcis-sur-Aube*, où notre itinéraire ne nous conduira pas, furent les théâtres d'actions importantes, glorieuses pour nous, inutiles pour le pays.

« Méry, ville peu considérable, est située sur la rive droite de la Seine, un peu au-dessous de sa jonction avec la Melda, petite rivière. C'est là que, dans la déroute momentanée des ennemis, un corps du général Blücher se heurta, le 22 février, contre la division Boyer de la garde impériale; l'attaque fut terrible, et principalement sur le pont de cette malheureuse ville. Les Prussiens résistèrent à nos efforts durant toute la journée; ils n'effectuèrent leur retraite que lorsque l'artillerie eut mis en feu et réduit en cendres toutes les maisons de Méry: maux inévitables, moins affreux encore que l'esclavage et le code de fer gravé par la baïonnette ennemie!

« Arcis-sur-Aube est située à trois lieues de la ville de Troyes. Le 21 mars, l'empereur, arrivé sur la hauteur d'Arcis, aperçut dans la plaine quelques troupes ennemies qu'il se flattait de balayer facilement; les premiers détachements qu'il envoie ne suffisent pas à les écarter; il s'y porte, et néanmoins la résistance augmente. Bientôt des renseignements positifs prouvent que ce n'est point un corps isolé, mais bien toute l'armée du prince de Schwartzemberg qu'il faut combattre. Sa présence en ce lieu venait d'un nouveau plan adopté par les coalisés, lequel consistait à réunir de grandes masses, afin d'écraser sous le nombre le génie militaire de l'empereur: la jonction devait avoir lieu sur les bords de la Marne; Blücher y marchait de son côté, et Schwartzemberg s'y rendait aussi lorsqu'il nous rencontra devant Arcis.

« Le péril était plus grand pour nous que pour eux; mais Napoléon qui, à la tête de six mille fantassins et de dix mille chevaux, venait de voir fuir devant lui cent mille soldats du Nord, ne désespère pas de la victoire. On le voit attendre paisiblement l'explosion de l'obus qui éclate à ses pieds, et couvert d'un nuage de poudre et de fumée voler à de nouveaux dangers. L'ennemi, fidéle à son système, étend ses vastes ailes, et espère nous enfermer dans Arcis où nous établissons notre centre de défense; les batteries tonnent, mettent le feu au faubourg, la mitraille crible les murailles du château du chambellan, comte de La Briffe, où est établi le quartier général: cependant on jette un second pont sur l'Aube, et, pendant toute la journée du 21; on continue à disputer le terrain pied à pied; la retraite s'effectue avec ordre, nous nous retirons, et nous ne sommes pas rompus. Tandis que ce mouvement s'opère, Napoléon envoie le comte de Turenne porter aux sœurs de la Charité de l'hospice d'Arcis deux mille francs pour qu'elles puissent pourvoir dans le moment aux besoins des blessés qu'il laisse à la garde de leurs vertus.

« L'admirable conduite du général Lefèvre Desnouettes et du général Sébastiani ne méritèrent pas moins d'éloges que le sang-froid incroyable de celui qui les commandait. Une batterie tardait à produire l'effet désiré; Napoléon, cédant à l'attrait de son premier métier, descend de cheval, et pointe lui-même les pièces. Le feu de l'ennemi jonchait à chaque instant de nouveaux cadavres le théâtre de cette scène terrible. Les artilleurs, effrayés du danger de l'empereur, le supplient de se retirer. « Non, mes enfants, leur dit-il gaiement, ne craignez rien; le boulet qui doit me tuer n'est pas encore fondu. »

Cependant Brienne, où l'éducation du grand homme s'était faite et où le simple sous-lieutenant, devenu empereur, éprouva le premier désastre précurseur de sa ruine, nous appelait, et nous reçut dans ses murs quatre heures après notre sortie de Troyes. A peine arrivés, nous nous rendîmes au château, dont les salles furent le berceau militaire du grand capitaine, et dont les degrés, couverts de soldats morts, semblaient lui annoncer le tombeau de Sainte-Hélène. Le combat de Brienne, me dit le général, fut la première action importante de cette guerre héroïque et fatale. Napoléon poursuivait Blücher, dont il voulait empêcher la jonction avec les Autrichiens, mouvement qui devait sauver la ville de Troyes. Dans la nuit du 27 au 28 janvier l'armée française traverse la Marne. Le 29, à huit heures du matin, on est déja près de Brienne, et le général Milhaud commence l'attaque contre les hussards prussiens qui s'étaient emparés du village de Maisières. Au bruit de la canonnade Napoléon accourt; il découvre l'ennemi qui avait pris position dans Brienne même; Blücher et ses colonnes occupaient la colline sur laquelle la ville est bâtie et le château qui s'élève au-dessus de celle-ci. Les terrasses étaient garnies de ses meilleures troupes, et les Russes, ses auxiliaires, qui l'avaient rejoint, avaient à défendre le pied de la hauteur, et s'étaient retranchés dans les maisons de la partie basse de Brienne.

« Napoléon donna le signal de l'attaque, qui fut principalement dirigée contre le château, attaque si prompte, si décisive, que Blücher et son état-major auraient été faits prisonniers s'ils n'avaient pris la fuite avec une précipitation aussi rapide que honteuse. J'étais là, mon ami; et je ne puis vous exprimer avec quelle ardeur nous combattions, avec quelle joie nous vîmes encore fuir ces Prussiens, dont les anciens désastres avaient été suivis d'une jactance si insultante dès que le nombre et la fortune leur avaient valu quelques succès. Le jeune Hardemberg, neveu du chevalier de ce nom, ministre du roi de

Prusse, tomba dans nos mains; Blücher lui-même ne nous échappa que d'un moment.

« Nous sommes maîtres du château: Napoléon y entre en vainqueur, et pourtant la victoire n'est pas complète; l'arrière-garde de l'armée coalisée s'obstine à vouloir reprendre cette position, à laquelle de part et d'autre nous attachons tant d'importance. Pendant ce temps nos troupes s'établissent dans la plaine qui sépare Brienne de Maisières; l'empereur reste à cheval, lorsque les autres cherchent à goûter le repos de la nuit: un parti de Cosaques, ou égaré, ou trop bien conduit par des traîtres, arrive jusqu'à lui pour le surpendre; mais la vive résistance des généraux Dejean et Gourgaud les arrête, et donne le temps à quelques soldats de les sabrer et de les mettre en fuite. Le 30, à l'aube naissante, nous étions définitivement les maîtres. L'ennemi ne nous disputait plus le terrain, et ses colonnes étaient en pleine retraite sur Bar-sur-Aube. Ce fut alors que Napoléon entra dans le château de Brienne.

« Il jeta un triste coup d'œil sur les ravages que le combat avait faits autour de lui: le château abîmé, la ville en flammes, quel spectacle! et que de pensées devaient se presser dans son esprit à la lueur de ces maisons incendiées, de ce château d'où il était sorti lieutenant, où il rentrait empereur, entouré de morts et de mourants, et se croyant encore maître de la fortune au moment où ses dernières faveurs le conduisaient à sa perte !

« Les immenses forces coalisées que le seul génie d'un homme tenait en échec se réunirent; et ce corps gigantesque vint, le 31 janvier, nous offrir la bataille dans la plaine qui s'étend entre Brienne et Bar-sur-Aube. Nous ne pouvions la refuser. La position, qui ne nous offrait aucune chance favorable, ne nous permettait pas de reculer; nous n'avions qu'une espérance, notre épée. Je crois voir encore la disposition des corps qui prirent part à cette action. Le duc de Raguse est à notre gauche, à Morvilliers; il a devant lui les Bavarois, naguère nos alliés ! Le maréchal Victor vient ensuite en se rapprochant de notre centre; il est opposé à Sacken et aux Wurtembergeois. Au village de la Rothière, l'empereur a placé sa jeune garde, qui fait des prodiges. Blucher, les Russes, les Autrichiens, tout ce que l'ennemi possède de vaillants soldats, sont là sur notre droite, et près de la rivière est le général Gérard appuyé sur le village de Dieuville.

« Napoléon s'est porté auprès du village de la Rothière; il sait que les souverains alliés ne sont pas loin de ce lieu : c'est là que les grands coups se portent; j'y étais, et je puis vous dire que nous fîmes tout ce qui humainement pouvait donner la victoire : la fortune ne voulut pas nous seconder.

La nuit vint sans que les coalisés eussent gagné le champ de bataille; mais nous ne l'avions pas conquis: chacun avait gardé ses positions. La nuit venue l'empereur ordonne la retraite; elle se fait pendant les ténèbres, en bon ordre, mais avec découragement, et elle s'effectue sur Troyes.

« Cependant le lendemain 2 février, le maréchal de Raguse, resté entre la rivière et le feu de l'ennemi pour mieux protéger notre retraite, se trouvait dans une position désespérée. Il en sortit à la manière française, en se faisant jour à travers les colonnes du général de Wréde, qu'il culbuta dans le village de Rosnay au passage de la Voire. Ce fut l'un des plus beaux faits d'armes de la campagne. Pourquoi faut-il que depuis.... »

Le général s'arrêta; un profond soupir étouffa sa voix; je soupirai comme lui, et je pensai tristement à Dumouriez, à Pichegru, à Moreau.... Nous sortîmes de Brienne, et, après avoir visité pas à pas le terrain du combat que le général venait de décrire, nous nous dirigeâmes vers Chaumeur à travers une longue plaine stérile et jaunâtre, de l'effet le plus horrible.

« Je ne suppose pas, me dit le général, que vous soyez plus curieux que moi de voir l'abbaye de Clairvaux. Dans la disposition d'esprit où nous sommes de quel intérêt pourrait être pour nous ce monument claustral où l'on allait jadis admirer huit cents tonneaux de vin rangés avec beaucoup d'art dans des caves magnifiques?—Loin de nous, aujourd'hui sur-tout, la pensée de ces pieux fainéants! Comment introduire leurs ombres bachiques au milieu de ces images sanglantes dont votre récit nous environne? En vous écoutant, je crois entendre la patrie, dépouillée de ses couronnes, le front sillonné par la foudre, nous dire en nous montrant les lambeaux de son deuil:

« Français, vous aviez brisé vos fers, vous étiez libres! et l'amour de la patrie qui vous dévorait alors vous avait fait triompher de l'Europe entière. Rappelez-vous ces temps où un général, élevant sur la pointe de son épée son chapeau surmonté d'un panache tricolore, vous conduisait au combat; un soldat, quelquefois un représentant du peuple, entonnait l'hymne de la victoire; vous marchiez en invoquant mon nom; rien ne pouvait vous résister, et l'Europe subit la honte de fuir devant un seul peuple en armes. Mais l'irrésistible impulsion du patriotisme s'affaiblit: un homme, un seul homme tue la liberté dont il hérite, et l'idolâtrie de la gloire remplace dans vos cœurs le saint amour de la patrie: sous la conduite du génie de la guerre vous parcourez le monde en vainqueurs; il ébranle tous les trônes, mais pour les raffermir ensuite, pour en élever de nouveaux: tous les rois humiliés se liguent. contre le maître du monde; il succombe, la France envahie est conquise à son tour, mes droits sont méconnus, mes honneurs sont détruits; et pour dernier outrage les fils d'Ignace étendent autour de moi leurs innombrables réseaux, m'enveloppent, et se préparent à me frapper au cœur. »

N° CCXLVII. [4 juillet 1827.]

LES CHAMPS CATALAUNIQUES.

> Lieux où l'aigle frappé de la flèche se débattit vainement contre le destin.
> BYRON.

« Votre prosopopée est fort belle, mon brave Ermite; elle exprime des sentiments bien généreux, bien patriotiques; je ne vous conseillerais pourtant pas de vous livrer à ces mouvements d'éloquence au milieu de certains salons, où les habitants vous feraient infailliblement taire à coups de clôture. — Que m'importe! ce n'est point à ces gens-là que je parle, c'est encore moins pour eux que j'écris : l'histoire est là qui m'écoute, et l'avenir s'est plus d'une fois rangé du côté des minorités..... Mais quelle route prenons-nous? — Celle de Châtillon. — De cette ville où le monstre équivoque de la diplomatie établit, en 1814, le centre de ses frauduleuses opérations; où l'Europe, conspirant la perte d'un seul homme, au nom de la paix, répandit sur la France tous les fléaux de la guerre?...

Non, mon cher général, de pareils souvenirs n'ont aucun charme pour moi; allons droit à Châlons-sur-Marne; et continuons notre pèlerinage dans des champs de gloire et de malheur, où nous ne pouvons du moins accuser que la fortune.—N'en parlons plus, » dit le général en donnant l'ordre au postillon de suivre la grande route de Troyes. Je regrettai cependant de ne point passer par Langres, patrie d'Edmond Richer, de Barbier d'Aucourt, et de Diderot. Ce dernier, sur-tout, recommandait à mon souvenir la ville qui l'a vu naître: cet homme de génie qui, par un mauvais emploi de ses facultés prodigieuses, manqua sa destinée, et, si j'ose m'exprimer ainsi, dévora son propre avenir. Des conversations stériles, des pamphlets, des romans, absorbèrent une grande partie d'une vie mal employée pour sa gloire. Peu d'hommes, doués de talents aussi vastes, ont plus complétement négligé d'en tirer parti: on ne doit pas juger Diderot d'après ses ouvrages, où la confusion, l'emphase, la divagation, se font trop souvent sentir. Une sagacité puissante, une ardente pénétration, une haute éloquence, une sensibilité active, n'y ont laissé que des traces plus ou moins profondes, auxquelles on est plutôt forcé de deviner son génie que de le reconnaître.

Le général ne partageait pas dans toute son étendue mon opinion sur l'auteur de *Jacques le Fataliste*, et nous discutions encore lorsque nous arrivâmes, par une route de traverse, au village de Doulevent, où le quartier général de nos troupes fut établi le 24 mars 1814.

« L'empereur, me dit le général, avait formé le hardi projet de manœuvrer sur les derrières de l'ennemi, et de lui couper toute communication; par cette admirable manœuvre les coalisés se seraient trouvés comme pris au piége, et presque entièrement cernés: mais, pour accomplir ces projets dictés par le génie, la science et le courage ne suffisaient pas; il fallait le concours de la puissance des masses, il fallait ce nombre qui nous manquait.

« Napoléon, dès le 23, fut rejoint à Saint-Dizier par le duc de Vicence, qui apportait les dernières propositions du congrès de Châtillon; quelque pénibles qu'elles fussent à accepter, l'empereur, ébranlé par les vœux que l'on fesait autour de lui pour la paix, ne balança pas à donner au duc de Vicence l'ordre de reprendre le cours des négociations. Un tel effort dut sans doute lui coûter plus que l'acte même de son abdication.

« Cependant il ne négligeait pas le soin de la guerre; par ses ordres l'armée se rapprocha de Saint-Dizier, et lui-même s'établit à Doulevent, déployant une de ses ailes vers Bar-sur-Aube, de manière à pouvoir s'avancer vers la Lorraine, la Bourgogne, ou Paris, suivant que les circonstances le demanderaient. Le 26, au matin, les coalisés attaquent notre arrière-garde cantonnée à Saint-Dizier, la forcent de se replier sur le corps principal, et la suivent avec audace. L'empereur juge le moment favorable, il envoie contre l'ennemi les généraux Milhaud et Sébastiani, les appuie lui-même de sa présence ; et, enfoncés à leur tour, les coalisés battent en retraite, et abandonnent Saint-Dizier, dont nous prenons possession sur-le-champ..

« Cette affaire glorieuse avait été précédée d'une action qui ne le fut pas moins, et dont la même ville avait été le théâtre; celle-ci eut lieu à la fin de janvier : Napoléon chassa devant lui les troupes étrangères. On ne peut se figurer l'enthousiasme des gens du pays, lorsqu'il reparut parmi eux, et l'on ne peut trop rire de la prétendue haine que les écrivains d'un parti ont prétendu qu'il inspirait au peuple.

« Rien n'est plus magnifique que la route de Saint-Dizier à Vitry-le-Français : cette ville est d'origine moderne, celle qu'elle a remplacée fut brûlée pendant la guerre que Charles-Quint fit à la France en 1541 ; le roi François Ier, n'ayant pas voulu la relever de ses ruines, en transporta les habitants à une lieue plus loin, sur le penchant d'un coteau et sur les bords de la Marne.

« Napoléon établit là son quartier général à la fin

de janvier; il fit à la hâte relever les murailles de Vitry, et sembla vouloir en faire un lieu de défense : un pont fut jeté sur la Marne pour assurer les communications. Le 27, les ennemis en force nous attaquèrent sur ce point, il fallut l'abandonner; les coalisés s'en emparèrent, et plus tard, le 22 mars, Napoléon, revenu dans ses quartiers, fit sommer le chef autrichien, qui commandait dans Vitry, d'évacuer la place; elle ne fut pas rendue. L'empereur s'éloigna, et le 27 il revint encore devant les murailles où sa puissance ne devait plus être reconnue; il échoua deux fois dans son dessein de s'emparer de cette bicoque qu'il avait fortifiée lui-même pour l'avantage de l'ennemi. Le résultat de cette manœuvre, la seule peut-être où l'on ait pu accuser, non seulement la fortune, mais la prudence des combinaisons du guerrier, fut d'épuiser nos troupes en mouvements inutiles, du 21 au 28 mars. »

Cependant nous avions atteint Châlons : tout en devisant sur ces grands désastres, nous saluâmes les *champs catalauniques*, tombeau de la puissance d'Attila. « C'est ici, reprit mon compagnon de voyage au moment où je contemplais avec plaisir le paysage agréable dont Châlons est entouré et le ruban circulaire dont les eaux de la Marne l'environnent; c'est ici que l'empereur voulut réunir une armée destinée à repousser les premiers efforts des alliés. Les Châlonais coupèrent leur pont, et cet acte de dévouement contraignit les Autrichiens à s'arrêter dans la Bresse, en attendant de nouveaux renforts. L'empereur y arriva, et sa présence rendit le courage à une population jetée dans la stupeur par des récits pleins de malveillance; il y resta douze heures, qu'il employa à prendre des mesures pour parer à tous les événements qu'il pouvait prévoir; puis il se porta sur Vitry, laissant à Châlons le duc de Valmy pour y réorganiser les corps débandés, et s'unir à celui du duc de Tarente, qui arrivait lentement du fond des Ardennes.

« Tout faisait espérer que le héros de Valmy arrêterait les étrangers. On se souvenait que les Prussiens, en 1792, avaient poussé leur marche insolente jusque auprès de Châlons, où avait commencé leur mouvement de retraite : pourquoi n'en eût-il pas été de même une seconde fois? Hélas! vous l'avez dit, la liberté n'était plus!

« La puissance des masses ennemies nous force à la retraite. Châlons tombe en leur pouvoir, et les souverains coalisés y font leur entrée, et y établissent quelque temps leur séjour. Bientôt contraints à se replier, ils font rétrograder leurs énormes bataillons devant le nom et la présence d'un seul homme.»

J'interrompis le général en passant devant l'École des arts et métiers. Elle venait d'être fondée, lorsque je visitai cette ville pour la première fois. J'avais témoigné à mon guide le désir de la revoir en mémoire de son fondateur, l'illustre duc de *La Rochefoucauld.* Pour pénétrer dans l'intérieur de l'École je me réclamai d'un élève que je ne nommerai pas (il m'en saura gré), et auquel je m'adressai pour qu'il nous servît de conducteur. « Je ne le puis, me dit-il; je ne possède plus la confiance de mes chefs. — Qu'avez-vous donc fait pour la perdre? vous, si assidu à vos devoirs, vous, qui vous êtes fait remarquer par la précocité de vos talents, vous, dont la douceur est extrême, et qui donniez de si hautes espérances! Auriez-vous renoncé à l'honneur d'une bonne conduite? — Grace à Dieu, répliqua-t-il, je n'ai rien à me reprocher; je suis tel que vous m'avez connu : néanmoins mon nom est marqué en lettres rouges, et je m'attends chaque jour à être expulsé de la maison. — Mais enfin qu'avez-vous donc fait? je suis impatient de l'apprendre. — J'ai refusé de me confesser chaque semaine, d'entrer dans de certaines congrégations; et j'ai même murmuré lorsque l'on me contraignait à passer tous les dimanches les deux tiers de la journée à l'église, lorsque j'avais besoin de me distraire et de me délasser par d'innocentes récréations. — Ah! j'entends, mon enfant : je vous plains; on ne vous pardonnera pas; vous savez combien de fiel entre dans le cœur des dévots. Quel est le nom de votre directeur? — M. le vicomte de ***. — J'avoue mon ignorance; je ne reconnais pas là un nom de savant ou d'homme profondément versé dans les sciences qui ont quelque rapport avec votre institution. — M. le vicomte de *** est maréchal-de-camp.

Nous entrâmes dans l'École, et nous vîmes avec peine que de pieuses occupations ne permettaient pas aux chefs de donner beaucoup de soins à tout ce qui tenait à la propreté et à l'ordonnance de l'intérieur; les escaliers, les cours, les corridors étaient fort mal tenus, et je dois avouer qu'on reconnaissait trop clairement le rang élevé de ceux qui, chargés de la direction, auraient cru déroger à la dignité de leur noblesse en coopérant au bien-être d'une maison d'artisans. De temps en temps nous rencontrions des gardiens à mine farouche qui déguisaient mal leur sombre humeur sous un air de componction emprunté. Toute gaieté semblait bannie de ce lieu. Il n'en était pas ainsi au temps où les intérêts de l'ame des élèves, objets de soins moins actifs, permettaient à leurs maîtres de s'occuper de leur santé, de leur intelligence, et de leur instruction.

Nous sortions du conservatoire sans avoir pu voir M. le directeur qui faisait en ce moment ses dévotions. Je rencontrai mon jeune ami : « Eh bien! me dit-il avec un malin sourire, vous avais-je trompé? — Non, j'ai trouvé les choses comme je m'y attendais, d'après la conduite qu'on tient à votre égard.

— Celle-là commence fort à lasser ma patience. — Ne vous abandonnez pas à un dégoût qui, pour être excusable, vous conduirait à des excès toujours répréhensibles.—Mes camarades pensent tous comme moi. — Tant pis, car alors je prévois....»

Hélas! quels que fussent mes pressentiments, ils ne pouvaient s'étendre jusqu'à soupçonner l'affreuse vérité. Qui m'aurait fait deviner que, poussés à bout par des procédés inconcevables, on verrait ces jeunes gens se soulever en masse; qu'on les verrait chargés des chaînes du crime, subir la rigueur d'un jugement qui pouvait être infamant? Je ne m'appesantirai pas davantage sur cette malheureuse catastrophe trop connue; je ne répéterai pas sur-tout les paroles sanglantes échappées de la bouche de celui qui devait être le protecteur naturel de ces infortunés.

Nous nous promenâmes quelque temps en causant sur les événements de 1815, sous les arbres du *Jard*, magnifique jardin public, renfermé entre deux rivières qui coulent sur une ligne parallèle et dont l'aspect est enchanteur. Nous repartons; en peu de temps nous avons franchi l'espace qui nous séparait de Reims, cette capitale célèbre par ses pains d'épice et sa sainte ampoule. Moins occupé de l'histoire de nos revers, je lui aurais accordé plus d'attention; dans un autre temps, j'aurais visité la belle cathédrale gothique où les monarques français, depuis Clovis, reçurent l'onction royale. Le général, qui partageait mes sentiments et qui les devinait, n'eut rien de plus pressé que de continuer, après un déjeuner frugal, la narration des batailles auxquelles il avait pris une part si active et si honorable.

« L'empereur, poursuivit-il, sentit combien il était nécessaire que Reims ne restât pas au pouvoir de l'étranger, et ordonna au général Corbineau de venir reprendre cette ville. Celui-ci réunit à ses troupes le corps de cavalerie du général Laferrière, et opéra ce mouvement sans éprouver une vive résistance de la part des coalisés. Cependant l'empereur effectua le passage de l'Aisne. Les troupes du général Nansouty culbutèrent l'ennemi, et prirent possession du pont nouvellement construit à Béry-au-Bac. Le 6 notre armée marcha sur Laon, mais elle fit halte à Corbeny. On apprit que les Russes, sous les ordres de Wintzingerode, Woronsof, et Sacken, se portaient sur les hauteurs de Craone, position formidable, d'où il ne sera pas facile de les déloger. Cependant le héros de la Moskowa ne les a pas plutôt aperçus ainsi retranchés qu'il donne l'ordre aux officiers d'ordonnance Gourgaud et Caraman d'aller reconnaître les défilés de la montagne : ceux-ci s'en emparent, et s'y logent.

« Le 7, au lever du soleil, Napoléon monte à cheval, parcourt la ligne, et donne le signal de l'attaque; elle fut terrible. Les Russes étaient de fermes soldats; on ne les enfonçait pas facilement; ils nous donnèrent bien du mal. Ney, Belliard, Drouot, y firent des merveilles. Victor et Belliard furent blessés dans cette bataille, une de celles où les Français déployèrent un courage au-dessus de l'humanité; l'armée ennemie perdit six généraux et cinq mille hommes. Les Russes se retirèrent sur Laon, et les Prussiens, encore épouvantés, évacuèrent Soissons en toute hâte.

« Nous poursuivîmes les premiers jusqu'au pied des collines de Laon, où nous fûmes tous réunis le neuf au soir. Là se trouvaient le duc de Raguse (qui n'avait pas encore abdiqué notre fraternité de gloire), le prince de la Moskowa, le duc de Trévise, et la garde impériale sous les yeux de Napoléon. De son côté Blücher avait réuni les Russes et les Prussiens.

« Les Russes, par un mouvement habile, séparèrent le corps du maréchal duc de Raguse : triste présage pour le combat que nous allions livrer le 10 au matin. Toutes les dispositions de l'empereur sont rompues, il ne doit plus songer à forcer l'ennemi dans les retranchements de Laon; il ordonne la retraite, et l'armée vient prendre position dans les défilés qui couvrent Soissons, où il laisse le duc de Trévise. Sur ces entrefaites, les Russes, commandés par Saint-Priest, émigré français, rentrent dans Reims, dont le général Corbineau avait avec courage, mais sans succès, défendu les approches.

« Napoléon n'apprend pas sans une véritable inquiétude cet autre échec; il court vers Reims, où il arrive le 13 au matin. Une affaire très chaude s'engage sous les portes de Reims; les Russes se défendent noblement. Nous redoublons d'efforts, et cette ville est encore une fois à nous. Nous avions besoin de repos; nous séjournâmes trois jours, et le 17 nous rentrâmes en campagne. Reims, à quelques jours de là, revit les ennemis, mais alors tout était perdu; ils allaient devenir nos alliés. »

J'allai visiter le lieu du combat; et, en partant pour Château-Thierry, nous nous entretenions des célébrités remoises : le bénédictin Ruinart, grand inquisiteur d'inutilités érudites, et dont la science égalait la crédulité; le bon Pluche; l'universitaire Le Batteux; le fougueux Linguet; Colbert, ministre économe d'un roi magnifique, furent tour-à-tour passés en revue; mais l'astre mourant de Napoléon éclipsait pour nous toutes ces célébrités; nous leur accordâmes à peine un fugitif souvenir.

N° CCXLVIII. [JUILLET 1827.]

CHATEAU-THIERRY, MONTMIRAIL,

MEAUX ET NOGENT-SUR-SEINE.

> Pourquoi d'une plainte importune
> Faugner vainement les airs?
> Aux jeux cruels de la fortune
> Tout est soumis dans l'univers.
> J.-B. ROUSSEAU.

La rapidité de notre course n'était égalée que par le vif intérêt qui nous entraînait en Champagne d'un point de la province à l'autre. Nous avions atteint *Château-Thierry*, patrie du bon *La Fontaine*, grand philosophe, grand poète, doué d'un talent si dramatique, si vrai, si naïf, et si varié à la fois, que plus on l'admire, moins on peut le définir; son souvenir charmant, sa gloire populaire, firent un moment trêve à nos récits guerriers.

Cependant le général ne tarda pas à reprendre le fil de sa narrtion, à peine interrompue par l'ombre du fabuliste que j'évoquai près de Château-Thierry, où son souvenir s'est conservé, où sa maison subsiste encore.

« Vous savez, me dit le général, que cette petite ville a eu beaucoup à souffrir de nos amis, de nos libérateurs, qui l'ont spoliée avec une impudence sans exemple. Ils avaient pris cette ville par capitulation au commencement des succès de 1814, et, malgré la foi des serments, ils y commirent toutes sortes d'indignités. Jamais on n'abusa aussi lâchement de la victoire : il est vrai qu'ils n'étaient pas accoutumés à ses faveurs. Le combat de *Champ-Aubert*, cette victoire si brillante et si prompte, remportée par le duc de Raguse sous les yeux de l'empereur, eut lieu le 10 février. La plus grande partie de l'armée alliée se retira vers *Montmirail*; York, Sacken, réunis, marchaient sur Paris; ils sont atteints et repoussés par nos troupes à Montmirail. Les maréchaux Ney et de Trévise eurent avec l'empereur la gloire de cette journée. Le duc de Dantzick, les généraux Bertrand et Ricard les secondèrent vivement. L'ennemi, repoussé sur tous les points, ne garda pas dans sa marche un ordre réglé. Il battait en retraite à travers champs et se portait vers Château-Thierry, où il espérait opérer sa jonction avec Blücher. Ce fut dans la ferme des *Grénaux*, dont la position venait d'être disputée avec un acharnement inexprimable, que l'empereur passa la nuit. Il fallut, pour lui préparer une chambre, enlever les cadavres qui encombraient l'intérieur de la maison. Le 12 notre cavalerie se mit à la poursuite des coalisés; ils furent atteints dans les faubourgs de Château-Thierry, et perdirent alors tout espoir de continuer leur marche vers *Châlons;* retranchés momentanément dans la ville, ils veulent en couper le pont placé entre eux et nous, mais on ne leur en laisse pas le temps, nos troupes fondent sur eux, les taillent en pièces, et le maréchal duc de Trévise continue à les pousser l'épée dans les reins.

« Heureux de cette suite de victoires qui rétablissait la confiance dans l'armée, l'empereur entra le 13 février dans Château-Thierry. Il s'arrêta au faubourg de Châlons, et se logea dans l'auberge de la Poste où s'étaient cachés plusieurs Prussiens : tous y furent découverts, à l'exception d'un seul qui s'était enseveli sous un tas de linge, et qui ne sortit de cet asile qu'après le départ de Napoléon. Ce fut un moment terrible pour les Prussiens. Leurs cruautés avaient excité chez les habitants de Château-Thierry une rage de vengeance que rien ne put les empêcher d'assouvir : on vit des femmes jeter dans la rivière des malheureux Prussiens mutilés ou blessés dans le combat.

« Le 13 au soir, notre armée quitta la ville pour se porter sur d'autres points; nous ne la suivrons que jusqu'à la première bataille, qui fut livrée à

Montmirail dans la plaine de *Vauchamp*, où l'ennemi fut de nouveau culbuté et mis dans une complète déroute.

« Ces coups imprévus frappaient de frayeur les coalisés : les hommes d'Austerlitz reprenaient leur attitude victorieuse ; les vieilles aigles voyaient encore l'ennemi fuir en désordre. — Ah ! mon cher général, repris-je en l'interrompant, pourquoi ce dernier éclat d'un feu près de s'éteindre, ce dernier sourire de la fortune guerrière, éblouirent-ils le chef des Français ? Pourquoi ce grand homme, poussé sous les murs de Paris par trois cent mille ennemis, auxquels trois cent mille autres étaient près de se joindre, oublia-t-il en trois jours de prospérité les leçons du malheur ? Eugène aurait pu ramener d'Italie son armée nombreuse, et peut-être notre territoire, souillé par l'invasion, eût-il englouti les envahisseurs. Mais Eugène est contremandé ; la confiance de Bonaparte en sa fortune renaît et grandit ; tout est perdu.... »

Nous arrivâmes à Meaux au milieu de ces tristes réflexions.

« C'est là que Napoléon, après l'affaire de Montmirail, vint établir son quartier-général provisoire. A peine y était-il arrivé qu'il en repartit le 15 février au matin pour prendre la route de *Guignes*.

« Le canon se faisait entendre dans cette direction depuis quelques heures. Les Russes, sous le commandement de Wigenstein, les Bavarois sous les ordres de Wrède avaient entamé l'action contre les ducs de Bellune et de Reggio; ceux-ci soutenaient l'effort de l'ennemi en attendant l'empereur. Il paraît; officiers et soldats sont électrisés, et semblent reprendre de nouvelles forces; un premier choc arrête les alliés devant le village de Guignes, où l'empereur coucha, et cette nuit même il reçut le renfort des dragons que le général Treilhard amenait d'Espagne à marches forcées.

« Le 16 le véritable combat commença; nous chargeâmes, ayant en tête Drouot et Gérard : l'attaque fut d'une vigueur à laquelle il devint impossible de résister ; les ennemis, entamés sur tous les points, rompirent leurs rangs et couvrirent des débris de leur armée toute la plaine depuis *Mormant* jusqu'à *Provins*. Plus tard, mon ami, lorsque je vous aurai conduit à *Montereau*, je continuerai le récit de cette partie de notre histoire militaire; aujourd'hui je vous laisse visiter la ville dont Bossuet fut l'évêque. »

Le monument de ce prélat éloquent fut en effet le seul objet qui fixa ma curiosité. Si l'intolérante hauteur de ses dogmes révolte ma raison, la terrible majesté de son éloquence me pénètre d'une sorte d'admiration; défenseur des libertés de l'Église, on l'a frappé d'anathème pendant ces derniers temps, et cette insolente fureur a suffi pour ranimer sa gloire un peu vieillie.

Nous couchâmes à Meaux, et le lendemain matin nous partîmes pour *Nogent*, où l'auberge des *Rois-de-Jérusalem* nous donna l'hospitalité. « Il y a quelques années, me dit le général, que je suis venu à Nogent sous de bien tristes auspices. Nous accompagnions alors Napoléon à la suite de la retraite de Troyes; accoutumés à marcher toujours en avant contre les ennemis, nous ne pouvions nous accoutumer à ces mouvements rétrogrades au sein de la France, et quand nous combattions pour la sauver du joug étranger. Nous arrivâmes le 7 février à Nogent, et sur-le-champ l'empereur donna l'ordre de créneler les murailles de la ville, de fortifier les points capables de défense, et de préparer les artifices pour faire sauter le pont si la chose devenait nécessaire; tout fut exécuté avec ce zéle, avec cette promptitude dont les Français sont seuls capables; et, plus tranquille, notre auguste chef se prépara à disputer le passage de la Seine au prince de Schwartzenberg, qui nous suivait avec son armée.

« Il reçut en même temps des nouvelles du congrès de *Châtillon-sur-Seine*; on lui proposait alors, non de conserver une partie de nos conquêtes, mais de rentrer humblement dans les limites de l'ancienne France. Le conseil fut assemblé : ceux qui le composaient engagèrent Napoléon à se soumettre à ces conditions pénibles; le duc de Bassano, le prince de Neufchâtel insistèrent principalement sur la nécessité de s'y résoudre. L'empereur avait gardé le silence ; mais enfin il s'expliqua : « Quoi ! s'écria-t-il, vous voulez que je signe un pareil traité, et que je foule aux pieds mes serments ! Des revers inouis ont pu m'arracher la promesse de renoncer aux conquêtes que j'ai faites ; mais que j'abandonne aussi celles qui ont été faites avant moi, que je viole le dépôt qui m'a été remis avec tant de confiance, que pour prix de tant d'efforts, de sang, de victoires, je laisse la France plus petite que je l'ai trouvée, jamais !!! Le pourrais-je sans trahison ou sans lâcheté ?... Vous êtes effrayés de la continuation de la guerre, et moi je le suis de dangers plus certains que vous ne voyez pas. Si nous renonçons à la limite du Rhin ce n'est pas seulement la France qui recule, c'est l'Autriche et la Prusse qui avancent.... La France a besoin de la paix, mais celle qu'on lui veut imposer entraînera plus de malheurs que la guerre la plus acharnée ; songez-y. Que serai-je pour les Français lorsque j'aurai signé leur humiliation ? que pourrai-je répondre aux républicains de 1795 quand ils viendront me redemander leur barrière du Rhin ?... Dieu me préserve de tels affronts !... Répondez à Caulaincourt puisque vous le voulez, mais dites-lui que je rejette ce traité ; je préfère courir les chances les plus rigoureuses de la guerre. »

« Ces paroles étaient sans doute héroïques, mais

les circonstances étaient plus impérieuses encore ; la France était envahie, un parti redoutable se montrait à découvert, des princes de l'ancienne dynastie avaient paru dans les provinces du midi à la suite de la coalition, le danger était trop éminent, trop prochain sur-tout pour permettre que l'empereur persistât dans cette résolution magnanime. Le duc de Bassano, le comte Bertrand, passèrent la nuit auprès de lui ; et, après des instances prolongées, ils parvinrent à obtenir de lui ce consentement qui était nécessaire au duc de Vicence pour qu'il pût continuer les négociations. On accéda aux propositions faites relatives à la Belgique et à la rive gauche du Rhin. Mais comme Napoléon l'avait prévu, ces honteuses concessions ne suffisaient déja plus à ses ennemis. C'est la gloire nationale, c'est Napoléon qu'ils voulaient détruire.

Cependant, tandis que ces négociations fallacieuses se poursuivaient, le maréchal Blücher continuait à s'avancer dans la Champagne, le duc de Tarente reculait devant lui jusqu'à la *Ferté-sous-Jouarre*, et Napoléon, couché sur un lit de repos, des cartes devant lui et un compas à la main, formait des plans dignes de son génie. Le duc de Bassano se présente en ce moment, tenant en main les dépêches destinées au duc de Vicence.

« Ah, vous voilà, lui dit-il, il s'agit maintenant de bien d'autres choses ! Je battais Blücher de l'œil ;

je le tiens ; il avance par la route de Montmirail, je pars ; je le battrai demain, je le battrai après-demain. Si le mouvement a le succès qu'il doit avoir, l'état des affaires va entièrement changer et nous verrons alors. Laissez Caulaincourt avec les pouvoirs qu'il a. »

« Un funeste vertige, le *fatum* des anciens, le *féisme* des Écossais, agissait dans ce moment sur cet homme extraordinaire. Il continue de faire part de ses intentions à ses divers généraux et de dicter des ordres. Le 9 février, il part de Nogent ; il croit atteindre et déconcerter l'ennemi ; nos colonnes s'égarent, le mauvais chemin les arrête ; quelques parties d'un plan admirablement conçu ne sont point exécutées.

« Cependant le 10 au matin nous sommes au village de Champ-Aubert ; le duc de Raguse bat complétement les bataillons ennemis qui se présentent ; ceux-ci fuient sur Montmirail, sur Châlons ; on les poursuit sur toutes les routes.

« Les Prussiens, les Russes, épouvantés du résultat de Champ-Aubert, se rallient, se réunissent ; ils marchent de concert, et nous les trouvons enfin le 11 au matin au-delà de Montmirail, que nous venions de traverser. A leur approche, l'empereur jugea que l'heure décisive était arrivée, il donna le signal de l'attaque. Je vous ai déja raconté ce qui se passa à cette bataille célébre ; elle aurait terminé la campagne si les proportions des armées ennemies n'eussent pas été gigantesques. Il me reste à vous dire quelque chose au sujet des calamités que Nogent éprouva plus tard ; mais il faut auparavant que nous allions à Montereau, afin de ne point trop intervertir l'ordre des événements. »

N° CCXLIX. [8 juillet 1827.]

LE PARACLET.

> .... Common forms a part
> In every scene had kept his heart.
> Had sigh'd and languish'd, vow'd and writ
> For pastime or to show his wit.
> Docteur Swift.
>
> Le séducteur avait employé les formes ordinaires ; mais, au milieu de ces scènes d'amour, son cœur était resté froid : vœux, soupirs, langueurs, lettres brûlantes, n'étaient pour lui qu'un amusement de ses loisirs, un jeu de son esprit.

L'attention que je prêtais au récit du général ne m'empêcha pas de remarquer que nous avions quitté la grande route, et que nous suivions un chemin de traverse ; j'en fis l'observation. « Nous avons besoin de consolations l'un et l'autre, me répondit-il ; je vous conduis dans une retraite où j'en ai cherché moi-même, sur la foi du nom grec que son fondateur lui a donné.... — Au *Paraclet!*... Chez vous, dans l'asile où l'adorable Héloïse expia pendant quarante ans le crime de son vil séducteur.—Comment pouvez-vous traiter si durement ce pauvre Abailard? la cruauté du chanoine Fulbert n'a-t-elle pas suffisamment vengé l'honneur de sa nièce? Je vous croyais si indulgent pour les faiblesses de l'amour! — C'est pour cela, mon ami, que j'adore la mémoire d'Héloïse, et que j'ai en aversion le souvenir de ce théologien hypocrite, sans probité, sans amour.... — Abailard! sans amour!...— Je vois, mon cher général, que vous êtes, comme tout le monde, sous le charme des impressions qui perdirent Héloïse, et que le nom d'Abailard exerce sur votre esprit la même séduction qu'il exerçait sur le cœur de son écolière ; je vois que vous n'avez étudié l'histoire de ces deux amants que dans l'épître de Pope; permettez-moi, pendant que nous ferons route vers le Paraclet, de rectifier vos idées sur un homme qui doit toute sa réputation à sa maîtresse, et dont la postérité eût traité la mémoire aussi rigoureusement que Fulbert traita sa personne, si l'image d'Héloïse ne s'interposait sans cesse entre l'histoire et son amant. J'aurais voulu, ajoutai-je, n'avoir rien à changer à une tradition dont les arts et la poésie ont en quelque sorte consacré l'erreur; et ce n'est pas ma faute si les faits, les dates, et les plus simples raisonnements, suffisent pour détruire l'enchantement.

« Héloïse, jeune fille de dix-sept ans, est confiée par Fulbert, chanoine de Paris, aux soins d'Abailard, réputé le plus savant professeur de son époque, et qui venait d'atteindre sa *quarantième année*, entendez-vous bien? Héloïse semblait plus jeune encore qu'elle ne l'était; et, soit que la délicatesse de ses traits, la petitesse de sa taille, l'extrême fraîcheur de son teint, parussent la rapprocher de l'enfance aux yeux de son oncle, celui-ci recommanda formellement à son précepteur une sévérité et même des corrections, auxquelles l'oncle chanoine n'aurait probablement point pensé, si les idées de jeunesse et d'amour se fussent mêlées dans son esprit à celle de sa pupille.

«Qu'on se figure Abailard dans un âge mûr, chargé de couronnes théologiques, adoré des femmes, environné d'une auréole de gloire, poète et chansonnier, savant et philosophe, bien reçu des grands, admiré du peuple, et s'abaissant jusqu'à séduire l'enfant que Fulbert lui avait confiée : cette enfant était douée d'une sensibilité exquise, d'une ardeur de sentiment aussi rare que fatale, et d'un goût vif pour les arts et les lettres. Tous les moyens de séduction se trouvaient donc entre les mains de cet indigne maître; non seulement il en abusa, mais il en abusa froidement. Il y a quelque chose de révoltant dans le spectacle de ce vieillard crédule, de ce Fulbert, qui confie une si jeune fille à un homme sans honneur, et de cette malheureuse enfant qui, enivrée, avant son adolescence même, de tout ce que le premier amour a de délicieux et d'inattendu, éblouie par la haute réputation d'Abailard, lui livre, comme une proie facile, le bonheur de toute sa vie. « Jusqu'au moment où je vis Héloise, dit Abailard dans l'*Histoire de ses calamités*, adressée à un ami, je vécus chaste. » Je le crois, la vanité et la froideur composaient le caractère d'Abailard. Il avait vécu dans les arguties théologiques : sa passion pour Héloïse, caprice des sens né du hasard, ne se mêla d'aucun des sentiments généreux et tendres qui ennoblissent l'amour. Son égoïsme ne se démentit jamais; et, pour que sa maîtresse n'ait pas pénétré d'un seul coup d'œil toute la froideur, toute la bassesse de celui auquel elle allait dévouer sa vie, il fallut tout l'aveuglement de la passion la plus tendre; et toute l'inexpérience de son âge, pour qu'elle pût se méprendre sur la nature des sentiments qu'elle inspirait à un homme méprisable qui ne trouvait d'autres expressions que celles-ci pour en peindre l'ardeur naissante : « Dans nos premiers entretiens, écrivait-il, *plura erant oscula quàm sententiæ, sæpiùs ad sinum quàm ad libros deducebantur manus.* »

« Dans le cours de cette liaison fatale, ni l'un ni l'autre ne se démentirent; l'heure de l'infortune n'eut pas plus tôt sonné pour Abailard, qu'il parut mettre en doute la fidélité de celle qui ne pouvait plus trouver en lui que l'ombre d'un amant, et qu'il exigea d'elle qu'elle se retirât dans un cloître. « Mon ami, lui écrivit Héloïse, vos soupçons m'ont fait rougir, mais je n'obéis pas avec moins de joie;» et, sans balancer, avant d'avoir atteint sa dix-neuvième année, Héloïse, déja mère, prit le voile et renonça au monde. Que fait Abailard? il oublie, pendant cinq ans entiers, sa tendre complice ; il concentre sa douleur sur sa propre infortune : il écrit son histoire, et le nom d'Héloïse ne vient pas même une seule fois se placer sous sa plume. L'amant égoïste n'est plus qu'un moine sombre et bilieux : il excite la haine de tous ceux qui l'approchent, et consume sa vie en disputes théologiques.

« C'est alors qu'Héloïse, ayant entendu parler de la lettre qu'Abailard avait adressée à un ami sur ses malheurs, se décide à lui écrire la première pour lui demander la cause d'un si long silence. Il ne répond que pour l'effrayer du récit des assassinats tentés contre lui, et pour glacer son cœur par quelques paroles empreintes de la plus insensible froideur. Leur correspondance se prolonge; Héloïse ne cesse point de se montrer généreuse, tendre, quelquefois sublime dans l'expression de son amour si pur; Abailard ne cesse pas d'étendre et de perpétuer son égoïsme; il envoie aux nonnes du Paraclet des formules de prières pour sa santé corporelle et spirituelle.

« Tel fut l'homme qui trouva moyen de forcer

l'histoire à confondre les noms d'Héloïse et d'Abailard qu'elle aurait dû séparer: l'un, pédant, infatué de lui-même, et d'un caractère imbu de tous les vices de son cœur; l'autre, femme supérieure à son siècle, d'une tendresse et d'un dévouement que rien n'égale; l'un, mauvais théologien, moine fanatique et captieux; l'autre, écrivain plein d'élégance et de charme; l'un, orné de quelques unes des facultés de l'esprit qui ne supposent aucune qualité morale; l'autre, douée de toutes les vertus d'où naissent les grandes pensées, et où s'alimente le génie. — Vous aurez beau dire, me répondit le général, vous ne me raccommoderez pas avec Fulbert, et je ne pourrai jamais me décider à haïr l'amant d'Héloïse. Quoi qu'il en soit, ajouta-t-il en riant, nous voici au Paraclet; songez que l'ombre de la charmante abbesse nous écoute, et que vous l'affligeriez en parlant mal de celui qu'elle a tant aimé. »

La journée que je passai au Paraclet fut employée tout entière à parcourir des lieux peuplés de si tendres souvenirs.

Le Paraclet, situé au milieu d'un vallon délicieux, est arrosé par l'Ardusson; cette petite rivière, après avoir mis en mouvement l'usine établie sur ses bords, va se jeter dans la Seine, à une demi-lieue de Nogent: ici, on ne demande à la nature que les biens qu'elle produit sans travail, des eaux, des prairies et des bois; cette solitude, où tout est calme, suave et mystérieux, semble avoir été choisie par Abailard avant son malheur.

Lorsque *l'immortel*[1] de Leipsick fit l'acquisition du Paraclet, la faux de la bande noire avait passé par-là; le général P. n'y trouva que des ruines: ses mains victorieuses les relevèrent. Reconstruit sur ses anciens fondements et avec les seuls débris de la maison abbatiale, le Paraclet offre aujourd'hui l'aspect d'un édifice régulier, d'une très belle apparence. Du milieu de tant de décombres, le général a, pour ainsi dire, exhumé le caveau où les restes d'Héloïse et d'Abailard reposèrent pendant près de huit siècles, et dans lequel il a retrouvé le sarcophage, que l'on avait jugé trop lourd pour être transféré à Paris, avec le cercueil où les deux corps étaient renfermés. Le sarcophage restauré a été replacé dans le caveau, remis également à neuf, et le général, pour en désigner l'emplacement, a fait ériger une colonne votive sur le lieu même. Il a voulu consacrer plus dignement encore ce lieu de consolation en y fondant une manufacture de limes, de grosse quincaillerie et d'instruments ara-

---

[1] A la bataille de Leipsik, où le général Pajol se couvrit de gloire, son cheval reçut dans le poitrail un obus qui, en éclatant, fit sauter le général à vingt-cinq pieds en l'air, lui cassa le bras et lui fractura les côtes. Quand l'empereur le revit après ce terrible accident : « Pour cette fois, Pajol, lui dit-il, je vous tiens pour immortel. »

toires, dont les heureux résultats commencent à se faire sentir dans la contrée. L'histoire, en inscrivant le nom du général P. au premier rang des guerriers qui ont couvert la France d'une gloire impérissable, n'oubliera pas que ce grand capitaine, dans toute la vigueur de l'âge et du talent, gendre d'un maréchal de France, et désigné lui-même à ce haut rang par ses exploits, ses services et ses blessures, abdiqua volontairement ses honneurs et ses espérances, le jour où la victoire trahissant nos armes, courba la France sous le joug de l'étranger; l'histoire n'oubliera pas que dépouillé de ses dotations, il chercha dans les travaux de l'industrie les moyens d'être utile à son pays, qu'il ne pouvait plus servir sur les champs de bataille; qu'il employa les débris d'une fortune patrimoniale, que la guerre, utile à tant d'autres, avait considérablement diminuée, dans des établissements industriels, où son zéle ne fut point récompensé; elle dira, pour dernier éloge, qu'inébranlable au milieu des secousses politiques, où il pouvait plus aisément qu'aucun autre se frayer un nouveau chemin à la fortune, il ne dévia pas un moment de la route honorable qu'il s'était tracée et qu'un des meilleurs généraux de la France en est encore un des meilleurs citoyens.

N° CCL. [10 juillet 1827.]

MONTEREAU.

>   *Multos vulneratos dejecit et fortissimi*
>   *Quique interfecti.*
>   Prov. vii, 26
>   Tous les héros ont péri, ou sont tombés
>   couverts de blessures.
>   Il avait alors ce je ne sais quoi d'achevé
>   que l'infortune ajoute à la gloire.
>   Bossuet

Peu de journées dans ma vie m'ont paru plus courtes et plus agréables que celle que j'ai passée au Paraclet, entre le général P. et sa noble compagne, l'une des femmes les plus instruites, les plus fortes et les plus spirituelles de l'époque. Je serais sûr d'offrir à mes lecteurs le discours le plus piquant et peut-être le plus véritablement philosophique de mon ouvrage, s'il m'était permis de leur rendre compte dans les mêmes termes d'un entretien auquel madame la comtesse P*** prêta tous les charmes de son esprit, toute la vivacité de ses observations et toutes les graces de son langage; mais je connais trop bien la dame du Paraclet et son époux, pour ne pas craindre de trahir à leurs yeux les droits de l'hospitalité, si je me livrais au plaisir de leur payer ici le tribut d'admiration auquel ils ont de si justes droits: d'ailleurs je ne puis oublier que l'on compte aussi les heures dans mon ermitage de la Chaussée-d'Antin, où je suis impatiemment attendu. Je me remets en route avec mon illustre guide, qui m'a promis de m'accompagner jusqu'à *Montereau*.

Nous y arrivons : cette petite ville est située au pied d'une colline, au confluent de la Seine et de l'Yonne, sa position est charmante ; mais tout en admirant la beauté des environs je regrettais que l'on eût fait disparaître depuis long-temps ce vieux pont de Montereau, théâtre d'un meurtre historique qui tient tant de place dans nos annales, par le rang des assassins et de leur victime, par sa cause, ses détails, et ses résultats.

Le général me fit gravir un coteau voisin d'où nous pouvions embrasser d'un coup d'œil toute l'étendue du pays. Vaste et beau paysage! à droite, on voit la route de Paris descendre d'une côte rapide et crayeuse, et se prolonger à gauche sur une chaussée très élevée.

«Nous voici en position, me dit le général, pour reprendre le récit d'une campagne aussi fatale que glorieuse.

Les ennemis, battus à Champ-Aubert, se retiraient en désordre ; mais de nouveaux renforts leur étant arrivés ils reprirent l'offensive. L'armée Wurtembergeoise commandée par le roi actuel, et une forte colonne autrichienne conduite par le général Bianchi marchèrent sur Montereau, et s'en emparèrent après avoir fait réparer le pont que j'avais fait sauter; ils passèrent la Seine et vinrent prendre position sur les hauteurs de Surville que vous voyez devant vous, tandis qu'une autre colonne autrichienne marchant sur Montelot, qui fut mal défendu par le général Montbrun, arriva à Fontainebleau.

Le 16, après l'affaire de Guignes, l'empereur, instruit de la marche de l'armée Wurtembergeoise, et de la position qu'elle occupait, résolut de la culbuter dans la Seine, et m'ordonna de l'attaquer avec mon corps d'armée par sa gauche et par la route de Melun, et de commencer cette attaque à sept heures du matin, le 17, tandis que le duc de Bellune soutenu par la garde, se porterait à la même heure sur le flanc droit de l'ennemi par la route de Nangis. Une circonstance que je ne puis déterminer n'amena qu'à midi le duc de Bellune sur le terrain, ce qui lui fit ôter par l'empereur le commandement de son corps qui fut confié au brave général Gérard : ce retard me mit dans un très grand danger, car je fus obligé de soutenir seul tous les efforts de l'ennemi et de me maintenir jusqu'à l'heure, où le corps si long-temps attendu arriva suivi de la garde et de l'empereur. Dès lors l'ennemi attaqué par ses flancs se voit obligé d'abandonner sa position et de repasser les ponts en toute hâte, mais ce n'est pas sans perte et sans confusion qu'il effectue ce passage; mis en déroute, nous lui faisons six mille prisonniers, nous nous emparons d'une partie de son artillerie, et nous le poursuivons si vivement, l'épée dans les reins, qu'il n'a pas le temps de détruire ses ponts : nous passons la Seine à sa suite en le tâtonnant dans toutes les directions qu'il prend.

« Pendant ce temps, les gardes nationales bretonnes, faisant assaut d'intrépidité avec les meilleures troupes de ligne, pénètrent dans le faubourg de Montereau.....

— Avouez, mon général (lui dis-je en voyant qu'il s'arrêtait), que vous méditez une lacune; mais votre modestie n'y gagnera rien, et je me charge de la remplir : je dirai que ce mouvement des gardes bretonnes fut appuyé par une des plus brillantes charges de cavalerie dont les annales de cette arme eussent encore fait mention; que l'intrépide général Pajol, qui la dirigeait, enleva le pont de Montereau et ne laissa pas même aux Wurtembergeois, qu'il écrasa, le temps d'allumer la fougasse qu'ils avaient préparée pour faire sauter le pont.

« — Quoi qu'il en soit, continue le général, la

victoire est complète, et aux cris mille fois répétés de *vive l'empereur! vive la France!* nous nous réunissons autour du héros[1]; mais ici même, sur ce champ de victoire, où semble devoir renaître toutes nos espérances, le guerrier observaveur est frappé d'un contraste qui les détruit: j'essaierais vainement de vous en donner l'idée, c'est une tâche difficile que le baron Fain a parfaitement remplie, dans le *Manuscrit de* 1814, c'est donc à lui que je cède la parole: lisez à haute voix, mon cher Ermite, une seule page de ce volume que j'ai apporté avec moi, et vous vous ferez une idée de ce qui dut se passer alors dans l'ame de Napoléon. »

Je pris le livre et je lus le passage suivant, avec un attendrissement qui alla jusqu'aux larmes.

« Tandis que nos succès réjouissent la constance infatigable des soldats, redoublent l'ardeur civique des habitants des campagnes, et portent jusqu'à l'exaltation le dévouement de nos jeunes officiers, on remarque avec inquiétude qu'un retour d'espérance n'a pas encore pénétré le cœur des principaux chefs de l'armée. Plus les événements viennent de nous être favorables, plus ils craignent l'avenir. Chez eux la prudence a grandi avec la

---

[1] Le général oublie encore de dire que l'empereur en l'embrassant sur le champ de bataille, après la victoire, lui adressa ces nobles paroles: « Si tous les généraux m'avaient servi comme vous l'ennemi ne serait pas en France. »

fortune : les plus pauvres sont au contraire les plus confiants. Cette différence, dans la résolution avec laquelle chacun mesure ainsi les événements, offre des contrastes pénibles pour le *bienfaiteur*, et l'on en ressent toute l'amertume.

« Il a à se plaindre des plus braves!... Au combat de Nangis, un mouvement de cavalerie qui aurait été fatal aux Bavarois a manqué, et on en fait le reproche à un général connu par son intrépidité, au général L'héritier. La nuit dernière, l'ennemi nous a surpris quelques pièces d'artillerie au bivouac, et elles étaient sous le commandement du brave général Guyot, commandant les chasseurs de la garde. A Surville, au moment le plus chaud du combat, les batteries ont manqué de munitions, et cette négligence, qui est un crime selon les lois rigoureuses de l'artillerie, semble retomber sur un de nos officiers d'artillerie les plus distingués, sur le général Digeon! La forêt de Fontainebleau vient d'être abandonnée sans résistance aux cosaques, et le général qu'on accuse de n'avoir tiré aucun avantage ni d'une pareille position ni de pareils adversaires, c'est Montbrun! Enfin le combat de Montereau aurait-il été nécessaire, et tant de sang répandu aurait-il été épargné, si la veille on eût marché assez vite pour surprendre le pont? mais la fatigue a empêché d'arriver, et c'est le duc de Bellune, autrefois l'infatigable Victor, qui a le malheur d'avoir à donner cette excuse! »

Je ne voulus pas continuer cette lecture, et nous reprîmes en silence le chemin de Montereau. Après quelques moments le général compléta en ces termes le récit qu'il avait interrompu.

« Le 19 février, l'empereur quitta Montereau; il déjeuna à Bray, dans la maison qu'Alexandre occupait la veille. Le même soir, il arriva à Nogent. Cette petite ville avait horriblement souffert de la présence des ennemis. Le général Bourmont y avait disputé le 10, le 11, et le 12, le passage de la Seine à toute l'armée du prince Schwartzenberg; il n'avait cédé qu'à la dernière extrémité. A la suite de ces furieux combats, Nogent offrait le plus triste aspect : les maisons écroulées, fumantes, et pillées, le peuple désespéré et dans la misère; et au milieu des blessés, les respectables Sœurs de la Charité et le non moins digne curé de Nogent, leur prodiguant des soins que l'empereur récompensa par ses éloges et par ses bienfaits. »

La promenade militaire que le général m'avait fait faire à Montereau et dans les environs m'avait tellement ému, qu'il ne put se décider à m'abandonner brusquement à mes réflexions; ce modèle des braves ne me quitta qu'à Melun, en me laissant la consolation de le revoir bientôt dans ma cellule où je me prépare à me confiner pour jamais.

N° CCLI. (JUILLET 1827.)

RENTRÉE DANS MA CELLULE.

> Je ne ferai plus qu'un voyage,
> Encor sera-ce malgré moi [1].

J'avais quitté le général, et les derniers mots qu'il m'avait adressés en nous séparant : *Adieu, nous nous reverrons bientôt dans votre paraclet,* avaient ramené ma pensée sur ce gouffre des cloîtres, où tant de générations se sont éteintes en Europe depuis l'établissement du christianisme. Si jamais cette religion s'est offerte au philosophe sous un aspect consolateur qui justifie l'enthousiasme de ses prosélytes et semble attester sa céleste origine, c'est sans doute lorsque, abjurant la menace et le courroux, elle ouvre à l'homme fatigué des orages de la vie un refuge contre les passions humaines. Si, dans des temps barbares, des hommes aussi durs, aussi ignorants que leur époque, n'avaient perverti la doctrine si tendre et si pure du fils de Marie, cet esprit

---

[1] Jouy, *Épitre en vers libres,* vol. XXII. p. 213,

de charité, en retenant le christianisme dans les justes limites que Dieu et la raison lui ont prescrites, eût garanti la plus touchante des institutions religieuses des accusations trop méritées auxquelles l'ont exposée les ambitions, les bassesses, les cruautés, et les folies dont les annales conventuelles sont souillées.

Je ne sais jusqu'où m'auraient mené ces réflexions chagrines, si le nom de Brunoy n'eût tout-à-coup retenti à mon oreille et réveillé dans mon esprit, ou plutôt dans mon cœur, le souvenir d'un grand acteur que les arts, les pauvres, et l'amitié, ont perdu l'année dernière.

Je fis arrêter ma voiture à la porte de cette habitation charmante où j'avais passé tant d'heures agréables dans la société du Roscius français. Je sonnai long-temps; le jardinier Louet, qui vint m'ouvrir, me reconnut au premier coup d'œil, et cet excellent homme, dont les yeux se remplirent de larmes, se contenta de me dire, en me montrant la maison dont la porte et les fenêtres étaient fermées. « Hélas! monsieur, il n'y est plus! — Non, mon ami, lui répondis-je; mais son ombre habite encore les bosquets de Brunoy, et je suis sûr de le trouver au lieu où nous nous sommes souvent donné rendez-vous. » Le bon Louet me quitta en levant les yeux au ciel, et j'allai m'asseoir au bord de l'Hier, dans un cabinet de verdure où Talma étudiait ses rôles, et où, l'année dernière à pareille époque, je l'avais vu debout pour la dernière fois. Telle est l'impression profonde que j'en avais emportée, que je crus en effet le retrouver dans cette délicieuse solitude, et que je me rappelai non seulement ses paroles, mais jusqu'aux inflexions de sa voix dans cette entrevue.

Je m'entretenais avec lui d'un projet que j'avais conçu, et dont l'autorité supérieure était déjà saisie ; il s'agissait de l'établissement d'un nouveau spectacle que j'appelais *Cliorama*, et dans lequel je me proposais de faire représenter des scènes purement historiques, dans les lieux mêmes où elles s'étaient passées. Talma, que nous avions associé à cette entreprise (dont la première idée appartient à mon ami, M. Amédée de Vatry), m'en parlait avec enthousiasme et prenait de là occasion de raisonner en homme de génie sur l'art dramatique, dont l'étude approfondie avait pu seule le porter à toute la hauteur de l'art théâtral où il était parvenu.

« Je n'ai jamais rien conçu, me disait-il, à cette querelle des classiques et des romantiques, qu'ont suscitée quelques lignes d'un écrit de madame de Staël. De quoi donc s'agissait-il autrefois? de quoi s'agit-il aujourd'hui? de plaire, d'intéresser, d'instruire. Nos prédécesseurs, disent les classiques, y sont parvenus en s'astreignant à des règles que l'on peut essayer d'étendre, mais qu'il n'appartient qu'au génie de violer impunément. — Mais, répondent leurs adversaires, tout est dit à la manière d'Aristote; le siécle veut du nouveau, et à notre tour nous visons à l'originalité.—Mais, messieurs, tout est imitation dans les arts, et il ne peut y avoir d'original que la nature : l'école que vous voulez fonder repose sur ce faux principe de Rivarol, que pour arriver à des choses neuves, en quelque genre que ce soit, il faut déplacer les expressions et les idées. Peut-être, continuait Talma, si l'on me permet pour un moment de comparer mon art à celui des véritables maîtres de la scène, pourrais-je donner mon exemple à l'appui de mes préceptes; et moi aussi j'ai commencé par être romantique : pour éviter une déclamation redondante, je m'étais fait un débit vaporeux; pour échapper à la monotonie de la césure de nos alexandrins, je m'étais fait une étude de briser le vers et d'en éteindre la rime par l'enjambement, même aux dépens du sens et de la mesure; en un mot, pour paraître plus simple, je m'efforçai de parler en prose : les succès que j'obtins par ou plutôt malgré cette malheureuse innovation ne me firent pas long-temps illusion sur le vice de ce système anti-poétique; et, sans renoncer aux avantages que je pouvais tirer de son application dans la peinture des sentiments passionnés où le poete doit disparaître, je me suis contenté de perfectionner l'art de Lekain, sans prétendre en créer un nouveau. » C'est ainsi que ce grand acteur, parvenu à l'âge où le talent s'affaisse, voyait le sien croître avec ses années, et que la mort l'atteignit dans les régions supérieures où il continuait à s'élever.

Je me suis arraché avec peine des lieux où m'attachait le souvenir d'un comédien célèbre qui eut tant de part aux succès que j'ai obtenus sur la scène où il régna quarante ans, et dont le plus doux éloge est dans la bouche des habitants de Brunoy, qui l'avaient surnommé *le boulanger des pauvres*.

J'arrive à *Montgeron*, d'où je découvre Paris pour la première fois depuis que je l'ai quitté.

« Salut, cité superbe! ville des lois, des arts, des sciences, du bonheur, et de la liberté!.... Quand je t'adresse ce compliment, il est aisé de voir que je ne suis pas encore entré dans tes murs, et que je tire ton horoscope, au lieu de continuer ton histoire. » Je crois parcourir sur de magnifiques trottoirs, semblables à ceux dont l'honorable et bienfaisant M. Laffitte a laissé le modèle autour de sa demeure, une ville élégante, spacieuse, et commode, au milieu d'une population saine, active, et industrieuse; de superbes monuments publics, peu de palais, et point de masures! peu de luxe, beaucoup d'aisance, et point de misère! Dans ce nouveau Paris, modèle de la France régénérée, les mœurs ne sont ni légères, ni fausses, ni insolentes : exempts des monstrueux abus d'une civilisation corrompue avant d'être achevée, la puissance n'est point injuste, le peuple n'est point ingrat, la faiblesse n'est point lâche et féroce; les courtisans eux-mêmes ne sont ni vils ni flatteurs, les consciences n'y sont pas à l'enchère, et le talent ne s'y achète pas plus que l'amour. Paris est le siége du seul gouvernement qui ait jamais eu pour objet et pour but unique le bonheur et la liberté du peuple : ici, raisonner sur le passé, se plaindre du présent et trembler pour l'avenir n'est plus l'unique destinée des hommes; on y sait enfin que les vices sont plus souvent des habitudes que des passions; aussi la justice est-elle plus occupée d'y prévenir le crime que de le punir.

C'est sur-tout aux femmes que les Parisiens sont redevables des changements qui se sont opérés dans leurs mœurs: la force et la faiblesse, le dévouement et la légèreté, l'enthousiasme et le caprice, des passions violentes dans des organisations fragiles, des résolutions inébranlables dans des caractères sans fermeté, le passage continuel de la franchise à la ruse, de l'abandon à la réserve, de la frivolité à la profondeur, du mystère à l'indiscrétion; en un mot, le bizarre assemblage de tous les contrastes, de toutes les contradictions, constituaient particulièrement en France, et plus particulièrement à Paris, ce qu'Aristote définit *une belle erreur de la nature*, LES FEMMES. La mode, qu'on pouvait leur donner pour emblème, avait de tout temps fait leurs vertus, leurs vices, leur grandeur, et leur faiblesse. Ambitieuses et galantes sous Louis XIV, prudes et dévotes avec madame de Maintenon, dissolues à la cour de Philippe, nous les trouvions toujours à la tête d'une erreur, d'une vérité, d'un vice, ou d'une vertu. En effet, si j'interroge l'histoire, Jeanne d'Arc s'y montre plus intrépide que Dunois, Ninon plus épicurienne que Saint-Évremont, madame Guyon plus ascétique que Fénelon, madame de Tencin plus intrigante que le cardinal Dubois, madame Roland plus courageuse, plus homme, que tous les martyrs de la liberté.

Quelle métamorphose! les femmes aujourd'hui ne sont accessibles qu'aux seules émotions généreuses; elles partagent et ennoblissent l'amour qu'elles inspirent; elles récompensent le mérite et la vertu, animent le courage, favorisent le génie, et, d'un regard plein d'une noble ivresse, leur montrent l'avenir pour prix de leurs efforts.

Dans cette nouvelle Athènes, où je vais enfin rentrer pour n'en plus sortir, les sciences, les lettres, les arts, enchantent la vie; mais on les y cultive avec discernement. Sans doute on y dédaigne cette érudition pédantesque qui consiste à faire revivre de vieilles erreurs; on s'inquiète peu de plaire à ces lecteurs dégoûtés qu'une seule faute de langage rend insensibles à une foule de beautés de premier ordre; on rit en s'éloignant de ces Lycophrons de la littérature, dont la muse vaporeuse habite un palais de brouillard dans lequel leur voix se perd en sons inintelligibles.

Ici les arts ont leur source dans les passions; leur but est la vérité qui plaît, qui instruit, qui intéresse; leur moyen, la nature choisie. L'intérêt, ce dieu d'or et de boue, a bien encore à Paris quelques adorateurs honteux; mais il ne reçoit point d'hommages publics, et n'éteint pas dans les ames le flambeau sacré des pensées généreuses.

Combien de changements heureux se sont opérés dans cette ville pendant mon absence! Là vivait un peuple rempli de légèreté dans les grandes choses et d'obstination dans les petites; nation vaniteuse, sans fierté nationale; avide de changement, sans aimer la liberté; douée des plus beaux dons de la nature, et privée de cette volonté persévérante qui les met en œuvre. Ici respire une nation nouvelle; toute y porte l'empreinte de la grandeur, de la force, et de la sécurité; je n'entends ni les cris des sentinelles, ni les prières de la détresse, ni les accents de la menace.... Serait-ce une illusion? un peuple libre et calme, victorieux et sage, laborieux et riche, cultivant les sciences par goût et les arts par sentiment; de la gaieté sans tumulte, de la justice sans procès, des lois sans échafauds. Hâtons-nous de rentrer dans cette ville où me rappellent tous les vœux de mon esprit et tous les sentiments de mon cœur.

J'achevais, tout en m'acheminant vers Paris, le rêve utopien que j'avais commencé à Montgeron; malheureusement je m'éveillai à la barrière de Charenton à la voix des commis de l'octroi, occupés à saisir, avec toutes les formalités requises, quelques douzaines de cigarres à mon usage, que j'étais atteint et convaincu d'avoir voulu faire entrer en contrebande. Cette première vexation m'avait donné quelque humeur, et je méditais une lettre à M. le directeur-général des droits réunis, sur les abus sans nombre auxquels donne lieu cette visite aux barrières, lorsque, en traversant la rue du faubourg Saint-Antoine, je vis sans surprise ma chaise entourée par quelques centaines de jeunes gens qui faisaient retentir l'air du cri de *vive la charte! à bas les jésuites!* et moi de faire chorus avec eux sans y entendre malice, et de crier de tout ce qui me reste de force, *à bas les jésuites! et vive la charte!* Au même instant, une troupe de gendarmes débouche d'une rue voisine, et le sabre au poing fournit une charge à fond sur ces amis de la charte qui n'aiment pas les jésuites; cette jeunesse sans armes fut dispersée en un moment, et, grace à mon postillon qui mit ses chevaux au galop, je me vis bientôt hors de la bagarre. Sans connaître précisément l'état de la question, je n'en jugeai pas moins que Paris dans lequel je rentrais n'était point encore arrivé à ce degré de civilisation, à ce point de bonheur et de liberté où je venais de le voir dans mon accès de somnambulisme. N'importe! je me retrouvais au milieu d'un monde élégant et bizarre sur lequel s'étaient exercées mes premières observations, dans ce foyer où viennent aboutir tous les rayons de lumières disséminés dans les quatre-vingt-six départements que j'avais parcourus : à tout prendre, me disais-je, c'est encore là que l'esprit est plus cultivé, la société plus facile, les mœurs plus douces, et que la science entourée de ressources innombrables poursuit d'un pas plus ferme et plus assuré cette sourde conquête de la raison et de la liberté dont j'anticipais l'époque, et qui doit changer les destinées humaines.

Cependant ma vieille chaise de poste, emportée rapidement par des chevaux qu'animait de la voix et de l'éperon un jeune postillon qui devinait mon impatience, faisait, par sa forme antique et par sa vitesse, l'admiration des promeneurs du boulevart. Je devinais, à l'expression de leur figure, le motif de leur étonnement. « Eh! mon ami, semblaient-ils me dire, à ton âge et si près du but, pourquoi courir si vite? Pour éprouver quelques minutes plus tôt ces émotions de famille, les plus douces qu'un homme puisse recevoir dans le cours de la plus longue vie. »

J'entre dans la rue des Trois-Frères : me voici à la porte de mon ermitage, mes yeux se remplissent de larmes au moment où je franchis le seuil de ma demeure.

Que les lecteurs qui m'ont suivi dans mon long pèlerinage se représentent l'Ermite (qui n'est plus à leurs yeux le personnage imaginaire dont il a porté le masque pendant vingt ans) accueilli avec des transports de joie par sa femme, ses enfants, et ses petits-enfants ; qu'ils se figurent le petit triomphe, ou plutôt l'ovation domestique qu'on lui décerne...

Toujours porté, toujours embrassé, on m'a conduit dans ma cellule, où, après deux heures passées dans l'effusion des plus tendres sentiments, je me suis livré aux douceurs d'un repos qu'aucune idée de séparation temporaire ne troublera désormais.

N° CCLII. [JUILLET 1827.]

CONCLUSION.

> *Memory flies back on rapid wing o'er the years that have passed away, and gives a momentary existence to an hundred occurrences that time had almost obliterated*
>
> G. KEATE, *Sketches.*
>
> La mémoire, en se reportant d'une aile rapide vers les années écoulées, rend une existence momentanée à une foule de circonstances que le temps semblait avoir effacées entièrement.

L'air est doux, le ciel est pur, et je vois encore se lever un beau jour. Assis, à cinq heures du matin, le 25 mai 1827, sur le balcon de ma bibliothèque, tandis que toute ma famille repose encore, je reprends en quelque sorte possession de moi-même, et je me demande compte de toutes les émotions que j'éprouve. La douce influence de l'aurore, dont les premiers rayons tombent sur moi ; ces massifs d'arbustes en fleurs où s'arrêtent mes regards; cet heureux mélange d'habitations et de verdure qui se développe à mes pieds; le roucoulement de mes tourterelles se mêlant au bruit de la ville; la pensée des objets chéris avec lesquels je me retrouve enfin, toutes ces circonstances éveillent ma pensée et enchantent les vagues méditations auxquelles je m'abandonne. Je me dis, en promenant mes regards autour de moi : « C'est ici qu'après avoir éparpillé ma jeunesse sur les mers, chez les nations lointaines, au milieu des camps, après avoir été battu par toutes les tempêtes d'une révolution terrible, c'est ici que s'arrête enfin ma course vagabonde. Déja j'étais parvenu à cette époque de la vie où la commodité de l'habitation commence à devenir un besoin, lorsque j'ai fait bâtir cette jolie maisonnette, où je viens achever ma longue odyssée. Mon vieil âge y trouvera des consolations au sein des plus tendres affections de famille; j'y réglerai mes comptes avec ma conscience politique et littéraire; et sûr, à toutes les époques de ma vie, d'avoir servi de mon mieux la patrie et la liberté, j'y goûterai sans trouble un repos acheté par tant de travaux, de périls et de vicissitudes. »

Qui a bon voisin a bon matin, dit un proverbe populaire : pour en reconnaître la justesse, il me suffit de jeter les yeux sur les maisons qui entourent la mienne.

Dans celle qui me fait face, je vois une foule d'enfants se livrer, dans une cour spacieuse, aux jeux turbulents de leur âge : c'est une école dont le jeune maître est doué, au degré le plus éminent, de toutes les qualités et de tous les talents qu'exige la plus utile et la plus noble des professions, celle d'élever la jeunesse. Ce n'est pas la faute de cet estimable instituteur, si sa maison, soumise à la règle commune d'une gothique université, n'a pas adopté un système d'éducation plus en harmonie avec les progrès des lumières; ce n'est pas sa faute si, dans la vingt-septième année du dix-neuvième siècle, dans cette capitale qui a mérité à plus d'un titre le surnom de *nouvelle Athènes,* les études de l'enfant né aux rives de la Seine se bornent à l'étude de l'idiome romain, éteint depuis quinze ou seize cents ans, et si ce même enfant qui, sur la foi de Quinte-Curce, vous débite imperturbablement l'histoire ou plutôt le roman d'Alexandre, ignore quelles provinces traverse le Rhône, et dans quel pays est né Lhôpital. Cependant il est juste de dire qu'à cet égard la révolution avait amené de notables perfectionnements; on avait senti la nécessité de développer à-la-fois les forces morales et physiques des enfants, et de les élever pour en faire des hommes et des citoyens : ces heureuses réformes avaient produit des maîtres habiles; mais l'invasion des barbares à laquelle la France s'est vue exposée dans ces derniers temps a ramené dans cette patrie de la gloire et des arts tous les préjugés que la victoire en avait bannis, et la raison humaine a été quelque temps arrêtée dans ses progrès. Continuons la revue de mes voisins.

Au-delà de ce terrain sablonneux où se rassemsemblent, aux heures de récréation, cent écoliers dont mes petits-enfants font partie; à l'extrémité de cette allée dont les arbres s'enlacent à ceux de mon jardin, se trouve la modeste habitation où vécut pendant plusieurs années l'homme extraordinaire qui gouverna la France, conquit l'Égypte, subjugua l'Europe, et n'étonna pas moins le monde par ses revers que par ses prospérités. Napoléon ne quitta cette demeure, berceau de sa fortune et de sa gloire, que pour occuper le trône impérial qu'il avait fondé, et dont il fut précipité par un coup de foudre, après avoir fatigué pendant quinze ans la victoire. La vengeance de ses lâches ennemis le relégua sur un rocher brûlant de la mer des Indes, sous la garde d'un bourreau dont le nom seul imprime une tache indélébile au caractère anglais. La mort, sous la forme hideuse de l'infame Hudson Lowe, a mis un terme à la carrière la plus glorieuse qu'il ait encore été donné à un homme de parcourir. Quelques amis généreux avaient suivi l'empereur dans son exil : l'un d'eux, également célèbre par de grands talents militaires et par un dévouement sublime, habite aujourd'hui ce pavillon Bonaparte, où tous les objets dont il est entouré lui rappellent à chaque pas son auguste ami.

Si quelque jour, en fouillant le terrain qui m'environne, on vient à trouver quelque joli portrait de femme que l'émail ait préservé des outrages du temps, en admirant la légèreté vaporeuse du pinceau, le charme de l'expression et le prestige aimable que l'artiste a su répandre sur des traits qu'il embellit en les imitant, à ces vestiges on reconnaîtra le peintre Isabey, dont la demeure touche à la mienne, et qui a porté la perfection du goût et de la grace dans un genre où il n'a eu ni maître ni rivaux.

Avec quels regrets mes yeux se portent en ce moment sur cette maison contiguë à la mienne du côté du midi : là vivait il y a trois ans un ami du grand Malesherbes, un écrivain philosophe, un homme de bien tel que Quintilien le définit, le vertueux Lacretelle, auquel j'étais tendrement attaché. Mon illustre voisin, naïf et pénétrant, vénérable et candide, éloquent et simple, d'un commerce plein de douceur, d'une morale pleine d'indulgence pour les autres, et sévère pour lui seul, était le plus honorable débris du grand siècle dont il fut l'élève. Les orages révolutionnaires, les séductions brillantes de l'empire, les espérances d'un ordre de choses plus conforme à ses vœux d'indépendance, ne le firent jamais dévier un seul moment de la ligne des principes invariables qu'il avait adoptés. Toujours sage, toujours libre, toujours citoyen, Louis Lacretelle était, pour ainsi dire, le modèle et le représentant de l'homme de lettres dans toute sa dignité, aux diverses époques où la foule savante et littéraire s'était attelée si lâchement au char du pouvoir et de la fortune.

Pendant que j'écrivais ces premières pages sur mon balcon, quelques larges gouttes d'une pluie d'orage m'avait forcé de me réfugier dans ma bibliothèque. Me voilà replacé dans mon grand fauteuil, où pendant vingt-cinq ans je me suis rendu l'interprète des personnages historiques ou imaginaires que j'ai produits sur le théâtre ou sur la scène du monde. Au moment de l'abandonner moi-même, et de faire à mes lecteurs d'éternels adieux, me sera-t-il permis de les entretenir un moment en mon nom?

Je sais qu'on a mieux fait que pardonner, qu'on a accueilli avec transport les *Essais* de Montaigne, les *Confessions* de J.-J. Rousseau, et quelques autres écrits de même genre; j'ose espérer qu'on ne me supposera pas l'amour-propre de me prévaloir de pareils exemples, pour me livrer au plaisir de parler de moi-même à mes contemporains: ce paragraphe n'a d'autre objet que de justifier à leurs yeux les deux seuls mots que j'ai fait promettre à mes enfants de placer sur la pierre de mon tombeau. Vir Bonus. Peut-être trouvera-t-on cet éloge moins modeste qu'on ne l'aura jugé d'abord, lorsque j'aurai expliqué en peu de mots le système physiologique dont je le donne comme une conséquence. Je me suis imaginé que le cœur était à-la-fois le siége de l'ame et de la vie matérielle, et j'ai été conduit à cette pensée fondamentale de mon système par des analogies morales, au moins aussi concluantes que les démonstrations des physiologues anciens et modernes, sans en excepter celle du docteur Gall.

Je ne crois pas seulement, comme Vauvenargues, que les grandes pensées viennent du cœur, je crois qu'elles en viennent toutes et qu'elles s'élaborent, se moulent dans les compartiments du cerveau, pour se manifester ensuite au-dehors par la parole et par les actions.

Je ne doute pas qu'un habile anatomiste, qui porterait dans l'étude de cette science *keatologique* l'expérience de son art, ne parvînt à dresser une table de nos goûts, de nos affections, de nos vices et de nos vertus, d'après l'inspection, la direction et le jeu combiné de cette multitude d'artères, de veines, de fibres dont le cœur se compose. Addison s'est joué, avec la grace et la raison qui le caracté risent, autour de ce paradoxe dans son ingénieux discours *sur la dissection du cœur d'une coquette.* J'ai pris la chose plus sérieusement, et j'ai fini par me convaincre moi-même de la vérité d'un système, que tous les peuples paraissent du moins dans leur langage avoir adopté d'instinct. *Le cœur me dit....; j'interroge, j'écoute mon cœur....; c'est mon cœur que je prends pour juge...., c'est mon cœur qui m'inspire, qui me dicte....;* etc., etc. Ces locutions, admises chez tous les peuples civilisés, ne prouvent-elles pas que le cœur remplit toutes les fonctions morales que nous attribuons à l'esprit, au jugement, à la raison, et à la conscience?

Après avoir posé en principe que *tout l'homme est dans le cœur,* je ne me permettrais pas de faire l'éloge du mien si La Bruyère n'avait dit: *Chacun a le droit de vanter son cœur, nul n'a le droit de parler de son esprit:* la distinction est juste; vous soumettez votre esprit à celui des autres; votre cœur n'a de juge irrécusable que lui-même. Je puis donc me vanter d'être un *bonhomme;* mais cet éloge, le seul que j'ai ambitionné, peut-être ne l'ai-je obtenu que parceque personne n'en voulait.

A toutes les époques de ma vie, qui n'a sans doute été exempte ni d'erreurs ni de passions, on a toujours tempéré par la même épithète les reproches qu'on se croyait en droit de m'adresser: on disait....

« C'est un marmot bien turbulent, bien espiègle...; mais c'est *un bon enfant*. —C'est un caractère fougueux, inquiet, indiscipliné...; mais c'est *un bon jeune homme*.... —C'est un écrivain factieux, un philosophe, un athée, un déiste, un enthousiaste de Voltaire; c'est pourtant *un bonhomme*. » Et bientôt on dira : « C'est un vieux entêté, un frondeur par système, un mécontent par ambition déçue; mais au fond c'est *un bon vieillard*. Cette bonté que ne me refuse pas l'envie elle-même, et dont je me glorifie, m'a rendu insensible à toutes les injustices, à toutes les persécutions, et j'ai cru devoir de la reconnaissance à des ennemis disposés à m'accorder une vertu qui m'élevait si haut dans ma propre estime. Comment ne serais-je pas content de mon partage? Bacon, l'un des plus grands génies des siècles, et qui pourtant n'était pas le meilleur des hommes, a dit : *Goodness, of all the virtues and dignities of the mind, is undoubtedly the chief; being a faint kind of resemblance and character of the divine nature itself*[1]. » Il est vrai de dire que ce n'est pas ainsi que l'entendent ceux qui m'appellent un bonhomme: pour eux, bonté et niaiserie sont à-peu-près synonymes; aussi disent-ils que par excès

---

[1] La bonté est, sans contredit, la première de toutes les vertus et de toutes les qualités de l'esprit, car elle est une sorte de ressemblance avec le caractère de la divinité elle-même.

de bonté je serais homme à jeter la perle d'Ésope au coq qui serait plus satisfait d'un grain de blé.. En me supposant cette maladresse, cela prouverait tout au plus contre mon esprit, et La Bruyère dit qu'il n'est pas permis de le défendre.

Jetons maintenant un coup d'œil rétrograde sur l'ensemble du pays que je viens de parcourir, et réglons, pour ainsi dire, le budget de mon voyage.

Immédiatement après que la guerre étrangère et nos troubles civils eurent fait place à une paix achetée trop cher, je commençai ma tournée départementale. Une première observation s'offre à mon esprit : de quelle force vitale, de quelle énergie puissante ne dut-elle pas être douée cette France deux fois envahie par un million de soldats étrangers, forcée de prodiguer ses trésors pour faire respecter sa capitale; cette France désarmée, décimée, ravagée par les nouveaux alliés qu'elle s'est faits, et qui m'offre encore, après tant d'épouvantables désastres, l'image la plus brillante de la prospérité! A peine en a-t-on brûlé le sol, qu'une nouvelle moisson le couvre. J'ai vu, au milieu des passions les plus haineuses, et des intérêts les plus opposés, nos cités fleurir, l'industrie se développer, les champs se couvrir de laboureurs mutilés dans les combats; des manufactures s'élever de toutes parts, et le commerce secouer les vieilles entraves dont l'orgueil et l'ignorance voudraient encore le charger.

Si mon voyage atteste l'exactitude de cette observation sur l'état physique de la France, il constate également la justesse du tableau synoptique que vient de publier M. Dupin, et au moyen duquel il démontre, avec une précision toute mathématique, la supériorité immense de la moralité, de l'industrie et des arts dans les provinces du Nord, où les lumières sont plus répandues, sur le reste de la France, où régnent encore l'ignorance et la superstition; en effet, quelles contrées m'ont offert des mœurs farouches, des caractères de tigre, des souvenirs d'horreur? les départements du Midi, où les congréganistes, les pénitents gris, blancs et noirs sont en vénération, où l'enseignement mutuel est dédaigné, où les enfants de Loyola sont en faveur, où l'industrie rampe encore aux pieds des moines: Toulouse, Avignon, Nîmes, Rodez, se présentent à l'esprit comme de mémorables et tristes exemples. L'Auvergne pauvre, la Bretagne, dont le climat est dur et le sol ingrat; la Normandie et la Picardie, où la vigne ne fleurit pas; la Flandre, encore moins favorisée du soleil, sont au contraire des pays de travail, d'ordre, de probité, et de richesses.

Si les hommes qui gouvernent aujourd'hui la

France avaient fait, dans le même esprit que moi, le voyage que j'achève, ils seraient convaincus, comme je le suis moi-même, que toute la puissance d'une nation, toute la sûreté de ses chefs, résident dans sa force morale; que l'ignorance est le plus grand fléau que puissent redouter les rois et même leurs ministres; qu'un peuple devient d'autant plus paisible, d'autant plus riche, et par conséquent d'autant plus facile à gouverner, qu'il est plus éclairé, plus libre, et moins crédule: ils reconnaîtraient que le seul règne prospère est celui de l'industrie et des lois; qu'il n'y a de trône assuré à l'époque où nous vivons que celui qui repose sur des institutions protégées par l'indépendance nationale, par la liberté des citoyens, et par l'amour du pays....

J'en étais là de ma péroraison, quand le plus jeune de mes petits-fils est venu m'avertir que le déjeûner était servi dans le petit temple que j'ai fait élever à Voltaire au fond de mon jardin....

J'ai trouvé toute ma famille réunie dans ce sanctuaire de *l'homme immortel:* ce lieu avait été décoré, pendant mon absence, de la seule manière convenable: un laurier fleurissait au pied du buste de Voltaire, et l'on avait inscrit en lettres d'or, sur des tables de marbre incrustées dans les parois, les titres de ses principaux ouvrages, la liste des bonnes actions dont il a semé sa vie, et quelques unes des admirables sentences que renferment les œuvres de ce grand homme, « qui n'a donné de relâche ni à ses ennemis ni à ses adorateurs, et qui poursuit au sein des dieux sa paisible immortalité. » C'est à lui que j'emprunte l'expression de ma dernière pensée :

Bienfaiteur des humains, grand poëte, vrai sage,
VOLTAIRE, que ton nom couronne mon ouvrage.

FIN.

TABLE.

N° CXC. Une Tournée en pays perdu......... Page 3
CXCI. Coutume de la Sologne................ 11
CXCII. De Château en Château............... 18
CXCIII. La Châtelaine de Fougères........... 31
CXCIV. Chambord et Chanteloup............. 41
CXCV. Blois et son Château................. 54
CXCVI. Vendôme, Châteaudun, Bonneval, et Dreux........................ 70
CXCVII. Château d'Anet..................... 78
CXCVIII. La Beauce........................ 85
CXCIX. Les Illustres de Chartres.............. 95
CC. L'Oncle et le Neveu..................... 104
CCI. Orléans.............................. 123
CCII. Rendez-Vous à Tours.................. 130
CCIII. Entrée dans le Poitou................. 138
CCIV. Le Champ de Bataille................. 148
CCV. La Ville des Pictones.................. 152
CCVI. Le Berceau de madame de Maintenon.... 160
CCVII. Une République sous la Monarchie...... 163
CCVIII. Le Tableau et la Médaille............. 174
CCIX. Rochefort........................... 181
CCX. Annales Saintongeoises 191
CCXI. Saintes............................. 204
CCXII. La Fontaine de Sainte-Castelle......... 208

N° CCXIII. La Ville de Pons................ Page	214
CCXIV. Saint-Jean-d'Angely.................	222
CCXV. Angoulême........................	226
CCXVI. Vénus Périgourdine................	234
CCXVII. Les Troubadours et les Truffes........	239
CCXVIII. Visite à la Vésère................	245
CCXIX. Cahors...........................	252
CCXX. De Brives-la-Gaillarde à Limoges........	257
CCXXI. Le Château de Montaigne.............	266
CCXXII. La Limagne.......................	270
CCXXIII. Le Masque de fer..................	279
CCXXIV. Le Lac Pavin.....................	294
CCXXV. Une Tournée en Auvergne............	301
CCXXVI. Les Modernes Patriarches............	313
CCXXVII. Notre Montagne...................	323
CCXXVIII. Les grands Vassaux et les Vilains....	336
CCXXIX. L'Auvergne vengée	345
CCXXX. Le Berceau des Bourbons.............	354
CCXXXI. Deux Villes et Trois Grands Hommes..	361
CCXXXII. De Bourges à Issoudun..............	366
CCXXXIII. Correspondance. Suite d'une Tournée en Berri......................	375
CCXXXIV. Le Charolais.....................	381
CCXXXV. Une Heure à Mâcon................	387
CCXXXVI. Châlons-sur-Saône	395
CCXXXVII. La Ville de l'Industrie.............	404
CCXXXVIII. L'Ennemi des Romains...........	409
CCXXXIX. Diner près d'Autun................	422
CCXL. La Bourgogne Vineuse et Saint-Jean-de-Losne	427
CCXLI Dijon.............................	436
CCXLII. Annales Bourguignonnes.............	442

N° CCXLIII. Bussy et Buffon .... Page 470
CCXLIV. Auxerre 477
CCXLV. Station à Sens..................... 483
CCXLVI. Le Lion traqué.................... 491
CCXLVII. Les Champs Catalauniques 505
CCXLVIII. Château-Thierry, Montmirail, Meaux,
  et Nogent-sur-Seine.............. 517
CCXLIX. Le Paraclet 527
CCL. Montereau 535
CCLI. Rentrée dans ma Cellule 542
CCLII. Conclusion 553

FIN DE LA TABLE.